KB167961

내 아들은
조현병입니다

정신질환자의
가족으로 산다는 것,
그 혼돈의 연대기

내 아들은
조현병입니다

no one
cares
about
crazy people

론 파워스
Ron Powers

정지인 옮김

심심

일러두기

1. 본문 각주 중 저자 주석은 ▼로, 옮긴이 주석은 ○로 표기해 실었다.
2. 단행본과 학술저널은 《 》로, 잡지, 신문, 논문, 영화, 뮤지컬, 음악은 〈 〉로 묶었다.

케빈을 기리며

딘과 아너리에게

만성 정신질환과 힘겹게 싸우는 모든 이들,

정신질환 피해자를 치료하는 일에 헌신하는 모든 이들,

치료법을 찾는 일에 헌신하는 모든 이들에게 바칩니다.

나는 고통받는 사람들에 관한 매우 중요한 이야기를 알리러 왔습니다. 매사추세츠주 의회에 비참한 사람들, 막막한 사람들, 내쫓긴 사람들이 처한 상황을 알리고자 합니다. 다른 사람에게 잊히고 아무것도 할 수 없게 된 사람들, (…) 케이지에, 벽장에, 지하실에, 마구간에, 우리에 갇힌 정신이 온전하지 못한 남자들과 여자들의 옹호자로 나는 이곳에 왔습니다. 쇠사슬에 묶이고 발가벗겨져 몽둥이질과 채찍질을 당해 어쩔 수 없이 굴종해야 하는 이들 말입니다. (…) 여러분이 이기심과 자기중심성을 버릴 것을 애원하고 간청합니다. 지엽적인 갈등과 정치적 야망의 철갑을 벗어던지십시오. 간청하건대, 세속적인 것들과 썩어질 것들, 자비 없는 마음을 잊으십시오. (…) 성스러운 대의에 헌신할 것을 여러분께 요구합니다!

— 도로시어 딕스가 매사추세츠주 의회에,

1843년 1월[1]

미친 사람한테는 아무도 신경 쓰지 않아요.

— 켈리 M. 라인드플라이시,

당시 밀워키 카운티 행정관 스콧 워커의 부참모장,

2010년 9월 1일

이 책이 당신에게 상처가 되기를 바란다

이 책은 내가 절대로 쓰지 않겠다고 나 자신과 약속했던 바로 그 책이다. 아내에게도 똑같은 약속을 했었다. 2005년 7월, 3년 동안 조현병에 시달리던 작은아들 케빈이 스물한 번째 생일을 일주일 앞두고 우리 집 지하실에서 스스로 목을 맨 뒤 10년 동안 나는 그 약속을 지켜왔다. 케빈이 죽고 처음 5년은 그 약속을 지키기가 어렵지 않았다. 그런 일을 한다는 것, 그 일에 필요한 회상을 한다는 것 자체를 엄두도 낼 수 없었으니까. 나는 그 무엇에 관해서도 깊이 생각할 수 없었다. 유일하게 한 생각이라면 버몬트식 표현으로 다시 "초록이 번지는" 계절이 올까봐 두렵다는 정도였다. (내 아내 아너리는 그 끔찍한 7월이 지나고 얼마 지나지 않아 주변을 살펴보고는 "비통하리만치 아름다운 여름"이라고 표현했다.)

뒤이은 5년은 '치유'(사실은 적응)라는 지옥과도 같은 과정이, 달갑지 않은 멸균 작업을 이어갔다. 그러던 어느 날, 그 병이 다시 우리 가족을 강타했다. 살아남은 큰아들 딘에게 조현병 증상이 나타난 것이다. 크리스마스 날 아침, 딘이 집집마다 문을 두드리며 자신이 메시아라고 선언하고 다니다가 결국 어느 경찰관에게 제압되어 근처 병원으로 이송된 날, 아내와 나는 그 정신증의 발병을 또다시 목격했다.

딘은 병이 가져온 최악의 영향을 끈질기게 극복해냈고, 내가 이 글을 쓰고 있는 지금은 온전한 정신으로 지내고 있다. 그러나 우리 가족에게 닥친 이 생각하기조차 끔찍한 타격을 두 번째로 경험하면서, 내가 이 주제를 건드려서는 안 될 이유의 목록은 더욱 길어졌다.

그 목록의 제일 위에는 사생활이 있었다. 우리의 두 아들은 건강하고 외향적이었던 어린 시절에도 어머니에게서 물려받은 굳건한 과묵함이라는 원칙을 공유하고 있었다. 세 사람은 감정을 겉으로 잘 드러내는 성격이 아니었다. 그것을 은밀함이라고 할 수는 없다. 다른 누구도 관여할 수 없는 자신만의 일이 있기 마련이니까. 미시건의 한 음악학교에 기타를 공부하러 가 있던 시절, 작은아들 케빈이 봄 댄스 파티에서 함께한 데이트 상대와 찍은 사진을 이메일로 보내온 적이 있다. 난생처음 갖게 된 흰 야회복 재킷을 입은 모습이었다. 그 사진을 본 나는 벅찬 감정을 느꼈고, 이 이야기를 바탕으로 버몬트 공영 라디오방송의 원고를 썼다.

하얀 야회복 재킷의 이미지, 특히 집에서 1500킬로미터나 떨어진 곳에서 열린 봄밤 무도회에서 어린 숙녀와 팔짱을 끼고 있는 열다섯 살 난 아들의 몸에 걸쳐진 이 재킷의 이미지는 문득 예상하지 못한 새로운 광채를 발합니다. 침대에 누운 채 망할 놈의 알람이 어서 울려 대낮의 필연적인 신랄함을 되돌려주기만을 바라게 될 정도로 견디기 힘든 그 감미로움과 덧없음.

우리가 살았던 미들베리에서 케빈과 친구로 지내던 한 아이가 방송을 듣고 케빈에게 고자질했다. 그러자 케빈은 내가 무슨 짓을 했는지 자신이 잘 알고 있다고 알려 왔는데 마치 자기의 검은색 마틴 진자 기타를 훔쳐 간 사람에게나 쓸 법할 말투였다.

그러니 사생활은 내가 최우선으로 고려하는 사항이었고, 나는 그 이유만으로도 이미 더 할 말은 없으리라 생각했다. 그러나 다른 이유들, 더 강력한 이유들이 있었다.

예컨대 부당한 이용이라는 도덕적인 낙인이 그렇다. 이 책이 뭔가를 '이용'할 의도를 가지지 않았다 해도, 의도와 상관없이 그렇게 여겨질 수 있기 때문이다. 과거에도 지금도, 나의 아이들은 내게 신성한 존재다. 그들은 파는 물건이 아니다.

게다가 생각해보면, 솔직히 누가 조현병에 관한 책을 읽고 싶어 하겠는가?

나라면 읽고 싶지 않을 것이다.

바로 그런 상태로 후반부의 5년을 보냈다. 나는 앞으로도 오랫동안 그 상태가 지속되리라 생각했다. 한마디로, 전혀 관심이 없었다.

그러나 톨스토이를 흉내 내어 말하자면, "나는 조현병에 관심이 없을지 몰라도, 조현병은 나에게 관심이 있었다". 알고 보니 조현병은 파워스 집안에 유독 관심이 많았고, 내가 아무리 무관심하려 해도 그 사실이 바뀔 것 같지 않았다. 그리하여 나는, 머뭇거리며, 그 병을 탐구하기 시작했다.

조현병schizophrenia. 만성적이고 치료가 안 되는 뇌의 질병. 그 원인은 부분적으로는 유전적 돌연변이에, 또 부분적으로는 외적 경험, 다시 말해 '환경적' 경험에 있다(적어도 오늘날 신경과학자들은 그렇게 믿고 있는데, 사실 조현병에 관한 한 확립된 진실이라고 할 만한 것은 아직 없다). 조현병은 인간의 정신질환 가운데 가장 큰 두려움을 자아내는 병으로, 100명 중 평균 한 사람 이상에게 나타난다. 얼마 전까지 통용되던 정신분열병°이라는 병명—앞으로 살펴보면서 알게 되겠지만 이 명칭에는 다소 오해의 소지가 있다—은 조현병과 서로 밀접하게 관련된 분열정동장애分裂情動障礙, schizo-affective disorder와 거의 동의어라고 할 수 있다. 그러나 분열정동장애는 전체 인구의 약 0.3퍼센트에 영향을 미치는 더 드문 병이자, 극심한 감정 기복에 조현병으로 인한 현실감각 상실이 더해진 더 심각한 병이다. 물론 전문가들 중에는 두 병을 명확히 구분할 수 없다고 생각하는 이들도 있다.

조현병은 재앙 같은 병이긴 해도 여러 가지 범주, 저마다 다른 지속 기간을 지니고 다양한 병세를 포괄하는 많은 정신질환 가운데 하나일 뿐이다. 세계보건기구는 전 세계 인구 중 4분의 1은 살아가는 동안 모종의 정신질환을 경험한다고 추정한다. 이들 중 3분의 2는 자신이 병에 걸렸다는 사실을 인지하지 못하거나 무턱대고 치료를 거부한다. 국립 정신보건원NIMH이 실시한 연구에 따르면, 18세 이상 미

° 우리나라에서는 2010년까지 schizophrenia를 그대로 번역한 '정신분열병'이라는 병명을 사용했으나, 그로 인한 오해와 편견을 바로잡기 위해 2007년부터 대한조현병학회(구 대한정신분열병학회)와 대한신경정신의학회가 병명 개정 작업을 추진하고 2011년 말 국회를 통하여 '조현병'으로 공식 개정되었다. 조현병의 영어 표기는 attunement disorder이다.

국인 가운데 6200만 명(인구의 26퍼센트) 이상은 상담과 의학적 치료를 필요로 한다(그러나 모두가 상담과 치료를 받는 것은 아니다).

여러 가지 파괴적인 정신질환 중에서도 조현병은 정신의 이성적 처리 과정을 무너뜨릴 수 있다는 점에서 독특한 위치를 점한다. 정신 건강에서 조현병이 차지하는 위치는 육체건강에서 암이 차지하는 위치와 같다. 즉, 타의 추종을 불허하는 약탈자이자 여간해서는 치료하기 어려운 병이다.

책을 쓰지 않겠다는 나의 결심을 최종적으로 무너뜨린 일은 2014년 1월 30일 밤에 일어났다.

그날 늦은 오후, 나는 아내와 함께 캐슬턴에 있는 우리 집에서 북쪽으로 차를 몰아 버몬트주 주도州都인 몬트필리어를 향해 달리고 있었다. 상원 보건복지위원회에서 주최한 공청회에 참석해 증언해달라는 요청을 받은 터였다. 그 공청회는 격렬하고 타협하기 어려운 이념들이 충돌하는 상황에서 양쪽의 주장을 허심탄회하게 들어보자는 취지로 열렸다. 정신질환이 급작스럽게 발병했을 때, 특히 병상과 시설 부족 때문에 치료가 지연되는 일이 다반사임을 감안할 때, 정신질환자를 환자 본인의 의사에 반해 억지로 붙잡아둬야 하는가(즉, '비자의非自意' 개입을 해야 하는가)를 둘러싼 주장들이었다. 추상적인 말로는 별것 아닌 듯 들리지만, 그 '개입'이란 대개 정신과에 빈 병상이 나올 때까지 환자를 응급실에 계속 묶어둔 채 향정신 약psychotropic drugs을 투여하는 것을 의미한다. 신경학 연구 결과들은 정신증의 악화를 막으려면 반드시 초기에 개입해야 한다는 의견에 근거를 제공하지만, 그러한 개입이 비자의적일 경우 전혀 다른 차원의 문제들이(법적 문제와 윤리적 문제 모두) 대두된다.

버몬트주와 몇몇 다른 주에서는 '비자의' 환자들을 응급실에 둘 수
는 있지만, 치료를 허가하는 법원 명령이 없으면 의사가 약물을 투여
할 수 없다. 버몬트주의 일부 환자들은 정신증이 발병한 채로 법정 소
송이 진행되는 동안 두세 달씩 기다리기도 한다.

정신증 상태의 환자들이 사실상 합리적 의사 결정을 할 수 없음을
감안하면, 언뜻 보기에는 신속한 '비자의' 치료가 가장 이의의 여지가
적은 조치로 여겨질 수 있다. 그러나 조현병 환자들의 지지로 큰 힘
을 얻은 비자의 치료 반대론자들의 반론 또한 만만치 않다. 가장 반박
하기 어려운 강력한 주장은, '비자의 치료'가 말 그대로 시민의 자유
를 침해한다는 것이다.

그들이 비자의 치료를 반대하는 또 한 가지 이유는 약물 자체를 향
한 불신이다. 항정신병 약antipsychotic drugs들은 1950년대 이후 계속 진
화해왔지만 본질적으로 실험적 성격을 지니고 있기에 때로는 환자
를 안정시키기보다 오히려 해를 입히기도 하며, 효과적인 약이라 해
도 부작용을 일으킬 수 있다. 게다가 널리 경멸의 대상이 되고 있는 수
십억 달러 규모의 거대 제약업계가, 개개인에 맞춘 꼼꼼한 치료는 뒷
전으로 미루고 환자의 상태가 양호한지 심각한지, 심지어 약이 효과
가 있는지 없는지도 고려하지 않은 채 마치 만병통치약인 양 처방하
고 보는 의사들과 정신과 의사들에게 금전적 이득을 안겨온 것도 사
실이다.

2014년 그 추운 겨울날의 몬트필리어 공청회는 서로 다른 이 두 의
견 간의 전형적인 충돌 양상을 보여주었다. 아너리와 나는 '비자의 치

료'까지 가는 시간을 줄이자는 주장을 옹호하는 편에서 증언했다. 조현병의 공격을 받은 많은 가족이 그렇듯이 우리도 어떤 이념을 바탕으로 의견을 정한 것은 아니다. 우리는 이해와 존중의 마음으로, 양쪽 모두가 납득할 만한 원칙들을 생각했다.

버몬트주 의회는 봄 내내 그 법안을 두고 토론했고, 6월에는 주지사가 몇 가지 타협안을 반영한 법안에 서명하여 법으로 만들었다.

내가 이 공청회와 법안 이야기를 꺼낸 것은 그 법의 장단점을 다시 논하기 위함이 아니다. 그저 그 사건이 나에게 촉발한 깨달음을 전하고 싶을 뿐이다.

공청회장과 의사당을 빠져나와 차가 있는 곳으로 걸어가면서, 나는 내가 느낀 것에 대해 아내리에게 이야기했고 아내의 감정 또한 나와 그리 다르지 않다는 사실을 알게 되었다.

나는 비자의 치료에 대해 반대 의견을 내놓은 사람들에게 큰 감명을 받았을 뿐 아니라 심지어 매료된 터였다. 위원회 회의실의 반짝반짝 윤을 낸 기다란 책상 앞에 불편한 자세로 줄지어 앉아 간간이 목청을 가다듬던 그들 대부분은 버몬트 사람들의 유니폼과도 같은 평범한 청바지나 청치마에 플란넬 셔츠 차림이었고, 거의가 머리도 빗지 않은 데다 남자들은 수염도 다듬지 않은 모습이었다. 정장에 스카프를 매고 가지런히 머리를 손질한 입법 위원회 위원들을 흘끔거리는 그들의 목소리는 종종 떨렸고, 그러면 손에 꼭 쥐여 있는, 뭔가가 적힌 종잇조각도 바르르 떨리곤 했다. 그래도 그들은 거기 있었다. 지배적인 비가시성에 묻혀 있다가 자신들의 소신을 밝히러 나온 정신질환자의 얼굴과 영혼 들이 그 자리에 있었다.

그들의 절실한 **존재감**이, 그 방 안에서 눈앞에 구현된 그들의 모습이 내 존재를 뒤흔들었다. 그들이 출석할 것을 예상하지 못했기 때문이 아니라, 그들이 보여준 심오하고 근본적인 인간성 때문이었다. 온전한 깨달음은 더 나중에야 찾아왔다. 수많은 사람이 그러하듯 나 역시 정신질환자를 추상적 차원에서만 생각하고 있었다는 사실이다. 언제부턴가 나는 그들을 보고 있지 않았다. 실제로 그들이 보이면 반사적으로 시선을 돌렸다. 그들에 대해 생각하는 것도 그만두었다. 편협하고 비좁은 내 '현실' 공간의 귀퉁이에서 그 기상천외한 존재를 더 이상 받아들이지 않게 된 것이다.

이 무슨 날벼락 같은 역설인가.

상상할 수 있는 가장 내밀하고 절절한 방식으로 정신질환을 목격했던 내가, 울었던 내가, 미동도 할 수 없었던 내가, 뒤흔들린 인간의 정신이 지어낼 수 있는 가장 정교하고 사악하리만치 '달콤한' 꿈, 그러니까 케빈이 살아 있지만 다시는 기타를 치지 않겠다고 버티는 반복적인 그 꿈을 포함하여 온갖 꿈들로 채워진 수년을 견뎌온 내가, 하고많은 사람 중에 다름 아닌 그런 내가 정신질환자들이 구체적인 육체의 형태로 내 앞에 있는 모습을 보고 충격을 받다니.

부끄러운 일이었다.

몬트필리어 공청회가 끝나고 겨우 3주가 지났을 무렵, 나는 소환영장에 의해 공개된 일련의 이메일을 채운 섬뜩한 내용에 아연실색했다. 2010년 당시 밀워키 카운티 행정관으로 주지사에 출마했던 스콧 워커Scott Walker의 보좌관이 쓴 이메일이었다. 보좌관의 이름은 켈리 라인드플라이시Kelly Rindfleisch. 당시 밀워키 카운티 병원은 정신병동 관리 부실 의혹으로 뉴스에 오르내리고 있었다. 한 환자가 굶어 죽었고, 몇몇 환자는 다른 환자들과 의사들에게 성폭행을 당했으며 그중 임신이 된 경우가 최소한 한 건이라는 주장도 있었다. 3월 27일에 쓴 이메일에서 워커는 스캔들이 자신의 선거운동에 미칠 영향을 우려하며, "내가 이 일에 휘말리지 않도록 조치를 취해야 합니다. 이건 절차 문제일 뿐 정책 문제는 아니니까"라고 썼다.[2]

워커의 참모진은 그의 요구를 만족시키기 위해 봄과 여름 내내 열심히 일했다. 9월 2일 라인드플라이시는 이런 이메일을 보냈다. "지난주는 그야말로 악몽이었습니다. 우리 정신병원에 관한 추문이 매일 터져 나왔죠. 의사들이 환자들과 섹스를 한다는 둥, 환자들은 임신을 했다는 둥. 몇 달 전부터 새어 나오던 이야기였고, 내가 비공식적으로 처리해왔습니다. 그야말로 정신병에 걸릴 지경이었죠(말장난 맞습니다)."

나중에 라인드플라이시는 워커의 참모진 중 한 동료를 설득하는 와중에 이런 문장까지 쓰고 만다. "미친 사람한테는 아무도 신경 쓰지 않아요."[3]

나는 책을 쓰지 않겠다던 결심을 재고하기 시작했다. 내가 이 주제에 대해 침묵해왔던 10년이, 자기 방조에 빠지는 것을 막는 길이라 정당화해왔던 바로 그 침묵이 사실은 자기 방조였음을 깨달았기 때문이다. 조현병에 시달리는 사람들이 그 공청회장에서 요구한 것은 동정이 아니었다. 자신들이 희생자가 되어 느끼는 '고통을 함께 느껴달라'는 것도 아니었다. 그들은 이해를 요청하고 있었다. 자신들이 인간이라는 것을, 그 방 안에서 잊지 못할 모습으로 전시되고 있던 자신들의 인간성을 인정해달라고 주장하고 있었다. 자신들의 관점도 유효한 관점으로서 들어줄 것을, 전체 인구의 관점과 나란히 놓고 고려해줄 것을 요구하고 있었다.

나에게는 그들이 이제 소리 내어 자신들의 의견을 말하겠다고, 무관심과 부인의 목소리, "미친 사람한테는 아무도 신경 쓰지 않는다"고 말하는 목소리에 반박하겠다고 결심한 듯 보였다.

물론 그 말은 과장이다. 그 악명 높은 이메일에 그 문장을 써 넣었던 당사자조차 그 말이 글자 그대로 진실이라고 믿었을 리는 없다. 전체 인구 중 정신질환자가 차지하는 비율이 아무리 낮다고 해도, 그들을 걱정하는 사람은 훨씬 많다. 가족을 비롯해 신경외과 의사, 상담하고 연구하는 정신의학자와 정신과 의사, 정신과 간호사, 성직자, 전미 정신질환자 가족 연합National Alliance on Mental Illness과 이념적으로 그들의 반대편에 서 있는 인권 시민 위원회Citizens Commission on Human Rights 같은 단체의 회원, 수많은 사회 활동가, 보수 없이 병원과 복지 센터에서 일하는 자원봉사자, 그리고 그 정신없던 크리스마스 날 아침, 캐슬턴에서 딘을 점잖게 제압하여 검거했던 젊은 경찰관 같은 동정 어린 법 집행관들까지.

선하고 양심적이며 없어서는 안 될 그 모든 사람들. 그리고 서글플 정도로 수적으로 열세인 사람들.

정신질환이라는 다층적이고 복잡한 주제를 다루는 이 일에서, 나는 나보다 훨씬 훌륭한 자격을 지닌 수백 명의 저술가들이 걸어갔던 길을 따라 밟아나간다. 발전을 거듭하는 조현병의 질병 분류에 관한 전문 지식을 갖춘 신경과학자들, 조현병의 오랜 역사와 그 병을 이해하고 정복하기 위해 노력해온 역사를, 반대로 그 병에 걸린 사람들을 잔혹 행위가 판치는 지하 감옥에 던져 넣어 보이지 않는 존재로 만들어온(이 방법은 오늘날에도 이어지고 있으며, 심지어 번성하고 있다) 긴 역사를 추적해온 학자들이 그들이다.

이 책으로 내가 이루려는 목표는 정신질환에 관해 이미 존재하는 중요한 저서의 목록을 대체하거나 반박하는 것이 아니다. 나는 단순하고 자명하며 도덕적으로 용인할 수 없는 한 가지 진실을 더욱 강력히 알리고 싶을 뿐이다.

바로 이 나라의 너무나 많은 정신질환자가 잔혹한 환경에서 살고 있다는 진실 말이다.

그 진실을 알릴 수단으로 내가 택한 것은 스토리텔링이다. 말했듯 이 책을 쓰기로 한 것은 쉬운 결정이 아니었고, 지난 10년 가까이 미뤄왔던 일이기도 하다. 책을 쓰는 일은 나의 훌륭한 아내 아너리에게, 또한 살아남은 용감한 나의 아들에게도 감정의 회복력을 시험하는 일이었다. 그리고 나 자신에게도.

그럼에도 결국, 나는 이 책이 쓰이지 않으면 안 되는 책들 가운데하나라고 판단하기에 이르렀다. (다른 저술가들과 분별 있는 독자들이 이를 이해해주리라.)

또한 이 주제를 다루는 것이 나의 의무라고 판단한 뒤 내가 막연히 예상했던 것처럼 어중간하게, 적당히 쓸 수 있는 책도 아니었다.

한동안 나는 거리를 두고 쓰자는 계획을 갖고 있었다. 정신질환의 역사적 개요와 지난 한 세기 반 동안 정신질환을 이해하고 정복하고 근절하기 위한 노력들과 그 일을 방해해온 것들에 대해 개관만 해볼 생각이었다. 그러나 그렇게 계획한 내 길 앞에 나를 부끄럽게 만드는 엄연한 진실 하나가 솟아나더니 그 자리에서 꿈쩍도 않고 버텼다.

그런 책은 공허한 책이 될 것이라는 진실, 그 주제에 관해 이미 출판되어 있는(또는 이미 절판된) 여러 좋은 해설서들이 있으니, 잘해봐야 있으나 마나 한 비슷한 책을 한 권 더하는 일에 지나지 않으리라는 사실이었다. 최악의 경우에는 쓸모없는 책이 될 수도 있었다. 결국은 스스로, 또는 사랑하는 친구나 친척이 정신질환의 피해자가 된 헤아릴 수 없이 많은 사람과 공동전선을 펼칠 기회를, 내게는 한 번뿐이자 마지막인 기회를 낭비하는 일이 될 터였다.

내 가족의 지극히 사적인 상실과 고통을 털어놓음으로써 내가 달성하고자 하는 목표는 두 가지다.

하나는 조현병 나라에 사는 동료 시민을 납득시키는 일이다. 그들의 고난이 끔찍하기는 하지만 혼자만 유일하게 겪는 일이 아니며, 부끄러워할 일이나 숨어 살아야 할 이유도 아니라고.

또 하나는 '미친 사람'을 두려워하고 혐오하는 사람들에게, 그 병의 희생자들이 모두 위험하거나 나약하거나 부도덕한 존재가 아니며, 어떤 식으로든 한 개인으로서 온전한 인간성을 인정받을 가치가 있는 존재임을 증명하는 일이다. 나의 사랑하는 두 아들 딘 폴 파워스와 케빈 파워스처럼, 오히려 그들은 대개 사랑과 웃음과 창의성과 희망을 경험했던 사람들, 그리고 다른 사람이 그러는 것처럼 똑같이 미래를 꿈꿀 수 있었던 사람들이다. 그들이 설명할 수 없는 해롭고 파괴적인 병에 의해 손상을 입은 것은 그들의 잘못이 아니다.

그러고 보니 세 번째 목표도 있다. 그것은 딘과 케빈의 삶과 높이 솟구치던 그들의 영혼을 언어로 할 수 있는 한 보존하는 것이다. 이 목표를 다른 말로 표현하자면 일종의 '축성祝聖'이 되리라.

마지막으로 이 책 《내 아들은 조현병입니다》는 이들을 대신하여, 스스로 점잖은 사회라 감히 자처하는 모든 사회를 향해 그 병에 맞서 싸울 것을 요구한다.

미국은 어마어마한 자원과 에너지와 따뜻한 위로의 마음을 정신질환을 향한 최종 공격에 쏟아부어야 한다. 나의 두 아들과 당신의 아픈 자녀, 형제, 자매, 부모, 친구는 그보다 못한 대접을 받아서는 안 된다. 2014년 1월 버몬트주 주도에서 열린 공청회에 출석해 증언했던 이들, 아프지만 열정적인 그 사람들은 그보다 못한 대접을 받아서는 안 된다.

여러분이 이 책을 '즐기지' 않기를 바란다. 여러분이 이 책으로 인해 상처 입기를 바란다. 이 책을 쓰면서 내가 상처 입었던 것처럼. 상처 입어 행동하기를, 개입하기를 바란다. 그런 일이 일어날 때에만, 더 이상 일어날 필요가 없을 때까지 계속 일어날 때에만, 우리는 딘과 케빈이, 정신증으로 고통받는 그들의 모든 형제와 자매가 구원받기를, 그들이 견딘 고통이 완전히 헛된 것은 아니었기를 감히 희망해볼 수 있을 것이다.

차례

막

1

조현병이 내 두 아들을 공격하여 한 아들의 목숨을 앗아 간 뒤로 수년 동안 내 안을 휘저으며 들끓던, 지금도 여전히 나를 찾아오는 꿈들과 한밤의 사념들 속에서, 때로 나는 나 자신의 멀쩡한 정신이란 것이 찢어지기 쉬운 얇디얇은 막 표면에 얹혀 있으며 그 연약한 막이 찢어지는 순간 나 역시 광기의 심연으로 곤두박질치고, 그러면 그곳에서 오랜 세월 동안 나처럼 찢어진 막 사이로 굴러떨어진 영혼들과 만나게 되리라 상상하곤 했다. 때때로 나의 생각이 유난히 뜨겁게 달아오를 때면 그 막을 찢는 자의 모습까지 떠올릴 수 있었다. 만물의 가장자리에서 빈틈없이 감시하는 존재, 비옷을 입고 소리 없이 빗물을 뚝뚝 떨어뜨리며 서 있는 낯선 존재. 그의 관심은 주로 젊은이들에게 치우치지만, 그는 우리 모두의 온전한 정신을 떠받치고 있는 얇은 막을 언제라도 내리쳐 찢어버릴 수 있는 존재다. 그리하여 우리가 정신증 상태로 떨어지게 되면 우리를 받아주고 보호해 줄 다른 어떤 막도 없다. 그리고 그 추락의 공포와 좌절감은 무신경한 세계로 인해 더욱 깊어진다.

이런 이미지들이 지나치게 강렬하다는 점은 나도 인정한다. 그러나 인류는 광기에 관해, 또는 사람들이 곧잘 광기 탓으로 돌리는 정신 상태에 관해 설명하고자 할 때 늘 그렇게 강렬한 심상과 상징, 신화, 은유에 의지해왔다. 광기 자체가 광기로 인해 나타나는 효과들을 통해서만 가시화되기 때문이다. 머릿속에 침투해 그 안에 살고 있다고 여겨지는 뿔 달린 악마의 이미지도 그래서 생겨났다. 세계 각지의 여러 다양한 사회의 묘지에서 발굴한 수만 년 된 두개골들에서는 비슷한 모양의 작은 구멍이 발견된다. 고통 받던 그 숙주에게서 악한 영령을 뽑아내기 위해 파내거나 도려낸 흔적일 것이다.

그렇게 인류는 오랜 세월에 걸쳐 정신이상을 악령에 사로잡힌 모습이나 악령으로 변한 형태로, 평범한 인간에서 야수로 변신하는 과정으로 묘사해왔다. 늑대 인간은 보름달이 뜨면 인간의 모습에서 송곳니가 튀어나온 늑대로 변신하여 이리저리 배회하며 살인을 저지르는가 하면 그 이빨로 늑대 인간의 저주를 퍼뜨림으로써 악마를 섬긴다고 했다. 흡혈귀도, 마녀도, 마법사도, 괴물 같은 하이드 씨도 마찬가지다.

광기의 은유에는 두려움과 혐오가 가득 배어 있다. 그리고 그런 은유들은 인간 사회가 수 세기에 걸쳐 정신질환자를 실제적으로, 그러니까 비은유적으로도 박해하도록 유도했다.

미쳤다고 여겨졌던 사람들은 지하실에, 요새와도 같은 수용소에 감금됐다. 중세와 그 이전에, 그리고 이후에도 그들은 매를 맞고 화형대에서 처형당했다. 때로는 수십 년 동안 쇠사슬에 묶인 채 '베들럼bedlam'에 갇혀 간수들에게 조롱당하고, 굶김을 당하고, 벌거벗은 채 또는 너덜너덜한 누더기만 걸친 채 지내도록 방치되고, 소변에 절은 매트리스 위에서 잠을 자도록 강요당하고, 일요일이면 관람료를 낸 방문자들 앞에서 구경거리로 전시되었다. 계몽주의 시대에는 훨씬 정교한 치료법들을 고안하여 정신질환자를 의자에 묶어 빠른 속도로 빙빙 돌리고, 피가 거의 전부 빠져나갈 때까지 거머리에게 피를 빨리고, 수은과 클로라이드를 강제로 삼키게 하고, 델듯이 뜨거운 물이나 얼음처럼 차가운 물에 담갔다. 그러다 20세기가 도래했고, 상황은 더욱 나빠졌다.

1900년대에 등장한 전체주의는 정신이상자에게도 영향을 미쳤다. 전체주의는 뇌엽절제술을 시행하는 한편, '불량품'을 없앰으로써 인류를 '정화'하겠다고 호언하는 우생학을 통해 광기나 약함, 기형의 징후를 보이는 사람을 거세하거나 제거하여 전면적인 근절을 시도했다. 정신질환에 걸린 수감자의 육신을 인체 실험에 사용한 공적은 나치 과학자들이 독차지할 수 있을지 몰라도, 미국 역시 그러한 반인류 범죄에서 도덕적으로 자유롭지 않다. 사실상 인간을 미친 과학 실험의 대상으로 삼은 우생학 이론을 제일 먼저 대중화한 자들은 바위처럼 견고한 양키 사업가들이었다.

제2차 세계대전 이후에는 이른바 기적의 신약이라 불리는 것이 등장하여 마치 만병통치약이라도 되는 양 쓰였다. 이러한 항정신병 약 및 향정신 약의 용도는 예나 지금이나 조현병과 양극성장애(조울증)의 '증상'을 통제하는 것이다(질병 자체를 통제하는 것은 **아니며** 아직도 치료법은 존재하지 않는다). 이 약들은 세로토닌이나 도파민 등 행동에 영향을 미치는 뇌 내 특정 화학물질들의 결함을 조절하는데, 때

막

로는 환자들이 다시금 (완전히 정상으로 돌아가지는 않더라도) 삶의 기본적인 기능을 수행할 수 있도록 해주는 경이로운 효과를 발휘하기도 한다. 그러나 향정신 약은 여전히 완벽한 약과는 거리가 멀고, 복용한 사람에게서 온전하게 생활할 능력을 앗아 가는 부작용과 약물 오용으로 의도치 않은 해악을 초래해왔다.

기적의 신약과 그 판매자들은 정부와 의료업계의 지도자들을 꼬드겨 정신보건 및 사회복지 정책 분야에서 거대한 역사적 실수와 재앙을 초래하는 또 하나의 주범으로 만들었다. 상주 정신병원들을 폐쇄하고, 약물 치료 중인 것으로 추정되는 정신질환자들을 다시 그들의 지역사회로, 다시 말해 길거리로 추방한 것이다. 이 역사적 실수에는 그 고상한 의도와 효과에 기괴할 정도로 잘 어울리는 명칭이 붙었다. 바로 '탈수용화deinstitutionalization'다. 탈수용화는 정신질환자들이 간신히 붙들고 있던 그 미미한 안정성—국립 정신병원의 보잘것없는 보살핌— 마저 박탈하여 수만 명을 길거리로 내몰았다. 거기서 그들은 도시의 완전히 새로운 하위 인구 집단을, 우리가 노숙자라고 부르는 저주받은 정신질환자 집단을 형성했다.

갑자기 노숙자들과 그들의 기행이 대대적으로 눈에 들어오자, 사람들은 중세 이후로 본 적 없는 규모와 강도로 그들을 악마시했고 경찰은 닥치는 대로 그들을 체포했다. 이제 막 정신이상에 빠져 어리둥절한 상태인 청소년부터 정신질환뿐 아니라 그 병을 더욱 악화시키는 여러 불의(소수민족이라는 지위, 소속 계층으로 인한 무능력과 위축된 기회, 미흡한 의료, 불안정한 가정) 앞에서 속수무책인 오래된 환자들까지. 그들은 그저 살아남기 위한 방편으로 저지른 일 때문에 체포된다. 요컨대 음식을 훔쳤다는 이유로, 자기 파괴적인 자가 투약에 사용하는 해로운 불법 약물을 소지했다는 이유로, 독백과 선언으로 정신이 멀쩡한 사람을 성가시게 했다는 이유로, 그리고 집이 없다는 이유로 말이다. 그들은 사회의 어느 부문에서도 헌신적인 지원을 받지 못한 채 비참하게 주변인으로 살아가다가 때 이른 죽음을 맞이한다.

정신증에 사로잡힌 상태에서 끔찍한 폭력 행위를 저지르는 소수의 조현병 환자들 역시 체포된다. 형사 법원은 그들에게 유죄판결을 내리고, 그들의 (비이성적인) 의지에 반하여 정신병원으로 보내는 것은 **시민적 자유**를 침해하는 일이므로 정신병원에 보내지 말라고 명령한다. 대개의 경우 그들은 교도소나 문어발처럼 뻗어나가는 대도시 구치소들 중 하나로 보내진다. 그 알량한 시민적 자유 덕분에 그들은 거기서 다른 수감자들에게 구타와 강간을 당하고, 교도관들에게 구타와 조롱을 당하며, 광기를 더욱 악화시키는 독방 감금을 당하고, 그나마 처방을 받은 소수조차 약을 구하지 못하고, 조작된 감방 온도 때문에 몸이 타거나 얼어 죽을 지경이 되고, 살해되거나 절망으로 인한 자살에 이른다.

경찰이 '체포'하기 너무 힘들다고 판단한 경우에는 그냥 거리에서 총에 맞아 죽기도 한다. 심지어 자기 집에서도. ("그자가 뭔가를 집으려고 손을 뻗는 걸 봤다고요.")

수용소에 갇혀 있든, 거리를 배회하든, 수 세기 동안 광기에 사로잡힌 사람들에게는 늘 우리와 그들을 구분할 의도로 만들어진 잔인한 명칭이 따라다녔다. 정신병자lunatic, 천치imbecile, 또라이loonie, 얼간이dip, 별종weirdo, 별짜wacko, 분열병자schizo, 사이코psycho, 괴물freak, 저

막

능아moron, 미치광이nutcase, 미친놈nutjob, 꼴통wingnut, 괴짜crank.

이렇게 해서 미친 사람은 광대와 악마 사이의 어떤 존재가 된다.

*

그렇지 않은 경우도 있다. 바로 미친 사람이 '육화한 신의 선물'로 여겨지는 경우다. 광기에 대한 은유에는 악령 들림이라는 정의와는 정반대편에 놓인 것들도 있다. 성서에는 《정신질환 진단 및 통계 편람Diagnostic and Statistical Manual of Mental Disorders》에서 뽑아 온 듯한 일화와 장면, 인물 들로 가득하다. 말하는 이는 없이 목소리만 들려오는 예언, 눈을 멀게 할 듯 환한 섬광, 불타는 관목, 갈라지는 바다, 당연히 옳은 일인 양 자행되는 살인, 천국으로 오르는 사다리, 성변화聖變化,° 부활, 승천, 〈요한의 묵시록〉 전체. 이 모든 것은 기독교 성서 텍스트에서 가장 중요한 신의 증거들로 제시된다.

모세는 신의 목소리의 부름을 받고 미디안의 산으로 갔다가 십계명을 들고 돌아온다. 그중 여섯 번째 계명은 살인하지 말라는 것이나, 얼마 후 그는 '우상숭배자' 3000명을 처형하라는 명령을 내린다. 아브라함은 아무것도 모르는 어린 아들을 죽임으로써 자신의 믿음을 증명하기 위해 이삭을 데리고 모리아 땅으로 간다. 그러나 아이는 마지막 순간 하늘에서 들려온 신의 목소리 덕분에 목숨

○ 가톨릭 성체성사에서 빵과 포도주가 예수의 몸과 피로 바뀌는 일, 또는 그런 일에 대한 믿음.

을 구하게 된다. 신의 천사가 아브라함의 믿음을 확신한 덕분이다. 그리고 성서의 마지막 책인 〈요한의 묵시록〉은 너무나 미묘하고 정교하고 과장된 심판의 장면들을 담고 있는데, 오늘날 정신병동에서 환자가 그런 이야기를 한다면 틀림없이 항정신병 약을 처방받을 것이다.

'악마적' 광기와 '신적' 광기가 광기에 대한 인식 가운데 역사를 통틀어 가장 많이 퍼진 두 가지 형태라면, 20세기 중반에 등장한 세 번째 해석은 서로 상반되는 그 두 관점을 모두 일축한다. 이 해석은 광기가 존재한다는 사실 자체를 전적으로 부인한다. 정신질환은 신화에 지나지 않는다는 이 믿음은 일반적으로 인정되는 과학의 지지를 받지는 못하지만, 그럼에도 대대적이고 열정적인 추종 세력을 불려가면서 탈수용화 운동을 일으키는 결과를 낳았으며, 정신질환자들에 대한 식별과 인간적인 치료의 발전을 추진하는 힘을 약화시키고, 정신의학의 문화적 위신을 떨어뜨리고, 정신증 환자들을 위한 응급 의료와 치료에 대한 법적 장애물들을 정당화했다.

나와 우리 가족은 이런 부인주의denialism가 판치는 모습을 직접 목격해왔다. 그것은 개인의 권리와 헌법이 보장하는 자유를 내세우는 솔깃한 호소에서 나온다. 그러나 정신의학자 존 에드워즈John Edwards가 내게 말했듯, 부인주의는 "원초적 공포"에도 뿌리를 두고 있다. "나는 원초적 공포야말로 정신질환과 관련한 모든 잘못된 정보와 투사, 부인, 희생자 또는 환자를 향한 비난, 고통 받는 이들에 대한 공감 결여, 청소년들을 범죄자 취급하는 것, 치료 센터의 예산 삭감, 이 모든 것의 근원이라고 생각합니다. 사람들은 정신질환을 두려워하고,

그래서 그것이 존재한다는 사실을 부인함으로써 그 존재를 없애버리고 싶어 하는 겁니다."

대부분의 사람들은 기본적으로 조현병이라는 병의 서글픈 의학적 진실을 인정하며 그 병의 존재를 부인하지 않는다. 또한 대부분은 정신질환을 앓는 사람들이 신이나 천사의 목소리를 들려준다거나 악령에 사로잡혔다고 생각하지도 않을 것이다. 그럼에도 신성시나 부인은 여전히 광기를 해석하는(또는 일축하는) 막강하고 영향력 있는 수단으로 남아 있고, 우리는 여전히 정신질환자들을 악마시한다. 악마시는 과거뿐 아니라 현재까지도 여전히 이어지는 방식이며, 어쩌면 이 방식은 오늘날에 가장 위세를 떨치며 책임을 면제받고 있는지도 모른다. 이 시대, 이 나라에서 정신질환을 앓는 사람들은 우리의 공포 때문에 고통당하고 죽어간다.

*

2014년 1월 5일 일요일, 겨울답지 않게 따뜻했던 그날 마크 윌시Mark Wilsey는 자기 집에서 911로 전화를 걸었다. 이 행동은 채 반 시간이 안 되는 사이 윌시 가족을 '보통 사람'과 괴물을 가르는 그 구멍 숭숭 뚫린 막으로 떠밀 일련의 사건들의 시작점이었다. 흰 콧수염과 턱수염을 잘 다듬은 다부진 체격의 마크 윌시는 노스캐롤라이나주 보일링 스프링 레이크스에서 주택 건설 회사를 운영하고 있었다. 보일링 스프링 레이크스는 윌밍턴에서 남서쪽으로 35킬로미터 정도 떨어진 브런즈윅 카운티에 속한, 5300명 가량이 사는 외딴 마을이다. 마을은 50여 개의 작은 호수들에 둘러싸여 있어서, 여름이면 선글라스와 야구 모자를 쓴 농어 낚시꾼들이 고성능 알루미늄 보트를 타고 잔잔한 호수 표면을 미끄러지듯 지나며 플라스틱 찌와 미끼를 던지곤 한다. 그 아래에는 석회암 동굴과 싱크홀이 있고, 다섯 개의 지하 샘에서 솟아나온 물이 호수의 흐름을 만들고 있었다.

마크와 메리Mary 윌시에게 응급 번호를 누르는 것은 특별한 일이 아니었다. 10대 아들 키스Keith가 정신질환의 증상들을 보이기 시작한 무렵부터 2년 동안 경찰과 응급 의료진에게 여러 차례 도움을 요청한 터였다. 그 일요일에 키스는 자기 엄마를 알아보지 못하는 듯 그녀를 '존'이라고 불렀다. 그는 돈을 요구하라고 권하는 "신호를 보았다"면서, 어머니인 메리에게 자기와 싸우고 싶냐고 물었다. 손에는 작은 전동 드라이버를 들고 있었다.[4] 메리는 남편에게 어서 전화를 걸라고 부탁했다.

키스는 친아버지의 성姓인 비달Vidal을 그대로 쓰고 있었다. 열아홉 살이 된 지 채 한 달이 지나지 않은 시점이었다. 키는 약 165센티미터에 몸무게는 45킬로그램도 안 됐다. 헝클어진 검은 머리가 부드러운 얼굴로 흘러내렸고, 미소를 지을 때면 마치 공모자에게 눈짓을 하듯 왼쪽 눈을 가늘게 뜨는 버릇이 있었다. 키스는 비디오게임과 드럼 연주를 즐겨 했고, 얼마 전 크리스마스에는 부모에게 새 드럼 세트를 선물로 받았다.

평소에는 유순하고 다정한 소년이었던 — 여러 장의 사진에서 어머니와 꼭 끌어안고 있는 모습을 볼 수 있다 — 키스는 때때로 뒤죽박죽이 된 생각을 쏟아내고 괴상한 환상에 관해 이야기했다. 자신의 의지와 상관없이 정신병원에 보내진 일도 두 차례 있었다. 어머니와 계부는 키스에게 도움이 될 만한 처방 약을 확보하기 위해 여러 번 노력했다. 그러나 적합한 약을 받으려면 적합한 진단을 받아야 했고, 적합한 진단은 가까운 시일 내에 이루어질 것 같지 않았다. 그러다 마침내 메리는 노력이 성과를 거두었다고 생각했다. 한 의사가 키스는 분열정동장애를 앓고 있다고 진단했던 것이다. 환각과 양극성장애가 뒤섞인 최악의 조합이었다. 이번에는 적합한 처방을 받은 것 같았고 키스의 행동도 개선되었다.

그런데 2013년 말, 다시 증상이 악화되었다. 마크가 전화를 건 지 4분 만에 3킬로미터 떨어진 보일링 스프링 레이크스 경찰서의 존 토머스John Thomas 순경이 프레지던트 드라이브에 있는 윌시의 집 앞에 차를 세우고 안으로 성큼성큼 걸어 들어왔다. 토머스는 경찰서에서 지급받은 보디 마이크를 착용하고 있었다. 현장에서 유일하게 작동하던 녹음 기기인 그 마이크는 그날 오후 윌시의 집에서 35분 동안 나온 목소리와 사건의 소음을 모두 기록했다.▼

후에 가족들이 회상한 바에 따르면 토머스 순경은 상황을 파악한 뒤 혼란에 빠진 키스에게 다가가 "타이르며" 진정시키려 했다. 토머스와 키스는 서로 팔을 움켜잡고 버티는 중이었다. 토머스가 키스의 흥분을 가라앉히려 애쓰고 있을 때, 또 한 사람이 윌시의 집으로 황급히 들어섰다. 브런즈윅 카운티 보안관서의 순경 서맨사 루

▼ 이 디지털 기기에 녹음된 소리는 브라이언 배시의 재판에서 재생되었고 그중 짧은 일부는 지역 신문들에도 실렸지만, 이 글을 쓰던 때는 보일링 스프링스 경찰이 아직 공개하지 않은 시점이었다.

이스-채비스Samantha Lewis-Chavis였다. 루이스-채비스는 토머스와 함께 키스의 흥분을 가라앉히려 노력했고, 잠시 후 두 사람은 키스를 제압해 얼굴을 단단한 목재 바닥에 댄 채 엎드리게 했다. 키스의 오른손에는 여전히 전동 드라이버가 쥐어 있었다.

이제 키스의 부모는 두 경찰관이 키스의 협조를 이끌어내기 직전에 이르렀다고 생각했다. 그런데 그때, 다시 문이 활짝 열리더니 또한 사람이 거실로 뛰어 들어오며 소년을 둘러싼 사람들 틈새로 비집고 들어섰다. 브라이언 배시Bryon Vassey였다. 남쪽으로 13킬로미터가량 떨어진 사우스포트 경찰서 소속으로 경력 11년 차인 경사 배시는 딱 벌어진 어깨와 두툼한 가슴을 가진 건장한 인물이다. 이후 이어진 재판에서 메리 윌시는 배시가 "이런 짓에 허비할 시간 없어! 테이저건을 쏘라고! 당장 녀석을 제압해!"라고 소리쳤다고 증언했다. (배시는 이런 말을 하지 않았다며 부인했고, 지역 신문 보도에 따르면 마이크로 녹음된 내용에도 그런 말은 없었다고 한다.)

현장에 있던 사람들은 배시 경사가 공격적으로 집 안으로 들어온 상황이 키스를 공황에 빠뜨린 것 같다고 보았다. 이는 정신증 환자와 만났을 때 초래될 수 있는 최악의 결과다. 키스는 몸을 뒤틀어 처음의 두 경관에게서 빠져나와 화장실로 뛰어 들어갔다가 이내 다시 복도로 뛰쳐나왔는데, 토머스와 루이스-채비스가 또다시 키스를 제압해 바닥에 엎드리게 했다. 키스는 여전히 작은 전동 드라이버를 쥐고 있었다. 루이스-채비스 순경은 배시의 명령에 따라 키스에게 테이저건을 쏘았다. 그러나 사실 배시는 다른 경찰서 소속이므로 그녀에게 그런 명령을 내릴 권한은 없었다.

70초 후, 루이스-채비스 순경은 근거리에서 발사된 권총의 충격음으로 귀가 윙윙 울리는 것을 느꼈다. 키스 비달은 얼굴에 두 대의 테이저건 끝부분이 닿아 있는 상태로 오른쪽 겨드랑이에 총상을 입은 채 자기 집 복도에 엎드려 피를 흘리며 죽어갔다.

2014년 2월 3일, 브런즈윅 카운티 대배심은 브라이언 배시를 고의적 살인의 피의자로 기소했다. 그는 정직 처분을 받았고 보석으로 풀려났다.

비달이 들고 있던 '드라이버'가 더 치명적인 무언가로 돌변한 것은 바로 배시의 보석 심사 청문회에서였다. 적어도 증언상으로는 그랬다. 변호사 존 페인Jon Payne은 잭 훅스Jack Hooks라는 이름의 청문 판사에게—돌이켜보면 좀 음산한 말투로—"더 이상 애매모호한 태도는 취하지 맙시다"라고 따지듯 말했다. "그건 드라이버가 아니었습니다, 판사님. 송곳이었지요."[5] 그게 뭐였든 간에 그 물건은 증거물로 제출되지 않았다.

1년 뒤, 지역 신문의 한 기자가 왜 배시의 재판 날짜가 잡히지 않는지 의문을 제기했다.[6]

마침내 재판일이 2016년 4월 18일로 잡혔고, 브런즈윅 카운티 상급법원에서 열리기로 결정되었다. 그사이 주심 재판관인 리처드 T. 브라운Richard T. Brown은 배심원단 없이 혼자 평결을 내리는 판사 재판으로 치러달라는 요청을 승인했다.

변호사들은 단 하루 논쟁을 벌인 뒤, 만약 판사가 배시의 행동을 비달이 드라이버로(또는 누가 증언하느냐에 따라 송곳으로) 경관을 죽이려 한다는 확신에서 나온 합리적 반응으로 판단한다면 유죄판결을 내릴 리 없다는 데 의견을 모았다.

재판에서 배시는 키스 비달이 그 물건을 머리 위로 들어 토머스의 관자놀이를 찌르려 했다고 증언했다. 마룻바닥에 얼굴을 눌린 채 제압된 상태에서 어떻게 그런 동작을 할 수 있었는지는 명확하게 설명되지 않았다.

재판 9일째, 브라운 재판관은 브런즈윅 카운티에서 북쪽으로 240킬로미터나 떨어진 노스캐롤라이나주 캐리에서 사무실을 운영 중인 법정신의학자 모이라 아르티게스Moira Artigues의 피고 측 증언을 들었다. 노스캐롤라이나 경찰 노동조합이 시간당 310달러를 지불하고 아르티게스를 고용하여 증언을 시킨 것이다. 아르티게스 박사는 키스 비달과 면담은커녕 만난 적도 없었다. 그녀는 키스의 진료 기록을 2013년 치부터 검토한 결과 사건이 발생한 무렵 키스가 "자살하고 싶다"는 생각을 표현했음을 발견했다고 증언했다. 여기서 그녀가 증거로 삼은 것은 사람들이 하는 말이었던 듯하다. 지난 2년 사이 키스가 "자살과 살인에 대한 상상을 했다"는 키스 어머니와 의사들의 이야기 말이다. (메리 윌시 본인은 아들이 우울한 상태이기는 했지만 다른 사람을 위험에 빠뜨리는 아이는 아니었다고 증언했다.) 반대신문 중에 아르티게스 박사는 비달의 최근 진료 기록, 즉 총격 사건이 있기 전 행동이 급격히 악화된 2주간의 진료 기록은 검토하지 않았음을 인정했다.[7] 신문 보도를 보면, 검사 측이 이 누락에 관한 진술을 더 깊이 파고든 정황은 보이지 않는다.

배시는 증언에서 총격 당시 혈압 약과 수면제, 그리고 구강 수술 후 처방받은 진통제 하이드로코돈을 복용하고 있었다고 인정했다.[8]

배시가 마약성 진통제를 복용했다는 사실을 알고 있었느냐, 그리고 배시의 정신 상태를 감정했느냐는 질문에, 아르티게스는 하지 않았지만 "할 수도 있었을 것"이라고 증언했다.[9] 이번에도 이 발언에 내포된 의미는 아무도 따져 묻지 않고 그냥 넘어갔다.

2016년 5월 6일 금요일, 브라운 판사는 브라이언 배시에게 무죄 판결을 내리고 "이는 대단히 비극적이며 감정을 자극하는 사건"이라고 부연했다. 현장에 두 번째로 출동했던 서맨사 루이스-채비스 순경은 판결이 내려진 그날 사복 차림으로 브런즈윅 카운티 법정에 있었다. 그 모습을 알아본 〈윌밍턴 스타 뉴스Wilmington Star News〉의 F. T. 노턴F. T. Norton은 이렇게 보도했다. 그녀는 "눈물에 젖은 얼굴로 지방 검사 사무실에서 나왔다. 한마디 해달라는 요청을 뿌리치고 비어 있던 엘리베이터에 혼자 서둘러 올라탔다. 닫힌 엘리베이터 문 너머에서 흐느껴 우는 소리가 들려왔다."[10]

재판이 있기 얼마 전 린지 크리즈Lindsay Kriz라는 젊은 기자가 〈브런즈윅 비컨Brunswick Beacon〉이라는 작은 신문사에 입사하면서 이 사건에 대한 지역의 대대적인 보도 대열에 합류했다. 재판이 끝난 뒤 크리즈는 거의 잊었던 한 가지 특이한 점을 곰곰이 곱씹고 있는 자신을 발견했다. 바로 키스 비달의 작은 전동 드라이버가 '송곳'으로, 심지어 매체에 따라서는 '얼음송곳'으로 바뀐 점이었다. 페인 변호사가 잭 훅스 판사에게 놓은 으름장에서 시작된 변화였다.

크리즈는 5월 17일에 〈비컨〉에 실린 850자짜리 사설에서 "답을 얻지 못한 질문들"에 관한 불편한 심경을 풀어냈다. "내 의문은 이것이다. 그 드라이버는 어떻게 된 것일까?", "지난 3월 기자 일을 시작하고 이 사건 이야기를 처음 들은 이후, 줄곧 나를 가장 불편하게 만든 것은 바로 이 의문이었다."

크리즈는 키스의 계부인 마크 월시가 자신과 통화하며 당시 키스가 들고 있던 것은 드라이버라고 전했다고 썼다. 통화를 끝내고서 몇 분 뒤 월시는 다시 크리즈에게 전화를 걸어 물었다. "그런데 왜 다른 뉴스 매체들은 [키스가] 드라이버가 아닌 얼음송곳을 들고 있었다고 말하는 겁니까?" 크리즈는 자기도 모르겠다고 대답했다. 전에는 그녀도 얼음송곳이 언급되었던 사실을 몰랐다. 그러다 재판이 시작되고 나서 "변호인 측이 비달이 얼음송곳을 갖고 있었다고 주장한다는 사실을 알게 되었다". 재판이 진행될수록 그 도구와 관련한 서술의 정확성을 두고 크리즈의 의혹은 점점 더 커져갔다. "증언대에 선 보일링 스프링스의 존 토머스 순경이 변호인이 꺼낸 얼음송곳을 보며 '그건 평생 처음 보는 물건인데요'라고 대답했던 것이 머리에서 떠나지 않는다."

비정상적인 일들이 쌓여가는 과정을 목격하며, 크리즈는 자신의 의혹에 점점 확신을 갖게 되었다. "배시는 토머스에게서 그 송곳을 받았다고 증언했다. 토머스가 비달의 손에서 그걸 빼내 배시에게 넘겼고, 배시는 그걸 자기 주머니에 넣어 보일링 스프링스 경찰서로 가져갔다는 것이다. 증거물에는 손을 대어서는 안 되는 법이며, 특히 누군가 사망한 현장에서 나온 증거라면 더욱 그렇다. 배시가 진술한 그 자신의 행동은, 무기를 사용하려는 누군가의 손에 그 무기가 들어가지 못하게 하려는 경우에만 정당성을 인정받을 수 있을 것이다. 그러나 법정에서 이러한 내용은 전혀 다루어지지 않았다."

그리고 마지막으로, 마크 윌시가 말한 한 문장이 있다. 그 문장은 토머스의 마이크로 녹음되어 재판에서 낭독된 녹취록에 담겨 있었다. "드라이버는 내가 빼앗았어요!"

크리즈는 자신의 최종 결론을 제시했다. "배시가 무죄판결을 받은 뒤 윌시는 이런 이야기를 했다. 배시가 총격 이후 몇 시간 동안 자신을 집안에 들어오지 못하게 했는데, 바로 그때 [키스의] 드라이버를 현장에서 치운 것 같다고. 윌시는 그때가 바로 배시를 위한 은폐가 시작된 시점이라고 말했다."[11]

*

비달과 가족의 시련이 뉴스로 보도된 시기는 내가 이 책을 쓰기 위해 막 자료 조사에 착수한 무렵, 말하자면 내 두 아들의 멀쩡한 정신을 받치고 있던 막이 파괴된 이후였다. 키스의 사망 사건이 내 마음속에 유난히 선명하게 들어선 것은 이 사건에 배어 있는 처절함 때문이었다. 그러나 그게 누가 되었든 정신의 병을 앓는 사람이 당하는 파괴적 행위는 무엇이든 다 처절한 것 아니던가. 내가 이 이야기에 사로잡힌 것은 바로 그런 이야기를 찾고 있었기 때문이라고 말하는 편이 더 진실에 가까울 것이다.

정신질환의 세계를 의식적으로 탐색하기 시작하면 정신질환은 선명히 초점에 잡히며 불쑥 시야 안으로 들어온다. 그것은 어디에나 있다. 눈에 띄지 않게 숨은 채 알아봐줄 때를 기다리고 있을 뿐이다. 정신질환을 보이지 않게 가리는 위장색은 그 측은한 존재들, 두려운 존재들, 입에 담을 수 없는 존재들에게 관여하기를 거부하는 인간의 본능, 그들이 처한 상태가 우리에게 요구하는 도덕적 의무 앞에서 눈을 감아버리려는 인간의 본능이다. 정신질환에 마음과 의식의 초점을 맞추는 일은 추상적 관념들이 살과 피로 바뀌는 모습을 지켜보는 일이다. 조현병이 내 아들 케빈을 괴롭히다가 자살로 데려간 지 8년 후에 일어난 키스 비달의 사망 사건이 바로 내게 그랬다.

정신질환이란 말을 꺼내면, 지난 몇 년 동안 당신의 머리를 다듬어주던 친절한 미용사가 정신질환에 시달리는 아들에 관한 이야기를 털어놓는다. 교감 선생님은 고개를 끄덕이며 한때 유망한 피아니스트였으나 이제 정신병원을 들락날락하는 자기 이모 이야기를 들려준다("들락날락"은 앞으로 자주 접하게 될 표현이다). 당신을 진찰하던 심장병 전문의 부부는 망상에 시달리는 여동생을 돌보느라 수천 달러를 쏟아부었다고 털어놓는다. 당신이 잘 안다고 생각했던 어떤 남자는 전에는 한 번도 말하지 않았던 아들 이야기를 꺼낸다. 열일곱 살 때 갑자기 사라져 몇 주 뒤 샌디에이고에서 도무지 앞뒤가 안 맞는 편지 한 통을 보내고는 그 이후로 소식을 알 수 없다는 것이다. 당신이 다니던 철물점의 점원은 안정화된 조현병 환자지만, 당신은 한 번도 눈치채지 못했다. 눈치챌 만한 실마리를 보고도 알아차리지 못했을지도 모른다. 또는 실마리를 보고 알아차렸지만 다음 순간 그냥 그 사실을 밀어냈을 수도 있다. 말하자면 머릿속에서 몰아내버린 것이다.

이런 이야기들은 당신이 초점을 1밀리미터 정도 옮겨 제임스 에이지James Agee가 "실상의 잔인한 광채"라고 칭한 것이 정확하게 시야에

막

잡히는 순간 듣게 될 만한 이야기들이다. 이 이야기들은 한번 들려오기 시작하면 결코 멈추지 않는다. 전에는 건성으로 훑으며 건너뛰었던 신문과 온라인의 기사들이 이제는 마치 볼드체로 인쇄된 듯 당신의 시선을 잡아끈다. 길바닥에 얼굴을 박고 엎드려 있는 시체를 비추는 텔레비전 화면은 당신의 시선을 붙들고 당신의 입에서 "정신질환자인가?"라는 중얼거림을 끄집어낼 것이고, 당신은 그 질문의 답이 얼마나 자주 '그렇다'로 밝혀지는지 확인하며 놀라게 될 것이다.

*

1976년 5월의 어느 날, 정신질환에 대한 생각이 그날 오후보다 더 내게서 멀리 떨어져 있었던 날은 없었을 것이다. 바로 내가 결혼하게 될 여인을 만난 날이다. 라과디아 공항에서 보잉 707기에 탑승해 복도를 걸어올 때부터 그녀는 이미 내 시선을 사로잡았다. 그녀와 나, 둘 다 탑승 후 좌석을 정하게 되어 있었다. 아직 그런 일이 가능했던 시절의 이야기다. 먼저 탑승한 내가 오른쪽 복도 측 좌석에 앉아 줄지어 들어오는 탑승객들을 바라보고 있을 때 아너리 플레밍Honoree Fleming이 나타났다. 그녀가 내 옆자리에 앉기도 전에 난 이미 그녀를 사랑하기 시작했다. 클로버 같은 초록 눈동자에 아일랜드인다운 고동색 머리카락을 허리까지 늘어뜨린 그녀는 무척 아름다웠지만, 그것이 나를 사로잡은 전부는 아니었다. 그녀의 동작에서는 우아함과 차분함이 피부로 느껴질 만큼 분명하게 풍겨 나왔고, 그 녹색 눈동자에는 진중함이 서려 있었다. 나는 그녀에게서 엄청난 지성과 온화함을 동시에 감지했다. 자신의 탑승권을 바라보던 그녀가 눈을 들어 내 옆 빈자리를 쳐다보았고, 나는 자리에서 일어나 옆으로 비켜났다. 나는 그때까지 내 삶에서 일어난 모든 일이 내가 자리에서 일어나 옆으로 비켜나고, 앞으로 나와 똑같은 역사를 펼쳐가게 될 그 여인이 내 옆자리에 앉던 그 순간으로 나를 데려다놓기 위해 정확하고 정밀하게 진행되어왔음을 깨달았고, 그 후로도 언제나 그렇게 느꼈다.

정해진 좌석이 없던 한 쌍의 탑승객.

2년 전 시카고 대학교 생화학과에서 박사 학위를 받았고, 그 전에는 뉴욕 대학교에서 파이 베타 카파 클럽의 회원이 되는 영예를 안았던 아너리는 박사 후 과정에서 스테로이드호르몬에 관해 연구하고 있었다. 그녀가 가난과 고생스러운 이민, 어린 시절에 겪은 사별의 아픔 같은 가족의 유산을 견뎌낸 사람이라는 사실을, 후에 그녀가 도시 여성답게 자연스럽고 여유 만만한 태도로 말해주기 전까지 나는 상상도 하지 못했다. 아너리의 어머니는 초가집 세 채뿐인 아일랜드 메이요주의 작은 마을에서 자랐다. 흙바닥 집에서 여덟 형제자매와 함께 지내며 매일 맨발로 몇 킬로미터씩 걸어 학교에 다녀야 했다. 1928년에 열일곱의 아너라 레일리Honora Reilly는 절망적인 살림에서 돈 부담을 덜어주기 위해 집을 떠났다. 그녀는 홀로 배를 타고 미국으로 건너가 친척들이 살던 네브래스카주의 오마하까지 기차를 타고 찾아갔다. 그러고서 얼마 안 가, 이 시골 처녀는 오마하의 불빛이 자신을 비춰줄 만큼 충분히 밝지 않다는 사실을 깨닫고 대담하게 시카고로 옮겨 갔다. 거기서 그녀가 맞닥뜨린 것은 모든 가게

막

마다 유리문 안에 붙여 놓은 '아일랜드인 구직자 사절'이라는 푯말이 었다.

이 젊은 이민자는 시카고의 사우스사이드에서 유모로 일했다. 때로 주말이면 자기 소유의 몇 권 안 되는 책들을 꺼내 가슴에 꼭 끌어안고서 시카고 대학교 캠퍼스 안을 서성였다. 어떤 기분일지 느껴보고 싶어서였다. 아너라는 세상을 떠나기 얼마 전에야 이 이야기를 아너리에게 들려주었다.

후에 아너라는 뉴욕으로 갔고, 그곳에서 잉글랜드계의 버클리 플레밍Berkeley Fleming이라는 정비공을 만나 결혼했다. 그녀가 아들 셋과 막내인 아너리까지 네 명의 자식을 낳았을 때 플레밍은 알코올의존증에 빠졌다. 아너리가 기억하는 가장 오래된 기억 가운데 하나는 워싱턴 하이츠에 있던 아파트의 주방 싱크대 옆에 서서 아버지가 잇몸의 통증을 누그러뜨리기 위해 펜치로 자기 치아를 하나하나 모조리 뽑는 모습을 지켜본 일이다. 아버지는 아너리가 다섯 살이 된 그 이듬해에 세상을 떠났다. 그 소식을 듣자마자 아너리가 어머니한테 처음으로 한 말은 "그럼 우린 이제 어떻게 살아남아요?"였다.

그들은 살아남았다. 가난한 환경에도 불구하고 아너라는 배움을 향한 열렬한 신념을 잃지 않았다. 아너리와 세 오빠는 총 네 개의 학사 학위와 두 개의 석사 학위, 두 개의 박사 학위를 받았다. 남편도 기술학교에 보내 공부를 시켰던 아너라는 쉰아홉이라는 나이에 간호조무사가 되기 위해 필요한 생물학을 비롯한 학문을 배우러 다시 학교에 들어갔다.

뉴욕발 시카고행 비행기에 오른 그날, 아너리는 마운트 시나이 병원 연구소의 취업 면접을 성공적으로 끝내고 돌아가는 길이었다. 면접을 마친 뒤에는 그곳에서 열린 과학 학회에도 참석했는데, 오후의 마지막 발표자가 참석을 취소하는 바람에 그녀는 예정보다 일찍 라과디아 공항으로 가기로 했다. 매표 창구에서 차례를 기다리고 있을 땐 같은 학회에 참석했던 제법 덩치 큰 또 한 사람이 아너리 앞으로 끼어들려고 했다. 워싱턴 하이츠 출신은 강력히 맞섰다. 아너리는 그 새치기꾼을 밀어내고 그에게 빼앗길 수도 있었을 항공권을 손에 넣었다. 그 후로 나는 그날 아너리가 자기 차례를 빼앗겼더라면 내가 덩치 크고 무례한 남자 과학자와 결혼했을지도 모른다는 농담을 즐겨 하곤 했다. 아너리는 가방에서 스테로이드호르몬에 관한 700페이지짜리 책을 꺼내려다가 옆 좌석에 앉은 이 흥미로워 보이는 남자의 기를 질리게 할지도 모른다는 생각에 꺼내지 않기로 했다고 한다.

흥미로워 보이는 그 남자는 텔레비전 뉴스를 비판적으로 검토한 첫 책을 쓰기 위해 텔레비전 방송사 경영자들을 며칠간 인터뷰한 뒤 시카고로 돌아가는 길이었다. 신문 칼럼니스트로 일하던 나는 당시 휴가를 내고 시카고에서 남동쪽으로 150킬로미터쯤 떨어진 미시건호의 남쪽 끝자락에 자리 잡은, 자연석으로 지은 아주 오래되고 지독히도 흉물스러운 2층짜리 건물을 세내어 지내고 있었다. 언덕 위에 자리한 그 집 맞은편에는 비슷하게 생긴 집들과 잎이 무성한 나무들이 빼곡히 늘어선 자갈길이 있었고, 거기서 내리막길을 따라 내려가면 좁다란 호숫가가 나왔다. 그 지역에 전해 내려오는 이야기에 따르면 1920년에 시카고 마피아가 여름 별장으로 쓰던 집들이라고 한다. 8월 중 이틀이나 사흘 정도는 저녁에도 지는 햇빛을 받

막

은 시카고의 높은 건물들이 작지만 분명하게 보였다.

나는 그 집을 혼자서 집필에 집중하기 위한 은신처로 쓸 계획이었다. 그 집은 정말 내 은신처가 되었지만 혼자만의 은신처는 아니었다. 주말이면 아너리가 사우스 쇼어 철도를 이용해 근처의 인디애나주 뉴버팔로까지 찾아왔다. 우리는 친구들을 초대해 함께 호수에서 수영을 하고, 그릴 요리를 해 먹고, 빈둥거리고, 나중에 알고 보니 말도 안 되게 싼값에 샀던 샤토 마르고 와인을 마셨다.

몇 주가 지난 뒤, 어느새 우리는 자식들을 어떤 식으로 키울지 의논하고 있었다. 사랑을 듬뿍 주면서도 단호하게 키워야 한다는 것이 우리 둘 모두의 생각이었다. 나는 농담 삼아 당시 정치판에서 유명했던 인물로 닉슨의 참모이자 워터게이트에 가담했던 H. R. '밥' 홀드먼H. R. "Bob" Haldman만큼이나 맹렬하게 훈육을 중시할 거라고 힘주어 말했다.

그해 여름은 아너리가 뉴욕의 새 직장으로 떠나며 끝났다. 책 집필도 끝났고, 나도 곧 그 돌집을 떠나 시카고로 돌아가야 할 판이었다. 8월 말 비 내리던 어느 밤, 우리는 뒤뜰로 난 돌출 현관에 나와 앉아 희미한 노란 램프 불빛 아래서 와인을 마시며 우리의 미래가 어떻게 펼쳐질지 이야기했다. 눈에는 보이지 않았지만 저 아래 호수가 출렁이고 바람이 불고 있었다. 나는 약간 감정이 북받친 상태였다. 그래, 솔직히 말하자. 나는 흥분해서 울어대며 못난 꼴을 보였다. 그녀와 1500킬로미터나 떨어진 곳에서 지내야 한다는 게 너무 걱정스러웠다. 아너리는 침울한 상태였지만 차분했다. 우리는 서로 사랑하잖아. 방법을 찾아낼 거야. 그녀가 옳았다. 1년을 떨어져 사는 동안 우리는 적어도 한 달에 한 번은 만났고, 매일 밤 통화했다. 한 해가 지난 뒤, 나는 시카고의 직장을 그만두고 그녀와 함께하기 위해 짐을 싸서 뉴욕으로 향했다. 이스트 85번가에 있던 아너리의 작은 아파트에서 우리는 함께 살았다. 아파트 앞에는 차가 밟고 지나갈 때마다 덜컹거리는 맨홀 뚜껑이 있었다. 나는 날카로운 소음이라면 질색하는 사람이다. 그러나 그 맨홀 뚜껑 소리는 그 어떤 소음보다도 소중하게 내 마음에 간직되어 있다.

1978년 10월, 우리는 센트럴파크 맞은편 에티컬 컬처 소사이어티 건물에서 결혼식을 올렸다. 결혼식이 끝난 뒤에는 택시를 타고 웨스트 86번가에 있는 우리의 새 아파트로 갔다. 아파트에 도착하자 아너리는 웨딩드레스 차림 그대로 손님들에게 대접할 전채 요리 만드는 일을 지휘했다. 내 인생 최고의 결혼식이자 유일한 결혼식이었다.

*

딘 폴 저스틴 파워스Dean Paul Justin Powers는 1981년 11월 18일에 태어났다. 딘은 예정일보다 3주 늦게, 그리고 내 40번째 생일에 맞춰 우리에게 왔다. 나는 아너리에게 생일 선물로는 넥타이 하나면 충분했을 거라고 농담을 했다. 그러나 사실은 질문이 가득 담긴 그 환한 눈을 본 순간부터, 아이는 내 마음속에 너무나 소중한 존재로 자리 잡았다. 길고 긴 독신 생활을 이어가는 동안 나는 딱히 자식에 관해 기대를 가져본 적도, 깊이 생각해본 적도 없었다. 아이는 '책임'과 '도전'이 따르는 '거추장스러운' '선택 사항'이라고 생각했던 나의 추상적 관념들은 딘의 따뜻한 몸과 숙연함마저 느껴지는 아기 특유의 무력함, 음식을 먹이는 것에 대한 고마움의 표현, 매일 하루가 다르게 길어지는 손가락 같은 구체적 현실 앞에서 싹 말라 사라졌다. 얼마 안 가 나는 아이 없이, 아들 없이 살아온 지난 40년이 어땠는지 까맣게 잊었다.

딘은 아장아장 걷던 시절에 이미 몽상가였고 지금도 여전히 몽상가다. 나는 일자리를 구한 뒤 우리 17층 아파트에서 기사와 원고를 쓰며 딘을 돌보았고, 아내라 장모님도 아이 보는 것을 도와주셨다. 그 아파트는 야구 선수 베이브 루스가 한때 살았던 건물과 마주 보고 있었다. 아내리는 센트럴파크를 가로질러 북쪽으로 몇 블록 더 떨어진 마운트 시나이 병원에서 연구원으로 일하며 스테로이드호르몬이 배양된 자궁 세포에 미치는 영향을 연구했다. 나는 매일 캔버스와 알루미늄으로 된 캐리어에 딘을 싣고 등에 업은 채로 브로드웨이까지 가서 드라이클리닝 세탁소와 와인 상점, 슈퍼마켓, 오리를 꼬챙이에 끼워 돌리며 굽는 작은 그리스식 테이크아웃 식당을 돌아다녔다. 뉴욕으로 옮겨 간 지 얼마 되지 않아 아직 중서부 사람 특유의 조심스러움을 떨치지 못했지만, 내 등에서 통통 몸을 굴리고 흔들어대는 딘을 업고 걸을 때면 그 무엇도 이 아이를 파괴할 수 없으리라는 비이성적인 확신의 감정에 휩싸였다. 제아무리 비뚤어진 인간이라도 이렇게 환하게 기쁨으로 빛나는 아이를 해친다는 것이 어떻게 가능하겠는가? 누구든, 무엇이든 말이다.

두 살이 되자 딘에게는 평생 유지될 몇 가지 신체적 특징이 자리 잡았다. 숱 많고 헝클어진 갈색 머리카락과 아내리를 닮아 녹색을 띤 담갈색 눈동자, 나를 닮은 진중한 표정까지. 그 무렵 우리는 매일 아파트 건물에서 출발해 둘이서 손을 잡고 웨스트엔드 애비뉴를 가로질러 리버사이드 공원까지 어슬렁어슬렁 걸어가며 산책을 했다. 뉴욕 보도에 깔린, 아마 한때는 석탄을 실어 나르는 데 쓰였을 수천 개나 되는 격자 철망 중 하나가 길모퉁이를 도는 지점에 자리하고 있었다. 딘은 그 철망만 보면 그냥 지나가지 못했다. 꼭 걸음을 멈추고 위에 올라서서 몸을 구부린 채 그 밑의 어두운 구덩이를 들여다보았다. 그렇게 들여다보는 시간은 꽤 길어지기도 했는데, 그러면 이 중서부 출신 아빠의 내면에는 이따금 불안감이 번뜩 스치곤 했다. 그럼에도 내가 진지하게 걱정을 한 적은 한 번도 없었다. 여전히 내 아들은 결코 파괴할 수 없는 존재이며, 그런 아들 곁에 있으면 나 자신도 파괴할 수 없는 존재가 되는 듯한 비이성적인 생각을 갖고 있었으니까. 그리고 나는 지금에 와서야 그때 어두운 구덩이를 들여다보던 딘의 시선에서 은유 하나를 발견하는, 그러면서 동시에 그 은유를 거부하고 있는 나 자신을 느낀다.

리버사이드 공원에 도착하면 딘은 놀이터로 직행했다. 미끄럼틀의 계단을 하나하나 밟아 꼭대기까지 올라가는 걸 정말 좋아했다. 다 올라가면 멈춰 서서 허드슨강과 그 너머 뉴저지 쪽을 하염없이 바라봤고, 그러다보면 뒤이어 올라온 아이들이 한 명씩 쌓여 미끄럼틀은 누구도 꼼짝할 수 없을 만큼 만원이 됐다. 내가 옆에서 손가락을 퉁기면 대개는 혼자만의 응시에서 빠져나왔지만 때로 꼼짝 않고 계속 바라보기만 할 때도 있었다. 딘은 무엇을 찾고, 혹은 바라보고 있었던 걸까? 뒤에 줄을 선 아이들은 보지 못한 그것은 대체 무

막

엇이었을까? 딘이 네 살쯤 되자 우리의 산책은 모험(어드벤처)이, 또
는 딘의 발음으로는 "버벤처"가 되었다. 86번 스트리트와 브로드웨
이까지 걸어가서 IRT 지하철("선웨이")을 타고 한참을 가서 로어맨
해튼 끄트머리에서 내린 다음 엘리스섬까지 가는 페리에 오르는 경
로였다. 가는 도중에는 목을 길게 빼고서 딘이 "스내추 딜리버리"○라
고 부르던, 위풍당당하게 횃불을 높이 치켜든 거대한 녹색 여인을 올
려다보았다. 아니면 택시를 타고 자연사박물관까지 가서 섬유 유리
로 만든 거대한 파란 고래와 공룡 뼈를 보고, 어린 개코원숭이가 덤불
을 돌아가다가 기다리고 있던 독사 앞에서 깜짝 놀라 미끄러질 듯 멈
춰 서는 장면을 연출한 입체 모형까지 빼놓지 않고 구경했다. 그 장면
을 볼 때마다 딘은 늘 골똘히 생각에 잠겼다. 나는 험악한 죽음이 코
앞에 닥친 그 극적인 자연의 장면을 흡수할 때 아들의 머릿속에서 어
떤 생각의 조각들이 조합되고 있는지 궁금했다.

*

　케빈 버클리 파워스Kevin Berkeley Powers는 1984년 7월 21일, 마치 로
켓을 타고 온 아이처럼 이 세상에 당도했다. 너무 빠른 속도로 등장해
서 한순간 산과 의사의 장갑 낀 손을 통과해 날아가버릴 것 같은 기분
이 들 정도였다. 비교적 피부색이 짙었던 딘에 비해 케빈은 살결이 상
아처럼 희었고, 머리카락이 자라기 시작하자 파란 두 눈 위 이마에 길

○　Statue of Liberty, 즉 자유의 여신상을 가리키는 아이의 발음.

고 노란 곱슬머리가 드리웠다. '빠른 속도'는 케빈의 삶의 방식이었다. 케빈에 비해 과묵한 딘은 새롭게 등장한 이 흥겨운 존재를 재미있어하며 인내를 가지고 관찰했다. 2년 8개월 차이가 나는 둘은 곧 친한 놀이 동무가 되었고 나중에는 친구가 되었으며, 더 나중에는 기운 넘치는 기타 듀오가 되었다.

케빈이 태어났을 때 우리는 웨스트사이드 맨해튼에서 뉴욕시 바로 북쪽에 접해 있는 용커스의 작은 2층 벽돌집으로 이사해 살고 있었다.

언제 어디서나 걱정할 거리를 찾아내는 재주가 있는 나는 한동안 이 불가해한 작은 존재가 이미 완전히 굳어진 듯 보이는 가족의 유대 속으로 무사히 파고들 수 있을지 마음을 졸였다. 그러나 쓸데없는 걱정이었다. 케빈은 자기 안에 활기의 원천을 장착하고 세상에 왔다. 문틀에 매달아놓은 졸리 점퍼를 타고 혼자 깡충깡충 뛰면서 신이 나 까르륵대는가 하면, 팔을 사방으로 흔들며 우리 모두의 주의를 집중시켰다. 딘도 거슬려하지 않는 것 같았다.

사실 딘은 자기에게 주어진 형이라는 역할을 매우 진지하게 받아들였고, 그 역할로 인해 더 진중해진 것 같았다. 딘은 집안에서 어른들이 하는 중요한 일에 함께 참여하는 것을 좋아했다. 어느 날 오후 집에 돌아와보니 딘이 손가락과 턱에 빵가루를 묻힌 채 아너리와 함께 주방에 있었다. 아이는 내가 들어오자 인사를 하더니, 아주 중요한 일을 하고 있다는 말투로 이렇게 말했다. "우리 **멋진** 닭요리를 만들고 있어요!"

용커스로 이사하기 전, 젖은 땅이 질척거리던 어느 가을날 딘

막

과 내가 리버사이드 공원의 작은 놀이터에 단둘이 있을 때였다. 딘은 그네를 타고 있었고 나는 몇 미터 떨어진 곳에 서서 딘을 지켜보던 중이었다. 문득 어떤 느낌이 놀이터의 반대쪽 구석에 있는 형체에게로 내 시선을 잡아끌었다. 마른 체격의 낯선 젊은 남자가 기름진 검은 머리카락에서 빗물을 뚝뚝 떨어뜨리며 내 아들을 쳐다보고 서 있었다. 두 손은 쥐색 레인코트 주머니에 찔러 넣은 채였다. 잠시 뒤 그는 딘에게서 나에게로 주의를 옮겼다. 우리는 서로의 눈을 빤히 응시하며 꼼짝 않고 서 있었다. 신나게 그네를 타고 있는 딘과 우리 둘 외에 사람은 한 명도 보이지 않았다.

전속력으로 달리면 저 작자보다 먼저 내 아들에게 닿을 수 있을까? 그보다는 내가 큰 걸음으로 세 걸음 정도 딘과 가까웠다. 나는 무릎을 살짝 굽히고 돌진을 준비하며 근육을 긴장시켰지만, 그 외에는 미동도 하지 않았다. 아직은. 나는 그자가 움직일 때를 기다렸다. 그자와 나는 여전히 서로를 뚫어지게 응시하고 있었다. 30초쯤 지나자 그가 짧게 희미한 미소를 보이더니 돌아서서 가버렸다. 나는 재빨리 딘 곁으로 바싹 다가갔다.

그 일이 있은 뒤로 절대 해를 입지 않을 거라는 나의 착각은 사라졌다. 그 낯선 존재는 다른 모습으로 또다시 나타날 것이었다. 그리고 그때는 내가 늦지 않게 내 아들에게 가 닿을 수 없을 터였다.

*

여러 해 동안 나는 매년 8월마다 버몬트주 미들베리 옆에 우뚝

숏은 그린 마운틴 국유림 인근에서 열리는 브레드 로프 저술가 콘퍼런스Bread Loaf Writers' Conference에서 논픽션에 관한 강의를 맡아왔다. 딘이 브레드 로프를 처음 방문한 것은 태어나기 석 달 전이었다. 허리까지 기른 머리카락을 길게 땋아 늘이고 발목까지 내려오는 보라색 페이즐리 무늬의 임신부 원피스를 입은 아너리는 눈부시게 아름다웠다. 그곳을 방문한 열여섯 번의 여름 내내 우리에게는 운 좋게도 호머 노블 농가Homer Noble farmhouse가 숙소로 배정되었다. 19세기에 지은 하얀 목골 주택으로 브레드 로프 캠퍼스에서 2킬로미터도 채 떨어지지 않은 작은 언덕 위에 자리한 집이었다. 그 집에서 주도로로 이어지는 흙길에는 양옆으로 블랙베리 덤불이 경계선을 만들어주고 있었다. 집 뒤편 북쪽으로는 풀로 덮인 언덕이 펼쳐졌고, 그 너머의 숲에는 나무들이 무성했다. 로버트 프로스트Robert Frost가 1939년 여름 별장으로 이곳을 사서 세상을 떠난 1963년까지 그 집에서, 그리고 숲과 좀 더 가까이 있는 작은 통나무집에서 글을 썼다고 한다. 그 집은 1968년에 국가 역사 기념물로 지정되었다.

아이들에게 브레드 로프는 일종의 브리가둔Brigadoon° 같은 곳, 매년 8월 다섯 시간 동안 차를 달려 산길 모퉁이를 돌아서면 눈앞에 나타나는, 세상에 둘도 없는 왕국이었다. 연노랑 페인트를 칠한 벽면에 녹색 지붕과 덧창문이 달린 직각의 목골 건물들(체류자들의 공동 숙소)이 있고 저 멀리 안개가 정상을 휩싼 산들에 에워싸인, 영원히 여

° 스코틀랜드 하일랜드에 있으며 100년마다 딱 하루만 모습을 드러낸다는 전설 속의 아름다운 마을. 브리가둔 마을에 걸린 마법은 그 마을 주민 누구도 마을을 떠나지 않을 때에만 유지되며, 마법이 깨지면 마을과 모든 주민은 영원히 안개 속으로 사라져버린다고 한다.

름인 작은 왕국 말이다. 거기서 가장 위풍당당한 건물은 1860년대에 지어진 브레드 로프 인Bread Loaf Inn(수많은 방과 기다란 식당, 관리실, 향기 나는 벽난로가 있는)이다. 그 건물 뒤에는 《이상한 나라의 앨리스》에 나올 법한 거대한 문이 달린 낡고 웅장한 3층 건물이 있다. 바로 '헛간The Barn'이라 불리는 곳으로, 여기에는 강의실들과 참가자들이 책을 읽고 대화를 하고 음식을 먹고 금요일 밤이면 춤을 추는 널찍한 메인 홀이 있다. 그 건물 뒤 언덕을 따라 내려가면 예상 밖의 경이를 또 하나 만나게 되는데, 바로 중간에 솟은 작은 섬과 거기까지 가는 뗏목이 보이는 작은 호수다.

공항 셔틀버스를 타고 마치 과거 여행을 온 것 같은 느낌의 브레드 로프 캠퍼스에 내리면 어른들은 강렬한 감정에 멍해져 잠시 말을 잃는다. 도시에서 자랐다 해도 마법 같은 매혹에 마음이 활짝 열려 있는 아이들이라면 그곳에 영혼이 사로잡혀 결코 벗어나지 못하는데, 딘과 케빈이 바로 그런 아이들이었다. 형제는 자기들로서는 어디서 왔는지 알 수 없는 200여 명의 어른들이 거주하고 있는 이 왕국에 흠뻑 빠져들었다. 이리저리 배회하는 점잖고 친절한 그 어른들은 때때로 한꺼번에 그 헛간이라 불리는 건물과 또 다른 건물 안으로 사라졌다가 한 시간 정도 지나면 다시 밖으로 몰려나와서 또 한동안 걸어 다니고, 이윽고 다시금 건물 안으로 사라지곤 했다. 그 어른들 중에는 우리처럼 아이를 데리고 온 사람도 있었다. 말하자면 그 왕국 안에는 또 하나의 왕국이 있는 셈이었다. 자주개자리 꽃이 만개한 들판에서 뛰놀다가 풀숲에서 머리를 쏙 내밀고, 줄을 서서 기다리다 브레드 로프의 직원이 저어주는 뗏목에 올라 호수 가운데 섬으로 가보고, 식당의 긴 테이블에 함께 앉아 깔깔거리며 웃어대는 아이들의 왕국 말이다.

딘과 케빈은 프로스트의 호머 노블 농가(저희 발음으로는 "호보노보")도 정말 좋아해서 2층의 작은 방들을 샅샅이 훑으며 다니는가 하면, 바람에 부풀어 오른 레이스 커튼 자락을 어루만지고, 까맣게 탄 장작과 고서의 딱딱하게 굳은 접착제에서 나는 오래된 향기를 들이마셨다. 저녁이면 어른들이 '리틀 극장'에 앉아 롱아일랜드 노동자의 바리톤 목소리로 노동계급의 품위를 읊은 시를 포효하듯 쏟아내던 폴 마리아니Paul Mariani의 낭송이나 린다 파스탄Linda Pastan의 기지 넘치는 경구("나는 분명 / 기억해야 할 것들의 목록과 / 잊고 싶은 것들의 목록을 만들었는데 / 이제 보니 두 목록이 똑같구나")에 귀 기울이는 동안, 아이들은 어두워져도 안전한 버몬트의 밤을 만끽하며 신나게 뛰어놀았다.

그렇게 몇 년이 지나자 우리 머릿속에는 버몬트로 이사하고 싶다는 생각이 자리 잡았다. 미들베리 대학의 영문과 교수인 우리 콘퍼런스의 책임자가 아너리를 화학과에 추천해주었고, 자격이 충분한 아너리의 경력을 알아본 그들은 아너리를 생화학과 객원교수로 임용하면서 향후 종신 교수가 될 가능성도 크다고 암시했다. 뜬구름만 같던 우리의 꿈이 이제 현실의 문턱을 넘어서려 하고 있었다.

그러나 우리는 주저했다. 아너리는 평생 뉴욕시에서 살아온 뉴욕 토박이였다. 나의 생계 수단도 뉴욕에 묶여 있었다. 넓은 주거 공간을 찾아 용커스로 이사하긴 했지만 그곳은 그래도 뉴욕과 가깝지 않은가. 그러던 중, 앨리스 툴리 홀에서 열린 실내악 공연에 가기

막

로한 어느 날 밤이었다. 공연 시간에 늦은 데다 주차장도 만원이라 우리는 모험을 감행하여 10번 애비뉴에 차를 세워두고 공연을 보러 가기로 했다. 그 결과로 입은 피해가 그리 극단적이지는 않았다. 유리창이 깨지고 카세트테이프 몇 개를 도둑맞은 정도였으니까. 그러나 아너리와 나는 습격당한 도시의 자유주의자들이 가질 법한 심경으로 서로를 바라보았고, 그 순간 우리 둘 중 하나가 말했다. "버몬트로 가자."

우리는 버몬트로 갔다. 우리에게도, 우리 아이들에게도 안전한 곳으로.

수년 뒤, 우리가 미들베리를 떠나고, 두 아들이 각자 자기만의 어두운 그림자를 만나고, 아이들과 함께 아너리와 나도 어둠 속으로 빨려 들어간 뒤, 호머 노블 농가 역시 훼손되었다. 눈 내리는 어느 저녁 그 근처 숲을 지나던 젊은 침입자들의 소행이었다. 내 아들들이 구석구석 탐험하고 잠을 자고 꿈을 꾸고 게임을 하던 곳에서, 그자들은 파티를 벌이고 유리창과 의자와 접시를 깨고 맥주병과 럼주병을 던져놓고 토사물과 침과 오줌 웅덩이를 남기며 1만 달러에 달하는 손해를 입혔다. 세상 어떤 곳도 안전하지 않다. 하지만 그때는 이미 우리도 그 사실을 절절히 깨달은 뒤였다.

조현병이란 무엇인가

2

만약 모든 사람이 잠재적인 조현병 환자라면 어떨까? 우리 조상들 모두 당연한 수순을 따르듯 누구나 조현병에 걸렸었다면?

조현병이 인간 의식의 기본적인 상태라면?

그러한 전의식前意識 상태의 흔적이 사람의 뇌에, 모든 신생아의 뇌에 여전히 내장되어 있다면 어떨까? 잠들어 있지만 살아 있는 채로, (예이츠의 표현을 빌리자면) 언제 어떻게 닥칠지 모를 모종의 환경과 충돌하여 상처를 입고서, 비록 파괴와 자기 파괴의 어두운 시에 지나지 않을지언정 한 편의 시로 태어날 순간을 기다리고 있는 거라면? 또는, 어쩌면 똑같이 충격적인 상상일지 모르지만, 그 의식이 그렇게 잠재해 있다가 자극을 받아 깨어난 상태로 우리에게 예술의 빛나는 시 혹은 신의 시를 **주는** 것이라면?

기괴하게 여겨질 수도 있으나 사실 이런 질문은 현대의 진지한 학자들이 '조현병이란 **무엇**인가'라는 답할 수 없는 질문에 답하려 애쓰는 과정에서 제기해온 내용이다.

조현병에 관해서는 알려진 것이 너무나 적기 때문에 신경정신의학자들과 연구자들도 그 원인과 결과에 관한 확정적인 이론을 내놓기를 주저한다. 심리학 교수이자 저술가인 리처드 놀Richard Noll은 조현병의 근원과 원인과 관련하여 이렇게 썼다. "현대의 독자들은 오늘날 우리가 도달한 과학 지식의 수준 앞에서 겸손하게 구는 편이 현명할 것이다." 그는 조현병에 관한 논문이 1998년부터 2007년 사이에 3만 편 이상 발표되었으며, 그 후로 발표되는 논문 수가 한 해에만 5000편 이상씩 증가했음을 지적했다. 재앙 수준의 고통을 야기한다는 점과 더불어, 결정적인 이해와 치료가 거의 불가능하다는 점에서도 조현병은 암과 일맥상통한다.

신경정신의학자들과 관련 직군의 전문가들은 최근 들어서야 몇 가지 근본적인 가능성에 대해 합의를 이루는 방향으로 나아가고 있을 뿐이다. 그 가능성이란 다음과 같은 것들이다.

우리가 '조현병'이라 부르는 것은 하나의 질병 또는 '하나의 범주로 정의되는 질환'이 아니라, 몇 가지 독특한 뇌의 기능 이상들이 조합된 흔치 않은 상태를 말한다. 그 기능 이상들은 본질적으로는 유전적 성격을 갖고 있지만, 머리카락 색이나 눈동자 색 같은 직접적인 유전보다는 훨씬 더 복잡한 성격을 띤다.

유전적 이상이 있다고 해도 **환경적** 조건에 자극되지만 않으면 조현병이 발병할 가능성은 아주 작다. 조현병을 일으키는 가장 큰 환경요인은 스트레스로, 태아기와 아동기 초기 그리고 청소년기에 받는 스트레스가 특히 큰 영향을 미친다. 뇌가 끊임없이 스스로를 재편성하느라 각종 혼란에 가장 취약한 시기이기 때문이다. 스트레스는 한 사람이 지속적으로 느끼는 분노나 공포, 불안 또는 그 감정들이 뒤섞인 상태로 다가올 수 있다. 스트레스는 코르티솔의 과잉 공급을 초래함으로써 해를 입힌다. 코르티솔은 평소에는 간과 근육조직에서 고에너지의 글리코겐을 포도당으로 분해하여 생명 유지를 돕는 '스트레스 호르몬'이지만, 글리코겐의 쇄도를 억제하라는 임무가 떨어지면 어느 의료 옹호 활동가의 표현처럼 "공공의 적 제1호"로 바뀔 수 있다. 스테로이드호르몬°이 흘러넘칠 정도로 차오르면 체중 증가, 고혈압, 심장병, 면역계 훼손, 콜레스테롤 과잉이 일어난다. 이렇게 스트레스는 조현병의 도화선이 된다.

많은 과학자들은 스트레스가 청소년기에 자연스럽게 진행되는 '시냅스 가지치기pruning' 과정에 특히 파괴적인 영향을 미친다고 추측한다. 시냅스 가지치기는 필수적이고 결정적으로 중요한 세포 파괴 과정이지만, 이 때문에 전전두피질은 온갖 혼란에 취약한 상태가 될 수 있다. 시냅스 가지치기에 관해서는 나중에 상세히 설명할 것이다.

과학자들은 조현병의 증상을 양성과 음성, 인지 증상의 세 부류로 나누는 데 대체로 동의하며, 그중 양성 증상이 가장 극적이다. 양성 증상은 형체와 존재 그리고 가장 흔하게는 목소리로 이루어진 상상의 세계로 환자를 손짓해 부른다. 일부 조현병 환자들은 그런 목소리와 환각을 자신에게 말을 걸거나 자기 안에 살고 있는 또 다른 정체성으로 여기기도 한다. 자신이 역사 속 위대한 지도자라거나 심지어 신이라고 믿게 되는 상황이 바로 여기에 해당한다. 극단적인 경우에는 그 환각을 행동으로 옮겨 폭력적이고 치명적이며 자기 파괴적인 결

○ 코르티솔은 스테로이드호르몬의 일종이다.

과를 초래하기도 한다.

음성 증상은 일반적으로 움츠러드는 행동으로 묶을 수 있는 반응들이다. 의욕 저하, 굳어버린 감정, 친구들에 대한 수동적인 외면, 무기력 같은 형태를 띠는데, 임상 우울증의 증상과는 구별된다.

인지 증상에는 기억상실, 현재 일어나고 있는 일이나 들리는 말에 집중하지 못하는 상태, 정보를 처리하고 그 정보를 바탕으로 유용한 행동을 취하는 능력이 떨어지는 현상 등이 포함된다.

*

권위 있는 이론들이 점점 많이 나오고 있기는 하지만, 문외한인 나로서는 신경정신의학적 발견의 초창기에 등장한 한 권의 책에서 느끼는 매력을 무시할 수 없다. 당시는 그 책이 던진 전제들에 강력한 의문을 제기하고 탐색하던 시기였다. 이제는 시대에 뒤떨어진 책으로 여겨지지만, 비판자들 가운데 다수가 인정하듯이 저자가 "의식에 관한 의식the consciousness of consciousness"의 탐구라고 표현한 폭넓은 주제 안에서 광기의 근원에 관한 도발적인 견해들을 풍부하게 제시한다는 점만큼은 분명한 사실이다.

작고한 심리학자 줄리언 제인스Julian Jaynes가 1976년에 출간한 《양원적 정신의 해체와 의식의 기원The Origin of Consciousness in the Breakdown of the Bicameral Mind》°이 바로 그 책이다. 제목은 거북할 정도로 거창하지

○ 《의식의 기원》, 연암서가, 2017.

만, 줄리언 제인스는 인간이 사고하는 이유와 방식, 특히 인간이 자신에 관해 사고하는 이유와 방식에 관해 이례적으로 대담하고 독창적이며 설득력 있게 논한다. 또한 때때로 사람들이 환각을 보고, 출처없는 목소리를 듣고, 기상천외한 생각을 표현하고, '평범한' 사람들은 이해할 수 없는 행동을 하는 이유를 파헤친다.

유니테리언파 목사의 아들인 제인스는 심리학으로 들어서기 전 극작가이자 배우로 살면서 갖게 된 비임상적 관점들을 자기 견해의 바탕으로 삼았다. 그의 말에 따르면, 약 3000년 전까지만 해도 인류는 오늘날 우리가 정의하는 의식의 관점에서 보면 '의식이 있는' 존재가 아니었다. 다시 말해 옛 사람들은 자신에게 의식이 있다는 사실을 의식하지 못했고, '의식하고 있음을 의식한다'는 진술에 내포된 내적 성찰이 전혀 없었다는 것이다. 인류는 '소리의 권위'에 복종하고, 대체로 본능에 의지하는 종이었다. 자신의 생각 속으로 들어온, 독자적인 존재의 것으로 여겨지는 목소리를 아무 의심 없이 믿고 따랐다는 얘기다.

제인스의 이론을 과도하게 단순화하자면(과도한 단순화는 그 책의 469페이지 전체를 인용하지 않고서 그의 주장을 논할 사실상 유일한 방법이다), 3000년 전 인간 뇌의 두 반구는 수백만 가닥의 섬유로 연결되어 있기는 했지만 명확한 분업 체계에 따라 서로 거의 독자적으로 기능했다는 것이다. 좌뇌에는 (지금도 그렇지만) 언어를 이해할 수 있게 해주는 세 개의 '언어 영역'이 있었는데, 제인스는 이 좌반구를 "인간적인 부분"이라고 불렀다. 좌반구와 따로 떨어진 우반구는 언어보다 훨씬 복잡한 것을 보유하고 있었고, 아마도 여기가 신비주의와 종교의 온상일 터였다. 제인스는 이 우반구를 "신적인 부분"이라고 불렀다. 이곳은 인간이 들은 소리가 자리하는 장소였는데, 소리 중에서도 가장 중요한 것은 사람의 말소리로, 실제로 발화된 것이든 상상의 소산이든 그것은 상관없었다. 인간의 양분된 양원적 정신은 실제와 상상의 산물을 구분하지 않아서, 기억 속의 목소리에도 바로 지금 들리는 다른 사람의 말소리와 똑같은 진실성이 담겨 있다고 여겼다. 목소리는 주로 아버지의 목소리나 마을 어른의 목소리 같은 훈계조의 목소리였고, 따라서 복종을 요구하는 목소리였다. 신으로서의 목소리는 이렇게 탄생했다.

자급 농업과 유목의 시대, 인구가 점점이 흩어져 분포하고 사회적 복잡성이 비교적 덜했던 시대를 거치는 동안에는 양원적 뇌의 두 반구가 서로 거의 독립적인 기능을 수행했다. 인구밀도가 높아지고 분업, 발명, 전쟁 등의 맹렬한 사회적 상호작용이 증가하면서 뇌는 자의식을 갖는 쪽으로, 다시 말해 내면의 생각은 내면의 생각일 뿐 저 위에서 내려온 메시지가 아니라는 사실을 깨닫는 방향으로 진화할 수밖에 없었다. 그런데도 여전히 자신의 생각을 펼쳐내는 목소리는 마치 외부의 다른 존재에게서 온 것처럼 우리 안에서 메아리친다. 제인스는 사실상 오늘날 일상적으로 듣는 목소리조차 우리에게 일종의 복종을 명령한다고 주장한다. 누군가가 우리에게 말하는 바를 이해하려면, "우리는 그 사람이 되어야 한다. 아니, 그보다는 그가 짧은 순간이나마 우리의 일부가 될 것을 허용해야 한다. 자신의 정체성을 잠시 유보하는 것이다". 제인스에 따르면, 한참 진화가 진전된 오늘날에도 여전히 살아남아 있는 다른 하나는 "우뇌 반구에 있는 신적인 기능의 흔적"이다. "[나의] 이론적 모델이 정확하다면, 아무리 미미하더라도 과거 우뇌의 신적인 기능이 남아 있음을 보여주는 표시가 있을 것이다."[12] 책의 더 뒷부분에서 그는 이렇게 썼다. "현재 우리가 조현병이라고 부르는 것은 (…) 인류 역사로 보자면 기원전 400년경 신적인 존재와의 관계로서 시작되었다."[13]

양원적 뇌에서 통합된 뇌로 처음 의식의 전환이 일어난 시기는 호메로스가 기록한 양대 서사시 《일리아스》와 《오디세이아》 사이의 몇 가지 차이점에서 유추해볼 수 있다. 원래 구전으로 전해지던 이 두 이야기는 각각 기원전 750년과 650년 사이, 한 세기의 간격을 두고 서사시의 형태로 지어졌다고 알려져 있다. (그보다 더 오래전 작품이라고 보는 학자들도 있지만.) 과학 저술가 베로니크 그린우드Veronique Greenwood가 제인스를 소개하는 글에서 썼듯이, 《일리아스》의 등장인물들에게는 자기 내면을 들여다보는 능력이 없었다. "그들은 신이 제안하는 대로만 행동할 뿐이다." 그러나 《오디세이아》에서는 "등장인물들이 내면적 사고 비슷한 것을 해낸다. 내면에서 전개되는 이야기의 흐름도 있고, 더 높은 힘에게 안내받기를 원하는 갈망도 있는 현대적인 정신이 출현한 것이다".[14]

사실 신경학적 지식이 있는 독자들에게 제인스의 주장들은 기상천외한 소리로, 너그럽게 봐준다 해도 당시 이뤄지던 여러 발견에 무지한 탓에 심각하게 허술한 주장을 내세운 것으로밖에 보이지 않는다. 예컨대 그는 "어떤 뇌 영역을 사용했든 그런 목소리가 존재했다는 것은 절대적으로 확실하다"라고 쓰고는, 사람이 그런 목소리를 실제로 들리는 소리와 똑같이 경험했다고 덧붙였다. "서로 정도는 달랐다 해도 지극히 정상적인 많은 사람이 그런 목소리를 들었다." 때로 그는 이상하게 여겨질 정도로 자기 확신에 차 있는 듯 보인다. 이를테면 고대 세계의 양원적 목소리가 "현대인들에게 일어나는 환청과 매우 비슷한 특질을 지녔다"고 단언한 부분이 그렇다.[15] 그렇지만 제인스의 글을 읽은 독자 가운데 그가 주장한 내용의 일부를 직접 겪어본 사람은 비교적 열린 태도를 유지한다. 나 역시 흐릿한 기억만 남아 있을 뿐이지만 대여섯 번인가, 짤막하게 그런 목소리를 경험한 적이 있다. 내가 기억하기에도 그 목소리는 정말 실제처럼 들렸다. 대부분 막 잠에 빠져들 때나 막 잠에서 깨어날 때였지만, 분명 꿈속에서 들은 소리는 아니었다. 그러나 제인스가 말한 "지극히 정상적인"이라는 표현에 대해서는 나도 장담할 수 없다.

*

머리가 여럿 달린 이 야수에게 처음 이름을 붙인 지 한 세기가 지난 이제야, 과학은 조현병의 여러 증상 배후에 있는 생물학적 메커니즘과 그 증상들의 발현에 영향을 미치는 심리적 요인들을 막 이해하기 시작하는 단계에 와 있다. 과학의 이해와 일반 대중의 몰이해 사이에는 여전히 거대하고도 비극적인 간극이 가로놓여 있다. 그 일반 대중에는 환자의 친지와 납세자들, 사슬처럼 연결된 법 집행자들과 법정과 감옥의 네트워크까지 포함된다. 이러한 대대적인 대중의 몰이해는 막대한 자원의 낭비를 초래해왔다. 상당 부분이 경제적 생산 상실로 인해 사라진 것도 사실이지만, 그보다 더 큰 액수가 감옥 같은 징벌 기관을 유지하는 데 소모된다. 그런 기관들은 사실상 미국의 가장 거대한 정신병원이 되었을 뿐 아니라, 그럴 의도는 아니었다 해도 결국에는 재소자들의 정신질환을 더욱 악화시키는 일을 전문적으로 수행한다. 미국이 현재의 몽매한 상태에서 벗어나 제대로 된 돌봄 제도를 도입한다면, 몰지각한 감금과 그로 인해 자기 행동의 통제를 극도로 어려워하는 사람들이 상습적으로 똑같은 죄목에 발목 잡히는 지금의 상황에 비해 훨씬 많은 비용을 절감할 수 있을 것이다. 그러나 미국은 아직 그런 몽매함에서 벗어날 준비가 안 된 것 같다.

아무것도 할 수 없게 만드는 개인적 고통과 당혹감, 피해자와 그를 사랑하는 사람들이 느끼는 사회적 따돌림의 해로운 영향력 등, 요컨대 미국의 인적 재산에 입히는 피해가 얼마인지 그 액수를 계산할 방법은 없다. 게다가 '인적 재산'이라는 추상적 개념도 개개인의 삶이 지닌 고유함과 희망을 제대로 성찰할 수 없게 방해하는 요인 중 하나다.

만약 당신과 사랑을 주고받던 쾌활한 아이를, 특별한 재능을 지녔을지 모를, 가족에게 기쁨의 원천이었던 아이를 키우다가, 그 아이가 청소년기에 접어들어 서서히 종잡을 수 없는 낯선 사람으로 변해가며 아무런 감정도 드러내지 않고 멍한 눈빛으로 의사소통에도 반응하지 않는 모습을 지켜보게 된다면, 또는 그보다 더 나쁜 상황을 목격하게 된다면 어떻겠는가?

그 낯설어진 아이가 사실은 의사소통을 하고 있다는 것을, 그러나 당신으로서는 볼 수도 들을 수도 없는 존재와 대화하고 있다는 것을 깨닫게 된다면?

당신이 안다고 생각했던 그 아이가 삶을 지속할 가능성이 얼마나 될지 평생 전전긍긍하며 살아야 하는 길에 어쩔 수 없이 발을 들여놓았다면, 그리고 그 아이가 결코 예전 상태로 돌아오지 않을 수 있음을 각오해야 한다면 어떻겠는가?

그러한 변화가 더 심화되고 악성으로 변해간다면? 당신이 낳은 그 아이가 당신을 보며 자신에게 해를 입히려 한다고 믿거나 당신을 해치려는 의도를 갖고 있다면? 다른 사람을 또는 자기 자신을 해치고 싶어 한다면?

이 모든 불행이 친구, 심지어 가족과 친척 들의 원초적 공포와 비판적 회피 때문에 더욱 악화된다면? 또 이 일은 분명히 겪게 될 텐데, 친구와 친척, 지인에게서 당신 아이가 미친 것은 그 아이가 겪은 불행이나 나약한 성격이 심화된 것에 지나지 않는다는, 또는 당신이 부모로서 실패한 증거라는 말을 듣게 된다면?

조현병의 증상들만으로는 충분히 파괴적이지 않다고 생각했는지 자연은 잔인한 농담 하나를, 고통받는 환자와 그들을 도우려는 전문가 사이에 무가치해 보이지만 강력한 장벽 하나를 더 세워놓았다. 그 잔인한 농담은 질병인식불능증anosognosia이라는 것이다. 이는 자신을 통찰하는 능력이 가로막혀 있음을 암시하는 그리스어 단어로(글자 그대로는 '앎이 없음'을 뜻한다), 자기 정신에 아무런 문제도 없다는 잘못된 확신을 가리킨다. 질병인식불능증은 정신증의 생리학적 부산물에서 기인하며 조현병 환자의 50퍼센트, 양극성장애 환자의 40퍼센트에게 발생한다. 질병인식불능증은 신체 주변에서 들어오는 감각 정보를 해석하는 두정엽의 능력을 교란한다. 뇌졸중 환자나 뇌에 물리적 외상이 생긴 사람에게도 나타날 수 있다.

케빈은 자신이 정신질환에 걸렸다는 사실을 결코 인정하지 않았다. 케빈이 용인할 수 있는 말 가운데 그나마 의미가 가장 가까운 것은 '그 상태'였다. 병세가 깊어갈수록 질병인식불능증도 깊어갔다. 처음 치료를 시작할 때 케빈은 경구용 처방 약을 복용하는 방식에 동의했다. 그러나 3년쯤 지나 최후가 가까워왔을 때, 케빈은 자신에게 그 약들이 더 이상 필요 없다고 판단했고, 복용을 그만두겠다고 차분하게 우리에게 통보했다. 그 고집은 어떻게 해도 꺾을 수 없었다. 충분히 예상할 수 있는 일이었지만, 더 이상 약을 먹지 않겠다고 거부하면서 케빈은 또 한 번의 파국을 맞았고, 또 한 번 입원하게 되었다. 그 후로 케빈은 다시 약을 먹는 데 동의했다. 적어도 우리는 그랬다고 생각했다. 그러나 케빈이 죽은 뒤 우리는 지하실에 그 약들의 일부가 감춰지거나 흩뿌려져 있는 것을 발견했다.

우리 가족이 케빈의 자살 충동을 억제할 수도 있었을 방법에 관해 알게 된 것은 케빈이 세상을 떠난 지 거의 10년이 지나 모든 게 너무 늦어버린 때였다. 그것은 항정신병 약물 투여의 대안 중 하나로, 안정적이지만 충분히 활용되지는 않는 방법이다. 바로 '데포depot' 주사법인데, 데포는 프랑스어로 '맡겨두는 곳'을 의미한다. 요즘에는 '장기지속형 주사제long-acting injectable, LAI'라는 새로운 명칭도 나왔다.

'데포'는 1960년대 말 바로 질병인식불능증의 폐해를 해결하기 위해 처음 도입되었다. 처방된 약물을 본인이 매일 직접 경구 복용 하는 것이 아니라 임상의가 정기적으로 주사로 투여하는 방식이다. (그러나 모든 항정신병 약물을 경구 복용에서 데포 방법으로 바꿀 수 있는 것은 아니다. 특히 15장에서 자세히 다룰 '2세대' 약물들 가운데 그럴 수 없는 것이 많다.) 데포 주사는 주로 엉덩이의 근육조직에 놓는다. 근육조직은 밀도가 높기 때문에 이렇게 주입된 약물은 대개 한 달에 달하는 오랜 기간에 걸쳐 서서히 일정한 양만큼 몸 안에 퍼진다. 여기서 임상의는 환자의 협조를 지속적으로 파악하는 외부 감시자의 역할을 한다. 이와 대조적으로 경구용 약물은 매일 복용해야 하고, 빠지지 않고 복용할 책임은 대개 환자에게 맡겨진다. 바로 여기에 가장 큰 문제가 있다.

세상에서 가장 무책임하고 건망증 심하기로 악명 높은 인구 집단 중 하나가 청소년기 중반에 해당하는 아이들이다. 그런 특징들에 조현병과 질병인식불능증이라는 두 가지 독을 섞으면 거의 확실히 보장된 재앙을 맞이하게 된다.

'데포'와 경구 복용을 비교할 때 가장 중요한 질문은 직관적인 예측이 들어맞느냐, 다시 말해 그 방법이 의도하는 대로 실제 정신증 재발 빈도를 줄여주는가 하는 것이다.

데포 방법을 옹호하는 사람들은 그렇다고 확신한다. 2007년 런던 소재 정신의학 연구소의 맥신 파텔Maxine Patel과 글래스고 스프링파크 센터의 임상의 마크 테일러Mark Taylor라는 두 영국 연구자는 "데포는 [의학적 치료법에 대한 환자들의] 공공연하거나 은밀한, 또는 의도치 않은 비순응을 모두 이겨낸다"고 단언했다.[16] 그러나 통계를 보면 무조건 단언할 수만은 없다. 2011년에 한 연구 팀은 1700명이 참가한 열 가지 최신 연구를 검토한 뒤 "데포 항정신병 약물은 재발을 유의미한 수준으로 감소시켜, 상대적 위험과 절대적 위험이 각각 30퍼센트와 10퍼센트로 감소했다"는 결과를 얻어냈지만,[17] 역시 여러 연구 결과를 비교·검토한 또 다른 연구에서는 **대부분의** 조현병 환자가 어느 시점에 이르면 약물 복용을 그만둔다는 점(2년만 지나도 75퍼센트가 중단한다)을 지적하고, 데포 방법이 그 자체로 결정적인 도움을 준다는 명백한 증거는 없다고 주장했다.[18]

우리 파워스 집안의 경우, 우리도 우리만의 '연구 결과'를 고통스럽게 얻어냈다. 무슨 짓을 해서라도 피할 수만 있다면 피했을 그런 연구다. 우리의 작은아들 케빈은 3년에 걸쳐 여러 정신과 의사들을 거치며 경구용 항정신병 약물을 처방받았다. 케빈은 약 먹기를 싫어했지만 안 그런 척했고, 스스로 복용을 중단했고, 결국 우리에게는 약을 먹었다고 믿게 하고 그 약들을 숨겼으며, 그러는 동안 정신증 발작 중에 자신을 파괴했다. 큰아들 딘은 몇 년간 거부하며 버티다가 의사가 정교하게 펼친 주장을 받아들여 할돌haldol을 '데포' 주사로 처방받는 데 동의한 뒤 계속 살아오고 있고 병세도 호전되었다.

*

19세기가 끝나기 몇 십 년 전까지만 해도 정신과학은 여전히 미신과 초자연적 근거, 은유로써 광기를 설명하던 몽매한 상황에서 벗어나고자 안간힘을 쓰고 있었다. 빈의 젊은 사상가 지그문트 프로이트는 동시대 유럽 사상가들이 이룬 혁신적인 연구에 기반하여, 비이성적인 것들을 이성으로써 이해하게 하겠다며 기상천외하지만 정교한 개념 틀을 만들어가고 있었다. 또 정신의 양상과 기능을 분류하면서 '무의식', '리비도', '억압', '부정', '카타르시스', '착오 행동', '전이',

'꿈 해석', '이드', '에고', '슈퍼에고' 같은 새로운 용어를 도입했다. 그는 환자에게 최면을 걸어 본인도 기억하는 줄 몰랐던 일을 기억해내게 했고, 이렇게 되찾은 기억을 탐색하다보면 우울증이나 히스테리, 강박 행동의 증상들이 낫는 경우가 종종 있었다.

프로이트의 방법은 잘 듣는 것 같았다. 적어도 그의 선택된 소수의 환자들에게는 그랬다. 그는 이전까지 아무것도 존재하지 않았던 곳에서 무언가를 창조해낸 혁명적 인물로 여겨졌다. 내적 일관성을 지닌 구성 요소들을 조합하여 정신의 포괄적인 모델을 구축해낸 것이다. 그때까지 인간의 생각과 그 복잡한 내용을 하나로 통합한 이론을 만들고자 시도한 사람은 아무도 없었다.

그러나 이제 시대의 변화가 그런 이론을 요구하고 있었다. 서구세계는 시골에서 도시로, 종교적인 것에서 세속적인 것으로, 무비판적 추정에서 예리하고 분석적인 회의론으로 다급히 달려가고 있었다. 일반적으로 받아들여지던 생각과 지혜의 진실성에 의문을 던지는 '진보'가 세속의 새로운 신이 되어가는 참이었다. 19세기 말까지 정신의 수수께끼에 대한 궁금증을 채워주던 말들, 악령이나 '체액', 행성의 중력, '에너지', 스크루지가 "소화 안 된 소고기 조각"이라 표현했던 유령 같은 혹세무민의 말들에 대해 사람들은 점점 인내심을 잃어갔고, 그 모든 것은 이제 프로이트의 난해한 질병 분류학 앞에서 힘을 잃고 쪼그라들었다.

문제는 프로이트가 구상한 개념들이 은유였다는 점이다. 그의 의도는 이러한 개념들을 사용해 환자에게서 끈기 있게 기억을 끄집어내 정신의 강박적 집착(노이로제라고 표현된)을 완화하는 것이었다. 이

것이 바로 '정신분석'이었으니, 프로이트의 범주들은 물질적이고 눈에 보이고 손에 만져지는 것을 묘사하는 것이 아니었다. 그가 한 말 가운데 과학적인 방법으로 입증할 수 있는 것은 하나도 없었다. 그가 만든 틀은 강력한 설득력을 발휘하기는 했지만, 여전히 말들로 만들어진 틀이자 말들을 끄집어내는 데 사용되는 틀이었다.

우리가 '정신'에 관해 안다고 자신하는 내용의 상당 부분도, 그것을 표현하기 위해서는 은유를 사용할 수밖에 없다. 정신 자체도 하나의 은유다. 실체적 답을 품고 있는 뇌는 두개골이라는 단단한 뼈에 둘러싸인 채 우리의 접근에서 차단되어 있었다. 혈액이나 다른 신체 조직과 달리 환자를 죽이지 않는 한 뇌를 밖으로 뽑아내 검사한다는 것은 불가능한 일이었다. 그냥 환자가 죽기를 기다리는 수밖에 없었다.

수천 년 동안 뇌를 들여다보는 방법은 부검뿐이었다. 사체를 부검하는 기술이 점점 정교해지면서 부검은 점차 의학 지식의 발전에 대단히 중요한 역할을 담당하게 된다. 예컨대 독일의 루돌프 루트비히 카를 피르호Rudolf Ludwig Carl Virchow는 부검을 통해 50세 여성의 시체에서 많은 양의 흰 세포들을 발견하고 이런 상태를 백혈병Leukämie이라 부르기 시작했다.

이내 의사들은 인체에서 가장 복잡한 기관인 뇌를 탐색하는 일도 당연히 부검에 의지하게 되었다. 이는 뇌 연구에 경험과학을 적용한 최초의 정신의학자 에밀 크레펠린Emil Kreapelin 덕이다. 오늘날 보통의 미국인 대부분은 그 이름을 들어본 적이 없겠지만, 정신의학계 종사자 가운데 다수는 프로이트가 아니라 프로이트의 이론을 몹시 싫어했던 크레펠린을 현대 정신의학의 아버지로 여긴다.

프로이트와 같은 해인 1856년에 태어난 크레펠린은 1883년 자기학문의 토대를 담은 《정신의학 개론Compendium der Psychiatrie》을 출간하면서 스물일곱의 젊은 나이에 일찌감치 명성을 떨쳤다. 이 책에서 크레펠린은 정신질환이 기질적 원인°에 의해 발생한다는 주장을 개진하고, 자신이 창안한 혁신적인 분류 체계의 토대를 놓으며 '정신치료mind-cure'의 이름난 명수들을 저돌적으로 비판했다. 《정신의학 개론》이라는 위대한 책으로 그는 특정한 한 가지 증상으로 특정한 질병을 추론할 수 있다는 생각을 무너뜨렸다. 오히려 질병은 병이 진행하는 과정에서 명확히 발현되며 그 병의 특수한 성격을 부각시키는 구체적이고 관찰 가능한 여러 증상들의 **조합**으로 구성된다는 것이었다. 이는 크레펠린이 실제 의료 사례 수천 건을 세세히 연구한 끝에 내린 결론이다. 그는 심각한 정신질환이란 뇌의 생물학적 과정에 결함이 생긴 결과이며, 따라서 정신의학은 의학과 결합되어야 한다고 결론지었다. 또한 뇌에 생물학적 결함이 생겼는지 여부는 환자의 사고와 행동이 외적 경험에 의해 촉발되었다고는 여기기 어려운 방식으로 꾸준히 악화되는 현상을 통해 판단할 수 있다고 보았다. 그는 생물학을 공부하여 정신질환을 두 개의 포괄적 범주로 나누는 혁신적인 분류법을 내놓았다. 그중 한 부류인 '**외인성**外因性' 정신질환은 사람들이 살면서 맞닥뜨리는 불행에서 기인하는 것으로, 프로이트를 찾아

○ '기능적 원인'과 대비되는 말로, 뇌 자체에 선천 또는 후천적으로 생긴 손상에 의해 정신질환이 발생하는 것을 말한다.

간 사람들이 지닌 병의 유형이었다. 크레펠린도 인정했듯이 이런 환자들은 치료가 가능하다. 그는 이 범주에 조울성manic-depressive이라는 포괄적 명칭을 부여했다. 다른 한 부류는 가늠할 수 없을 정도로 훨씬 더 암울한 것으로, 이 부류를 설명하면서 크레펠린은 이전의 정신의학적 지식들, 특히 동시대인이자 자기가 몹시 싫어했던 프로이트의 이론과 완전히 궤를 달리했다. 그것은 바로 뇌의 내부에 물리적인 원인이 있는 내인성內因性 질환이다. 기질적 패턴의 결함과 조직 퇴화에 의한 뇌 손상(빈의 거장은 인정하지 않은)이 바로 이 부류에 해당한다.

크레펠린이 가정한 기질적 퇴화는 심한 고령과 관련이 있었다. 바로 치매라 불리는 것이다. 하지만 동시에 크레펠린은 사례 연구를 통해 환자들의 상당수가 10대나 20대 초에 이미 치매 증상을 보이기 시작한다는 사실을 알게 되었다. 그 젊은이들의 뇌에서는, 일반적인 예상보다 이미 몇 십 년이나 앞서서 뭔가 잘못된 일이 벌어지고 있었다. 대체 무슨 일이 벌어졌던 것일까?

1896년에 크레펠린은 '조발성치매dementia praecox'라는 용어를 만들어 그 질문에 대한 답으로 내놓았다. 프로이트가 '정신분석'이라는 용어를 만든 바로 그 해의 일이었다. 조발성praecox이라는 라틴어 단어는 '조숙한precocious'과 '때 이른premature' 같은 단어와 관련된다. 크레펠린이 조금의 주저함도 없이 단언한 바에 따르면 이런 형태의 질병은 그 원인이 생물학적인 것으로, 생식선(덤벼라, 지그문트!) 또는 장에서 '독성' 물질이 분비된 결과였다.

곧 다른 정신의학자들도 생물학적 관점으로 고개를 돌렸다. 1903년에는 프랑크푸르트에서 의사로 일하던 39세의 알로이스 알츠하이머Alois Alzheimer가 크레펠린을 도우러 뮌헨 의과대학으로 왔다. 멀리서 크레펠린의 연구를 우러러보던 알츠하이머는 그의 연구와 자신의 연구에 일치하는 부분이 있다는 사실을 알게 되었다. 당시 망상과 환각, 편집증, 발작적인 난폭 행동으로 힘들어하던 51세의 여성을 치료하던 터였다. 전형적인 노인성치매 증상이었지만, 그러기에 그 환자는 통계상 너무 젊었다. 그로서는 처음 보는 사례였다. 1906년에 55세의 나이로 환자가 사망하자 알츠하이머는 환자 가족에게서 뇌를 부검해도 된다는 동의를 얻어냈다. 얇게 저민 뇌 피질 조각들을 들여다보고 그가 발견한 것은 플라크 축적물과 부패하고 엉킨 뇌세포 가닥들이었다. 90세 노인의 뇌에서는 흔히 발견되는 결함이지만, 그렇게 젊은 사람이 그런 상태에 이르렀다는 얘기는 그로서는 들어본 적도 없었다.

후에 알츠하이머병Alzheimer's disease▼으로 알려지게 되는 이 병은 노인성치매와 유사하지만 65세 이전에 발병하는데, 당시에는 그 사례가 극히 드물었다. 알츠하이머병의 발병률이 높아진 것은 아이러니하게도 의학이 발전했기 때문이다. 그야말로 '의도하지 않은 나쁜 결과'의 극단적인 사례일 것이다. 의학이 발전하면서 많은 치명적 질병이 제거되거나 발병이 지연되었고, 그 결과 사람들의 수명이 더 길어지다보니 천천히 진행되는 이 몹쓸 병에 걸릴 연령대에 접어드는 사람도 더 많아지게 된 것이다. 게다가 알츠하이머병은 여전히 회복이

▼ 알츠하이머병을 진단한 것이 크레펠린 본인이라고 암시하는 기록들이 있다. 과학자들의 추측에 의하면, 크레펠린이 알츠하이머에게 공을 돌린 것은 뇌의 기질적 원인으로 발생한 정신질환 연구에 성공한 정신의학자가 자신뿐인 듯 여겨지고 싶지 않았기 때문으로 보인다.

불가능하다.

크레펠린과 알츠하이머가 발견한 내용은 어마어마한 과학적 가치를 지닌다. 그들의 발견은 정신질환에 물리적 원인이 존재한다는 사실을 결정적으로 확인해주었을 뿐 아니라, 오늘날 컴퓨터 X선 체축 단층촬영CAT, 양전자 단층촬영PET, 뇌파검사EEG, 자기공명영상 MRI, 자기뇌파검사MEG 등으로 정점에 이른 수십 년에 걸친 신경 기술 개발의 촉매가 되었다. 이 기술들은 종양의 유무나 간질의 증거는 물론, 결정적으로는 조현병의 원인에 관한 희미한 실마리까지, 살아 있는 뇌에서 일어나는 일에 관한 정보를 얻어내는 방법이다.

크레펠린의 이론을 더욱 발전시킨(역설적이게도 주로 트집을 잡음으로써) 이들 가운데 알츠하이머보다 더 중요한 인물은 스위스의 정신의학자 오이겐 블로일러Eugen Bleuler다. 그는 크레펠린과 프로이트가 태어난 이듬해인 1857년에 태어났다. 감정적으로 냉담하며 사례연구에 주로 의존한 크레펠린과 달리 블로일러는 환자들의 삶으로 직접 뛰어들었다. 환자들을 면담하고 분석함으로써 크레펠린이 프로이트와의 사이에 벌려놓은 틈을 부분적으로 메웠을 뿐 아니라, 환자들과 친구처럼 어울려 함께 등산을 하거나 연극을 기획하여 함께 연기도 하고 때로는 그들의 경제적 이익도 챙겨주었다.[19] 이런 친밀한 만남들은 블로일러에게 추상적 평가로는 얻을 수 없는 분석적 통찰을 안겨주었으니, 그는 정신질환이 크레펠린이 제시한 유형보다 훨씬 더 광범위하고 복잡한 범위를 포괄한다고 확신하게 되었다. 요컨대 기질적 요소뿐 아니라 학대, 정신적 외상을 가할 정도의 충격, 스트레스가 주는 파괴적인 영향, 그리고 크레펠린의 '외인성' 범주와 대략 일치하는 환경적 요인도 있다는 사실이었다.

정신질환의 정도를 차등화하여 파악하는 '스펙트럼' 개념의 핵심이 바로 여기에 있으며, 이 원리는 진단 기술이 발전함에 따라 뇌 과학의 엄청난 진전으로 나아갈 길을 터주게 된다.[▼] 그러나 블로일러는 여러 해 동안 자신의 생각을 수정하고 다듬을 수 있다는 가능성을 열어둔 채 지냈는데, 이는 특히 한 단어의 선택 때문이었다. 자신이 정교화한 이론의 장래성에 다소 들떠서였는지, 그는 '조발성치매'라는 명칭을 버리고 자신이 만든 명칭으로 대체하자고 동료들을 설득했다. 사실 크레펠린이 제시한 명칭을 버리자는 것 자체는 나쁘지 않은 생각이었다. 블로일러는 정신의학자들이 젊은 환자들에게서 목격한 그 병이 치매가 아니라 훨씬 더 복잡한 다른 병이라고 확신했기 때문이다. 1908년에 그는 그 다른 병을 '정신분열병(조현병, schizophrenia)'이라는 단어로 정리했다. 현명한 선택은 아니었다. 그리스어에서 따온 그 단어를 글자 그대로 풀면 '정신의 분열'을 의미하는데, 실상 이 모

▼　이러한 진전들 덕에 결정적인 깨우침이 있었으리라고 기대할지도 모르니, 이쯤에서 이후에도 얼마나 오랫동안 혼란한 상태가 이어졌는지 보여주는 증거 하나를 제시해 산통을 깨야겠다. 헤르만 E. 베리오스German E. Berrios와 로헬리오 루케Rogelio Luque, 호세 M. 비야그란José M. Villagrán이라는 세 정신의학 연구자는 2003년 《심리학과 심리치료 국제 저널International Journal of Psychology and Psychological Therapy》에 발표한 〈조현병의 개념사Schizophrenia: A Conceptual History〉에서 이렇게 썼다. "'최신의 가장 옳은 수단'이라거나 '높은 빈도로 사용'된다는 것이 타당성에 대한 충분한 증거임을 입증하는 결정적 실험은 실행된 바 없는 것으로 보인다. 사실 '최신 가설'을 뒷받침하는 추정은 본 논문에서 '연속성 가설'이라고 칭할 관점 하나뿐이다. 동료들의 압력과 법의학적 압력 역시 '진실가眞實價'보다는 '높은 사용도'를 더 잘 설명해준다. 사실상 '조현병'에 대한 다양한 정의들(지시 대상들) 가운데 어느 것을 결정적인 RRUS[실질적이고real 인지 가능하며recognizable 단일하고unitary 안정적인stable 탐구 대상]로 보아야 할지 판단할 '객관적' 또는 '경험적' 방법은 존재하지 않는다." 좋은 하루 보내시길.

호한 표현이 곡해를 초래했고 특히 일반인들 사이에서 더욱 큰 오해를 불러왔다. 애초에 '분열'이라는 말에 담긴 블로일러의 의도는 '연상의 이완loosening of associations'이었고, 여기서 연상이란 생각과 행동을 하나로 통합하는 물리적 안내자를 의미한다. (이 용어가 줄리언 제인스의 이론 정립에 선구적 토대를 마련해주었다는 점도 짚고 넘어가야 할 중요한 사실이다.) 다시 말해서 정신증은 '치매' 때문에, 즉 부패한 세포와 조직 때문에 발생하는 것이 아니라는 뜻이었다. 노쇠하지 않은 사람들에게서 정신증이 발발하는 것은 대개 유전적 결함이자 유전의 결과인 경우가 많았다.

그러나 대다수의 사람들은 '연상의 이완'을 '분열된 인격'과 아주 가까운 것으로 여겼고, '분열된 인격'은 이미 폐기되다시피 한 개념, 즉 그 옛날의 악령 들림과 유사한 것으로 여겨졌다. 당시는 그런 이미지들이 가득한 시대였다. 특히 영국제도 중 고딕 문화의 성격이 강한 지역에서 그런 이미지들이 널리 퍼져 있었다.

스코틀랜드 사람인 로버트 루이스 스티븐슨Robert Louis Stevenson은 1886년 《지킬 박사와 하이드 씨》를 발표했고, 1897년에는 아일랜드 소설가 브램 스토커Bram Stoker의 《드라큘라》가 출간되었다. 멀리 빈에 있던 프로이트도 1918년에 자신이 '늑대 인간'이라고 별명을 붙인 환자에 관한 논문을 발표하면서, 의도한 것은 아니지만 그 놀이에 참여한 셈이 되었다. 물론 그 늑대 인간이 실제로 늑대로 변신하는 사람을 뜻하는 것은 아니었다. 우울증에 걸린 러시아 귀족인 그는 아주 어렸을 때 부모의 성행위 장면을 목격한 뒤 나무에 하얀 늑대들이 잔뜩 올라가 있는 꿈을 꾸기 시작했고, 그 이후 1979년까지 살면서 단 한 번도 진정으로 마음 편했던 적이 없었다. 당시 부모가 개들을 연상시키는 체위를 사용했다는 점도 전혀 무관하지는 않았을 것이다.

블로일러는 프로이트에게서 무의식의 강조와 최면 사용, 히스테리에 대한 깊은 진단적 관심을 수용했지만, 정신분석을 정신질환에 대한 만병통치약으로 받아들이는 태도에서는 한발 물러나 있었다. 그는 정신질환 또는 정신질환들에서 **기본** 증상과 **부대** 증상이 모두 나타난다고 전제했다. 기본 증상이란 아마도 유전을 통해 물려받은 것으로 사고 능력 저하부터 최종적인 붕괴까지를 포함한다. 부대 증상은 그 붕괴가 겉으로 드러나는 양상들, 즉 망상과 환각이다. 진단적 관점에서 그가 제시한 이러한 공식의 근본적 측면들은 오늘날까지도 그대로 유지된다.

*

크레펠린과 블로일러는 차이점도 많지만 둘 다 대단한 재능을 지녔던 것으로 보이며, 그 재능에는 비범한 직관력도 포함된다. 앞에서도 말했듯이 광기에 대한 물리적 원인 제공자, 즉 **병변**에 관해 그들이 내놓은 선구적 제안은 수십 년이 더 지나 신경 기술이 등장한 뒤 확증되고 더 세밀하게 다듬어졌다. 그들 세대에는 전혀 알지 못했던 뇌의 기본 구성에 관한 지식을 오늘날의 교육받은 사람들은 대부분 익숙하게 알고 있다. 그래도 크레펠린과 블로일러가 밝혀준 봉화를 따라가 현재 우리가 이해하게 된 조현병의 발발 과정을 조금이나마 수월하게 이해할 수 있도록 간단하게 요약해보려 한다.

전전두피질은 복잡하고도 연약한 뇌 영역이다. 건강한 상태일 때는 인간의 충동을 조절하여 합리적 선택을 내리게 하고 난폭하거나 자기 파괴적인 행동은 멀리하도록 돕는다. 당장의 문제를 해결하는 동시에 미래를 계획하게 하는 것도 이 영역이다. 그러나 진화적으로 가장 최근에 발달된 뇌 부위이기 때문에 완전히 성숙하여 최대한 효율적으로 작동하게 되기까지 시간이 가장 오래 걸리는 영역이기도 하다. 전전두피질이 온전하게 기능하려면 20세가 넘어야 한다.

이러한 발달상의 부조화는 인류가 경험한 가장 심각한 자연적 불행 중 하나로 꼽힌다. 전전두피질이 여유롭게 발달단계를 밟아가는 동안, 다른 막강한 구성 요소들은 재빨리 결승선을 통과하여 전전두피질의 제어를 받지 않는 상태에서 제 기능을 수행하기 때문이다. 전전두피질은 아직 발달 중이지만 육체적 성숙은 완료된 청소년들은 당연히 생식의 능력을 갖고 있고 호르몬도 그렇게 하라고 강력하게 충동질한다. 테스토스테론 호르몬은 공격적 충동을 풀어놓는데, 전전두피질은 아직 발달이 완료되지 않아 혼란한 상태이므로 감정적 행동에 대한 관할권은 뇌 중심부 가까이 자리한 작고 원시적인 부위인 편도체가 여전히 쥐고 있다. 편도체는 전전두피질의 큰 장점인 합리적 사고보다는 반응과 충동에 관여하는 부위다.

게다가 뇌의 집안 대청소라 할 만한 활동도 전전두피질 성숙의 최종 단계를 방해한다. 전전두피질은 발달의 마지막 단계에서 유아기와 아동기에 사용하던 이동 경로를 이루는 신경세포 무리인 '회백질' 일부를 **제거**해야 한다. '시냅스 가지치기'라는 이 활동은 청소년기 후기에 정점에 이르며, 남은 평생 동안, 적어도 노년기에 이르러 뇌의 쇠퇴가 시작되기 전까지 뇌의 기능을 관장하게 될 피질 연결과 경로를 재편성하기 위해 반드시 필요한 과정이다.

조현병을 유발하는 유전자군이 활동을 시작하는 것도 대개 이 시기다. 이 유전자군의 활동이 시작되거나 시작되지 않는 이유는 아직도 밝혀지지 않았다. 1983년 캘리포니아 대학교 정신의학과 교수 어윈 파인버그Irwin Feinberg는 조현병이 피질 시냅스의 '과도한' 가지치기 때문에 촉발될 수도 있다는 의견을 내놓았다. 특히 그 과정에 상응하여 함께 일어나야 할 특정 피질하 구조subcortical structure의 가지치기가 제대로 이루어지지 않았을 경우 더욱 그렇다는 것이다. 이후 파인버그의 가설을 토대로 생산적인 정교화 작업이 이어졌다. 2011년에 가보르 펄루디Gábor Faludi와 커로이 미르니치Karoly Mirnics라는 두 정신의학자는 "파인버그의 급진적인 새 이론"에 관한 리뷰에서 파인버그 논문 중 60군데를 인용하며, 조현병은 "유전과 환경요인의 상호작용으로 발생하는 복잡한 병인을 가진 정신장애"라는, 점점 확산되어가던 다수 의견에 지지를 표했다.

이제 누구나 분명하게 파악하고 있지만, 그동안 조현병 정복에서 가장 극복하기 어려웠던 장해물은 (대중의 무관심과 정부의 방임을 제외하면) 뇌의 그 끝을 알 수 없는 복잡성이었다. 전기화학적 자극으로 움직이는 뉴런들은 수십억 개에 이르고, 그것들은 다시 미로 같은 회로로 연결되며, **한 사람의** 뇌에 존재하는 신경세포의 축삭을 모두 이으면 16만 킬로미터에 달하는데 이 축삭들은 뉴런과 뉴런 사이 공간인 시냅스 연결부 1000조(0이 열다섯 개다) 개에 의해 극미하게 분리되어 있다.

뇌의 복잡성을 드러내는 여러 예 가운데 하나에만 초점을 맞춰봐도, 그 복잡성이 거울로 둘러싸인 방에서 동일한 상像들이 증식하는 것과 같은 양상을 띠고 있음을 이해할 수 있다. 자력과 전파의 힘을 빌려 뇌의 울퉁불퉁한 방어 장벽들을 '들여다보게' 해주는 MRI는 정신질환에 관한 새로운 주변 정보들을 풍부하게 제공하는 한편 새로운 과학 논쟁도 촉발시켰다. 뇌를 스캔하면 예컨대 뇌 화학물질이 흐르는 경로가 끊어진 것과 같은 뇌의 구조적 이상도 밝혀낼 수 있다. 뇌 화학물질로는 인지와 운동 제어, 감정적 기능 조절을 수행하는 다재다능한 신경전달물질 도파민이 있고, 사회적 행동이나 기억, 성적 기능을 관장하는 중추신경계의 대들보이자 또 하나의 필수적인 신경전달물질인 세로토닌도 있다. MRI는 시냅스 전체의 궤도를 추적하고 뇌 배선에 손상을 입힐 수 있는 회로 형성을 추적하는 데도 도움이 된다.

그러나 이렇게 밝혀진 것들에서 오히려 새로운 의문이 쏟아져 나오는 경우도 허다하다. 한마디로 변수가 너무 많기 때문이다. 2013년 9월 국립 보건원은 오바마 전 대통령의 브레인 이니셔티브BRAIN(Brain Research through Advanced Innovative Neurotechnologies) Initiative, 다시 말해 선진적이고 혁신적인 신경 기술을 활용한 뇌 연구 프로젝트 계획에 응답하여 신경과학의 아홉 가지 목표를 발표했다. 그 시점까지 공공단체와 개인이 새로운 도구 개발과 조현병 연구에 필요한 브레인 이니셔티브 기금으로 약속한 액수는 3억 달러를 상회했다. 뉴욕 대학교의 심리학자 게리 마커스Gary Marcus는 〈뉴요커Yorker〉에서 국립 보건원이 제시한 목표들을 분석하며, 그 발표문 자체에 이미 핵심적 난제가 무엇인지 드러나 있다고 지적했다. 그것은 바로 "뇌는 아주 작은 뇌일지라도 어마어마하게 복잡하다"라는 문장이었다. 마커스의 글은 이렇게 이어진다.

> 내가 보기에 가장 중요한 목표는 목록의 한가운데인 다섯 번째 항목에 들어 있다. 그것은 인간의 행동과 뉴런 활동의 연관성을 밝히겠다는 목표다. 이것은 보기보다 훨씬 더 엄청난 과제다. 과학자들은 총 302개의 뉴런으로 된 예쁜 꼬마 선충C. Elegans의 비교적 단순한 회로가 어떻게 작동하는지도 아직 알아내지 못했다. 한 가지 이유는 뉴런 집합들 사이에서 일어날 수 있는 상호작용의 종류가 너무 많기 때문이다. 그렇다면 뉴런이 무려 860억 개에 달하는 인간의 뇌는 어떻겠는가? [20]

신경과학자들은 정교한 도구와 기술을 활용해 뇌 이상의 증거를 찾아내고도 조현병이 지닌 또 하나의 답답한 수수께끼 앞에서 종종 좌절을 맛본다. 바로 이런 수수께끼다. 그들이 보고 있는 그 '이상'은 조현병의 **결과**일까 아니면 **원인**일까?

〈조현병의 병인학The Aetiology of Schizophrenia〉이라는 에세이에는 이러한 진퇴양난의 처지가 잘 표현되어 있다.

> 일반적으로 조현병에서 구조적 뇌 이상이 나타난다는 것은 논쟁의 여지없이 (…) 확실한 것으로 받아들여진다. 그에 비해 조현병의 발병을 이해하고자 할 때 그 이상이 갖는 **의미**는 매우 불분명하다. 구조적 이상이 조현병의 발병 성향을 **초래하는** 것인지 [아니면]

급성 조현병으로 인한 정신증이 구조적 변화를 **초래하는** 것인지에 대한 의문은 여전히 풀리지 않았다. (…) 조현병 환자의 [발병하지 않은] 친척들에게 구조적 뇌 이상이 존재한다는 사실은 (비정상적인) 뇌 발달에 '조현병 유전자'가 관여했을 가능성을 암시하지만, 그 유전자가 상응하는 뇌 구조로 발현된 것 자체만으로는 조현병의 '원인'이라 하기에 충분하지 않다.[21]

인간과 영장류의 유전자 염기 서열을 연구한 결과에 따르면, 조현병의 기반이 되는 유전자들이 살아남은 것은 자연선택이 그 유전자를 선호한 결과일 수도 있다. 그렇다면 이는 사람을 피폐하게 만드는 조현병과 관련한 유전자들이 누군가에게는 계속 살아남을 수 있게 하는 어떤 장점을 부여한다는 것을 암시한다. 그 장점이 무엇인지는 전혀 알 수 없지만 말이다.[22]

이런 복잡성에도 불구하고, 35개국의 과학자 약 300명이 모여 만든 정신의학 유전체학 컨소시엄Psychiatric Genomics Consortium의 조현병 실무단은 2014년, 선천적 요인들이 조현병에서 핵심을 차지한다는 점을 분명하게 확인해주었다. 그들은 조현병 환자 약 3만 7000명의 유전체를 검토하고 그것을 11만 3000여 명의 대조군 유전체와 비교한 결과, 조현병과 관련한 유전자 변이를 무려 128개나 식별해냈다고 주장했다. 이 유전자들은 유전체의 108군데에서 발견됐는데, 대부분은 이전까지 조현병과 연관되었다고 알려진 적 없던 위치였다.[23]

현대의 연구가 뇌 작동 방식의 많은 비밀을 풀어준 것은 사실이다. 간단히 말하자면 추론이 작동하는 기제나 사람들이 장애를 경험하는 이유와 방식 등을 정신의학을 바탕으로 연구하는 학문인 신경심리학, 뇌 연구를 용이하게 해주는 MRI 등의 뇌 영상 기술, 불안을 완화하는 발륨Valium부터 항정신병 약인 할돌을 비롯한 '향정신' 약물까지, 여러 분야에서 괄목할 만한 발전이 이루어졌다.

이런 기술들과 연구 결과들은 비교적 경미한 수준의 다양한 증상들을 완화하는 데 도움을 주었다. 뇌 속을 오가는 전기적 자극과 화학적 자극에 관해, 수용체의 특성에 관해, 대뇌와 소뇌, 간뇌, 뇌간의 기능에 관해서도 밝혀주었다. 그러나 최첨단에서 길을 뚫는 그 도구들도 정신장애 중에서 가장 두렵고 파괴적인 병인 조현병 정복이라는 영역에서는, 이제 간신히 그 가장자리에 흠집을 낸 정도에 지나지 않는다.

단골

3

1988년 8월 브레드 로프 저술가 콘퍼런스가 열리는 초원에 도착한 뒤, 우리는 다시는 예전 집으로 돌아가지 않았다.

아내리와 장모님이 용커스의 집으로 가서 짐꾼들이 이삿짐 나르는 것을 감독했다. 그들은 우리 가구와 불룩한 골판지 상자들을 커다란 트럭에 싣고 미들베리까지 달려왔다. 아이들과 나는 이틀인가 사흘 동안 호머 노블 농가에 머물며 식사는 읍내에 나가 사 먹었다. 여섯 살과 네 살이었던 딘과 케빈이 그때껏 브레드 로프 캠퍼스에 와본 것은 작가와 시인 들이 북적거리는 콘퍼런스 시즌뿐이었다. 아이들은 처음으로 텅 빈 캠퍼스를 보았다. 우리는 함께 캠퍼스를 산책했는데, 그 고요함이며 텅 빈 기숙사 건물과 나무 의자들 때문에 두 아이는 다소 당황한 것 같았다.

몇 킬로미터 안에 사람이라고는 우리 셋뿐인 농가 주택에서 칠흑같은 밤을 보내자니 옛날 고딕 시대 분위기가 났다. 내가 옆 침실에 있다는 사실에 안심해서였는지 아이들은 익숙한 2층 방의 어린이용 침대에서 저희끼리 잘 만큼 용감했고, 나는 그런 아들들이 자랑스러왔다. 첫날 밤 새벽 3시에 꿈을 꾸다 깨어난 나 자신에 대해서는 그런 자랑스러움을 느낄 수 없었지만. 누군가 손가락으로 오르간 건반 하나를 눌러 길고 오싹한 고음을 내는 꿈이었다. 나는 침대에서 일어나 앉았다. 그리고 보니 그 날카롭게 우짖는 소리는 오르간 소리가 아니라 저 밖 숲에서 들려오는 코요테의 울음소리였다. 식은땀에 젖어 피부는 끈적거렸고 심장은 몇 분이나 쿵쾅거림을 멈추지 못했다. 아이들도 그 포효를(또는 내 심장 뛰는 소리를) 들었을까? 어쨌든 기척은 없었다. 나는 불안감을 떨치기 위해 아이들 방으로 가고 싶었지만 두 아들의 용감함에 대한 존경심으로 겨우 참았다.

아이들이 깨었다면 아마 이렇게 말했으리라. "괜찮아요, 아빠. 안전해요. 우리는 버몬트에 있잖아요."

＊

아내리와 장모님은 셋째 날 이삿짐 나르는 사람들과 함께 미들베리에 도착했다. 아이들과 나는 농가 문을 잠그고 관리인에게 열쇠를 넘겨준 뒤 차를 달려 우리의 새집으로 가 그들을 맞이했다. 아내리를 통해 우리가 그 집을 살 수 있을 거라는 얘기를 들은 터였다. 그녀는 그 집이 완벽하리라 믿었다. 그리고 과연 그 집은 완벽했다. 우리는 거기서 17년을 살았다.

미들베리의 마지막 동네에서도 동그란 굽잇길 끝자락에 자리 잡은 그 집은 나무들과 관목 울타리에 가려 밖에서는 잘 보이지 않았다. 집 앞쪽으로는 말 농장들이 있었고, 구불구불 융기한 초원이 산 입구까지 펼쳐진 모습이었다. 30년쯤 전에 경질 목재로 짓고 회색 페인트를 칠한 집으로, 2층집인데도 나지막해 보였다. 집 뒤로는 콩팥 모양의 작은 수영장이 있고 울타리 너머로는 산림이 이어졌다. 전면에는 보기엔 좋지만 잔디 깎을 때는 고역인 가파른 계단식 잔디밭이 펼쳐졌는데, 그 마지막 단에 세워놓은 기둥 꼭대기에는 마당을 비추는 램프가 걸려 있었다. 몇 년 뒤, 혼란의 시기를 보내던 딘은 이 램프 주변에 일본 단풍나무 한 그루를 심었다. 내가 알기로 나무는 아직도 그 자리에 서 있다.

아이들과 내가 도착할 즈음 짐꾼들은 트럭에서 캔버스 천을 덮어씌운 가구를 내리고 있었다. 좌회전하여 차를 세운 지점, 아이들이 내렸던 차고 앞도 정확히 기억난다. 텅 비어 메아리가 울리는 집 안으로 들어가 앞쪽 창을 내다보니 브레드 로프의 산들 위로 무지개가 걸려 있는 모습이 보였다. 그 뒤로도 무지개는 낮게 드리운 산안개 위에서 익숙하게 모습을 드러내곤 했다.

우리는 버몬트에 쭉 살러 온 것이다.

겪어보니 미들베리는 어린아이들을 키우기에 이상적인 마을이었다. 그해 가을 아너리는 미들베리의 반대쪽 끝에 자리한 학교, 회색 화산암으로 지은 미들베리 대학에서 생화학을 가르치기 시작했다. 1800년에 처음 문을 연 학교였다. 그리고 이듬해에는 종신 교수에 지원할 자격을 얻었다. 그 자격을 얻었다고 해서 반드시 종신 교수가 된다는 보장은 없었다. 우리가 도착했을 때, 그곳에서 최초로 종신 재직권을 획득한 여교수는 아직 경력의 중반에 와 있었다.

나는 이듬해부터 문예 창작과 부교수로 일할 예정이었다. 조금씩 글을 쓰면서 딘과 케빈을 학교와 스포츠 활동과 연극 연습 장소로 실어 날랐고, 그런 다음에는 타운 그린 건너편에 있는 나의 단골집, '스티브의 파크 다이너'로 차를 몰고 갔다. 얼마 지나지 않아 딘과 케빈도 그곳 단골이 되었다.

딘과 케빈은 일찌감치 '단골'이 된다는 개념에 흥미를 느꼈다. 두 아이는 뉴잉글랜드 지방의 식당 대화 양식을 재빨리 파악했다. 웨이트리스(이름은 폴린이라고 해두자)가 테이블로 다가와 손에 주문서를 들고서 "다 됐나요?" 하고 물으면 "주문할 준비가 됐나요?"라는 의미다. 폴린이 접시들을 가져와 각자 앞에 놓아주면서 "다 됐나요?" 하고 물으면 그건 "다른 필요한 건 없어요?"라는 뜻이다. 식사가 끝나고 그녀가 다시 와서 "다 됐나요?" 하고 물으면 "접시를 치워도 될까요?"라는 말이고, 그러고 금방 다시 돌아와 "다 됐나요?" 하고 물으면 "계산할 준비가 됐나요?"라는 뜻이다.

케빈은 자기만의 식당 대화를 시도해보았고, 그 뜻이 통했던 날 유난히 자랑스러워했다. 폴린이 "다 됐나요?" 하고 물었을 때 케빈은 "나는 늘 먹던 걸로 할게요"라고 대답했다. 감히 '늘 먹던 것'을 주문할 수 있는 건 단골뿐이다. 폴린은 그 말을 알아듣고 케빈에게 베이글과 크림치즈를 가져다주었다. 케빈은 단골이었다.

딘의 경우에는 얼마 안 가 미들베리 전체를 자신의 '단골' 영역으로 여기게 되었다. 어느 날 나와 둘이 보도를 따라 걷다가 멕시칸 레스토랑 옆을 지나던 중, 그러잖아도 현란하던 색상을 새로 선명하게 페인트칠해놓은 모습을 본 딘이 투덜거렸다. "얼마 안 가서 이 동네 모습을 알아보지도 못하겠어요!"

나는 걸음을 멈추고 딘을 빤히 바라봤다. 그런 투덜거림은 보통 어린아이가 습득하는 기술이 아니다. 딘은 나의 투덜거림을 감쪽같이 흉내 냈거나 내 투덜거림의 유전자를 잔뜩 물려받은 것이 틀림없었다. 나는 어느 쪽인지 묻지 않았다. 이내 우리는 가던 길을 계속 갔다.

전형적인 도시 여성이던 아너리는 뒷마당 울타리를 따라 텃밭을 일구고 화사한 달리아와 원추리와 에키네시아를 심었다. 동시에 그녀는 인간 자궁내막 세포 배양을 전문으로 연구하던(아너리가 발표한 스물세 편의 논문 중에는 〈배양한 인간 자궁내막의 상피세포와 간질 세포의 에스트로겐 수용체Estrogen Receptors in Epithelial and Stromal Cells of Human Endometrium in Culture〉라는 논문도 있는데, 시간이 없어서 그렇지 시간만 있으면 나도 그 내용을 설명할 수 있다) 도시의 연구원에서 과학을 가르치는 학자로 금세 변신했다.

딘은 자기만의 상상의 세계 속에서 우리에게는 보이지 않는 매혹적인 것들에 도취한 채 행복한 시간을 보냈다. (딘과 케빈 둘 다 몽상적이고 예술적인 재능이 뛰어났는데, 이런 아이들이 정신질환에 걸리기 쉬운 성향을 보인다는 사실에 대해서 우리는 당시 생각도 하지 못했고, 그저 두 아이가 펼쳐내는 풍성한 아이디어와 재능을 즐겁게 지켜보았을 뿐이다.) 딘은 케빈보다 조용했지만, 이따금 자기 머릿속에서 소용돌이치는 우주를 잠깐씩 드러내 보이곤 했다.

버몬트로 이사하기 전 브레드 로프에서 여름을 보내던 어느 날 딘과 산책했던 일이 기억난다. 나는 딘과 단둘이 시간을 보내려고 워크숍과 원고 회의를 한 시간 빼먹고 로버트 프로스트 트레일을 따라 산책했다. 브레드 로프 캠퍼스에서 700미터가량 떨어진 곳, 호머 노블 농가로 이어지는 흙길 맞은편에 위치한 둘레길이었다. 들꽃들이 길 여기저기를 뒤덮었고, 구불구불한 산책로를 따라 바짝 말라 바닥을 드러낸 개울도 이어졌다. 길 입구에서 멀지 않은 곳에 개울을 가로지르는 나무다리가 놓여 있었다. 몇 미터 간격으로 프로스트의 시구를 새긴 푯말들도 늘어서 있었다. 걸어서 지나치는 동안 그 짧은 구절들을 하나하나 큰 소리로 읽으며 내 굵직한 목소리에 귀를 기울이는데, 뒤에서 딘의 목소리가 들려왔다.

"바람과 물의 바스락거림을 들었네."

나는 걸음을 멈추고 몸을 돌려 딘을 쳐다봤다. 딘도 나를 바라보았다.

"계속 해보렴." 내가 말했다.

딘은 시선을 돌리고 잠시 생각에 잠겼다. 그러다 다시 나를 보며 이렇게 말했다.

"새들은 날고 다람쥐들은 뛰어다녔지."

"정말 좋은데. 계속할 수 있겠니?"

딘은 어깨만 으쓱할 뿐 아무 말도 하지 않았다. 우리는 계속 걸었다. 그러다 딘이 다시 입을 열었다.

"나무들은 야생의 숲을 에워싼 채 몸을 떨었네."

우리는 다시 걸음을 멈추었다. 마법이 깨질까 두려워 나는 이제 아무 말도 하지 않았다. 대신 딘을 향해 고개만 끄덕였다. 딘이 계속 읊었다.

"다리를 건널 때 들려오던 찰싹이는 소리."

다시 잠자코 기다렸다. 이번에는 시간이 좀 걸렸다. 그러나 마침내 시가 이어졌다.

"나뭇가지 두 개가 나무에서 떨어졌구나."

온몸을 감싸던 전율이 가라앉을 즈음 내가 물었다. "이제 농가로 돌아가도 될까?" 딘이 고개를 끄덕였다. 여섯 살짜리 아이의 다리에 무리가 가지 않는 선에서 나는 최대한 걸음을 재촉했다. 내 머릿속에 아직 생생하게 살아 있을 때 그 구절들을 적어놓고 싶었다.

우리는 늦지 않게 도착했다.

그날 저녁, 나는 브레드 로프에서 낭독하기로 계획했던 내 글을 읽기 전에 먼저 딘의 시를 낭독했다. 낭독을 마치자 청중은 낮은 감탄의 탄성을 내뱉었다. 그날 밤 읽은 나의 글보다 딘의 글이 훨씬 더 좋았다.

✳

열 살이 되자 딘은 시에서 산문으로 옮겨 갔고, 다음과 같은 몽상적인 단편을 써냈다.

1000만 달러 저택
설계 계획

그 1000만 달러짜리 저택은 8층일 것이다. 넓디넓은 아름다운 녹색 정원과, 안이 훤히 비치는 쇠로 된 벽이 저택을 에워싸고 있을 것이다. 입장료를 내면 당신은 그날 하루 동안 부자처럼 대접받는다. 먼저 리무진이 오고 운전사가 내려서 당신을 위해 차문을 열어준 다음 당신을 태우고 저택까지 달려간다. 고저택까지 가는 동안 소다수가 나오고 텔레비전에서는 공원에 대해 설명해준다. 도착하면 운전사가 내려서 문을 열어주고 누군가 나타나 양쪽으로 열리는 거대한 문 앞으로 당신을 안내한 다음 부저를 누를 텐데, 그러면 집사가 나타나 이렇게 말할 것이다. "1000만 달러 저택에 오신 것을 환영합니다."

나는 이 글을 보며 딘이 우리 가족이라는 '저택'의 품 안에서 느끼는 안도감과, 언제나 더 높은 곳에 닿고 싶어 하던, 자신의 세상을 마법처럼 더 경이롭게 만들고 싶어 하던 갈망을 표현한 것이라고 해석했다. 딘은 늘 푸르른 정원과 은은한 빛을 발하는 저택으로 언제라도 순간 이동할 수 있다는 기대 속에서 꿈을 꾸듯 살았다.

열세 살쯤 되었을 때 딘은 스포츠에도 관심을 갖기 시작해 봄여름 시즌의 리그에서 외야수로 뛰었다. 경기에 몰입하는 정도는 선수들마다 다르다. 가령 3루수를 맡은 아이는 만약 자기 쪽으로 땅볼이 굴러오면 진흙 위에 손가락으로 예술적인 소용돌이무늬를 그려서라도 반드시 공을 잡으려 할 터였다. 모두가 다른 모두를 알았다. 선수들과 부모들 전부 다. 부모들은 팀에 대한 충성도와는 상관없이 다 함께 본루 뒤쪽 보호 스크린 너머 알루미늄 널판 위에 앉아 있었다. 어쨌든 모두가 충성스러운 팬이긴 했고, 때로 그런 마음이 어색한 상황을 빚어내기도 했다. 한번은 심판이 나타나지 않아 내가 억지로 심판 역할을 떠맡은 일이 있었다. 나는 투수 뒤에서 볼과 스트라이크를 외쳤다.

투수가 포수에게 던지는 공(포수는 대체로 이 공을 놓쳤다)보다 포수가 마운드 쪽으로 던지는 공(투수는 대체로 이 공을 놓쳤다)의 속도가 느렸으니까.

그날 경기한 두 팀 중 한 팀이 딘의 팀이었다. 상대 팀 코치는 바로 전날 내 썩은 어금니를 뽑고 피가 나는 자리에 단단한 솜뭉치를 넣어 지혈했던 내 치과 주치의였다. 치과 의사 팀의 타자가 타석에 섰을 때, 덩치가 제법 크고 혈색이 불그스레한 치과 의사가 나를 뚫어지게 쳐다보는 것이 느껴졌다. 아무래도 노려보는 것 같았다. 상대 팀 선수의 아버지가 심판을 본다는 사실이 못마땅한 건가? 그런 일을 그냥 넘기지 못하는 유형의 사람인가? 두 번의 스윙으로 투 스트라이크가 되었을 때 딘의 팀 투수가 힘차게 공을 던졌고, 나는 "스트라이크 아웃"을 외쳤다. 의사가 일어서더니 종종걸음으로 재빨리 마운드를 향해 걸어왔다. 나는 '진정하라'는 몸짓으로 두 팔을 벌려 보였다.

"이것 봐요, 존. 스트라이크일 때는 스트라이크를 부를 수밖에요. 스트라이크존 안으로 10센티미터는 들어왔다고요."

"입 벌려봐요." 존은 이렇게 말하더니 내 입안을 들여다봤다. "아까 보니 피가 나오는 것 같아서. 지금 보니 괜찮은 것 같네요."

이게 버몬트다.

＊

그로부터 한두 시즌 뒤, 10대 초입에 들어서 호리호리하게 잡힌 몸매에 키가 계속 자라고 있던 딘은 자기보다 나이가 조금 많은 아이들과 함께하는 리그에서 투수를 맡게 되었다. 멋진 감청색 저지에 금색 테두리를 두른 유니폼을 딘은 정말 좋아했다. 우리는 집 앞 진입로에서 몇 시간씩 피칭 연습을 했고 딘은 어느새 속구도 그럭저럭 던질 줄 알게 되었다. 문제는 공이 일단 딘의 손을 떠나면 아무도 그 공이 어디로 갈지 알 수 없다는 점이었다. 아직까지도 진입로 저편 숲에는 한때 속구로 날아온 공들이 빼곡할 것이다. 그래도 파란 모자를 쓰고 밝은 금색 글씨가 새겨진 유니폼을 입은 딘은 정말 멋졌다. 나는 이제 명예 심판 자격으로 사이드라인에 서서 흐뭇한 마음으로 딘을 바라보고 있었다. 사인을 받느라 포수를 응시하는 동안 자기 엄마에게서 물려받은 딘의 녹색 띤 담갈색 눈동자가 빛을 발했다. 미남이 될 재목이었다.

미남이긴 하나 투구는 불안정했다. 이 무렵 스트라이크존이 전보다 좀 높아진 것도 사실이다. 짐작건대 타자들의 키가 평균 10센티미터는 더 커져 있었다. 4회쯤 되었을 때였나, 딘이 스무 번 정도 공을 던져 연속 볼넷을 포함해 대여섯 명을 진루시키자 코치가 마운드로 걸어가더니 우익수와 서로 자리를 바꿨으면 좋겠다고 부드럽게 제안했다. 딘은 마운드에서 내려왔지만 우익으로 가지는 않았다. 1루 근처의 파울라인을 넘더니 고개를 숙인 채 주차장이 있는 방향으로 계속 걸었다.

나는 벌떡 일어나 쫓아갔고, 철조망 울타리의 마지막 기둥 근처에서 딘을 붙잡았다.

"어디 가는 거니?"

"난 야구를 너무 못해요. 집에 가고 싶어요."

"넌 야구**도** 할 수 있어. 할 수 있다는 거 너도 알잖아. 너는 훌륭한 외야수야. 내가 쳤던 플라이 볼을 모두 잡았잖니."

딘은 아무 말도 하지 않았다.

"자, 가자. 저 친구들한테는 네가 필요해. 우린 이 경기를 마쳐야 한다고."

"이미 한참 뒤처졌는걸요."

"따라잡을 수 있어. 팀을 실망시키지 마라. 애들한텐 네가 필요해."

그때 내가 딘의 어린 어깨 위에 커다란 책임과 잠재적 비난을 쌓아 올리고 있다는 생각은 떠오르지 않았다. 사실, 그건 자기 알 바 아니라고 말하고 혼자 가버렸다 해도 딘을 나무랄 수는 없었을 것이다.

그러나 딘은 그러지 않았다. 잠시 생각하더니 아무 말도 않고 돌아서서 우익을 향해 걸어서, 그러니까 뛴 게 아니라 결의와 위엄을 보이며 **걸어서** 갔다. 바로 조금 전 양 팀 친구들과 세 줄의 관람석에 띄엄띄엄 앉아 있던 부모들이 모두 보는 앞에서 보였던 부끄러운 모습을 생각하면 대단히 용기 있는 행동이었다.

그날 남은 경기 동안 딘이 플라이 볼을 잡은 적이 있었는지는 기억나지 않는다. 하지만 마지막 이닝인 7회 말에 일어난 일은 똑똑히 떠오른다. 딘의 팀이 공격할 차례였고, 그때까지 그들은 열심히 따라붙어 3점까지 점수 차를 줄여놓았다. 주자 만루에 원아웃인 상태. 그때 딘이 배트를 들고 타석에 들어섰다.

내 기억이 맞는다면 딘은 초구를 가만히 지켜보기만 했고, 다음 공에서는 헛스윙을 했다. 이어 그다음 공이 날아왔을 때, 딘이 친 공은 바닥에 맞고 튀어 투수 쪽으로 날아갔다. 투수가 몸을 구부리는 사이

공은 투수의 다리 사이로 지나갔고, 유격수와 2루수가 달려왔지만 공은 그들도 약 올리듯 지나쳐 가더니 티타임에 늦은 흰 토끼처럼 통통 튀며 외야로 굴러갔다. 훈련을 충실히 한 중견수는 공을 잡아 드라마틱하게 본루까지 던져보겠다는 희망으로 몸을 던졌고 외야수도 잡아보려 했지만 글러브에는 아무것도 잡히지 않았고, 이제 흡사 통신위성 같은 성격을 띠게 된 공은 지구의 곡면을 따라 제 궤도를 계속 갔다.

딘은 모든 루를 밟았다. 딘이 홈 플레이트를 밟는 순간 팀원들이 몰려나와 앞다투어 하이파이브를 했다. 딘은 승부를 결정짓는 땅볼 만루 홈런을 친 것이다. 그 리그에서 처음 나온 홈런은 아니었겠지만 내가 보았던, 또는 보기를 기대했던 가장 아름다운 타구였다.

집으로 돌아오는 길, 차 안에서 딘이 가장 알고 싶어 한 것은 그날의 저녁 메뉴였다.

*

미들베리로 이사한 지 몇 주 지나지 않아, 케빈은 자신이 무슨 일에 환희를 느끼는지 깨닫게 되었다.

어느 일요일 아침 언제나 빼놓을 수 없는 베이글 한 봉지와 〈벌링턴 프리 프레스〉 한 부를 사 집으로 돌아와 커피를 마시며 한가롭게 연예란을 뒤적이는데, 한 단짜리 광고 하나가 내 시선을 붙잡았다.

우즈 티 컴퍼니
포크 뮤직

보트하우스
오후 2시

이제 막 다섯 살이 된 케빈은 그 전해, 아너리가 흰색 플라스틱 기타를 사준 뒤로 어디에나 그 장난감 기타를 가지고 다녔다. 지난여름 브레드 로프의 잔디밭에서 한 아일랜드 소설가가 기타 치는 모습을 본 순간부터 기타에 매료되어 있던 터였다. 케빈은 그 소설가에게 기타 치는 법을 가르쳐달라고 졸랐다. 그는 친절하게 몇 가지 코드를 알려주려 했지만, 그걸 따라 하기에는 케빈의 손가락이 아직 너무 작고 힘도 없었다. 하지만 재미있게도 아이는 그 작은 손가락을 소설가가 짚었던 지판의 자리에 정확하게 갖다 댔다.

그해 여름이 지나고 뉴욕으로 돌아갔을 때 현이 없는 장난감 기타를 사주자, 아이는 마음에 들었는지 어디를 가나 항상 가지고 다녔다.

북쪽으로 50킬로미터쯤 떨어진 벌링턴으로 가기 위해 엄마 아빠와 함께 밴에 올라탈 때도 캐빈의 손엔 그 기타가 꼭 쥐여 있었다. 딘은 할머니와 함께 집에 남아 있기로 했다. 보트하우스는 2층에 공연장이 딸린 레스토랑으로, 벌링턴 남쪽 챔플레인 호수의 잔교 끝에 닻을 내리고 있었다.

우즈 티 컴퍼니Woods Tea Company는 예상보다 훨씬 대단한 밴드였다. 버몬트와 뉴잉글랜드에서는 이미 전설적인 트리오로 전국에 팬을 거느리고 있었다. 2층의 공연장은 벽까지 사람들이 꽉 들어차 있었다. 남은 자리는 단 하나도 없이. 전석 매진.

막 나가려는데 티켓을 팔던 2세대 히피 여인이 버몬트 특유의 방식으로 우리를 구조하러 왔다. 그녀가 우리 아들을 슥 훑어보자, 케빈도 그 밝고 푸른 눈으로 그녀를 올려보았다. 그녀의 시선이 장난감 기타로 옮겨 가더니, 이내 히피 여인은 이렇게 말했다. "괜찮다면 아이는 이 테이블에 올라가도 돼요. 두 분은 서 있어야 하고요."

'이 테이블'이란 다리를 접을 수 있는 카드놀이용 탁자로, 이곳에서는 현금 보관함과 말아놓은 빨간 티켓 뭉치를 올려두는 받침대로 쓰고 있었다. 몸무게가 15킬로그램쯤 나가는 아이는 고사하고 2~3킬로미터 정도도 버틸까 싶을 만큼 못 미더웠다. 하지만 테이블은 아이의 무게를 버텨냈고, 케빈은 그 순간 처음으로 보트하우스의 공연 무대를 보았다. 아니, 그게 무엇이든, 공연이라는 것을 태어나 처음 본 것이다. 케빈은 금속 스탠드에 줄줄이 기대선 반짝이는 기타와 밴조, 만돌린과 피들을 보았다. 악기들은 위에서 비추는 조명에 따라 오렌지색과 갈색, 은색의 빛을 발하고 있었다. 이어 케빈은 세 개의 마이크를 쳐다봤다. 우리는 몰랐지만 그때 케빈은 자신의 미래를 보고 있었다.

누군가 무대 위로 올라와 홀더에서 마이크를 빼 들더니 대충 "신사 숙녀 여러분, 우즈 티 컴퍼니입니다!" 어쩌고 하는 말을 했다. 관객들이 열렬한 박수갈채를 보내자, 이어 구겨진 청바지를 입은 중년 남자 세 명이 줄지어 무대 위로 올라왔다. 한 사람은 챙 없는 커다란 모자를 쓴 채 헝클어진 오렌지색 수염을 뽐내고 있었다. 또 한 사람은 해적처럼 얼굴에 검은 털이 숭숭하고 어두운 분위기를 풍기는 미남이었다. 다른 한 사람은 수염을 기른 얼굴에 찌그러진 페도라를 쓰고 안경에 멜빵까지 하고 있었다. 한마디로, 스티브의 파크 다이너 단골이라 해도 이상할 것 없어 보이는 사람들이었다.

다른 말 없이, 그들은 〈더 와일드 로버The Wild Rover〉를 우렁차게 연주하기 시작했다. 페도라를 쓴 사람이 연주하는 밴조의 진동이 공연장을 가득 채우고 관객들 사이를 휘저으며 지나가 창틀에 부딪쳤다가 다시 튕겨 나왔다. 음악에 정통한 팬들은 "No nay never"와 "No nay never no more", "No never no more" 가사에 정확히 맞춰 손뼉을 쳤다. 연주가 우렁차게 마무리되자 객석에서도 우렁찬 박수가 쏟아져 나왔다.

우즈 티 컴퍼니는 아일랜드의 권주가와 뱃노래, 블루그래스를 몇 곡씩 연주하고 자작곡도 몇 곡 불렀다. 1960년대의 위대한 포크 발라드도 몇 곡 연주했다. 그들의 연주에는 자신만의 스타일과 기교와 열정이 있었다. 너무도 훌륭했다. 그들은 내게 성인이 되는 일종의 통과의례 같았던 음악, 내가 처음으로 사랑했던 종류의 음악, 내가 연주하고 싶다는 갈망을 품었고 **실제로** (몇 살 때까지인지 정확히 밝히면 아주 창피할 만큼 충분히 나이를 먹었을 때까지 욕실 거울 앞에서 테니스 라켓의 줄을 가지고) 연주하기도 했던 음악을 연주했다.

케빈은 최면에 걸린 것 같았다. 자기 장난감 기타의 있지도 않은 현을 뜯으며 관객들 머리 너머 무대 위의 연주자들을 바라보았다. 그때 우리가 생각하지 못했던 것은, 무대 위의 연주자들도 관객들 너머 케빈을 볼 수 있다는 사실이었다.

중간 휴식 시간에 아너리와 내가 미들베리로 좀 일찍 돌아가느냐 마느냐 하며 왈가왈부하고 있는데, 한 여성이 사람들 틈을 비집고 우리 쪽으로 다가왔다. 40대 초반쯤 된 것 같았고 긴 금발 생머리에 거기 있던 거의 모든 여성과 마찬가지로 빛바랜 청바지를 입고 있었다. 눈에서는 선량함이 뿜어져 나왔다. 그녀는 인사말로 시간을 낭비하지 않고 곧장 이렇게 알려줬다. "2부가 되면 빈자리가 몇 개 날 거예요. 아이를 데리고 앞줄로 오신다면 마지막 곡을 연주할 때 아이를 무대에 세울게요." 그녀는 해적을 닮은 밴드 멤버의 아내였다.

"아이 이름이 뭐예요?"

아내와 나는 서로를 쳐다봤고, 순식간에 우리는 예전의 뉴요커로 돌아갔다. 나는 케빈을 들어 올려 어깨에 걸치고는 미식축구 공인 양 꼭 붙잡았다. 아내리가 수비 방해를 맡고 우리는 양옆 사람들의 몸과 부딪쳐가며 중앙 복도를 따라 무대를 향해 쭉 밀고 나아가 마이크 바로 밑에 있는 빈 좌석 두 개를 차지했다. 잠시 비어 있는 자린지 주인이 아예 가버린 자리인지는 상관없었다. 쇼 비즈니스 세계에서 항상 점잖은 일만 기대할 수는 없는 법 아닌가.

우즈 티 컴퍼니가 다시 무대로 올라왔고, 이제 내 무릎에 앉은 케빈은 갑자기 손만 뻗으면 그들과 닿을 수 있는 거리에 있었다. 케빈이 하얀 장난감 기타를 잡았다. 밴드는 또다시 열렬한 공연을 펼치고 뜨거운 박수를 받으며 무대에서 내려갔다. 콘서트가 끝난 것이다.

잠시 뒤 그들이 다시 돌아왔다. 앙코르 순서였다. 해적을 닮은 멤버가 내게 살짝 고갯짓을 해 보이더니, 마치 모든 사람이 예상하고 있던 일인 양 아무렇지도 않게 이렇게 알렸다. "자, 이제 케빈이 함께할 시간입니다."

나는 일어서서 케빈을 무대 위로 올려주었다. 케빈으로서는 예상치 못한 순간이었다. 뒤로 돌아 조명을 받아 더욱 푸르게 빛나는 눈으로 관객을 둘러보던 케빈은 이내 장난감 기타를 들어 연주할 준비를 했다.

밴드는 곧바로 우디 거스리Woodie Guthrie의 〈디스 랜드 이즈 유어 랜드This Land Is Your Land〉를 귀가 떨어질 듯 폭발적으로 연주했다. 곡이 반쯤 연주되었을 때 관객들도 박자에 맞춰 손뼉을 치기 시작했다. 밴조와 기타는 번갈아가며 강렬한 솔로 연주를 펼쳤다. 트리오의 굵직한 목소리가 힘차게 울려 퍼졌다. "As I was walkin' that ribbon of highway……" 관객들은 발을 굴러 박자를 맞췄다. 케빈은 파란 눈에 조명을 받으며 멍한 얼굴로 앞만 응시한 채 있지도 않은 기타 줄을 힘차게 퉁겼다. "This land belongs to you and meeeeee, eeeeee, EEEEEE!"

관객이 모두 일어나 박수를 치고 휘파람을 불어댔다. 케빈은 거기서 그 모든 것을 흡수했다. 무표정은 여전했지만 아이의 내면에서는 화산이 폭발했고, 세찬 바람이 불어와 한 삶을 몰아내며 새로운 삶을 불러들이고 있었다. 그 순간 케빈은 뮤지션이 되었다. 기립박수가 계속됐다.

마침내 박수가 잦아들고 사람들이 하나둘 보트하우스를 빠져나가기 시작하자 우리는 무대 위 케빈 곁으로 올라가 밴드 멤버들과 악수를 나눴다. 멤버들 각자 케빈에 대해 친절한 말을 한마디씩 하는 동안, 케빈은 고개를 뒤로 꺾어 그들을 올려보며 아무 말 없이 칭찬을 받아들였다. 이윽고 아너리와 나도 출구를 향해 가기 시작했다. 그리고 주차장으로 이어진 모퉁이를 돌 때에야 우리는 케빈이 곁에 없다는 사실을 깨달았다.

아너리와 나는 깜짝 놀라 허둥지둥 주위를 둘러보았다. 1~2분쯤 지나서야 우리 중 하나가 케빈의 모습을 발견했다. 케빈은 우리가 걸어 나온 길에서 20미터 정도 뒤처진 곳, 보트하우스 입구에 놓은 판자 근처의 나무 벤치에 앉아 다리를 앞뒤로 흔들고 있었다. 우리는 얼른 달려가 네가 안 보여서 얼마나 겁을 먹었는지 아느냐고, 다시는 그러면 안 된다고, 너를 다시 찾아 얼마나 기쁜지 모른다고 말해주었다. 벤치에서 도대체 뭘 하고 있었던 거니?

케빈은 아이만이 알 수 있고 어른들은 이해하기 어려운 개념을 우리에게 이해시키기 위해 참을성 있게 설명했다.

케빈은 우즈 티 컴퍼니와 함께 자신의 연주 활동을 이어가기 위해 그들이 밖으로 나오기를 기다리고 있었던 것이다.

✳

그날 이후 그 무엇도 케빈을 막을 수 없었다. 케빈은 기타 교습을 받게 해달라고 졸랐다. 우리는 기타를 가르칠 만한 대학생 한 명을 찾아냈다. 케빈은 토요일마다 그 학생을 만나 기타를 배웠는데, 몇 주가 지나자 이 젊은 선생님은 자기한테는 우리 아들에게 가르쳐줄 것이 더 이상 남아 있지 않다고 털어놓았다.

그러나 케빈에게는 다행스럽게도 우리가 이사해 살던 버몬트주에는 훌륭한 뮤지션들, 특히 현악기 연주자들이 많았다. 반세기 전 저항 문화의 기수들이 세워놓은 전통의 계승자들 말이다. 이 전통을 이어가는 탁월한 기타 연주자이자 교사 가운데 온화하면서도 엉뚱한 마이클이라는 사람이 미들베리 외곽의 한 농장에서 자기 파트너와 함께 살고 있었다. 골목길 옆 작은 방갈로를 개조한 마이클의 스튜디오는 우리 집에서 3킬로미터밖에 떨어져 있지 않았다. 그 앞에는 어느 가족이 운영하는 베이글 빵집이 있고, 앙상한 나무 몇 그루가 그늘을 만들어주고 있었다. 스튜디오에서 내다보이는 풍경은 다른 집들의 뒷마당과 앙상한 나무들뿐이었다. 나는 이 작은 은신처의 분위기가 점점 마음에 들었다. 무계획적이고 희한하고 우주 전체에 단 하나뿐인 이 스튜디오는, 공학자들이 광학 경위의와 삼각대를 갖고 와서 우리의 나니아를 격자 모양으로 바꿔놓기 전, 동네를 동네로 만들고 마을을 마을로 만들었던 일종의 괴짜스러운 온전함을 간직하고 있었다.

마을 곳곳의 상점 게시판마다 마이클의 명함이 압정으로 꽂혀 있었다. 우리는 거기 적힌 번호로 전화를 걸어 우리의 다섯 살짜리 아들에게 강습을 해줄 시간이 있는지 물었다. 마이클은 점잖게 거절했다. 조그만 아이는 가르치지 않는다는 것이었다. 몇 년 뒤에 케빈의 손가락이 좀 더 길어지면 다시 연락하라고 했다.

다시 전화를 건 사람은 아너리였던 것 같다. 어쩌면 그러고도 한 번 더 걸었던 것 같기도 하고. 마침내 항복한 마이클은 어떤 아이인지 보러 우리 집으로 찾아오겠다고 했다.

몇 달 뒤 학생들의 발표회가 열렸던 날, 마이클이 아너리와 나를 한쪽으로 데려가 속삭였던 말을 나는 영원히 잊지 못할 것이다. **"우리가 괴물을 하나 만들었어요."**

내 인생에서 정말로 행복했던 몇 편의 막간극은 그 베이글 빵집 뒤편의 작은 스튜디오에서 펼쳐졌다. 마이클은 엄격하게도 수업이 끝날 때까지 학생 말고는 누구도 강습실에 들어오지 못하게 했다. 그러나 나는 꾀를 냈다. 케빈을 데리러 갈 때마다 세심하게 계획하여 도착 시간을 매번 아주 조금씩 앞당긴 것이다. 몇 달이 지나자 나는 수업이 30분쯤 진행되었을 무렵 도착하게 되었다. 정식 수업이 끝나고 연주 실습이 시작되는 시점이었다.

나는 조용히 강습실로 들어가 소리 나지 않게 문을 살짝 닫고는 보송보송한 카펫이 깔린 바닥에 앉아 벽에 등을 기댔다. 얼마간 시간이 흐르자 그들은 내가 거기 있다는 사실을 개의치 않게 되었는데, 그게 바로 내가 의도한 바였다. 만약 투명인간이 될 수만 있었다면 매일 써야 할 글의 할당량이야 어찌 되든 팽개치고 수업 시간 내내 그 방 안을 돌아다녔을 것이다. 정말이지, 그곳에서는 온전히 기타로만 나누는 길고도 풍성한 대화에 푹 빠져드는 지고의 기쁨을 맛볼 수 있었으니까. 케빈의 손가락은 바삐 움직이느라 흐릿하게 보였지만 그야말로 정밀한 흐릿함이었고, 리프와 콜 앤드 리스폰스call and response, 트레이딩 에이츠trading eights에는 놀라운 테크닉과 깊은 열정이 배어 있었다. 마이클은 엄밀한 테크닉을 고집했고 케빈은 기쁘게 그의 뜻을 따랐다. 지판을 짚는 쪽 팔꿈치는 굽혀라, 손목을 일자로 유지해라, 포 핑거 주법 같은 예외적인 상황을 제외하고 프렛 하나는 손가락 하나로만 짚어라, 새끼손가락 쓰는 법을 익혀라, 연주할 수 있는 범위를 넓혀라, 동일한 코드를 연주하는 여러 가지 기법을 익혀라, 기타 등등, 기타 등등.

얼마 지나지 않아 케빈은 어쿠스틱 기타와 전자 기타 모두를 전문적으로 다룰 줄 알게 되었다. 그 뒤로는 클래식 기타와 플라멩코 기타의 기본도 배웠고 전자 베이스와 만돌린도 마스터했다. 피아노와 드럼도 배웠다. 또 식사 중에 포크와 나이프로 접시 가장자리를 두드리는 일에도 전문가가 되었는데, 아녀리였는지 나였는지 정중하게 제발 그만두라고 말한 뒤로는 접시 드러밍은 그만뒀다.

케빈은 결코 자신을 드러내는 유형의 뮤지션이 아니었고, 따지고 보면 그 무엇에서도 자신을 드러내지 않았다. 케빈의 성격을 지배한 것은 겸손과 은근한 수줍음, 조용한 익살이었다. 연주할 때 주먹을 위로 치켜든 적도 없고, 으스대며 무대를 누빈 적도, 관객을 향해 과장된 표정을 지은 적도 결코 없었다. 케빈과 음악의 본질적인 관계를 이해하고 싶다면 케빈이 기타를 집어 드는 모습을 바라보기만 해도 충분했다. 그 애는 기타를 집어 든다기보다 기타를 재빠르고 유연하게 자기 존재 안으로 빨아들였다. 한순간 스탠드나 테이블이나 소파 위에 놓여 있던 기타는 다음 순간 케빈의 커다란 두 손에 부드럽게 안겨 케빈의 일부가 되었다. (케빈은 손과 발이 다른 모든 신체 부위보다 훨씬 빨리 자랐고, 손가락 힘을 유지하기 위해 손가락 운동도 했다.)

케빈과 마이클은 서로의 영혼을 이끌어내듯 즉흥적으로 연주했다. 그런 연주에서 나온 음악, 그리고 다음 순간 영원히 사라진 음악은 때로 마치 미리 작곡해 종이 위에 옮겨놓은 곡으로 착각할 만큼 매혹적인 합일성과 아름다움의 수준에 도달하곤 했다. 매주 목요일이면 나는 뉴잉글랜드의 어느 타운 홀에서든 모든 관객에게 전율을 안길 만한 이중주를 단 한 명의 청중으로서 감상했다.

케빈은 창백하고 고립된 기타의 음유시인이라는 상투적인 유형에는 맞지 않았다. 자기 세상을 구성하는 모든 것이 케빈을 매료시켰다. 쾌활한 사람들이 '만능 소년'이라고 칭찬할 만한 그런 아이였다. 케빈은 딱히 근육질이라 할 수는 없는 마른 체격으로 자랐는데, 기타를 잡는 두 손과 강단 있는 팔뚝만은 예외였다. 운동선수로 착각할 만한 아이는 아니었지만 그런 점을 아쉬워하지도 않았다. 여름 시즌 야구팀에서는 포수를 맡았고, 축구에서는 미드필더를, 주니어 농구에서는 가드를 맡았으며(누군가 볼을 빼앗아 갈 때까지는 센터 코트에서 드리블을 하며 꽃을 좋아하는 황소 페르디난드처럼 혼자만의 즐거움에 빠지곤 했다), 수영을 할 때는 경쟁심이 강했다. 아이스하키도 시도해봤지만 어느새 아너리와 내가 발목 높이 올라오는 스케이트화의 끈을 묶어주는 데 지쳐버렸다. 수줍은 성격도 시간이 지나며 거칠되 친밀한 장난을 좋아하는 기질과 입술이 한쪽으로 기운 비스듬한 미소에 밀려났고, 매력적인 자기 풍자에도 능했다. 초등학교 때 아일랜드로 갔던 가족 여행을 주제로 쓴 글에는 이런 구절이 있다.

> 우리는 바에 자주 갔고, 나는 그기 역겨운 그릴 치쥬가 맘에 들었다. 다트 게임도 했는데, 난 정말 못해서 다트만 자끄 부서뜨렸다. 우리의 사커를 그들은 축구라고 부르는 거 같다. 우리는 사…… 그러니까 내 말은 축구를 아주 많이 했다.

동시에 케빈은 살아가는 동안 끝내 다른 누구도 들어가볼 수 없었던 자기만의 내면세계에서 살았다. 케빈의 재능과 열정을 공유했던 사람들은 어쩌면 그 세계에 접근할 수 있었을지 모르겠지만. 그런 면모는 일찌감치 분명하게 드러났다. 초등학교 때 한 선생님이 반 아이들에게 자신에게 필요한 것들의 목록을 만들어보라고 했다. 아마도 음식과 물과 집 같은, 살아가는 데 필수적인 것들의 고마움을 아이들이 얼마나 느끼고 있는지 알아보려고 했던 것 같다. 그때 케빈은 이렇게 적었다. "나에게는 음악이 **필요하다**."

케빈에게는 **표현**이 필요했다. 케빈은 그림을 그렸다. 스케치북을 사달라고 하기에 큼직한 걸로 하나 사줬더니 연필을 쥐고 빠른 손놀림으로 종이를 쓱쓱 채워갔다. 그런 스케치 중 어떤 것은 완성된 그림으로 발전했다. 예를 들면 마녀 모자처럼 뾰족 귀를 가진 메인쿤 고양이 스파이키의 초상화 같은 것이 있는데, 케빈은 크레용으로 색칠해 그 차분한 메인쿤 고양이를 만화 속 록 스타처럼 표현해놓았다. 케빈이 반복적으로 그리는 인물도 있었다. 코가 지그소 퍼즐의 동그랗게 튀어나온 부분처럼 생긴 아이. 도시의 스카이라인 위로 미끄러지듯 지나가는 스키 보더로, 케빈만이 이해하는, 저 파도처럼 출렁이는 풍경 속에 사는 아이였다. 어쩌면 그 아이는 케빈이었는지도 모른다. 케빈도 빠른 속도를 사랑했으니까. 때때로 케빈은 일관성 없이 앞뒤로 그은 일련의 연필 자국 같은 그림도 그렸다. 마치 그 바탕에 깔린 단상이 너무 긴급한 성질의 것이어서 느긋하고 섬세하게 표현하기가 불가능했던 것처럼.

더 나이가 들면서 케빈은 짓궂게 사람들을 흉내 내는 데 명수가 되었다. 몇 개의 단어와 정확한 억양만으로 한 사람의 성격의 본질을 꿰뚫었다. 케빈이 '플루트flute'라는 단어를 발음할 때의 억양은 플루트라는 악기에 대한 빼도 박도 못 할 논평이 됐다.

우리는 아들들에게 욕설을 입에 올리지 못하게 했고, 아이들은 적어도 우리가 곁에 있을 때는 고운 말을 썼다. 그러나 케빈이 처음 생각해내고 딘이 따랐던 불문율이 있었으니, 그것은 누군가 자기들한테 들리는 곳에서 욕 폭탄을 떨어뜨리면 그때부터 그 단어를 받아 놀이를 하는 것이었다. 둘이 각각 여덟 살과 열한 살이 되던 해 여름, 클리블랜드에 있는 로큰롤 명예의 전당을 방문했을 때 두 아이 중 하나가 어떤 버튼을 누르자 피트 톤젠드Pete Townshend의 인터뷰 영상이 재생됐다. "우리 세대를 봐요. 어떻게 됐죠? 지미 헨드릭스Jimi Hendrix. 브라이언 존스Brian Jones. 재니스 조플린Janis Joplin. 키스 문Keith Moon. 명단은 우라지게 끝도 없어요. 죽은 사람이 가득하죠. 내 인생도 죽은 사람으로 가득해요. 내 친구들은 죽었어요. **내 친구들**요. 당신들의 우라질 아이콘인지 뭔지 몰라도, 그들은 내 **우라질** 친구들이라고요."

케빈은 그 단어를 놀잇감으로 여긴 게 분명했다. 정말로 모르겠다는 듯 완벽하게 진지한 표정으로 나를 올려보면서 이렇게 물었다. "저 사람 지금 '내 우라질 아이콘'하고 '**당신들의** 우라질 친구들'이라고 말한 거예요?"

어쩔 수 없었다. "아니야, 케빈." 나는 아버지답게 정확하게 바로잡았다. "'**당신들의** 우라질 아이콘'과 '내 우라질 친구들'이라고 했어."

"잠깐만요." 딘이 끼어들었다. "내 생각엔 '내 우라질 아이콘'과 '내 우라질 친구들'이라고 한 것 같은데요."

나는 시선이 아녀리 쪽으로 돌아가지 않도록 애썼다. "딘, 그가 그렇게 말했을 리 없어." 최대한 학술적이고 사색적으로 들리는 목소리를 내려고 애쓰며 나는 대답했다. "어떻게 그들이 그의 우라질 친구들이면서 **또** 그의 우라질 아이콘일 수가 있겠니?"

"내 생각엔 그들이 그의 우라질 친구들이면 그의 우라질 아이콘도 될 수 있을 것 같아요." 케빈이 또 나섰다. "그리고 그들이 그의 우라질 아이콘이라면, 그래도 그의 우라질 친구들일 수도 있죠."

사람들이 우리를 쳐다보기 시작했다. 결국 아너리가 나서 장난질은 그만두고 점잖게 행동하라고 말해야 했다.

케빈의 특징 가운데 내가 어쩌면 케빈의 음악적 재능보다 훨씬 더 존경한 한 가지는 그 아이의 추도식에서 들었던 다음 이야기에 잘 요약되어 있다.

내게 그 이야기를 해준 사람은 케빈과 같은 반 친구였던, 검은 눈동자에 숱 많은 검은 머리를 길게 땋아 내린 아름다운 여학생이었다. 그녀는 6학년 때 아동기의 급격한 성장을 경험하면서 거의 하룻밤 사이에 다른 모든 아이들과 완전히 구별되는 존재가 되었다. 아이의 키는 183센티미터까지 자랐다. 이 학생은 본인도 이해할 수 없고 통제는 더더욱 할 수 없었던 키와 미모 때문에 반의 몇몇 남자아이들에게 공격의 표적이 되었다. 결코 스스로 초래한 일이 아닌데도. 가난한 집안에서 비혼인 어머니와 단둘이 살던 이 여학생은 물 빠진 청바지에 플란넬 셔츠나 '쿨한' 슬로건이 적힌 티셔츠를 입고 다녔다. 그냥 흔한 초등학생일 뿐이었다.

그런데 어느 한 남학생은 결코 그 아이의 잘못이 아닌 이 놀라운 외모를 자신의 모습을 돌아보게 만드는 개인적인 도전으로 받아들였다. 크고 탄탄한 체격에, 장차 대학에서 아이스하키 스타가 될 아이였다. 건방지게도 키가 그렇게 커버린 이 여학생을 상대하는 그의 방법은 수업 시작 전이나 점심시간에 학교 운동장에서 으스대며 그 아이에게 다가가 주먹을 날리는 것이었다. 반복적으로. 세게. 어깨에. 가슴에. 때로는 얼굴에. 여학생은 멍이 들었고 피가 났지만 어떻게 해야 할지 몰랐다. 그냥 서서 주먹질을 당할 뿐이었다. 때로는 아픔과 굴욕감 때문에 소리 없이 울었다. 다른 아이들은 멀리서 지켜보기만 했다. 아무도 그 일에 개입하려 하지 않았다. 선생님들은 무슨 일이 벌어지는지조차 모르는 것 같았다. 아이도 이 일에 대해 아무에게도 말하지 않았다.

이 모든 일이 끝난 것은 어느 날 또 그 주먹질이 벌어지던 중, 케빈이 두 사람 사이로 걸어가 "토머스, 넌 비열한 짓을 하고 있어"라고 내뱉은 뒤 걸어가 버렸을 때였다. 토머스는 케빈을 쫓아가지 않았다. 마치 '맞아, 내가 보기에도 난 비열한 놈 같아'라고 혼잣말을 하는 것만 같았다. 그런 뒤 이 남학생은 꽤 괜찮은 남자로 자랐고, 대학의 하키 스타가 되었다.

내가 단언할 수 있는 일은 아니지만, 나는 그 키 큰 소녀가 케빈을 사랑했으리라고 생각한다. 누가 그러지 않을 수 있겠는가?

베들럼, 그 이전과 그 너머

4

문명이 어느 정도 도시화된 단계에 이르렀을 때, 사람들은 미친 사람들을 샅샅이 찾아내어 도시의 거리에서 보이지 않도록 감옥 같은 수용소에 몰아넣어야 한다고 판단했다. 그리고 '멀쩡한' 도시 멋쟁이들은 종종 그 수용소를 찾아가 동전 몇 닢을 내고 그들이 울부짖고 애원하고 몸을 뒤틀고 자기 몸에 채워진 쇠고랑을 잡아당기는 모습을 구경했다.

그러나 그 이전 수천 년 동안은 정상적 행동과 비정상적 행동을 구분하는 선이 훨씬 모호했고, 그러한 구분에 공포와 혐오가 끼어드는 일도 훨씬 드물었다. 표준적인 공동체 또는 부족과 그 주변부의 부적응자들 사이에는 어떤 원형적 인물이 존재했으니, 때로 그 인물은 열에 들뜬 부적응자들의 정신적 고통을 모종의 마술적 힘으로 자기 안으로 빨아들임으로써 그들을 치료했고, 그 자신이 부적응자로 살아가며 부족을 치유하는 경우도 있었다.

이 원형적 인물을 가리키는 전형적인 명칭은 '샤먼shaman'으로, 17세기에 동시베리아의 목축 사회를 침략한 카자크인들에게서 온 단어다.[24] 인지력을 갖기 시작한 무렵의 초창기 부족과 인종 집단 들로 거슬러 올라가면, 그들 사이에 아무리 넓은 바다와 산과 먼 거리가 가로놓여 있어도 비슷한 의미의 단어를 다양한 형태로 널리 사용했음을 알 수 있다. 샤마네schamane, 사만saman, 바발라워babalawo, 셰리피아리sheripiari, 마기magi, 우wu, 바알 셈baal shem, 예언자prophet라는 단어는 이들을 가리키는 수많은 표현 가운데 겨우 몇 가지 예에 해당할 뿐이다. 이 단어들은 극도로 흥분된 무아경에 들어갈 수 있는 사람, 인간사에 개입할 정도로 강력한 힘을 지닌 신비로운 존재의 보이지 않는 영역에 접근할 수 있는 사람을 가리켰다.

역사 속에는 그런 카리스마 넘치는 인물이 많았다. 소크라테스는 환각을 경험했다. 그는 어디서 오는지 알 수 없는 목소리를 최소 한 번 이상 들었고, 그 목소리를 가리켜 "나의 다이몬daemon"이라고 다정하게 표현했다. 그는 그 목소리를 귀하게 여겼다. 목소리는 그에게 현명한 충고를 해주었는데, 하나같이 어떤 행동을 제안하는 것이 아니라 그가 하려던 행동을 하지 말라고 경고하는 내용이었다. 심지어 그는 그것을 "신성한 광기"라고까지 표현했다.

프랑스 철학자 미셸 푸코Michel Foucalt는 어느 유명한 글에서 민족학자들의 연구를 인용하며, 원시사회들이 광기에 대해 어떤 태도를 가졌었는지 알아낼 방법이 있다고 말했다. 그 답을 푸는 열쇠는 해당 공동체 내 핵심적인 집단들(각각 노동과 경제적 생산, 가족과 성, 언어와 말, 놀이 또는 명랑한 활동 즉, 게임과 축제를 담당하는 집단들)의 구성원에게 어떤 지위가 주어졌는지 살펴보는 것이다. 부족의 모든 구성원을 이 범주만으로 딱 떨어지게 분류할 수는 없지만, "광기는 **항상** 배제

되었다"라고 푸코는 썼다.[25] '미쳤다'고 판단된(물론 현대의 사회 연구자들이 소급적으로 판단한 것이지만) 사람은 한마디로 어떤 범주에도 들어갈 수 없었다. 그들은 일을 할 수 없거나 하지 않으려 하는 이들, 성관계를 하지 않는 이들, 이해할 수 없는 말을 하고 위험한 행동을 하고 축제를 망치는 이들이었다. 사회가 그들을 대하는 태도는 공포나 처벌 충동에 근거했을 수도, 그러지 않았을 수도 있다. 푸코의 서술에 따르면 "각각의 사례에 따라 [광인에게는] 종교적 지위나 마술적 지위, 유희적 지위, 병적 지위가 주어졌다". 사회 내에서 광기의 역할은 동일자同一者와 타자他者 사이의 경계를 드러내는 것이며, 이를 통해 양자에 내재한 진실을 드러내는 것이었다.

자애로운 그리스인이나 그들을 정복한 더 잔인하고 피에 굶주린 로마인 모두 전반적으로는 광기가 상궤를 벗어난 상태임을 이해했던 듯하며, 대개는 신성하다기보다는 신이 내린 벌로 여겼다. 정신이상은 초자연적 존재가 초래하는 것이라는 생각, 거대한 빙하처럼 버티고 있던 이 생각에서 처음으로 벗어나기 시작한 사람은 그 유명한 그리스의 의사 히포크라테스다. 대신 그는 광기의 발현이 인체의 네 가지 체액(혈액, 점액, 황담즙, 흑담즙) 사이의 균형이 깨진 결과라는 설을 내놓았다. 이 역시 별 의미 없는 이론이었으나, 이후 2000년에 걸쳐 일부 의사들의 실제 의료 행위에 큰 영향력을 행사했다.

*

정신이상의 **원인**을 확실하게 진단하기란 어렵지만, 정신이상의

강도가 스트레스 정도와 서로 연관되어 있다는 점에 대해서는 정신의학 연구자들도 점점 일치된 의견을 내놓고 있다. 사람에게 스트레스를 유발하는 가장 공통된 자극은 (문제 있는 가정에서 아동기를 보내는 경험을 제외하면) 바로 도시 생활이고, 이는 산업혁명 이후 특히 더 심해졌다. 이 상관관계 때문에 E. 폴러 토리E. Fuller Torrey 같은 선구적 연구자들은 도시 생활의 강렬함이 조현병 및 관련 정신질환의 급증에 상당 부분 원인을 제공한다고 확신한다. 그는 이러한 증가를 들어 '역병plague'이라고까지 표현하는데, 과학 및 의학 전문 기자 로버트 휘터커Robert Whitaker는 몇 가지 다른 이유에서 '유행병epidemic'이라고 표현한다.

런던은 가장 먼저 생겨난 도시들 중 하나로, 그 발생 기원이 서기 50년까지 거슬러 올라간다. 중세 시대 활발한 해상무역 덕에 포동포동 살이 오른 상인들은 급속하게 성장하던 런던에 상인과 기업의 경제 연합체인 고대의 '길드' 제도를 확고하게 이식했다. 1600년에는 인구가 20만 명에 달했는데, 이는 50년 만에 스무 배가 증가한 수치였다. 19세기가 시작될 무렵 런던은 마침내 파리와 콘스탄티노플을 제치고 유럽 최대 도시가 되었다. 이 모든 일이 대다수의 사람에게는 좋은 일이었으나, 재산을 빼앗긴 사람과 정신질환자에게만은 예외였고 흔히 이들은 같은 부류로 여겨졌다.

이렇게 묻는 사람도 있을 것이다. 도시가 온전한 정신에 그렇게 해로운 영향을 미친다면, 그때나 지금이나 사람들은 왜 계속해서 도시에 사는 것일까? 프랑스 태생의 생화학자 르네 뒤보René Dubos는 1969년《너무나 인간적인 동물So Human an Animal》로 퓰리처상을 받았는데, 이 책에서 그는 신석기시대 이래 인류의 핵심 본성은 실질적으로 거의 달라지지 않았다고 주장한다. 인간 본성의 핵심 요소 중 하나인 적응성, 바로 여기에 문제가 있었다. "인구과잉이 초래하는 가장 큰 위험들(여기에는 스트레스도 포함된다)은 역설적으로 인간이 거의 모든 것에 적응할 수 있다는 사실에서 기인한다."[26] 이런 능력이 바탕이 되기 때문에 "현대인은 쉽사리 원시적 삶으로 돌아갈 수 있고, 실제로 그럴 필요가 있을 때는 어느 정도 원시적 삶으로 돌아간다"고 뒤보는 주장했다. 그러나 원시 상태로 돌아가는 것이 인간의 적응성에 대한 가장 고약한 처벌은 아니다. 책 말미의 도발적인 부분에서 뒤보는 이렇게 선언한다.

> 현대 세계에서 인간이 처하는 문제는 대부분 (…) 도시 문명과 산업 문명의 자극에 끊임없이 노출되는 것, (…) 생활 방식의 급작스러운 변화들로 인한 생리적 교란, (…) 인간 진화의 자연스러운 주기에서 떨어져 나온 것, (…) 감정적 외상, 혼잡한 도시에서 느끼는 역설적 고독, 단조로움, 지루함, (…) 한마디로 규율 잡히지 않은 기술이 창출한 모든 환경조건에서 생겨난다.[27]

이 모든 게 사실이라면 길들은 구불구불하고, 하수도는 불결하고, 서로 다른 언어를 사용하는 가난한 이민자들이 다닥다닥 붙어 살고, 주변에는 각종 질병이 떠돌고, 도둑과 살인자 들이 들끓어도 긴 겨울밤 불도 밝히지 못했던 초기의 런던은 그야말로 인간의 스트레스를, 그리고 광기를 키우는 배양접시였던 셈이다.

이런 런던은 미친 사람에게도 샤먼에게도 신경 쓸 겨를이 없었고, 그들에 대해 어쩌다 생각하는 사람이 있다 해도 어차피 둘 다 똑같은 부류로 여겼다. 그들은 방해만 될 뿐 아무 도움도 주지 않았고, 그들이 하는 말과 행동은 통 이해할 수 없었으며(그들의 머릿속엔 십중팔구 저주받은 악마가 들었을 거야!), 대개 나쁜 냄새를 풍겼다.

《크리스마스 캐럴》에 등장하는 에비니저 스크루지의 말을 조금 바꿔서 표현해보자. 그러니까, "정신병자 수용소는 하나도 없는 건가?"

그게 사실, 있기는 했다.

대표적인 수용시설은 베들럼이었다.

'베들럼'은 최초이자 가장 악명 높은 정신병자 수용소를 가리키는 방언이었다. 그곳은 1247년에 비숍스게이트 근처에 '베슬리헴의 성모마리아 소수도원Priory of St. Mary of Bethlehem'이라는 작은 종교적 성소로 처음 문을 연 이래 세 차례 장소를 옮겼다. '베슬리헴Bethlehem'은 얼마 안 가 '베슬럼Bethlem'으로 줄었고, 후에 다시 '베들럼Bedlam'으로 바뀌었다. 시간이 지나면서 그 은거지는 일종의 병원 비슷한 곳으로 변경되었는데, 주 기능은 빈민 구호소였다. 1403년경부터는 보살펴야 할 '광인lunatick' 몇 명을 받아들이면서 그들을 돌보고 치료할 수도사도 몇 명 고용했다. 그 수도사들은 기꺼이 명령을 받들어 자신들이 담당한 사람들을 때리기 시작했다. (아마도 자신들이 악령을 때리고 있다고 믿었을 것이다.) 이곳 수용자들은 그나마 스페인에 있는 이들보다는 지내기가 괜찮은 편이었다. 그곳에서는 토마스 데 토르케마다Tomás de Torquemada를 위시한 종교재판소가 경건한 의무라도 이행하듯 그들을 산 채로 화형시켰으니 말이다.

언제부턴가 런던에서 나오는 폐수의 양이 점점 늘어나더니, 베들럼이 지어지기 전부터 그곳에 있던 하수관이 흘러넘치기 시작했다. 하수관을 고칠 수 없었기에 그들은 가능한 한 빨리 그 악취 나는 곳을 떠나 다른 곳으로 옮기기로 했다. 그 '가능한 한 빨리'라는 게 420년이나 걸렸다는 게 문제지만. 그 세월 동안 수대에 걸친 관리자들은 환자들의 시체 3000구 가량을 이 푹푹 꺼지고 악취 나는 땅에 내다 버렸다. 결국 1676년이 되어서야 베들럼은 서쪽으로 조금 떨어진 무어필즈에 새로 지은 건물들로 옮기게 되었다. 그러는 사이 1547년에는 헨리 8세가 베들럼의 통제권을 장악하고는, 시티오브런던 당국에 이 황량한 건물들을 정신이상자를 위한 은신처로 운영하라는 인가를 내린 터였다.

무어필즈는 1666년의 런던 대화재 이래 성벽 바깥 지역에서 런던 재건을 상징하던 건물이었으나, 어둡고 불길한 건물 내부는 그와 정반대인 다른 무언가를 상징하게 되었다. 건축가는 크리스토퍼 렌°과 동시대인인 로버트 훅Robert Hooke이라는 사람이었다. 훅은 그 건물을 구체적으로 정신병원mental institution이라 특정하고 설계했는데, 영국에서 이렇게 정신병원으로 건물을 지은 것은 이때가 처음이었다. 환자 120명을 수용할 수 있는 2층 건물로 웅장하고 당당한 모습을 자랑했으며, 한 건축학자는 "정교한 중앙 블록의 양옆으로 별관이 있고, 이것이 다시 두 개의 부속 건물로 이어지는 기다란 단말뚝single-pile 건

°　Christopher Wren. 천문학자이자 수학자, 해부학자이며, 영국 역사상 가장 뛰어난 건축가로 꼽히는 인물. 1666년 런던 대화재 이후 런던 재건 사업에서 주도적 역할을 맡아, 세인트 폴 대성당을 비롯하여 시티오브런던 안에 있는 쉰두 개 교회의 재건을 책임졌다.

물"이라고 묘사했다.[28]

입구 양쪽 대문 위에 자리한 무거운 괴물 석상은 마치 그 건물 안에서 벌어지는 일과 관련한 모든 의혹을 비웃는 듯했다. 악마상을 조각한 이는 덴마크의 조각가 카이우스 가브리엘 시버Caius Gabriel Cibber로, 둘 중 죽은 듯 멍한 표정으로 응시하고 있는 석상은 '우울한 광기Melancholy Madness', 사슬에 묶인 팔을 치켜든 채 찡그리고 있는 반인반수는 '광란Raving'이라 이름 붙였다. '베들럼'의 요란한 전설이 끔찍한 절정에 이르는 곳은 그 입구 문을 열고 들어가면 나타나는, 무엇으로도 뚫리지 않을 석조 복도를 따라 늘어선 감방들이다.

베들럼을 후원하는 입장인 시티오브런던 참사회는 미친 사람을 좀 오랫동안 보고 있기만 해도 몸을 움츠리는 상인들로 이루어진 자기네 협회에서 감독관을 선발했다. 그 불행한 자들을 부드럽게 대해야 한다는 도덕적 의무감 같은 것은 상상할 수도 없었던 감독관들은 '환자들'과 같은 수준의 미천한 출신 사람들을 간수로 고용했다. 간수들은 자신들보다 더 처참하게 신에게서 버림받은 인간 집단에 대해 통제권을 갖게 된 것을 기뻐하며, 비명 소리가 들리는 범위 안에 있는 모든 사람에게 자신들과 그들의 차이를 분명히 알리고자 온힘을 다해 노력했다.

이때부터 구타가 본격적으로 시작됐다. 가난하고 교육 못 받고 적개심 가득한 간수들은 육체적으로도 심리적으로도 역사상 더 심한 예를 찾을 수 없을 만큼 극악하고 다양한 방법으로 잔인하게 '환자들'을 대했다. 게다가 건물이든 사람이든 위생과 유지·관리에 아무 관심도 없는 운영자들 때문에 이 비참한 상황은 더욱 악화되었다. 지붕이 내려앉다가 결국에는 무너졌고, 사람의 배설물이 배수관을 막았다. 때때로 과학 연구도 그 잔인함을 더욱 부풀렸다. 1667년 베들럼에서는 치료법으로서의 수혈 실험이 최초로 진행되었는데, 당시 공혈자는 양 한 마리였다.[29]

더욱 중요한 점은 베들럼이 암울하면서도 오랫동안 이어질 모델로 자리 잡았다는 사실이다. 처음에는 런던 전체에서, 나중에는 영국 전체에서 그리고 유럽 전역과 아메리카 식민지에서까지, 구타와 족쇄 채우기와 조롱, 굶겨 죽이기, 위생 무시, 심지어 때로는 수용자 살해로 악명을 떨쳤으나, 이런 모멸적인 일들에 점잖지만 소심한 사람은 고개를 돌렸고 신실한 사람(또는 적어도 그 일부)은 역겨움을 느꼈다. 그런데도 1777년에 지은 요크 루나틱 어사일럼York Lunatic Asylum을 비롯하여 새로 문을 연 정신이상자 수용 시설들에서도 정도의 차이는 있지만 모두 베들럼의 방식을 채택했다.°

18세기에는 노리치(1713년)와 런던(1751년), 맨체스터(1766년), 뉴캐슬(1767년), 요크(1777년), 리버풀(1792년), 레스터(1794년), 헤리퍼드(1797년) 등 여덟 군데 도시에서 '자선' 수용소가 문을 열었다. 아홉

°　원래 어사일럼asylum은 보호가 필요한 사람들을 거두어 지켜주는 '성역' 또는 '피난처'를 의미한다. 처음에는 정신이 온전치 못한 사람들을 보호한다는 의미에서 시작되었는지 모르나, 베들럼의 역사를 통해 알 수 있듯이 원래의 의미와는 정반대로 환자들을 감금하고 학대하는 곳이 되었다. 현대적 의미의 환자를 치료하는 '병원'과도 물론 다르다. 그러나 세월이 흘러 진짜 정신병원들도 '어사일럼'이라는 명칭을 이어받아 사용한 경우가 있기에 이를 '정신병원'으로 번역하는 경우도 있다. 이 책에도 다양한 의미의 '어사일럼'이 사용되고 있으므로, 그 장소의 성격에 따라 '은신처', '수용소', '어사일럼', '정신병원' 등으로 옮기고 필요한 경우에는 원어를 병기하였다.

번째 수용소는 1801년 엑서터에 세워졌다.

학대는 계속됐다.

그곳에는 중재할 샤먼도 없었다. 몇 킬로 안에도 없었고, 수십 년, 수백 년 동안 내내 없었다. 샤마네도, 사만도, 바발라워도, 세리피아리도, 마기도, 우도, 바알 셈도. 그저 눈을 번득이는 간수들과 그들 손에 들린 몽둥이, 창살과 오줌에 젖은 이부자리와 말라비틀어진 음식 부스러기, 차가운 돌벽에 박아 고정한 쇠사슬뿐. 어떤 치료도, 무아경도 없었다. 그저 고통과 갈수록 더 깊어가는 정신증뿐. 그리고 대부분에게는 어떤 탈출구도 없었다. 죽음을 빼면 말이다.

미친 사람들에게 아무도 신경 쓰지 않는 시대가 본격적으로 시작된 것은 바로 이때였다. 앞으로 보게 되겠지만 그 시대는 아직도 끝나지 않았다.

*

베들럼의 환자들은 이따금 엉터리 '치료'를 받았다. 물론 그들을 치료하던 의사들은 뇌가 어떻게 작동하는지 전혀 모르는 사람들이었다. 환자들은 치료보다 벌을 더 자주 받았는데, 사실상 치료와 처벌을 구별하기도 어려웠다. 그리하여 정신이 온전한 사람도 그렇지 못한 사람들 사이에 한데 섞여서, 그러니까 우울증에 걸린 사람과 알코올 중독자와 가난한 떠돌이와 남편에게 말대답을 했던 아내가 진짜 정신증 환자들 사이에서 비참하게 연명하며 시들어갔다. 한편 시설 운영자들은 '범죄적인 정신이상자'만은 다른 사람과 격리하고자 노력했다. 베들럼에서 말썽을 일으킨 수용자는 얼음물에 담그거나 의자에 꽁꽁 묶어놓고 의자를 빠른 속도로 돌리는 벌, 또는 두 가지 벌을 다 받았다. 이 방법은 그것이 일석이조라는 점에서 인기를 끌었다. 처벌인 동시에 치료라는 뜻이었다. 어떤 수용자(이것이 '환자'보다 더 정확한 용어다)는 벽에 고정된 쇠사슬에 묶인 채 지냈다. 때로는 몇 달을, 어떤 경우에는 몇 년 동안. 그들의 발목과 손목은 괴저로 썩어 들어갔다. 제임스 노리스James Norris라는 한 수용자는 14년 동안 족쇄를 차고 지내야 했다. 그들은 옷도 입지 못한 채 간신히 죽지 않을 정도의 음식과 물로 연명하며 어둠 속에서 비명을 지르고 자비를 베풀라고, 풀어달라고 애원했다. 감금된 여성들은 종종 간수들에게 강간을 당했다. 두 차례 임신하고 유산한 여성도 있었다.

그래도 베들럼의 공로로 인정할 만한 것이 하나 있다면, 항정신병 약물의 사용에 선구적 역할을 했다는 점이다. 아편과 모르핀과 뿌연 물약, 배변을 돕는 하제下劑 또는 완하제緩下劑를 '항정신병 약물'로 정의한다면 말이다.

1818년, 무어필즈의 베들럼에 갇혀 있다 나가게 된 한 환자가 의회 특별 조사 위원회에 출석해 그곳에서 벌어진 온갖 학대 사례를 줄줄이 고했는데, 이를테면 이런 것이 있다. "해리스라는 환자는 어느 날 아침 자기 방에 평소보다 조금 더 남아 있고 싶어 했다는 사소한 규칙 위반 때문에 블랙번[간수장]과 앨런[지하층 간수]에 의해 18호실에서 블랙번의 방으로 끌려가 무자비하게 구타당했고, 그 방에서 나올 때는 머리에서 피가 줄줄 흐르고 있었는데 앨런은 상냥한 태도로 그에게 좋은 아침 보내라는 인사를 건넸습니다."[30]

1795년에는 베들럼에 존 해슬럼John Haslam이라는 새 약사가 들어왔다. 비정상적인 정신에 관한 전문가를 자처하며 그 주제에 관한 논문도 몇 편 발표한 인물이었다. 그는 정신질환을 치료하는 정확한 방법을 알고 있다고 큰소리를 쳤다. 제일 먼저 할 일은 환자의 의지를 꺾어놓는 것이라 확신했기에, 해슬럼은 기꺼이 돕는 마음으로 많은 환자들을 피가 나도록 또는 유혈이 낭자하도록 때렸다.

자금 마련은 그런 시설을 운영하는 사람들에게 항상 떠나지 않는 걱정거리였고, 그런 사정은 오늘날에도 마찬가지다. 각종 단체와 정부는 미친 국민을 부양하는 데 돈 쓰는 것을 결코 달가워하지 않는다. 미친 사람들은 투표도 하지 않고 부를 창출하는 어떤 행위도 하지 않아. 심지어 자기가 누군지 모르는 사람도 많잖아. 목숨을 부지할 정도면 됐지, 왜 그런 사람들에게 그 이상의 소중한 돈을 던져줘야 해? (오줌에 절은 건초 이부자리를 그냥 쓰는 건 바로 이런 태도 때문이었다.) 잉글랜드에서 몹시 가난한 정신이상자들, 그러면서도 감옥에 붙잡혀 가지는 않은 사람들은 빈민 구제법에 의존해 살았다. 그 엉성한 복지 제도는 길거리를 배회하는 사람들 혹은 그들 중 몇몇에게 간신히 생존을 유지할 정도의 음식과 은신처를 제공했다.

베들럼과 그곳을 모방한 유사한 시설들은 모두 시티오브런던이 운영하는 공공시설이었으므로 들어오는 환자에게 입원비를 요구할 수도 없었다. 사실 무어필즈의 베들럼은 대기자 명단이 한없이 길어지는데도 가난한 환자들을 상습적으로 거부하지는 않았다. 운영자들은 어쩔 수 없이 교묘한 수를 내야만 했다.

그들의 전략 가운데 가장 온건한 것은 이를테면 집안에서 불편한 친척을 치워버리고 싶어 하는 부유한 가문과 신중하게 협상하는 방법이었다. 어쨌든 베들럼의 소장도 거래 상대인 엘리트 집단의 일부인 터였다. 스코틀랜드 출신으로 런던에 뿌리를 내린 상류 부르주아인 먼로 가문이 4대에 걸쳐 베들럼의 영악한 의사 겸 행정가들을 배출했으니, 모두 연줄 좋고 권모술수에 대단히 능한 사람들이었다. 그 첫째가 1728년에 부임한 제임스 먼로James Monro다. 그는 부임 즉시 의대생들의 출입을 금지했는데, 분명 그들이 알면 운영자들에게 불리해질 것이 틀림없는 장면을 목격하게 되리라 예상했기 때문일 것이다. 먼로 가문과 부자들 사이의 연줄을 엮기 시작한 것도 그였다. 그뿐 아니라 그는 정신이상을 관람 스포츠로 바꿔놓았다.

이따금씩 찾아오는 방문객들은 아무도 알아들을 수 없는 말을 뇌까리고, 흥분해서 뛰어다니고, 서로 싸우고, 울부짖고, 성교하는 등 원시적 충동에 따라 행동하는 이들의 모습을 재미있게 구경한 뒤 그 삯으로 동전 몇 닢을 지불했다. 옛날 소수도원 시절 수도사들도 비슷한 대가로 돈을 챙겼다.

베들럼의 외벽을 둘러싼 땅은 탁 트여 훌륭한 전망을 제공했고, 방문은 그저 환영받는 정도가 아니라 장려되었다. 물론 요금은 치러야 했지만. 때로는 말이 끄는 승합마차를 타고 단체 방문객이 찾아왔다. 정장 조끼에 중산모를 쓴 멋쟁이들이 양산을 빙글빙글 돌리며 이 광기의 전시장을 산책했다. 그들은 1페니를 지불했고 나중에는 2페니로 올랐는데, 한 사람도 예외 없이 모두 요금을 내야 했다. 신사와 숙녀, 그리고 그 자녀 들은 이 재미있는 광경 속에 섞여 들어가 수용자들의 면전에서 비웃고 조롱했다.

1815년에 시티오브런던 당국은 베들럼 어사일럼을 서더크의 세인트 조지스 필즈St. George's Fields에 위치한 신축 건물로 또 한 번 이전했다. 무어필즈의 베들럼 건물이 그 옛날 하수 오물에 흠뻑 절었던 소수도원 시절보다 더욱 심각한 지경으로 노후했기 때문이다. 먼로 집안에서 마지막으로 베들럼의 관리를 담당한 인물인 에드워드 토머스 먼로Edward Thomas Monro가 그 이듬해인 1816년에 부임했지만, 환자들에 대한 그의 대우가 충격적일 정도로 비인격적이라는 사실이 심신장애 위원회Lunacy Commission에 알려지면서 1852년 어쩔 수 없이 자리에서 물러나야 했다.

18세기 말에는 사회의 '광인들'과 '미친' 사람들을 대하는 베들럼의 방식을 비난하는 최초의 움직임이 일어났다. (설립 후 683년이 지난 1930년이 되어서야, 국가가 인가한 도덕적 부패의 극장이었던 베들럼은 베들럼 왕립 병원으로 재건되며 마침내 현대적 전문 병원의 시대가 열렸다.) 그 움직임은 바로 서유럽과 미국으로까지 퍼져나간 '도덕적 치료' 운동이었다. 일부 정신의학자들은 이 도덕적 치료야말로 역사상 등장한 모든 정신질환 치료법 가운데 가장 효과적인 방법이라고 주장한다.

도덕적 치료라는 개념은 서로 모르는 사이였던 두 사람의 머릿속에서 거의 같은 시기에 형성되었다. 한 사람은 프랑스의 의사였고, 다른 한 사람은 영국의 퀘이커교도 사업가였다.

의사인 필리프 피넬Philippe Pinel은 작은 체구의 파리 사람으로 계몽주의 정신에 걸맞은 사상에 목말라 있었다. 1773년 프랑스에서 가장 오래된 의학 교육기관이자 의학계에서 가장 참신한 학설을 쏟아내던 몽펠리에 대학교에 입학한 그는 '생기론生氣論, vitalism'이라는, 그동안 좀 다듬어지기는 했지만 고대부터 내려온 관념을 접하게 되었다.

생기론이 내세운 주장들은 이후 생물물리학적 지식을 통해 심신의 상호작용 방식이 밝혀짐에 따라 상당 부분 반박되었고, 그러고도 버티고 남아 있던 부분은 이어서 유전학이 사실상 박살 내버렸다. 그러나 몸과 마음은 반드시 서로 균형을 이루어야 하며 자연에는 사람이 앓는 모든 종류의 질병을 치유할 수 있는 힘이 있다는 생기론의 핵심 주장만큼은 피넬로 하여금 정신질환에 대한 혁신적인 접근법을 만들어내게 하는 원동력이 되었다.

피넬이 이러한 접근법을 실제로 적용하게 된 것에는, 집단 정신증 표출의 설득력 있는 실례라 할 수 있는 프랑스대혁명을 목격한 경험이 큰 계기로 작용했다.

프랑스대혁명의 반귀족적 이상이 전국을 휩쓸던 당시 피넬은 의학 전문 기자이자 번역자로 소박한 삶을 살고 있었다. 새 혁명정부는 피넬이 정신이상자에게 관심이 있음을 알고 1793년 그를 남성 환자 전용 병원인 악명 높은 비세트르 병원Hôpital Bicêtre의 수석 의사로 임명했다. 원래 고아원이었다가 이후 감옥으로 사용된 이 병원은 매일같이 잔학 행위가 벌어지는 곳으로 악명을 떨쳤다. 간수들은 습관적으로 환자에게 쇠고랑을 채웠고, 거의 모든 시간을 쇠고랑을 찬 채 보내는 환자도 흔했다. 쇠사슬에 묶인 사람은 그 사슬이 벽에 너무 바짝 고정되어 있는 탓에 어쩔 수 없이 잠도 서서 자야 했다.

피넬은 즉각 개혁을 단행했다. 그는 음식의 질을 개선하고 침구, 즉 똥오줌에 찌든 건초를 정기적으로 교체하라고 명령했을 뿐 아니라 수용자를 위한 운동법도 만들었다.[31]

피넬의 이름을 역사에 남긴 개혁은 비세트르 수용자 마흔아홉 명의 쇠고랑을 풀어주도록 한 결정이었다. 전적으로 피넬의 비전과 일치하는 발상이긴 하지만, 사실 이를 처음 제안한 이는 피넬의 조수인 장-밥티스트 퓌생Jean-Baptiste Pussin이었다. 혁명적인 파리 코뮌조차 이를 충격적으로 받아들이고 피넬을 청문회에 불러내 그 결정의 정당성을 해명하라고 요구했다. 그러나 그 정당성은 즉시 저절로 입증되었으니, 쇠고랑을 풀어준 환자 가운데 감방에서 뛰쳐나가거나 폭력을 휘두르며 날뛴 이는 단 한 사람도 없었기 때문이다.

피넬이 프랑스에서 선구적인 개혁을 단행하던 무렵, 60세의 커피 상인 윌리엄 튜크 3세William Tuke III는 같은 퀘이커교도인 한나 밀스Hannah Mills라는 젊은 여성의 죽음을 애도하고 있었다. 밀스는 1777년 잉글랜드 북부의 중세 성곽도시이자 튜크의 고향인 요크에 지어진 요크 루나틱 어사일럼의 어둠 속에서 숨을 거두었다.

퀘이커교 또는 프렌드파Society of Friends는 17세기 영국에서 잘못된 교리와 거만한 청교도주의에 반발하여 영국국교회와 결별한 여러 기독교 분파 중 하나였다. 프렌드파는 자신들의 교리인 평화주의와 박애, 사회정의를 지지하는 사람들을 불러 모아 잉글랜드와 네덜란드에서 미국으로 옮겨 갔다. 그곳에서 윌리엄 펜William Penn은 필라델피아라는 훌륭한 도시를 건설했고, 프렌드파는 정신질환자 관리와 관련하여 위대한 유산을 남겼다.

한나 밀스의 죽음에 튜크는 망연자실할 정도로 큰 충격을 받았다. 얼마 전 과부가 된 밀스는 남편의 죽음으로 인한 우울증 때문에 요크 어사일럼에 들어가게 되었는데, 그곳에 간 지 채 두 달도 지나지 않아 사망했다. 그녀의 문제가 무엇이었든, 요크 어사일럼이 그 문제를 한층 악화시킨 것이 분명했다. 이 젊은 과부는 그곳에서 겨우 45일을 지냈을 뿐이었다. 사망 날짜는 1790년 4월 29일로 알려져 있지만, 자살을 한 것인지 치명적인 학대에 희생된 것인지 아니면 둘 다인지는 기록에 남아 있지 않다.

윌리엄 튜크는 밀스의 갑작스러운 사망에 대해 해명을 거부하는 어사일럼의 관리자들에게 의심을 품었다. 하지만 요크 어사일럼을 맹렬히 비난하거나 망하게 하려고 애쓰지는 않았다. 그것은 퀘이커의 방식이 아니었으니까. 대신 그는 자신의 어사일럼을 세워 1796년에 문을 열었다.

튜크는 그곳을 '어사일럼'이라 부르지 않았다. 또한 그와 그의 가족은 그곳에 머무는 이들을 '광인들lunatics'이라 칭하지도 않았다. 튜크는 존 베번스John Bevans라는 런던 건축가의 힘을 빌려 그 시설을 설계했는데, 베번스 또한 희망적이지만 착각에서 비롯한 튜크의 신념, 피넬의 신념과도 거의 똑같았던 신념, 그러니까 감금하지 않고 건강한 환경에서 사람들의 존중을 받으면 병든 정신이 거의 저절로 회복되리라는 신념을 공유하고 있었다.

요크에 지은 작고 안락한 3층짜리 벽돌 건물, 그리고 그 건물이 숲과 초원과 개천이 보이는 언덕 위에 자리 잡았다는 점이 치료에 관한 튜크의 비전에서 핵심을 차지하는 요소였다.[32] 또한 그와 그의 인정 많은 아내와 아들들이 환자를 직접 관리했다는 점 또한 그러했고, 그들이 제공한 영양가 많고 건강에 좋은 식사도 마찬가지였다.

윌리엄 튜크의 요크 요양소York Retreat는 정신질환의 치료라는 측면을 차치하고 보면 성공적이었다. 튜크는 '미친' 상태가 치료될 수 있다는 확신을 끝까지 버리지 않았을 뿐 아니라, 엄청난 불의가 벌어지고 있는 것이 분명한 저 요크 어사일럼의 비밀스러운 벽을 반드시 뚫고 말겠다는 결심도 결코 놓지 않았다. 이 목표를 이루기 위해 23년이라는 긴 시간 동안 노력한 끝에, 그는 마침내 치안판사 고드프리 히긴스Godfrey Higgins라는 동지를 만났다. 1813년 히긴스는 한 사내를 '정신이 이상하다'고 판결하여 요크 어사일럼으로 보냈는데, 그 사내가 자신이 그곳에서 학대를 당하고 있다는 사실을 밖으로 알린 터였다. 히긴스는 수사를 해보기로 결심하고 판례법에 따라 자신의 권한을 활용하여 어사일럼 안으로 들어갔다. 그곳에서 보고 듣고 냄새 맡은 것은 그에게 그야말로 역겨움을 안겼다.

> 문이 열리고 복도로 들어가니 감방 네 개가 보였다. (⋯) 지독하게 끔찍하고 더러운 환경이었다. 건초는 대소변에 푹 절은 것 같았고 (⋯) 벽에는 대변이 발려 있었다. (⋯) 이어서 위층으로 올라가자 [간수가] 방 하나를 보여주었다. (⋯) 그가 말해준 그 방의 크기는 가로 3.5미터에 세로 2.5미터였는데, 그 공간에 열세 명의 여성이 모여 있었다.[33]

한편 튜크가 속한 퀘이커교의 인도적 영향력은 대서양을 건너 서쪽으로 퍼져가고 있었다. 미국 최초의 법인 병원인 필라델피아 병원은 미국 독립 이전인 1753년에 처음 문을 열었다. 퀘이커교도였던 토머스 본드 박사Dr. Thomas Bond와 벤저민 프랭클린이 함께 설립한 병원이었다. 필라델피아 병원에서는 지하의 병실 몇 개에 많지 않은 수의 정신이상 환자들을 수용했다.

독립선언문 서명자이자 '미국 정신의학의 아버지'로 추앙되는 이들 중 하나인 벤저민 러시Benjamin Rush 박사가 1783년에 의료진에 합류하여 1813년에 세상을 떠날 때까지 그곳에서 일했다. 러시는 미국에서 정신이상이 악마나 마녀의 소행이라는 통념을 공개적으로 부인한 최초의 과학자였다. 피넬의 정신을 이어받아 쇠고랑 채우기를 반대하는 주장에도 동참했던 그는 또한 동부 연안을 따라 도시들이 꾸준히 확장되는 현상을 목격한 뒤, 스트레스가 정신병의 원인까지는 아니라 해도 매우 강력한 요인 중 하나라고 지목한 최초의 미국인이기도 하다.

그러나 필라델피아 병원은 베들럼의 매우 나쁜 유산 하나를 그대로 이어받았다. 일요일 오후면 방문객 한 사람당 1실링씩 받고 지하에 있는 정신병 환자들이 몸부림을 치고 날카롭게 비명을 지르는 모습을 입을 떡 벌린 채 구경하게 한 것이다. 새로 옮겨 온 퀘이커교도들은 이런 관행을 역겹게 여겨 무언가 조치를 취하기로 뜻을 모았다. 이들이 택한 방법은 튜크가 요크에서 했듯이 스스로 자금을 마련하여 정신병자를 위한 안식처를 짓는 것이었다. 그리하여 1813년, '이성의 쓰임을 박탈당한 이들을 구제하기 위한 친구들의 안식처The Friends Asylum for the Relief of Persons Deprived of the Use of Their Reason'가 필라델피아에서 문을 열었다. 신생국 미국 최초의 사설 정신병원이었다. 도덕적 치료가 마침내 미국에 교두보를 세운 것이다.

도덕적 치료는 필라델피아에서 다른 지역들로 퍼져나갔다. 이런 안식처들 중 가장 명망 높은 곳은 1833년 매사추세츠주 우스터에서 최초의 주립 정신병원으로 문을 연 우스터 주립 병원Worcester State Hospital이었다. 이 병원의 첫 위원장이자 장차 교육개혁가로 활동하게 될 호러스 만Horace Mann이 기획 단계를 감독했다. 만이 병원을 만드는 일에 참여한 이유는, 신생국 미국에서 정신이상이 걷잡을 수 없이 증가하고 있다는 사람들의 염려에 동감해서였다. 그는 위원장으로서 초기에 인구조사 위원회를 열어 정신이상인 사람을 조사하도록 했다. 매사추세츠주에서 그런 조사가 실시된 것은 이때가 처음이었다. 조사 위원회는 정신질환을 앓는 사람 가운데 최소한 500명 이상이 아무런 보호도 받지 못하고 있는 상태라고 발표했다.[34]

우스터 주립 병원의 첫 병원장은 새뮤얼 우드워드Samuel Woodward 박사였다. 약 198센티미터에 이르는 장신인 그는 당시 사람들의 평균 신장보다 30센티미터는 더 커서 다른 이들과 나란히 서면 말 그대로 탑처럼 우뚝 솟았다. 처음 그를 본 우스터 사람들은 너무나 큰 키에 깜짝 놀랐지만 친절하고 온화한 성품에 끌려 금세 그를 좋아하게 되었다. 우드워드 박사는 병원에 도착하는 모든 환자를 몸소 맞이했고, 다른 어사일럼이나 감옥에서 온 환자일 경우엔 자신의 커다란 손으로 그들의 두 손을 묶고 있던 포승을 직접 풀어주었다. 그는 4200명의 우스터 시민에게 새 병원이 그들에게 전혀 위험한 곳이 아니며, '친절함의 법칙'이야말로 정신질환자에게 온전한 정신을 되찾아주는 핵심적인 도구라고 설득했다.

우드워드가 병원을 이끈 13년 세월은 극단적으로 점잖은 그의 성품과, 양해는 할 수 있지만 어쨌든 한계일 수밖에 없었던 신경생물학에 대한 그의 순진한 관점, 그리고 그 병원을 찾은 환자들의 성격과 규모로 특징지어진다. 그는 '광기'가 저열한 성격의 인자라거나 내면에 악마가 깃든 증거라는 통념을 배격했고, 피넬과 튜크의 인도적 신념을 한층 더 널리 퍼뜨리려 애썼다. 그러나 한편으로는 뇌의 물리적 특징들을 연구하면 그 사람의 행동을 예측하거나 조종할 수도 있다고 믿는 골상학이라는 유사과학에도 끌렸다. 다음 세기에 골상학은 세계가 지금까지 목격한 가장 부도덕한 처사를 정당화하는 데 동원될 여러 근거 없는 이론 중 하나로 부상할 터였다.

이 시기 정신병원의 확산에 박차를 가한 것은 공포가 조성한 급박함이었다. 미국 전역의 의사, 시 행정 담당자, 평범한 시민 모두가 호러스 만처럼 정신질환이 증가하고 있다는 믿음을 갖고 있었던 것이다. 우드워드도 이 인식을 같이했다. 아직 그들은 이러한 현상을 신생국 미국의 대부분 지역에서 새로운 경험이었던 도시 생활 탓으로 돌리고 있었다. 매사추세츠의 어느 정신과 의사는 1851년에 발행된 한 신문에서 "그렇다면 정신이상은 우리가 문명에 지불하는 대가의 일부"라고 정리하기도 했다.[35]

그러나 우스터 병원을 세운 이들을 포함하여 사람들은 그 '급속히 확산되는' 근심거리의 가장 개연성 있는 원인에는 충분히 주의를 기울이지 않았던 것 같다. 바로 미국 전체 인구가 어마어마하게 증가했다는 점이다. 1820년에 950만 명이었던 미국 인구는 이민과 출산으로 1833년에는 1300만 명으로 늘어났다. 인구 증가는 미국의 신생 도시들로도 번져갔다. 인구가 늘수록 도시의 거리는 왠지 모르게 '미친' 사람들로 가득한 것처럼 보이기 시작했다. 사실 거리는 **사람들**로 가득 찬 것이었고, 그렇게 집중적으로 모인 사람들 가운데 미친 사람이 이전 어느 때보다 눈에 띄었던 것뿐이다.

원인이 뭐였든 우스터 주립 병원 같은 미국의 제1세대 정신병원들은 금세 만원이 되었다. 우스터 병원의 첫해가 저물어갈 무렵, 새뮤얼 우드워드는 가슴 아프지만 어쩔 수 없는 사정에 굴복하고 말았다. 자신이 내세우던 친절함의 법칙을 잠시 접어둔 채, 폭력적이지 않은 환자들과 심지어 일부 범죄 전력이 있는 이들까지 퇴원시킨 것이다. 더욱 난폭한 새 환자들, 그 분야의 표현을 빌리자면 "광인들과 격렬하게 미친 이들"을 위한 공간을 최대한 확보하기 위해서였다. 이 환자들은 주 정부가 구치소와 교도소에서 보낸 이들이었으니, 주 정부의 예산으로 운영되는 우스터 병원으로서는 그들을 받지 않을 도리가 없었다. 실제로 매사추세츠주 법은 구치소에 수감된 모든 위험한 '광인'은 우스터 병원으로 이송해야 한다고 규정하고 있었다. 예상치 못했던 이 피치 못할 사정은 의사들의 실무에 필요한 시간과 공간을 축소시키며, 얼마 안 가 우스터 병원의 도덕적 치료라는 목표를 좀먹기 시작했다. 도덕적 치료로써 어사일럼이 감옥처럼 되는 현상을 근절하려 했건만, 오히려 바로 그 불길한 상태로 퇴행하게 된 것이다.

그래도 우스터 병원이 정신병원의 '모범'이라는 전국적 명성은 유지되었고, 이는 주로 우드워드의 노력에 힘입은 평판이었다. 시 행정 담당자들의 선의도 사그라진 것은 아니었다. 다만 그 선의의 형태가 이제는 공중의 안전이 위협당한다는 두려움으로 변했을 뿐이었다.

1836년에는 주 정부 특별예산으로 두 개의 동을 증축하여 최대 수용 환자수가 229명까지 늘어났다. 그래도 입원을 신청하고 심지어 입원시켜달라고 애원하는 사람의 수는 그보다 더 높이 치솟았다. 과거의 폐해 중 하나였던 과잉 수용이 또다시 이어질 수밖에 없었다.

5년 뒤에는 또 다른 종류의 지원군이 도착했다.

그 지원군은 독실한 유니테리언 신자이자 몸집이 아담하고 병약한 한 여성의 모습으로 당도했다. 한가운데서 정확하게 가르마를 탄 검은 머리를 뒤에서 동그랗게 모아 묶어 귀가 유난히 튀어나온 듯 보이는 외모에, 무엇이든 꽉 물고 놓지 않는 사냥개 같은 단호함을 지닌 이였다. 도로시어 딕스Dorothea Dix가 이 문제에 뛰어든 것이다.

딕스는 우스터에서 유년기를 보냈고, 그 외에도 뉴잉글랜드의 여러 곳에서 지낸 경험이 있었다. 메인주의 햄든(후에 매사추세츠주로 편입되었다)에서 태어났고, 술꾼 아버지와 편두통에 시달리던 어머니가 1812년의 영미전쟁에서 영국 보병들의 진로를 피해 달아난 뒤로는 버몬트주 바너드에서 살았다. 나중에는 보스턴에서 사립학교를 운영했고, 그 후에는 잉글랜드로 건너가 그곳의 산업화된 안개 속에서 지내게 되었다. 지금은 폐결핵으로 밝혀진 병에서 회복하기 위해 요양차 4년을 머물렀는데, 그런 목적으로 간 장소치고 그리 이상적인 곳은 아니었던 셈이다. 그 병은 딕스의 긴 인생에 걸쳐 수차례 발발하며 그녀를 쇠약하게 만들었다. 그래도 엄청나게 많은 수가 모여 복작거리던 병색 짙고 불안에 찌든 런던의 공장노동자 무리는 그녀에게 강한 믿음 하나를 심어주었으니, 바로 도시의 혼란함과 정신이상에 대한 취약성이 서로 관련되어 있다는 믿음이었다. 당시 그와 같은 믿음을 공유한 것으로 알려진 이는 벤저민 러시뿐이었다. 이 점에서 딕스는 르네 뒤보보다 8년을 앞선 셈이다.

잉글랜드에서 딕스는 영국인 개혁가 무리에 휩쓸려 들어갔다. 다수가 퀘이커교도였던 그들은 딕스에게 정신병자 수용소라는 지옥을 소개했다. 격앙된 딕스는 이 감금된 영혼들에게 쓸모 있는 존재가 되겠다는 단호한 다짐을 품은 채 귀국하여 1841년 3월 어느 날, 이스트케임브리지 구치소(매사추세츠주 소재)의 주일학교에서 여성 수감자들을 가르치는 일에 자원했다. 수업이 끝난 뒤 구치소장은 딕스를 데리고 다니며 시설 곳곳을 안내해주었는데, 감방 안을 들여다보던 중 어디선가 비명 소리가 들려왔다. 딕스는 그 소리가 어디서 나는지 보게 해달라고 요구했고, 소장은 내키지 않는 기색으로 굳게 잠긴 무거운 문 앞으로 그녀를 안내했다. 문을 열자 감방 안의 차가운 공기가 몰려나오며 두 사람의 얼굴에 진한 악취를 뿜었다. 비명 소리는 옹송그린 채 모여 있던 반라의 '광인들'에게서 나오고 있었다. 그 가축우리 같은 감방에 몇 년 동안 갇혀 있었던 이들 중에는 심지어 난폭한 범죄자들도 섞여 있었는데, 당시로서는 흔한 일이었다. 딕스는 소장에게 어떻게 이럴 수 있느냐고 물었다. 소장은 이 아담한 숙녀에게 태평스러운 말투로 마음 쓸 것 없다고, 미친 사람들은 더위나 추위를 느끼지 못한다고 장담했고, 그가 한 이 말은 나중에 아주 유명해졌다.

그날의 만남이 딕스의 인생행로를 결정했다.

건강을 염려하는 친구들의 경고도 무시한 채 매사추세츠주의 모든 감옥과 어사일럼을 찾아가 경비원들을 밀치고 들어가서는 환자 겸 수감자들과 간수들을 인터뷰하는 18개월간의 대장정이 이어졌다. 이 여행이 끝났을 때 딕스는 도덕적 치료를 실시하는 어사일럼이 실제로 환자들에게 유익하며, 너무 많은 '미친' 사람을 감옥에 가두는 일이 횡행하는 가운데 그들이 겪는 고난은 인류에 대한 모욕이나 다름없다는 확신을 갖게 되었다. 우스터로 돌아간 그녀는 마침내 1843년 새뮤얼 우드워드와 호러스 만, 새뮤얼 그리들리 하우Samuel Gridley Howe라는 훌륭한 가문 출신의 개혁가와 의기투합하여, 의회에 행동하게끔 영감을 주고 부끄러움을 느끼게 만들겠다고 작정했다(하우는 오로지 의회 내에서 딕스를 대변하려는 목적을 가지고 휘그당원으로 하원 선거에 출마하여 의석 하나를 확보했다).[36] 1월에 딕스는 〈매사추세츠주 의회에 대한 건의서〉를 준비했다(당시에는 여성이 의회에 나가서 직접 연설하는 것이 허락되지 않아 자신의 생각을 글로 써서 제출해야 했다). 딕스의 말은 미국 웅변(또는 웅변이 될 수도 있었던 것)의 전당에서 지금도 쩌렁쩌렁 울리고 있다.

> 나는 매사추세츠주 의회에 비참한 사람들, 막막한 사람들, 내쫓긴 사람들이 처한 상황을 알리러 왔습니다. 사람들에게 잊혀 속수무책이 된 정신이 온전하지 못한 남자들과 여자들, 아무 상관없는 이들조차 그 지독한 끔찍함에 진저리칠 만한 상태에 놓인 사람들, 우리의 감옥에 갇힌 처참한 사람들, 우리의 빈민 구호소에 있는 더욱 처참한 사람들의 옹호자로서 이곳에 온 것입니다. 세세히 들여다보면 혐오와 역겨움을 느낄 수밖에 없기 때문에 우선 가장 긴급한 문제에 주의를 모아주십시오.[37]

만과 하우를 비롯한 많은 사람이 열광했다. 새뮤얼 그리들리 하우 의원이 의회에 제출한 이 건의서는 공공 자선 기관 위원회Committee on

Public Charitable Institutions로 보내진 뒤, 다시 그 위원장인 하우에 의해 법안으로 작성되었다. 토론과 수정을 거친 법안이 양원을 모두 통과하여, 새뮤얼 우드워드는 이제 병원에 150명의 환자들이 머물 수 있는 새 숙소를 지을 수 있는 권한을 얻었다.

도로시어 딕스는 전국으로 시찰 여행을 확대했고, 이어 유럽으로도 나아갔다. 한 추산에 따르면 철도, 증기선, 역마차, 2인승 소형 마차, 그리고 많지 않은 교통수단 중 구할 수 있는 것이면 무엇이든 동원하여 5만 킬로미터를 여행했다. 그녀는 밀러드 필모어Millard Fillmore 대통령과 매사추세츠주의 훌륭한 상원 의원 찰스 섬너Charls Sumner와도 우정을 맺고 지지를 받았을 뿐 아니라, 연설을 이어가는 동시에 국회의원들을 회유하고 부자들을 설득해 정신병원 건설과 개선에 자금을 대게 했다. 남북전쟁 중에는 일시적으로 활동을 우회하여 북부 연방군의 종군간호사 감독관으로 활동했다(당시 그녀와 다른 종군간호사들은 게티즈버그 전장에서 불구의 몸이 되어 쓰러져 있던 5000명을 포함하여 남부 연합군 부상자들도 치료했다). 그러다 전쟁이 끝나자 다시 정신질환자들을 위한 일로 복귀했다.

딕스는 1848년에 트렌턴에서 문을 연 뉴저지 주립 정신병원New Jersey State Lunatic Asylum을 비롯하여 1880년까지 총 서른두 개의 정신병원을 세우는 데 직접적인 역할을 한 것으로 알려져 있다. 그리고 1887년, 뉴저지 주립 정신병원에 마련된 자신의 숙소에서 85세의 나이로 세상을 떠났다. 차를 마시던 중에 일어난 일이었다고 한다.

*

1840년대와 1850년대를 지나며 도로시어 딕스가 점점 명성을 떨치며 업적을 쌓아가는 동안, 우스터 주립 병원의 명망은 추락하고 있었다. 수익체감이라는 또 하나의 쓸쓸한 법칙이 우스터 주립 병원과 그 계몽주의적 이상을 공유하던 사람들의 발목을 잡기 시작한 것이다. 미국의 인구는 꾸준히 증가하여 1840년에 1700만 명이었던 것이 남북전쟁이 발발하기 직전인 1860년에는 2300만 명으로 늘어났다. 미국에서 도덕적 치료가 시작되던 시기에도 이미 확연했던 인구 증가 추세는 물론 그 밖의 다른 요인들도 계속해서 병원 창립자들의 이상주의에 부담을 가했다. 간단히 말하자면 환자가 너무 많이 늘어났고, 범죄자도 너무 많이 늘어났으며, 그 외 다른 종류의 다루기 힘든 환자도 너무 많이 늘어난 것이다. 행정 업무에 더 많은 시간이 필요해진 반면 감독자들이 개인적으로 환자를 찾아볼 시간과 환자들이 건강에 유익한 활동을 할 시간은 줄었으며, 공간은 초기의 이상주의자들이 생각했던 것에 비해 부족해도 너무 부족했다. 초창기의 감독들과 직원들, 간호하는 사람들의 올곧은 열정과 헌신은 새로운 인력에 의해 대체되고, 그들마저 또 새로운 인력으로 대체되면서 필연적으로 식어갈 수밖에 없었다.

새뮤얼 우드워드는 63세 되던 1850년 매사추세츠주 노샘프턴에서 사망했다. 그가 세상을 떠난 뒤 그 세대의 비전을 되살리려는 다음번이자 마지막 노력이 일어나기까지는 꽉 찬 스물세 해가 흘러야 했다. 정책 전쟁과 공간 경쟁으로 가득 찬 날들이자, 열정을 관료주의와 체계화된 절차로 바꾸는 23년이었다. 그 시절은 또한 반세기 전에는 상상도 할 수 없었던 부당한 선택들을 강요한 사회적 변화들도 가져왔다. 분리의 필요성이 그 한 예다. 인종 간의 분리뿐 아니라 난폭한 사람과 난폭하지 않은 사람의 분리, 빈민과 부자의 분리, 이민자와 토박이의 분리까지 말이다. 이상주의에 별 관심이 없는 새로운 부류의 직원들은 이러한 분리를 친절과 보살핌의 정도를 결정하는 기준으로 삼았다.

비관론적 분위기가 미국 정신보건계를 휘감고 있었다. 정신이상이 전반적으로 치료될 수 있는 것인가 하는 문제에 관해서는 확실히 그랬다. 그럼에도, 1873년에 매사추세츠주는 자금을 들여 우스터 주립 병원을 더 큰 규모로 신축하는 일을 추진했다. 100만 달러를 웃도는 거금이 들어갔다. 병원의 행정동만 보아도 앞으로 이곳에서는 도덕적 치료가 계속될 것이라고 선언하는 것만 같았다. 그러나 이것은 착각을 부른 신호로 드러났다.

커크브라이드 홀Kirkbride Hall은 신축한 우스터 정신병원에서 가장 눈에 띄는 건축물로, 5층짜리 화강암 건물인 행정동 위로 높이 솟은 고딕식 시계탑은 인구 14만 6000명의 우스터시 경계 너머에서도 보일 정도다. 교회의 첨탑 같은 느낌으로 하늘을 향해 뻗어 있는 이 시계탑에서 동쪽을 바라보면 여덟 개의 아름다운 섬을 아우르는 퀸시가몬드 호수가 내려다보인다.

건물의 이름은 의사 출신 건축가로 그 건물을 설계한 토머스 커크브라이드Thomas Kirkbride를 기려 붙인 것으로, 그는 1840년에 펜실베이니아 정신병원의 원장이 되었다. 윌리엄 튜크처럼 퀘이커교도인 커크브라이드는 요크셔 사람답게 조화로운 환경을 고집했다. 그는 튜크가 1815년에 출간한《빈민 정신 요양소의 건축과 경제에 관한 실용적 도움말Practical Hints on the Construction and Economy of Pauper Lunatic Asylums》을 읽고, 이후 그 책과 유사하되 큰 영향력을 발휘한 자신의 논문을 발표하기도 했다. 또한 용지 선정, 조경, 건축디자인에 관한 새로운 개념들을 만들어냈는데, 이 개념들은 전국적으로 인기를 얻으며 19세기의 남은 기간 동안 정신병원의 전반적인 외양을 결정했다.

커크브라이드식 정신병원은 지하 감옥과도 같은 과거 어사일럼 스타일을 지양하고, 앤 여왕 시대 양식, 제2제정 양식, 고딕 복고 양식의 특징을 고루 받아들여 장식적이고 우아하게 디자인되었다. 첨탑과 작은 돔형 지붕, 박공지붕을 만들고 질 좋은 목재나 무거운 석재를 사용했다. (커크브라이드는 건물을 지을 때 직접 핵심적인 실내디자인을 결정하고, 건축과 조경은 전국 각지의 장인들에게 맡겼다.)

건물의 이상적인 물리적 배치에 관해 커크브라이드보다 더 서정적이고 부드럽게 표현한 사람은 없었다.

> 건물의 위치를 정할 때도 깊은 주의를 기울여 근처의 전망과 풍경에서 얻을 수 있는 모든 이점을 고려해야 하는데, 특히 병실과 낮 동안 머무는 방에서 보이는 모습이 중요하다. 여름의 우세풍優勢風○과 사시사철 햇빛이 제공하는 효과도 입원 환자들의 안락함에 도움이 되는 방식으로 활용해야 하며, 병원과 직접 맞닿아 있는 땅은 배수가 잘 되도록 사방으로 완만한 경사를 이루어야 한다.[38]

○ 무역풍이나 편서풍처럼 일정한 기간 또는 계절에 특정 풍향으로 지속적으로 부는 바람.

정신병원 건축 위원회 가운데 이 대가의 비전에서 벗어나려고 한 사례는 거의 없었다. 그 논리가 실용적일 뿐 아니라, 도시 외곽에(시내인 경우는 전혀 없었다!) 돔이나 첨탑과 함께 지어진 커크브라이드식 건물은 그 지역 전체에 우아한 분위기를 불어넣었으니 말이다. 그러나 일부 생각 깊은 관찰자는 거기서 우아함과는 꽤 거리가 먼 뭔가를 감지했다. 고딕만큼 우아하지는 않은, 뭐라 표현하기 어려운 음울함과 불투명한 무거움 같은 것이었다. 정신보건의 주도적인 흐름에 대해 더 잘 아는 사람은 그 고딕 양식의 외양 너머에서 점점 부풀어가는 공허함을 꿰뚫어 보았다. 커크브라이드의 의도는 자신이 설계한 건물들로 도덕적 치료를 지지하고 북돋우려는 것이었지만, 실제로 그가 북돋운 것은 하나의 유령이었다. 남북전쟁 이후 미국에서 삶의 속도를 결정한 것은 시골의 생활 주기가 아닌 도시의 산업이었으니, 간호에 관한 철학도 시대에 맞춰 변해가던 터였다. 정신과 의사들은 '테라피'를 통해 환자의 상태를 개선시킨다는 개념에 대해 점점 참을성을 잃어갔다. 중요한 경험적 증거를 별로 보지 못했기 때문이다. 그렇다면 그들에게 남은 역할은 무엇이었을까?

바로 관리자의 역할이었다. 운명의 장난으로 이성이 못쓰게 되었으나 그럼에도 계속 살아 있는 불행한 사람들을 기본적으로 감독하고 관리하고 음식을 먹여주는 일 말이다.

대부분 '커크브라이드식'으로 지어진 공립 및 사립 정신병원의 수가 몇 십 년 사이에 거의 300군데로 늘어났지만, 그사이 도덕적 치료의 대의는 쪼그라들며 그 기반을 잃어가고 있었다.

베들럼의 끔찍하고 체계적인 잔혹함이 되살아난 것은 아니었다.

완전히는 말이다. 그러니까, 완전히 사라진 것도 아니었다. 이러한 사실은, 결국 인간을 처분하는 시스템이 되어버린 도시의 거대한 감옥과 병원에서 거의 매주 쏟아져 나오던 뉴스들에 잘 기록되어 있다.

시간도 도덕적 치료를 표방하는 정신병원의 외양에 그리 친절하지 않았다. 깨진 창과 부서진 기둥은 수리도 안 된 채 방치되었고, 잔디밭과 꽃밭은 관리되지 않았으며, 망가진 가구도 새것으로 교체되는 일이 없었다. 이 모든 것이 그 큰 건물들이 얼마나 노후했는지 폭로하고 있었다.

정신질환자를 수용할 더 크고, 더 중앙 집중화되고, 더 인간미 없는 병원들이 지어지면서 낡은 정신병원은 그냥 빈 건물로 버려졌다. 새 건물로 옮겨 가는 과정에서 나이 든 정신질환자들은 특히 더 고통을 받았다. 관리자들이 더 이상 환자를 원치 않는 가족에게 그들을 다시 데려가라고 넌지시 강요했기 때문이다. 가족이 거부하면 환자는 계속 시설에 남아 있었지만, 무관심에 경멸과 혐오까지 더해진 일상적 모욕을 감수해야 했다.

어떤 어사일럼은 소각되고, 어떤 곳은 허물어져 그 자리에 새 시설을 짓거나 주택이나 쇼핑몰이 들어섰다. 그러고도 놀랍도록 많은 건물이 평원 위에 여전히 남아 있는데, 전성기의 우아함을 상실한 쇠락한 그 모습은 히죽거리며 조롱하는 방문객 앞에서 속수무책 구경거리로 전락한 베들럼 수용자의 이미지를 떠올리게 한다. 커크브라이드와 우드워드, 만, 딕스 같은 사람들, 그리고 그 이전의 튜크와 피넬 같은 사람들이 알았다면 엄청난 충격을 받았을 일이다. 완전히 뒤바뀐 상황 탓에 그 건물들의 잔해는 이제 희망이 아니라 사악함의 상징이 되었다. 대중 시장의 상업적인 사악함.

컴퓨터 그래픽으로 만든 교수형, 참수, 고문 장면 등 섬뜩한 것을 좋아하는 미국인의 취향을 잘 포착한 기업가들이 그중 많은 건물을 매입했다. 이들은 유령과 마법사, 피 묻은 작업복을 입은 사악한 과학자, 가짜 피를 뿌린 벽 등으로 병실과 숙소를 꾸며놓고는 옛 정신병원의 캐리커처 같은 이미지를 이용해 희희낙락 돈을 벌어들이고 있다. 겁에 질린 사람들의 전통적인 은신처는 그렇게 유령의 집이 되었다. 유령의 집은 흥미로운 것을 찾아 헤매는 미국인을 끌어들이고, 그들은 먼 거리를 달려 때로는 몇 시간씩 줄을 서서 기다린 뒤 비싼 입장료를 내고 안으로 들어가서는 미친 과학자가 침대에 묶인 채 비명을 지르는 '환자'를 상대로 피비린내 나는 잔학 행위를 가하는 연출된 장면을 구경하며 괴성을 질러댄다. 한 유령의 집 웹 사이트는 다음과 같이 의기양양하게 자신들을 소개한다. "이곳에서 의사들은 얼음송곳으로 환자의 뇌를 찔러 그에게서 인격을 빼앗았습니다. 이곳이 환자들이 강간당하고 약을 투약당하고 학대당하고 살해당하던, 바로 그 장소입니다."[39]

이런 유령의 집이 붐(한 텔레비전 뉴스 웹 사이트의 '흥겨운' 표현을 따르자면 "부우움")을 일으킨 이유에 대한 명확한 분석은 없지만, 추산에 따르면 이 사업의 규모는 자그마치 10억 달러에 이른다고 한다. 이들의 동업자 단체인 아메리카 혼츠America Haunts는 미국 전역에 영리를 목적으로 하는 대규모 유령의 집을 총 1200군데로 추정하는데, 이는 핼러윈 시즌에만 개장하는 3000곳은 제외한 수치다.

누군가는 유령의 집 방문을 가리켜 불안에 절은 이 시대에 카타르

시스를 느끼게 해주는 경험이라고 주장한다. 말하자면 일종의 테라피라는 것이다. 또 누군가는 그냥 지나가다가 재미 삼아 들러보는 곳일 뿐이라고 말한다.

샤먼들은 예상과 전혀 달리 계속 명맥을 이어왔다. 아니, 이어온 정도가 아니라 더욱 번창했다. 현대 도시 세계에서도 1970년대 뉴에이지 혁명 시기를 비롯하여 자칭 샤먼이라는 사람과 샤머니즘적 사상이 다시 부상하는 경우가 있었다. 그리고 그들이 느끼는 황홀경이 종교적 계시와 유사하다는 믿음은 그것을 믿는 사람들이 직접 여러 차례 인정했듯이 그 어느 때보다 공고하게 남아 있다. 그러나 그들이 자신들의 경험을 정신질환으로 묘사하는 일은 극히 드물다.

저술가이자 자칭 샤먼인 폴 레비Paul Levy는 수년 전 '황홀경' 에피소드를 겪은 뒤 자의에 반하여 입원한 일에 관해 이야기하면서, 당시 자신은 그저 실재의 본성에 관해 계시된 "좋은 소식"을 표현하고자 노력한 것뿐이라고 주장했다고 말했다. 그는 이렇게 썼다. "나는 정신과 의사들에게 내가 아프다는 사실을 설명하려고 애썼다. 하지만 그들이 상상하는 그런 방식으로 아픈 것은 아니었다. 나는 창조적이고 심리적인 병을 앓고 있었는데, 이는 즉 겉보기에 광기처럼 여겨지는 나의 상태가 나의 창조적 자아의 표현이었다는 뜻이다."

레비는 자신이 임상적 병을 앓은 것이 아니라 "샤먼의 병"을 앓으며 "혼란스러운 상태"를 겪었고, "지독하게 병적인 소시오패스 아버지"의 손에 학대당한 일을 회상하며 트라우마에 빠져 있었던 것이라고 주장했다. 그의 아버지가 레비와의 관계를 "시간적·공간적으로 아주 먼 과거까지 거슬러 올라가는, (…) 끊어지지 않은 폭력의 혈통을 잇는 하나의 연결 고리로" 만들었다는 것이다.

그러므로 "겉보기에 광기처럼 여겨지는" 상태는 "창조적 자아의 표현"이었고, "기저에 깔려 있는 혼란이 스스로를 치유하기 위해 의식의 영역에서 연금술적으로 변형하는 것"이었다고 그는 주장했다.[40]

＊

폴 레비의 이런 주장들을 비롯하여 샤머니즘 전반에 관해 알게 된 내용을 통해, 나는 내 아들 케빈의 마음속을 헤아려볼 수 있었다.

레비처럼 케빈도 자신을 정신질환자로 규정하기를 거부했다. 자기에게 **그 상태**가 있다는 것, 그것이 케빈이 받아들일 수 있는 최대치였다. 나는 케빈이 학교 운동장에서 키 큰 여학생을 괴롭히던 건장한 아이스하키 선수를 꾸짖고, 그랬는데도 그 난폭한 아이가 주먹다짐을 벌이지 않았던 일도 떠올렸다. 비슷한 다른 일들에 대해서도 생각했다. 대단히 극적이거나 깨달음을 주는 순간들은 아니었지만, (되돌아보면) 케빈이 단순 명쾌함과 솔직함, 그리고 그 비스듬한 미소만으로 무장한 채 당면한 상황에 꽤나 평화롭게, 심지어 웃으면서 대처한 순간들이었다.

나는 초감각적 현상으로서의 샤머니즘은 믿지 않는다. 그 샤먼들이 신성한 힘과 연결되어 있다고, 또는 한 번이라도 연결된 적이 있다고도 믿지 않는다.

그러나 만약 믿는다면…….

듣고 있니, 케빈?

우생학:

잡초 같은 정신이상자들을 제거하라

5

도덕적 치료는 사회가 정신질환자를 대하는 인도주의적 추진력의 정점이라 할 만했지만, 거기서 진단과 의학적 치료는 무지에 발목잡힌 채 원시적인 상태에 머물러 있었다. 19세기의 첫 몇 십 년이 지날 때까지도 '광기의 과학'은 악마와 나쁜 '체액'을 몰아내려는 어설픈 시도들을 넘어서지 못했다.

이 모든 것이 곧 바뀔 터였지만, 그러한 변화는 정신질환자에게 희망적이면서도 동시에 거의 재앙에 가까운 의미를 내포했다. 우연의 소산이자 역사적 규모의 연쇄적인 발견이 목전에 있었다. 도덕적 치료가 그 짧았던 명망의 최고조를 누리던 와중에 이 발견의 원재료는 화물 컨테이너에 담긴 채 아직 잘 알려지지 않은 쌍돛대 범선 비글호에 실려 남대서양에서 고국인 잉글랜드를 향해 북쪽으로 넘실거리며 오고 있었다. 1836년 초가을, 비글호는 아마도 콜럼버스가 우연히 신대륙을 발견했던 여행을 제외하면 역사상 가장 큰 변화를 가져올 발견의 여정에서 마지막 구간을 지나고 있었다.

그 범선은 식물과 동물의 종種들이 그동안 아무런 변화 없이 존재해온 것이 아님을 밝혀낼 압도적인 증거의 (은유적인 의미에서도 글자 그대로도) 씨앗을 실어 나르고 있었다. 생물 종은 물려받은 특징에 일어난 변이에 의해 진화해왔다. 생물이 치명적인 환경이라는 제약을 극복하고 '가장 적합한' 생존자로서 번식할 수 있었던 것은 바로 아주 미세하게라도 변화할 수 있는 이 능력 덕분이었다.

생물학적 결함이 생긴 인간의 뇌 — 처음에는 그 배에 타고 있던 젊은 식물학자 찰스 다윈조차 상상해본 적 없는 주제였지만 — 와 관련하여 이 발견이 미칠 영향은 장기적 관점에서 보면 대단히 중대하고 이로운 것으로 밝혀질 터였다. 그러나 긍정적인 결과가 나오기까지는 다윈의 이론이 철저하게 오해되고 잘못 적용되어 정신이 온전치 못한 사람을 거의 전멸 위기까지 몰고 가는 사태를 거쳐야 했다. 그 난리를 초래한 주범은 **가장 적합한**fittest이라는 단어였다. '정신분열증schizophrenia'이라는 단어만큼이나 의미가 모호한 이 단어는 알고 보니 오해와 무시무시한 악용을 초래할 소지를 가득 품고 있었다.

화물 컨테이너에는 다윈이 이국적인 세계 각지에서 모아 온 식물, 새, 작은 동물, 화석 등이 수만 종류나 들어 있었다. 다윈이 그때부터 20년에 걸쳐 이 모두를 꼼꼼히 연구하여 세운 이론은 인간의 사유를 완전히 바꿔놓을 것이었다. 그로써 인간은 인류의 신성한 기원에 대해 감히 공개적인 회의를 품게 되니, 성서가 쓰인 이래 서구인들이 그 경전에 대해 대대적인 의문을 제기한 최초의 사건이었다. 그것은 또한 농업과 의학, 경제학 등 여러 학문 분야에서도 혁신적 돌파구를 찾아낼 방향을 제시하게 된다. 하지만 다윈이 내놓은 이 혁명적인 이론은 편견에 사로잡힌 이론가와 음모를 꾸미는 사업가, 순전한 바보, 그리고 마침내는 전체주의적 폭군의 손에 들어가, 모든 종류의 유전적 '불순함'에서 자유로운 백인 지배자 인종을 창출하는 것을 목표로 인간의 뇌와 생식기관에 벌인 잔인한 실험의 근거로 왜곡되기도 했다. 그들이 말하는 불순함에는 피부색은 물론 불완전한 육체적 특징, 낮은 지능, 동성애도 포함되었다.

그리고 정신이상도.

정신이상과 유전자 구성 사이의 연관 관계가 발견된 것은 비글호가 정박한 후 수 년, 수십 년에 걸쳐 일어난 거대한 혁신의 연쇄반응 중 하나였다.

그 점을 생각하면, 비글호와 다윈의 운명에 정신이상이 핵심적인 영향을 미쳤다는 사실이 정말 이상하고 거의 불가사의한 느낌마저 든다.

*

1836년 10월 2일, 비글호는 보슬비를 맞으며 팔머스항으로 들어왔다. 지도 제작을 위해 세계의 외딴 해안선을 조사하며 5년 가까이 바다에서 보내고 돌아오는 길이었다. 항해가 시작될 때 겨우 스물세 살이었던 함장이자 조사단장 로버트 피츠로이Robert FitzRoy는 마음이 불안정한 사람으로, 자기와 사회적 지위가 비슷한 부류 중 동행하며 말동무가 되어줄 사람을 구했다. 그런 그에게 소개된 사람이 바로 영국 지식인이자 귀족이며 명석하지만 잠시도 가만히 있지 못하는 젊은 학자 찰스 다윈이었다.

피츠로이보다 한 살 어린 다윈은 출항 직전 케임브리지 크라이스트 칼리지에서 영국국교회의 신부가 되기 위한 공부를 마친 참이었다. 얼마 전부터 그의 관심은 온통 딱정벌레에 쏠려 있긴 했지만 말이다.

찰스의 할아버지인 이래즈머스 다윈Erasmus Darwin은 식물학자로 일가를 이룬 인물이었다. 어느 날 캠강가를 산책하다가 통나무 껍질 밑에서 희귀한 딱정벌레 두 마리가 종종걸음 치는 것을 발견한 순간, 찰스도 할아버지의 영향력을 감지했는지 모르겠다. 다윈은 나무껍질을 뜯어내고 양손으로 딱정벌레를 한 마리씩 움켜쥐었는데 다음 순간 또 한 마리가 눈에 띄어 그것마저 잡으려고 처음 두 마리 중 하나를 입안에 넣었고, 이 딱정벌레가 그의 혀에서 목구멍으로 산을 내뿜는 바람에 발작적으로 구역질을 하고 침을 뱉느라 셋 중 두 마리는 놓쳐버리고 말았다.[41]

그 일 이후로 그는 그물을 썼다. 다윈의 진화라 할 만하다.

정신이상은 비글호의 주변을 따라다녔고, 그 여행의 위대한 운명에서도 하나의 요인으로 작용했다. 피츠로이는 이전 항해에서 함장을 맡았던 사람이 항해 도중 광기에 사로잡혀 천둥이 치던 어느 날 티에라델푸에고 연안에서 스스로 총을 쏴 자살한 뒤 그 범선의 지휘권을 넘겨받았다. 피츠로이 본인도 격렬한 분노와 우울증을 오가며 담금질하는 급격한 기분 변화에 시달렸는데, 그의 외숙부인 캐슬레이Castlereagh 자작 또한 편집증에 시달리다 1822년 칼로 목을 찔러 자살한 터였다.

영국의 계급제도는 영국 해군의 규칙에도 적용되어, 함선의 고급

선원이 승무원과 격의 없이 지내는 것은 금지되어 있었다. 그 배에는 이미 다른 박물학자가 한 사람 타고 있었기에 피츠로이는 젊은 케임브리지 졸업생인 다윈에게 박물학자의 직위를 부여할 수 없었고, 다윈은 스스로 자신의 여비를 대야 했다. 그러나 얼마 안 가 공식 박물학자는 다윈의 역량에 기가 죽어 리우데자네이루에 상륙했을 때 그 원정대에서 빠져버렸으니, 이로써 이제 하고 싶었던 일을 마음껏 할 수 있는 구실이 생긴 다윈은 비글호가 외딴 해안에 들어갈 때마다 표본을 채집하러 다녔다.

다윈의 재담으로는 로버트 피츠로이의 우울함을 치료할 수 없었다. 다윈이 칠레의 안데스 숲속에서 벌레들과 새의 가죽을 수집하고 있을 때, 피츠로이는 자신의 임무에 짓눌려 신경쇠약에 시달렸다. 그는 함장직을 내놓으며 부함장인 존 위컴John Wickham 대위에게 배의 지휘를 넘겨받으라고 제안했지만, 위컴은 비글호를 몰고 지독하게 위험한 혼곶Cape Horn 주변을 항해하는 일은 절대 할 수 없다며 버텼다. 피츠로이는 잠시 생각에 잠겼다가 결국 마음을 고쳐먹었다. 만약 그가 계속 기분을 풀지 않았다면 다윈은 갈라파고스를 발견하지 못했을 것이고, 핀치 새는, 프로이트식 표현을 빌리자면, 그냥 핀치 새로 남았을 것이다.

이후 피츠로이 함장은 1865년 4월 30일 이른 아침, 서리주 노우드에 있는 자기 집의 옷 방에 들어가 칼 하나를 찾아낸 뒤 외숙부를 모방해 자신의 목을 그었다.[42] 그렇게 그는 세상을 떠났다. 자신이 아인슈타인, 프로이트와 함께 지난 200년을 통틀어 가장 위대한 사상가 중 하나를 항해의 말동무로 선택한 사람으로 역사에 기억되리라고는 상상도 하지 못한 채.

오늘날까지도 정신질환자의 이익을 증진하는 한편 종종 방해하기도 하는 격렬한 논쟁의 의미를 이해하기 위해서는 반드시 우생학을 이해해야 한다. 또한 그러려면, 찰스 다윈의 이론이 탄생한 과정을 간단하게라도 살펴봐야 할 것이다.

비글호가 항구에 들어온 뒤 다윈의 첫 저서이자 가장 역사적인 저서가 나오기까지는 22년이라는 시간이 필요했다. 갈라파고스에서 가져온 종과 표본을 연구하고, 꼼꼼한 일지에 주석을 달고, 그것에 내포된 너무나도 놀라운 패러다임 이동을 파악하고, 교회가 분노하리라는(실제로 그랬다) 우려로 자신의 발견을 발표하기 망설이는 마음과 씨름하며 보낸 세월이었다. 그러나 마침내 1859년《종의 기원》이 출간되자 책은 순식간에 다 팔렸고 이어 몇 쇄가 더 나왔다. 그리고 1871년에는 그에 못지않게 중대한 영향을 미칠《인간의 기원》이 출간되었다.

그 모든 연구 끝에 다윈은 지구 상에 존재하는 다양한 종이 모두 공통의 조상에서 나왔으며, 종의 분화는 수십 년 또는 수백 년에 걸쳐 일어난 작은 변이들로 생겨난 결과임을 확신하게 되었다. 이는 특히 갈라파고스제도처럼 지리적으로 고립된 지역에서 명백히 드러났다. 그곳에 서식하는 핀치 새의 부리 길이와 모양에서 볼 수 있듯이, 그 작은 변이들이 다양한 속성의 차이를 만들어냈던 것이다. 그리고 이런 변이들은 오랜 세월에 걸쳐 축적되면서 더 큰 차이로 이어지기도 했다. 예컨대 거대한 머리가 목초지 바닥에 닿도록 목이 굽어 있는 미국의 들소와, 이와 대조적으로 작은 머리가 나무 위까지 닿도록 목이 길고 가느다란 기린처럼 겉보기에 전혀 다르게 보이는 두 종 사이에 공통의 조상이 발견될 때 바로 그러한 차이를 알 수 있다.

다윈의 이론은 비약적인 추측 없이도 자연스럽게 뒷받침되었다. (흥미롭게도《종의 기원》초판에서 그는 인간을 진화의 연쇄에 포함시키지 않았다가 후에 이 누락을 바로잡았다.) 자연선택설은 인류를 위한 위대한 진전을 가능하게 했다. 우선 과학자들은 이를 통해 생물학의 다양한 가닥을 통합하고 단일화하는 관문을 넘어서게 되었다. 의학의 여러 혁신(소아마비 백신, 해충과 역병에 대한 저항력, 박테리아 감염과 HIV의 치료)은 바로 그런 통합 덕분에 가능했다. 자연선택에 관한 연구는 (가변성이라는 공통 기반에 의거하여) 언어학의 과학적 연구에도 활력을 불어넣었고, 1970년대에는 갈수록 복잡해지는 환경에 적응하는 인간의 놀라운 능력을 영장류의 군집성과 '과도한' 인지능력에서 온 것으로 보는 '마음 이론theory of mind'의 등장에까지 영향을 미쳤다.[43] 그리고 진화론은 신이 없는 우주의 가능성을 암시함으로써 인간 존재의 독보성과 인간의 도덕적 기반에 관한 논의에도 새로운 길을 열어주게 된다.

*

공통 조상 이론과 그 결과로 만들어진 개념, 즉 인간과 원숭이를 연결하는 통합적 계통수系統樹라는 개념은 서구 기독교 내부에 분노와 공포와 불화를 일으켰다. 다윈의 저술 어디에도 '신이란 없다'고 주장한 대목은 찾아볼 수 없었지만, 교회 지도자들은 공통 조상 이론이 〈창세기〉의 천지창조를 공격함으로써 기독교의 신을 논박했다고 여겼다. 하지만 다윈 자신은 끝까지 신앙을 고수했고, 1890년대에 이르러서는 영국국교회도 진화론의 원리를 수용했다. 가톨릭 역시 진화론과 잘 공존하고 있으니, 이를 보여주는 최근의 예로 2014년 프란치스코 교황의 말을 들 수 있겠다. "진화론은 진화하는 존재들이 창조되었음을 전제하므로 창조의 개념에 반대하는 것이 아니다." 그러나 성서의 축자적逐字的 해석을 신앙의 필수로 여기는 기독교 근본주의자들은 여전히 진화를 부정한다. 미국 성인의 약 60퍼센트가 생물은 시간이 지나며 진화해왔다고 믿지만 33퍼센트는 적극적으로 진화를 부인하며, 42퍼센트는 신이 인간을 창조했고 그때부터 인간의 모습은 전혀 변하지 않았다고 믿는다.

기독교 교리와의 대립은 차치하고, 곧 몇 가지 심각한 오용이 다윈이 일군 진화 혁명의 가치를 훼손하게 된다. 다윈의 사망 후 13년이 지난 1905년, 윌리엄 베이트슨William Bateson이라는 영국인 생물학자가 다윈의 연구 분야에 '유전학genetics'이라는 이름을 붙였다. '기원에 관한'이라는 의미의 그리스어로 만든 단어였다. 그 무렵 영국과 미국에서는 그와 발음이 유사한 새로운 용어가 하나 더 유행하고 있었다. 그것은 바로 얼마 후 나치 독일에서 진정한 본거지를 발견하게 되는 '우생학eugenics'이라는 단어다.

거칠게 말해서 '우생학'이란 얼토당토않은, 문제도 아닌 '문제'를 집단 학살로 해결하려는 태도에 갖다 붙인 말이다. 게다가 그 '문제'라는 것은 '표준'과 심히 어긋난다고 여겨지는 사람들을 향한, 문화적으로 조장된 부정적인 태도에 불과했다. 자손을 개량하겠다고 생물체를 조작하는 행위인 우생학을 익히 아는 사람들도 대부분 그것이 오래전에 일시적으로 벌어진 잔학 행위이자 나치의 실험 도구였으며 제3제국의 몰락과 함께 과거사로 사라졌다고 생각한다. 이는 여러 면에서 잘못된 생각이다. 우생학은 미국인 박물학자 겸 기업가가 히틀러의 과학자들에게 준 선물로, 그가 처음 우생학을 발견한 곳은 영국이었다. 그리고 우생학은 과거사로 사라지기는커녕 오늘날에도 아주 건재하다.

홀로코스트 이후 다양한 방식으로 다듬어진 우생학은 질병을 정복하고 농작물의 수확과 영양가를 높이는 등 인류에 이롭게 사용되기도 했다. 그리고 최근 전개되는 우생학의 양상은, 비록 정신질환을 해결하겠다는 대의는 고귀하나, 뇌의 구성 요소를 물리적으로 변경하는, 도덕적 판단을 내리기 모호한 영역으로 확실히 들어섰다. 나중에 자세히 논할 유전자 편집이 그 가장 중요한 사례일 것이다.

더 어두운 극단에서는, 아직도 우생학 기술을 원래의 목적으로 사용하는 경우가 있다. 그러니까, 인구 조절과 원치 않는 존재를 제거하는 데도 사용되고 있다는 말이다.

역사는 보통 잔인하거나 종잡을 수 없는 경우가 많지만, 이따금 잔인한 동시에 종잡을 수 없는 때도 있다.

《종의 기원》의 핵심 내용 중에서 다윈이 독실한 신자들에게서 종교를 배반했다는 비난을 듣게 만든 것은, 공교롭게도 그가 영국국교회 사제이자 유명한 경제학자에게서 영감을 받아 내놓은 주장이었다. 게다가 이 아이러니를 한층 더 역설적으로 만드는 것은, 다윈이 내놓은 문제의 주장이 실은 오류이며, 그 사제의 (자체로도 이미 충분히 허술한) 주장을 오독한 결과였다는 점이다. 그것은 바로 인구 증가 속도가 식량 증가 속도를 훨씬 앞지른다는 주장이다. 결국 다윈이 사제의 모호한 주장을 왜곡하여 증폭시킴으로써 인류를 대학살의 언덕으로 몰아가는 데 일조한 셈이니, 이 아이러니는 너무도 씁쓸한 희화가 되고 말았다. 그 결과는 유대인 대학살만이 아니라 부적합하거나 '잉여'라고 여겨지는 모든 집단, 요컨대 동성애자나 광인, 백치, 저능아, 천치, 미치광이 그리고 물론 언제나 기피 대상이자 취약한 존재인 정신질환자에 대한 학살이었다.

문제의 사제 겸 경제학자는 바로 1798년 널리 읽힌 소논문 〈인구론Essay on the Principle of Population〉을 발표하며 엉성한 주장을 펼쳤던 토머스 맬서스Thomas Malthus다. 그는 인구가 '기하급수적' 비율로, 다시 말해 단순히 곱절이 되는 정도가 아니라 그보다 훨씬 많이 증가한다고 주장했다. 반면 식량, 즉 식물과 동물은 훨씬 더 느린 속도 또는 '산술급수적'으로 간신히 증가세를 유지한다는 것이다. 맬서스는 이런 역학이 '자연법칙'하에 점점 강화되어 머지않아 기근이 닥쳐올 것이며, 식량을 놓고 잔혹한 경쟁이 벌어질 것이라 예측했다.

사실 맬서스가 진심으로 인간이 모든 자원을 다 써버리고 멸종하리라고 생각한 것은 아니다. 다만 인구가 너무 늘고 있다는 당대의 믿음을 공유하며 그 믿음을 강화했을 뿐이다. 통계를 연구한 이는 경제학자 맬서스였지만 결론을 이끌어낸 이는 신의 종복 맬서스였으니, 그는 인구의 급증이 인간의 과도한 섹슈얼리티를 드러내는 신호이며, 식량 부족의 가능성은 인간에게 규모를 좀 줄이라고 말하는 신의 경고라고 보았다. 결혼을 더 하고, 침실보다는 밭에서 더 생산적인 시간을 보내라는 의미였다. (독실한 신자답게 맬서스는 결혼한 부부가 피임을 하는 것도 해결책으로 받아들일 수 없었다.)

찰스 다윈이 맬서스의 논문을 읽은 것은 그의 나이 스물아홉 살 때로, 맬서스가 세상을 떠난 지 4년이 지난 1838년이었다. 다윈은 자신의 이론에서 빠진 고리 하나를 〈인구론〉에서 발견하고 마치 감전된 듯 흥분했다. 그 고리는 바로 **경쟁**이었다. '경쟁'은 젊은 식물학자 다윈이 수집한 변화무쌍하며 광범위한 증거에도 불구하고 자연계의 과정을 단순히 기술한 것에 불과했던 논지에 역동성과 더불어 가장 중요한 의미를 더해주었다. 이로써 다윈은 자신의 관찰에 예측의 힘을 부여하는 도구를 갖게 된 것이다.

후에 다윈은 맬서스가 자기 사상에 미친 영향과 관련해 이렇게 썼다. "이런 환경 속에서는 유리한 변이들[또는 종들]이 대체로 유지되고 불리한 것들은 파괴될 것이라는 생각이 문득 떠올랐다. 그 결과는 새로운 종의 형성일 터였다."[44]

이어 그는 이렇게 설명했다.

> 이는 맬서스의 원칙을 동물계와 식물계 전체에 적용한 것이다. 각 종에서 생존 가능한 수보다 훨씬 많은 개체가 태어나고 그 결과 생존 투쟁이 자주 반복되는 경우, 복잡하고 때때로 변화하는 삶의 조건 속에서 아무리 미미하게라도 자신에게 이로운 방향으로 변화하는 존재가 있다면 그 존재는 살아남을, 즉 자연에 의해 선택될 가능성이 더 크다.[45]

다윈의 이론은 그의 생전에도 사후에도 철저하게 잘못 해석되었지만, 맬서스를 이렇게 읽은 것 역시 다윈의 잘못된 해석이었다. 사소하고 이해할 수 있는 오해이되, 엄청난 문제를 초래하게 될 오해였다. 다윈은《종의 기원》초판에서 맬서스의 '희소성' 논의를 조미료처럼 사용했고, 그 의미를 맬서스가 의도했던 것보다 더 글자 그대로 받아들였다. 연구자 압둘 아하드Abdul Ahad에 따르면 다윈은 맬서스의 '기하급수적 인구 증가'라는 개념을 11회, '투쟁'은 84회, '경쟁'은 44회 인용했는데, 세 경우 모두 맬서스 본인보다 훨씬 더 자주 사용한 것이다.[46] 오래지 않아, 교육받은 영국인이라면 너나없이 사람은 너무 많고 식량은 너무 적은 악몽 같은 상황을 그 어느 때보다 불안해하며 이야기해대기 시작했다.

언제나 시대정신을 예리하게 감지하는 찰스 디킨스는 사람들의 이런 불안을 포착하여 1843년에 발표한 그의 대표작《크리스마스 캐럴》에서 안락한 계급을 풍자하는 데 사용했다. 그가 창조한 불멸의 구두쇠 에비니저 스크루지는 자선금을 모금하러 온 두 사람에게 짜증을 내며 가난한 사람은 왜 그냥 감옥이나 빈민 수용 작업장으로 가지 않는지 모르겠다고 말한다. "내가 언급한 시설들 말인데, 거기에도 돈이 충분히 들어갔소. 그러니 가난한 사람은 그런 곳으로 가야지." 모금하러 온 둘 중 한 사람이 "거기에 갈 수 없는 사람도 많습니다. 그런 곳에 가느니 차라리 죽겠다는 사람도 많고요"라고 대답하자, 스크루지는 말한다. "차라리 죽겠다면 그렇게 해서 과잉 인구나 줄이는 게 낫겠군."[47]

마침내 그 말이 튀어나온 것이다. 곧 거대하게 부풀려져 당연한 진실인 양 환상을 일으킨 그 유행어 말이다. 맬서스 본인은 말로도 글로도, 단 한 번도 '과잉 인구'를 언급한 적이 없다. 그러나 이제 다윈이 무비판적으로 강화하고 디킨스가 문학의 전당에 모셔놓은 그 개념이 널리 퍼져나갔고, 사람들은 그때까지 예의를 차리느라 완곡하게 에둘러 말하던 온갖 종류의 무가치한 사회적 편견들을 노골적으로 드러내기 시작했다.

*

1869년에 나온 《종의 기원》 5판에는, 다윈이 만든 것은 아니나 그의 연구에서 영감을 얻어 만들어진 문제 많은 또 하나의 어구가 등장한다. 바로 '적자생존survival of the fittest'이라는 용어다.

'적자생존'은 영국의 저명한 철학자 허버트 스펜서Herbert Spencer가 만든 조어였다. 스펜서는 《종의 기원》 초판을 읽고서, 본인이 인지하든 아니든 찰스 다윈은 전반적인 종에 관해서가 아니라 인류에 관해 이야기하고 있는 것이라고 판단했다. 스펜서가 무엇보다 열정을 느끼던 분야는 경제학이었다. 그는 맬서스에게 물려받은 몇 가지 개념들을 논리적 극단까지 몰고 갔다. 경제학뿐 아니라 다른 모든 일에서도 그가 중시한 것은 자유방임주의였다. 《종의 기원》 초판이 출간되고 얼마 지나지 않아 그 책을 집어 들었을 즈음에는 이미진화에 관한 자신만의 독단적 신조를 형성한 뒤였고, 그는 그 책에서 자신의 얼굴을 마주하는 느낌을 받았다. 이에 곧 《생물학의 원리Principles of Biology》를 쓰기 시작한 스펜서는 1864년에 출간된 이 책에서 '자연선택'이라는 다윈의 차분한 개념을 끌어다가 거기에 '적자생존'이라는 더 남자다운 꼬리표를 붙여 마치 새로운 브랜드인 것처럼 내놓았다.

늘 같은 분야의 동료를 존중해온 다윈은 1869년에 출간한《종의 기원》5판에 기꺼이 그 용어를 포함시켰다. "유리한 변이를 보유하고 해로운 변이는 파괴하는 이것을 나는 자연선택 또는 적자생존이라 부른다."[48]

'적자생존'이라는 용어는 괄괄한 성미를 가진 남자들의 마음에 유순한 식물학자 다윈 혼자서는 떠올리지 못했을 어떤 암시들이 끓어오르게 만들었다. 허버트 스펜서는 인간이 자원과 자본이득을 놓고 아무 거리낌 없이 한껏 경쟁해야 한다고 거의 광신도처럼 열정적으로 주장했다. 그는 맬서스의 불씨에 부채질을 해 활활 타오르는 불꽃으로 키워놓았다. 미국 산업계의 거물들, 특히 무자비한 철강 거물 앤드루 카네기Andrew Carnegie는 스펜서에게서(그리고 실눈을 뜨고 매우 자세히 들여다보고는 다윈에게서도) 약탈적 이기심이 상위의 원칙으로 규정되는 것을 확인했다.

"그때 빛이 홍수처럼 몰려오고 모든 것이 명료해졌다." 카네기가 자신을 변화시킨 '적자생존' 비유의 영향력을 묘사한 말이다. "나는 신학과 초자연적인 것을 제거했을 뿐 아니라, 진화의 진리까지 발견했다. '모든 게 더 잘 자라면 다 잘된 것이다'가 나의 좌우명이자 진정한 위안의 원천이 되었다."[49]

불꽃은 계속 번져갔다. 1869년,《종의 기원》5판이 나온 바로 그해에 이 책의 패기만만한 의붓자식 같은 책 한 권이 등장했다.《유전

되는 천재: 그 원칙과 결과Hereditary Genius: Its Laws and Consequences》. 세상 사람들에게 사람의 지능이란 혈통에 의해 결정되며 결코 변하지 않는다고 가르치는 책이었다. 제목에서 말하는 '결과'는 똑똑한 집안에 태어난 사람에게야 만족스럽겠지만 다른 모든 사람에게는 그리 좋은 것일 리 없었다.

이 책의 저자는 다윈의 고종사촌인 아마추어 과학자 프랜시스 골턴Francis Galton으로, 관심의 폭이 대단히 넓고 지적 재능도 어마어마하지만 상식은 삼엽충 수준인 사람이었다. 그는 나일강과 요르단, 열대 아프리카 남부의 미개척지를 돌아다니며 지리학과 인류학을 연구했고, 기상학을 연구하여 지금 우리가 알고 있는 일기도日氣圖라는 것을 발명했다. 범죄학에 대한 재능도 있어서, 지문의 법의학적 의미도 발견해낸 이다.

골턴의 진정한 천재적 재능은 과학적 진실을 푸는 열쇠인 숫자에 통달했다는 점이다. 그는 도표 작성자이자 분류자, 계산원, 비교 연구자였고, 초기 통계학자였다. 또 세상에 심리 측정학psychometrics과 계량적인 차이심리학differntial psychology을 선사했다. 언젠가 골턴은 총명함과 판단력이 반드시 함께 가는 것은 아님을 증명이라도 하려는 듯(우생학 자체도 이를 증명하게 되지만), 런던의 〈타임스Times〉에 편지를 보내 자기가 보기엔 제대로 문명화된 중국인들이 아프리카로 옮겨 가서 거기 사는 시커먼 야만인들을 쫓아버린다면 좋을 것 같다고 제안하기도 했다. 그 "시커먼 야만인들"이 어디로 갈 것인지, 또는 그 제안에 어떻게 반응할 것인지에 대해서는 골턴도 대답할 준비가 안 되어 있었다. 물론 중국인들에게 의견을 물어본 것도 아닐 테고, 어쨌거나 그들은 계속 중국에 남아 있었다. 그냥 실없이 한번 해본 생각일 뿐이었다.

그는 한동안 여성 신체의 아름다움을 '수량화'하는 일에도 관심을 쏟았다. 다른 남자들은 여자의 엉덩이를 몰래 흘끔거리는 데 만족했지만 골턴만은 (남부 아프리카에 있을 때) 육분의°를 사용하여 엉덩이선의 매력을 측정하고자 시도했다.

> 보조 통역자의 아내가 매력적인 사람이었다. (…) 호텐토트°°
> 중에서는 비너스라고나 할까. 나는 그녀의 몸매가 발달한 방식에
> 너무나 놀라 선교사 친구들 곁에서 할 수 있는 한도 내에서 최대
> 한 대담하게 그 미묘한 지점에 대해 여러 가지 질문을 했고, (…)
> 그 결과 페트뤼스 부인이 모든 호텐토트 가운데 엉덩이의 아름다
> 운 윤곽선으로 따져 두 번째로 아름다운 숙녀이며 용커르의 아내
> 가 가장 아름답다고 판단했다. (…) 과학적인 사람인 나는 그녀 몸
> 의 형태에 관한 정확한 측정치를 얻고 싶은 마음이 너무나도 간절
> 했다. (…) 마침 육분의가 눈에 띄어 위아래, 가로세로, 대각선 등
> 모든 방향에서 그녀의 몸매를 다양하게 관찰했다. (…) 그런 다음

○ 육분의六分儀, sextant는 선박이 항해할 때 천체와 수평선 또는 지평선과의 각도를 측정하여 현재 위치를 알아내는 도구다. 기구의 각도가 원의 6분의 1인 60도라서 6분의 1을 뜻하는 라틴어 sextans로 이름을 지었다. 멀리 있는 두 점 사이의 각도를 정밀하게 측정하여 삼각측량을 통해 그 거리를 계산하는 데도 사용할 수 있다.

○○ Hottentot. 아프리카 남부에 사는 코이코이족을 말한다. 코이코이 말로 코이코이는 '사람'이라는 뜻이다. 호텐토트는 이들이 사용하는 나마어의 흡착음을 모방하여 네덜란드인들이 만든 차별적이며 모멸적인 명칭이다.

에는 대담하게 줄자를 꺼내 내가 있는 곳에서 그녀가 서 있는 곳까지의 거리를 재 기선과 각도의 값을 구했고, 삼각법과 로그로 답을 풀었다.[50]

그 답을 알아낸 뿌듯한 성과를 보고하는 위의 글에서 골턴은 호텐토트Hottentot로 'hot'을, 육분의sextant로 'sex'를 넌지시 암시했다.

위대한 사촌의 발견을 기반 삼아 감히 인간 두뇌를 완벽하게 개조하겠다고 나선 이 남자는 이렇게 성차별적이고 인종차별적인 백인 우월주의자였다.

스펜서가 그랬듯이 골턴도 다윈의 방법을 사용하면 유전된 특징, 다시 말해 후에 '유전자'라 불리게 되는 것을 바탕으로 식물과 물고기와 동물뿐 아니라 인간의 진화적 특성까지 예측할 수 있다고 결론을 내렸다. 그리고 이후 그 뒤를 이은 다른 사람들도 그랬듯이 제멋대로 심하게 추정하고 심하게 단순화하여 엉성한 연구와 섣부른 결정론에 이르는 오류를 범했다. 신경생물학은 뇌가 거의 무한한 의지를 지니며 이른바 한계라 여겨지는 많은 것을 뛰어넘을 능력을 가지고 있음을 밝혀내게 되지만, 이는 아직 먼 미래의 일이었다. 골턴은 제멋대로 어처구니없는 가설을 계속 세워나갔다.

아직은 그런 명칭이 생기지 않았을 때지만, 골턴이 생각하고 있던 것은 바로 인간공학human engineering이었다. 그는 자신의 치명적이리만치 편협한 연구를 바탕으로 '재능'은 특정한 가족에게만 부여된다는 전제에서 출발했다. 여기서 재능이란 지능과 생산적 혁신을 의미했다. 그는 설문, 쌍둥이 연구, 생물통계학, (자신이 발명한 분야인) 신체 특성 분석 및 그 외 다른 통계적 도구들을 활용하여 모든 인간의 신체적·정신적 수준은 오로지 유전으로만 결정된다고 결론 내렸다. 게다가 이 무슨 우연인지 프랜시스 골턴 자신의 사교 범위에 있는 사람들이 바로 그 운명에 선택된 가문에 속했다. 그들은 부유하고 좋은 교육을 받았고 근면한 부류인 데다가 (골턴답게 뻔뻔한 말이지만) 보기에도 나쁘지 않았다. 골턴을 비롯한 제국주의자들이 점점 더 많이 접하게 될 기름기 번들거리고 가무잡잡한 외국인과는 달랐다는 말이다. 그 아름답고 '재능 있는' 자들은 전형적인 앵글로 색슨 혈통, 즉 5세기경 탁 트인 농지를 찾아 북유럽에서 브리튼제도로 이주한 앵글족, 색슨족, 주트족이라는 금발에 푸른 눈동자를 가진 종족의 후손들로, 지금은 골턴과 같은 교회, 같은 대학을 다니고 같은 단골 클럽에 드나들고 있었다. 다른 사람들, 그러니까 저 불편한 외국인들은 에덴동산에 똬리를 튼 치명적 독사 같은 존재였으니, 역사의 희망이자 가장 고귀한 혈통의 순수성에 독을 뿌리는 이 독사들이 나타난 것은 뭔가 착각하고 있는 사회 개혁가들, 박애주의자들, 자선가들 때문이었다. 도대체가 이들은 부적합한 자녀를 더 낳는 것 말고는 아무것도 해내는 게 없는 저 부적합한 존재들이 세상에 더 퍼지도록 하고 있다는 사실을 깨닫지 못하는 것일까? **과잉 인구**만 계속 만들고 있을 뿐이라는 것을? 그들의 노력은 자신의 사촌 형 찰스가 밝혀낸 자연의 교정을 방해할 뿐이었다.

프랜시스 골턴은 인위적인 선택으로 자연선택에 힘을 더 실어줘야 한다고 생각했다. 골턴이 《유전되는 천재》 초판에서 제안한 해결책은 그의 열혈 지지자들이 제안하고 골턴 자신이 제시한 이후의 해결책에 비하면 매우 유순한 수준이었다. 그 책에서 그는 똑똑하고 성공한 남자와 예쁜 여자가 서로 결혼하도록 주선하는 것이 인류를 개선할 수 있는 방법이라고 제안했다. 이 해결책을 듣고 떠오르는 것은 조지 버나드 쇼가 자신에게 청혼한 아름다운 여성에게 했다는 재치 있는 대답 정도다. "아이가 당신의 머리와 내 외모를 닮으면 어쩌려고요?"▼ 후에 골턴은 자신의 개념을 '양성' 우생학(건강하고 지적이며 정신이 온전한 남자와 여자, 덧붙이자면 북유럽 인종인 남자와 여자를 짝지어 주는 것)과 '음성' 우생학('부적합한' 자들의 자식 생산을 방지하는 것)으로 세분화하며 유난을 떨었다.

《유전되는 천재》는 '진화론'을 향한 열광의 분위기에 편승해 순식간에 인기를 얻었다. 그 책이 출간된 지 14년이 지나고 골턴의 새로운 체계가 진보 시대의 아이콘으로 세계적인 명성을 쌓아가고 있을 때, 그는 정말 그답게도 허세 가득한 명칭을 떠올렸다. 바로 '우생학eugenics'이었으니, 그리스어를 빌려 온 것은 그야말로 영악한 선택이었다. 'eu'는 '우수한' 또는 '좋은'이라는 의미의 조어 음절로, 교육받은 빅토리아시대 사람이라면 누구나 이를 알고 있었다. 'gen'은 '생겨나다' 또는 '탄생하다'라는 뜻이니, 결국 'eugenics'란 '좋은 출생'이라는 의미였다. '플라니 투 에니아이우 아이티아πλάνη του ενιαίου αιτία', 즉 '단일 원인의 오류'라고 부르는 것이 더 나았을지도 모르겠다.

골턴은 우생학이 홀로코스트 당시 유대인의 대량 학살을, 그리고

▼ 이런 비슷한 대화가 각각 알베르트 아인슈타인과 메릴린 먼로, 먼로와 아서 밀러, 버나드 쇼와 이사도라 덩컨, 윈스턴 처칠과 레이디 에스터 사이에 오간 것으로 전해지기도 한다.

규모는 더 작지만 정신질환자를 제거하고자 하는 시도를 정당화하는 것까지는 살아서 보지 못했다. 흔히들 1945년 제3제국이 몰락하면서 그런 관행도 소멸했으리라 추정하지만, 골턴이 뿌려놓은 씨앗은 그렇게 호락호락 사라지지 않았다. 우생학은 인종 학살 시도만큼 노골적인 방식은 아닐지라도, 생식기의 불임화나 뇌엽절제, 거세, 방임에 의한 살인 등의 방식으로 전후에도 계속 번성했다. 우생학이야말로 골턴의 논문이 나온 이래 100년 동안 정신이상자와 정신이상자로 추정되는 사람들을 향한 가장 노골적인 모욕일 것이다. 언급했듯이 우생학은 오늘날에도 실행되고 있으며, 어떤 경우에는 유용한 의학 연구라는 미명 아래 행해지기도 한다. 이제 인간은 역사상 처음으로 당연한 신의 피조물이 아니라 맹목적인 결정론적 힘들의 구현으로 여겨지게 된 것이다. 그 힘은 식량과 물 부족이 닥치면 인류의 일부를 '잉여'로 만들 수도 있었다. 인류가 일단 그런 공리주의적 공식을 내면화하게 된다면 말이다.

"나는 광기와 지적장애, 습관적 범죄행위, 빈궁에 시달리는 족속들의 자유로운 증식을 방지하기 위해 엄격한 강제를 가해야 한다고 생각한다." 1908년에 골턴이 자서전에 쓴 내용이다.[51] 그리고 1909년, 그는 기사 작위를 받았다.

*

골턴의 깃발 아래 우생학 십자군에 합류한 유럽과 미국 공인들의 명단을 보면 놀라서 정신이 아득해진다.

먼저 독일 철학자 프리드리히 니체. 그는 우생학이 사람은 신적 존재의 피조물이 아니라 다른 모든 생명체와 마찬가지로 도덕적 목적이 없는 유기체이며 우주적 혼돈의 일부라는 자기 주장의 타당성을 입증한다고 보았다. 그로부터 몇 십 년 뒤, 나치는 니체의 사상을 지배자 민족의 위상을 되찾으라는 단도직입적인 요구로 읽었다. 요컨대 프랜시스 골턴이 말한 이상적 사회계층을 끌어다 거기에 모종의 신화를 뒤섞어 그것을 자신들의 사상이라 주장하면서 상상 속에 존재하는 특정 인구 집단을 퍼뜨리고자 한 것이다. 그 인구 집단이란 바로 전설 속 아틀란티스 대륙이 가라앉을 때 함께 사라졌다는, 금발에 푸른 눈동자를 가진 아리안족이다. 다음으로 시어도어 루스벨트 대통령도 빼놓을 수 없다. 그는 우생학이 타락한 족속의 씨를 더 많이 퍼뜨리는 일 외에는 아무 데도 관심이 없는 저 저주받은 타락한 족속을 모조리 제거해버릴 아주 좋은 수단이라고 생각했다. "사회는 타락한 자들이 자손을 퍼뜨리도록 허용할 필요가 없습니다. 성공한 농장주라면 가축을 교배할 때 당연히 적용할 기본 지식인데 우리 국민이 이런 지식을 인류에 적용하기를 거부하다니 정말 기막힌 노릇이지요." 보통 사람을 위한 공정 처우Square Deal를 입안했던 그가 1913년 우생학의 선구자인 찰스 베네딕트 대븐포트Charles Benedict Davenport에게 보낸 편지에서 투덜댄 말이다.[52] 루스벨트가 우생학에 끌린 것은, 20세기 초의 가장 맹렬한 영웅이자 악당인 한 사람과 나눈 우정을 통해서였다.

매디슨 그랜트Madison Grant는 오늘날 거의 잊힌 인물이지만 당대에는 대단한 거물로, 미국 보수주의의 오랜 아이콘이자 대서양 서쪽을 휩쓸던 과학적 인종주의의 가장 지적이고 냉혹한 아바타였다.

그랜트는 1865년 롱아일랜드의 상류층 집안에서 태어났다. 50대에 찍은 사진을 보면 야윈 몸에 은빛 콧수염을 기른 도도한 귀족임을 알 수 있다. 두개골과 깔끔하게 면도한 턱은 그들이 높이 평가하는 북구인답게 길쭉하다. 그는 어린 시절 할아버지의 사유지에서 이국적인 나무와 꽃 사이를 산책할 때부터 자연에 대한 열정을 키웠다. 동물을 "유난히 좋아하는 취향은 소년 시절 거북이를 수집할 때부터 시작되어 평생 이어졌다".[53]

가정교사에게 훌륭한 교육을 받고 1884년 예일 대학교에 입학하기 전 젊은 나이에 이미 세계를 여행하고 다니던 그랜트는 19세기 말에 자연의 열렬한 옹호자로서 세상에 등장했다. 직업은 법률가, 취미는 자연을 구하는 일이었다. 캘리포니아 세쿼이아 숲의 파괴와 들소의 멸종을 막는 성공적인 자연보호 운동도 주도했다. 브롱크스 동물원을 세웠으며 경치 좋은 브롱크스 리버 파크웨이를 디자인했고, 장래를 내다보는 혜안으로 몬태나주의 글레이셔 국립공원과 알래스카주의 데날리 국립공원을 만드는 데도 일조했다.

그 자신도 사냥꾼이었던 그랜트는 더 엄격한 총기법과 사냥감의 양을 제한하는 법률을 제정하라고 요구했다. 야생동물 관리에도 전문가였는데 그 역시 맬서스처럼 개체수가 지나치게 공급되면, 다시 말해 '잉여'가 생기면 그 종의 상태는 반드시 완벽함에서 멀어져 멸종에 가까워진다는 생각을 갖고 있었다.

그랜트의 이런 예지적 천재성의 한구석에서는 격렬한 증오 또한 기형 유전자처럼 부풀어 오르고 있었다. 생물학에 대한 깊은 지식 덕에 자연계의 완벽함이 어떻게 위협받을지 예상할 수 있었던 한편, 바로 그 지식이 '열등한' 혈통의 인간을 혐오하게 만들기도 한 것이다. 그는 흑인과 유대인만이 아니라, 국적을 불문하고 이민의 조류에 올라타 그의 깨끗한 앵글로 색슨 구역에 침입한, 땀 흘리고 냄새를 풍기며 복잡하게 몰려다니는 모든 이민자 표본을 혐오했다. 그들은 잉여 가축과 똑같은 운명에 처해야 마땅한 존재였다.

그러나 미국으로 우생학을 들여온 것은 매디슨 그랜트가 아니라 그의 절친한 친구인 찰스 대븐포트였다. 이 두 사람은 이후 수년에 걸쳐 우생학을 애플파이만큼 미국적인 것으로 만드는 작업을 함께 해나갔다.

대븐포트는 자신과 생각이 다른 자들에 대한 투덜거림을 곁들인 루스벨트의 팬레터를 받은 바로 그 인물로, 그랜트와 비슷한 연배였고 역시 그와 마찬가지로 귀족적 가문 출신에 야외 활동가, 동식물학자, 지식인이자 미래의 우생학자라는 여러 특징을 공유하는 수많은 사람 중 하나였다. 대븐포트는 1902년에 런던에서 프랜시스 골턴을 만나면서 그의 영향으로 자신이 크게 달라졌음을 느꼈다. 그리고 몇 년 뒤, 공유하는 사교계 무리를 통해 서로 아는 사이가 된 그랜트에게 골턴과의 만남에 관해 들려주었다. 마침 그랜트의 관심사가 자연을 보호하는 것에서 인간의 순수성을 보호하는 것으로 확대되던 무렵이었다. 대븐포트에게는 그랜트만 한 열성이 없었지만, 그랜트의 열성만으로도 두 사람 몫은 차고 넘쳤다. 그랜트는 골턴의 사상을 덥석 물더니 샘물을 만난 토실한 가젤처럼 게걸스럽게 이것을 흡수했고, 이내 작업에 착수했다.

대븐포트의 부추김을 받은 그랜트는 급히 미국에서 우생학 운동을 제도화하는 일에 뛰어들었다. 1918년에는 골턴 학회Galton Society의 미국 지부를 세웠고, 1926년에는 미국 우생학회American Eugenics Society의 창립 회원으로 참여했다. 이 단체들은 그랜트가 1916년에 낸 선동적인 책《위대한 인종의 소멸The Passing of the Great Race》에 힘입어 자금 투자와 지지를 얻었다. 우생학 자체도 그랬지만 이 선언서 역시, 동유럽 이민자의 증가로 불붙고 백인 노동자들이 자신들의 생득권처럼 여기던 공업 일자리를 찾아 계속 몰려오는 남부 농업지대 출신의 흑인들 때문에 더욱 심화된 이민 배척주의라는 집단적 흥분 속에서 짭짤한 소득을 거뒀다.

《위대한 인종의 소멸》은, 물론 그 냉혹한 절대주의적 어조에서도 그렇지만, 이렇게 미국 경제와 사회의 성역들로 파고듦으로써 이후 히틀러의《나의 투쟁》만큼 중대한 결과를 초래하는 책이 되었다.

그랜트는 그 책의 기조를 보여주는 단락에서 다음과 같이 선언했다.

> 인간 생명의 신성함이 신의 법칙이라고 착각하는 사람들의 감상적인 믿음은 결함 있는 유아를 제거하는 일과 공동체에 아무 가치도 없는 성인을 불임화하는 일을 모두 방해하는 경향이 있다. 자연의 법칙에 따라 부적합한 존재는 말살되어야 하며, 인간의 생명은 공동체나 종족에 쓸모가 있을 때에만 가치가 있다.[54]

그리고 혹시라도 그 미묘한 요점을 파악하지 못한 사람이 있을 경우를 대비해 이렇게 부연했다.

> 약하거나 부적합한 자, 즉 사회적 실패자를 제거하는 엄격한 선별 체계를 적용하면 감옥과 병원, **정신병원**insane asylums[강조는 내가 했다]을 가득 메운 탐탁지 않은 자들을 없앨 수 있을 뿐 아니라 100년 안에 그 문제가 깨끗이 해결될 것이다. (…) 이것이야말로 그 문제 전체를 해결하는 실용적이고 자비롭고 불가피한 방법으로, 항상 범죄자와 병자, 광인에게 제일 먼저 적용하되, 점점 확대되는 사회적 낙오자 범위 전체에도 적용할 수 있다.[55]

포기를 모르는▼ 전기 작가 조너선 피터 스피로Jonathan Peter Spiro가 자기 책 주인공이 역사에 남긴 자취를 다음과 같은 결정적 비판의 한 문장으로 요약한 것은 바로 저런 구절들 때문이었다. "매디슨 그랜트가 우생학에 가장 크게 기여한 점은 (…) 사회적으로 부적합한 개인을 상대로 한 국지전을 **인종적으로** 부적합한 집단을 상대로 한 대전으로 바꿔놓은 것이다."[56]

▼ "포기를 모르는"이라고 한 이유는, 스피로가 전하는 말에 따르면 1937년 그랜트가 사망한 뒤 그랜트의 친척들이 모든 개인 문서를 파기해버렸기 때문이다. 그가 유명한 인물들에게 보낸 수십만 통의 편지도 대부분 사라졌다. 그랜트 본인도 기자들과 늘 거리를 두었고 인터뷰 요청을 허락한 일도 거의 없었다. 그는 자서전을 쓰는 것도 거부했다. 스피로가 인용한 1927년의 한 편지에서 그랜트는 이렇게 썼다. "정말로 관심이 있고 중요한 일에 대해서는 말하지 않고 넘어가야 합니다."

*

불씨는 이제 횃불이 되었다. 미국에서 그 불꽃은 프랜시스 골턴이 진화의 과정을 방해하는 자들이라 비난했던 바로 그 부류, 이른바 박애주의의 대표자들이 추가한 땔감으로 한층 더 높이 타올랐다. 이제 자선가들은 편을 바꾸어 섰다. 물론 그들의 열정이 민족 대학살을 향한 것은 아니었다. 이 유망한 이들이 쓸어버리고 싶은 욕구에 안달을 낸 것은 세계의 '부적합한' 자들, 가장 두드러지게는 '타락한 자들', '천치들' 그리고 골턴이 '저능아'라고 비난했던 정신질환자들이었다.

미국에서 가장 존경받는 몇몇 인물과 기관은 매디슨 그랜트의 설교에 자극을 얻어 십시일반으로 자금을 모아 오늘날의 가치로 수백만 달러에 이르는 돈을 유전학 연구에 쏟아부었다. 기부자 중에는 록펠러재단, 카네기 연구소, 어마어마한 부를 지닌 철도 사업가 에드워드 헨리 해리먼Edward Henry Harriman의 딸이자 정치가 애버럴 해리먼Averell Harriman의 누나인 메리 해리먼 등이 있었다. 이어 오래지 않아 하버드와 프린스턴, 예일, 스탠퍼드 같은 명문 대학교가, 그리고 결국에는 다른 많은 대학교도 공공연한 인종주의적 억측과 그 밖의 여러 문제에도 불구하고 과학 교과과정에 우생학을 포함시켰다.

우생학 전파의 다음 단계이자 가장 큰 재앙을 몰고 올 단계는 맬서스가 불을 댕긴 최초의 순간부터 이미 피할 수 없는 일이었는지도 모른다. 1925년《위대한 인종의 소멸》이 독일에서 처음으로 출간됐다. 히틀러의《나의 투쟁》이 출간된 바로 그해, 그러니까 그 책이 소개될 수 있는 최악의 시점이었다. 물론 그랜트와 그 책의 발행인인 찰스 스크리브너Charles Scribner[○] 입장에서야 최고의 시점이었겠지만 말이다. 스크리브너는 프린스턴 졸업자로, '찰스 스크리브너의 아들들Charles Scribner's Sons'이라는 이름의 출판사에서 '아들들'에 해당하는 세 사람 중 하나였다. 당시 교육받은 사람 대부분이 그랬듯이 그는 인종적인 방면으로 무지몽매했다. 조너선 스피로가 밝힌 바에 따르면, 스크리브너는 《위대한 인종의 소멸》이 "인종 문제를 전면으로" 부각시켰기 때문에 그 책을 낸 데 자부심을 느꼈다고 한다.[57] 찰스 스크리브너가 아직 어떤 인종 문제도 목격하지 못했을 때의 일이다.

아직 바이마르공화국이던 독일은 부글부글 끓어오르고 있었다. 제1차 세계대전을 거치는 동안 젊은이들은 죽고, 경제는 훼손됐으며, 자부심 넘치던 시민들은 굴욕에 치를 떨었다. 엄청난 돈을 요구하는 베르사유조약으로 국제적인 지위도 곤두박질친 터였다. 독일은 고대 신화에서 누리던 위대함을 되찾기를 갈망하고 있었다. 그 청사진은 제1차 세계대전 당시 예비병이었던 안경 낀 병약한 인물에게서 나왔다. 턱이 좁고 여자한테 인기가 없었으며 평생 복통을 달고 산, 학교에서는 농경제학을 공부했고 기질적으로 지독한 반유대주의자였던 이자의 이름은 하인리히 힘러Heinrich Himmler였다. 힘러는 1923년 나치에 입당했고, 2년 뒤에는 히틀러의 경호대이자 결국에는 죽음의 수용소를 감독하게 되는 나치 친위대의 지도자SS-Führer가 되었다.

또한 힘러는 이른바 '아리아인'이라 불리는 고대 튜턴 민족의 우월함에 대한 신화를 맹목적으로 숭배하는 수상쩍은 단체, 툴레 협회

○　찰스 스크리브너 3세를 뜻한다.

Thule-Gesellschaft[○]의 회원이기도 했다. 아리아인은 근육질에 키가 크고 푸른 눈동자에 피부는 창백한데, 어떤 사람들은 그들이 신보다 강한 종족이라 여기기도 했다. 한마디로 그들은 '초인Übermenschen'이었다. 신화에 따르면 그들의 조상은 바닷속으로 가라앉은 아틀란티스 대륙 (이 자체도 에덴동산의 한 버전이다)에서 나와 영원히 이어질 지상낙원을 완성하기 위해 역사의 장에 등장했다고 한다. 그러고 보니 프랜시스 골턴이 이상화했던 완벽한 영국인과도 상당히 비슷하다.

독일 버전에 따르면 초인의 유전적 혈통은 수천 년을 거치면서 그 유전자를 지닌 이들이 열등한 종족과 짝을 짓는 바람에 상당히 희석되었다. (초인들이 왜 초인들끼리 짝짓지 않고 다른 이들과 짝짓기를 원했는가도 궁금한 점이다.) 어쨌든 제1차 세계대전의 여파로 독일이 받은 굴욕은 산산조각 난 조국에서 대서사시적 규모의 복수를 하고 싶다는 열렬한 환상에 부채질을 했고, 하인리히 힘러는 그 복수의 방법을 알려주고자 대기하고 있었다. 그리고 그에게는 그 말을 들어주는 히틀러의 귀가 있었으니, 1925년에 교도소에서 1년을 보낸 뒤 석방된 히틀러는 아리아인의 우월성과 "힘이 정의다"라는 신조를 내세워 잠들어 있던 나치당을 재건하고 전국적 운동으로 확산하는 작업에 착수했다. 그러던 중 히틀러는 매디슨 그랜트의 책에 담긴 격론을 알게 되었고, 곧 환호하며 그랜트에게 "그 책은 나의 성경입니다"라고 쓴 편

○   독일 뮌헨에서 조직된 신비주의 및 정치 단체로 정식 명칭은 '고대 게르만족에 관한 연구 모임Studiengruppe für germanisches Altertum'이다. 툴레는 고대 그리스와 로마의 문헌에 언급되는 지명으로 지구 최북단에 위치했다고 하는데, 아이슬란드나 그린란드, 노르웨이 등으로 여겨지기도 한다.

지를 보냈다.[58]

아돌프 히틀러가 몇 년 안 되는 짧은 시간 만에 권력을 잡은 것은 세계인이 다 아는 이야기다. 그는 1933년 1월 총리직을 거머쥐었다. 히틀러의 제3제국은 즉각 '선천적 정신박약', 조현병, 조울증적 '정신 이상', 간질, 그 밖의 여러 유전적 신체 기형을 지닌 사람에 대한 강제 불임화를 합법화했다. 그해 한 해에만 6만 2000여 명이 생식능력을 잃었고, 더 효율적이고 치명적인 조치들이 불임화를 대체한 1939년 에 이르면 36만 명이 생식능력을 잃게 된다.

히틀러의 안락사 프로그램은 제2차 세계대전을 촉발한 1939년 9월의 폴란드 침공과 동시에 시행되었다. 그 첫 대상자는 어린아이였 다. 장애가 있거나 병들었거나 정신적으로 무능력한 아이로, 나치의 표현에 의하면 그 아이들은 "살 가치가 없는 생명"이자 제국에 금전 적 부담만 안기는 존재였다. 사회복지사인 양 가장한 요원들이 그런 잉여의 부담을 안고 있는 가족을 찾아가 아이를 새로 생긴 '소아과 병 원' 중 한 곳으로 보내라고 회유했다. 그런 곳으로 보내진 아이는 독 가스에 질식사하거나, 총살당하거나, 그냥 굶어 죽도록 방치되었다 ― 어쨌든 탄약도 나무에서 저절로 열리는 건 아니니까 말이다.

다음 희생자들은 모든 정신질환자였다.

1939년 가을, 나치 병사들은 갓 점령한 폴란드의 포즈난Poznan에 있는 정신병원에 침입했다. 그들은 몇 천 명에 달하는 환자들에게 병 동에서 나오라고 명령한 뒤 평상형 수송 트럭에 실어 근처 숲으로 데 려가 일산화탄소로 살해했다. 이 살인 행위와 뒤이은 수천 건의 살인 을 나치는 "살균"이라고 불렀다.

히틀러는 살인을 명령하는 문서에는 절대 서명하지 않는다는 방침을 늘 지켰다. 그가 이 방침을 깬 것으로 알려진 유일한 경우는 정신질환자와 관련한 일에서였다. '살균' 활동의 확대를 위해 징집된 의사들이, 훗날 언젠가 '살균'을 살인에 대한 정당방위로 보지 않을 당국이 들어서면 책임을 추궁당할 수도 있다고 두려워했기 때문이다. 1940년 8월, 히틀러는 의사들이 "인간의 판단력에 근거하여 치료가 불가능하다고 간주되는 환자가 식별력 있는 진단을 받은 뒤 자비로운 죽음을 부여받을 수 있도록" 의사들에게 목숨을 앗아 가는 행위를 "인가"해주는 문서에 서명했다. 아무리 히틀러라도 **자비**라는 단어 앞에서는 잠시 목이 메이지 않았을까?

이즈음, 자금을 대던 미국의 재단 가운데 극히 일부는 자신들이 베푼 자선이 어떤 끔찍한 일에 사용되는지 차츰 깨닫기 시작했다. 카네기 연구소는 1939년 나치의 우생학 연구에 자금 지원을 중단했으나, 이미 제3제국이 우생학에 대해 알아야 할 것은 다 알아낸 뒤였다.

1940년 1월 폴란드 동부의 헤움Chełm에서는 400명의 환자가 체포되어 총살당했다. 이를 필두로 정신질환자를 죽여 없애는 일이 산업적 규모로 실시되었다. 오스트리아 린츠 부근의 하르트하임성에서는 1940년 1월부터 1941년 8월 사이 1만 8269명에 대한 '살균' 작업이 실시되었다.

1941년 히틀러가 중단할 때까지 이들에 의해 '자비'를 입은 사람은 거의 10만 명에 이르렀다. 히틀러가 작업을 중단한 것은 대단히 용감한 독일의 가톨릭 성직자 몇 사람이 이 일을 비난하고 나섰기 때문이었다. 그들은 총통이 그 살인 도구에 붙인 '치료와 시설 보호를 위한 자선 재단Gemeinnützige Stiftung für Heil und Anstalts-pflege'이라는 이름에 속아 넘어가지 않았다. 어차피 이 무렵 히틀러의 주요 관심사는 유대인 말살과 소련 침공에 쏠려 있기도 했다.[59]

역사가들은 나치가 37만 5000명 정도를 불임화한 것으로 추정하는데, 그중 다수가 동성애자였고 대다수가 정신질환자였다. 아리아인의 순수성을 지킨답시고 몰살한 유대인이 약 593만 3900명으로 추정되니 그에 비하면 작은 수치라 할 수도 있지만,[60] '도덕적 치료'를 제외하면 중세의 베들럼에서 20세기에 이르기까지 세상이 '미친 사람'을 보살피는 일에서 한 걸음도 나아가지 못했음을 보여주는 참담한 지표인 것은 분명하다.

정신질환자를 살인하고 학대한 것은 유럽만이 아니다. 미국에서도 세계대전을 전후해 불임화는 물론 더욱 침습적인 조치가 번성했다. 인디애나주는 1909년 미국 최초로 강제 불임화법을 제정했고, 워싱턴주와 캘리포니아주도 재빨리 그 뒤를 따랐다. 캘리포니아의 햇빛과 반짝이는 해변은 다수의 새로운 이민자를 끌어들였고, 그곳의 '인종 과학자들'은 영국인과 독일인만큼이나 간절하게 자신의 낙원을 깔끔한 상태로 유지하고 싶어 했다. 이에 캘리포니아는 강제 불임화의 전국적 선두 주자가 되어, 처음 시행된 이래 1979년까지 정신질환자 2만 명을 거세했다. 그 관행은 2014년 9월이 되어서야 금지되었다. 2006년과 2010년 사이에 캘리포니아주가 148명의 여성에게서 난소를 제거했다는 사실이 폭로되고 제리 브라운Jerry Brown 주지사가 금지 법안을 통과시킨 뒤에야 말이다. 캘리포니아주는 강제 불임화의 절반이 전쟁 전에 시행된 것이며, 그 이후 시행된 비율은 전체의 3분의 1에 지나지 않는다는 횡설수설을 늘어놓았다.

1931년까지 총 스물일곱 개 주에서 불임화법이 제정되었다.

누군가는 임신부의 건강과 신체에 대한 자율성 보호 등등, 낙태를 지지하는 설득력 있고 선한 의도를 제시할지도 모르겠다. 그럼에도, 계몽된 인물이요 선구적인 낙태 운동가이자 '가족계획Planned Parenthood'○이라는 단체의 설립자로 지금도 존경받고 있는 마거릿 생어Margeret Sanger가 "반감을 일으킬" 아기는 임신되기 전에 아예 차단하고 싶다는 바람을 전혀 주저하는 기색도 없이 천명했다는 명백한 사실은 결코 사라지지 않는다. 1932년에 그녀는 대중 연설에서 이렇게 이야기했다. "[우리는] 자손이 이미 오염되었거나 자손에게 유전될 수 있는, 반감을 일으킬 만한 유전적 특질을 갖고 있는 특정 등급의 인구 집단에 엄중하고 엄격한 불임과 분리 정책을 적용해야 합니다."[61] 생어는 이보다 더 거침없는 말도 했다. 1926년 8월 5일 배서 칼리지에 모인 청중에게 그녀는 이렇게 말했다. "미국 대중은 점점 늘어가는 저능아 종족을 유지하기 위해 세금을, 그것도 과중한 세금을 내고 있습니다."[62] 독일에서 아돌프 히틀러가 총리에 등극하기 바로 한 해 전인 1932년에는 이렇게 말하기도 했다. "산아제한에 관한 지식은 본질적으로 도덕적입니다. 산아제한을 전반적으로, 그러나 신중하게 실행하면 반드시 개개인이 더 높은 단계로 올라갈 것이며, 궁극적으로 더 깨끗한 종족이 될 것입니다."[63]

○　1921년에 마거릿 생어가 설립한 전미 산아제한 연맹American Birth Control League이 1942년 가족계획 연맹Planned Parenthood Federation of America으로 명칭을 바꿨다.

"더 깨끗한 종족"이 되는 것을 방해하는 집단들로 생어는 "저능아, 정신박약자, 간질 환자"를 꼽았다.[64]

✳

20세기가 저물기 전까지 미국에서 실행된 횟수만 약 6만 건으로 추정되는 불임화 사례 중에서도 특히 한 가지 사례는 타자(대개의 경우 정신이상자를 의미하는)의 망령이 가장 깨어 있다는 사람들에게서까지 이성의 막을 걷어낼 만큼 원초적 위협으로 작용했다는 사실을 명백히 증언한다.

올리버 웬델 홈스 주니어Oliver Wendell Holmes Jr.는 미국에서 성인군자로 떠받들리는 위대한 가문 출신이며, 이 집안은 동세대의 캐벗 가문 Cabots이나 로지 가문Lodges보다도 높은 명성을 누렸다. 그와 이름이 같은 아버지는 아직 국가의 토대가 취약했던 미합중국 초창기에 하버드 대학교를 중심으로 모여 당시의 학식과 도덕적 준엄함을 상징하는 핵심 인물이 된 초월주의자 무리 가운데서도 중심적 위치를 차지했다. '아침 식탁의 독재자Autocrat of the Breakfast Table'○ 올리버 웬델 홈스 시니어는 그 유명한 인물들이 매월 모임을 가진 보스턴 파커 하우스 토요 클럽의 고정 멤버였다. 보스턴에 '허브 도시'라는 별명을 붙인 것도 바

○　《아침 식탁의 독재자》는 올리버 웬델 홈스 시니어의 수필집 제목이다. 성명 미상의 화자가 한 하숙집에 사는 하숙생들과 식탁에서 대화를 나누는 내용으로, 이들은 진지하면서도 희극적인 어조로 여러 주제에 관해 논한다. 또 다른 아침 식탁 시리즈로《아침 식탁의 교수》, 《아침 식탁의 시인》이 있다.

로 그렸으니, 이때 '허브hub'는 우주의 중심을 의미했다.

올리버 주니어는 아버지의 고결한 이상을 훌륭하게 이어받으며 자랐다. 마른 체격의 귀족적인 북부인이자, 하버드 졸업생에 법학자에 낙태론자이며, '열등한' 아프리카인을 사유재산으로 사용할 수 있는 백인의 권리를 부정하는 대의를 위해 싸우다 세 차례나 부상을 당한 북부 연방군 장교로서 시어도어 루스벨트 대통령이 대법원 판사로 임명한 그는, 한마디로 독립선언문의 화신과도 같은 사람이었다. 그런 그가 1927년에 우생학의 도구인 강제 불임화에 관해 한 말을 일부 살펴보자. "타락한 자손이 범죄를 저질러 처형당하기를 기다리거나 저능함 때문에 굶어 죽게 내버려두느니, 차라리 사회가 나서서 명백하게 부적합한 자들이 핏줄을 이어가는 것을 방지할 수 있다면 전 세계를 위해 더 좋은 일이다. 강제 백신 접종의 정당성을 뒷받침하는 원칙은 나팔관 절제 문제에도 폭넓게 적용할 수 있다. (…) 천치가 3대 이어졌으면 그걸로 충분하다."

홈스가 하버드 클럽에서 브랜디를 마시고 시가를 피우며 툭 던진 말이 아니다. 우리가 방금 읽은 것은 미 연방 대법원이 8 대 1의 다수 의견으로, '부적합한' 사람들의 불임화를 당사자의 동의 여부와 상관없이 허용하는 1924년의 버지니아주 불임화법을 옹호하는 판결을 내릴 때 홈스가 쓴 글의 일부다.▼ 이 글은 야비하게 더럽혀진 벅 대 벨Buck vs. Bell 소송에서 나온 것으로, 국가의 '순수한'(그리고 '정신이 온

▼　홈스와 함께 다수 의견을 낸 연방 대법관에는 윌리엄 하워드 태프트William Howard Taft 전 대통령과 '프라이버시의 권리'를 선구적으로 주창했던 위대한 '국민 변호사' 루이스 브랜다이스Louis Brandeis 같은 유명한 진보 인사도 포함되어 있었다.

전한') 유전자 풀을 만든다는 미명하에 개인의 생식권을 침해하는 국가권력을 정당화하려는 억지 주장의 전형적인 예라 할 수 있다.

캐리 벅Carrie Buck은 열일곱 살이 되던 해 돕스 부부라는 양부모에 의해 '버지니아주 간질 환자 및 지적장애인 수용 시설Virginia State Colony for Epileptics and Feebleminded'로 보내졌다. 캐리의 친엄마인 에마도 그곳에 수용된 '정신박약자'로, 수년 전 그 시설에 들어가면서 캐리를 양부모에게 맡긴 터였다. 돕스 부부는 캐리 역시 구제 불능의 멍청이에, 무엇보다 용서할 수 없는 건 결혼도 하지 않은 주제에 아이를 낳은 점이라고 주장했다.

수용소 소장인 앨버트 프리디Albert Priddy는 새로 들어온 캐리의 정신연령을 후하게도 엄마의 정신연령(8세)보다 높은 9세로 매겼지만, 얼마 후 캐리 벅 같은 이들에게서 멀쩡한 사람을 보호하려면 이들을 수용소에 가둬두는 것만으로는 충분하지 않다고 단언했다. 캐리가 이미 미국의 소중한 생식세포와 수정란을 오염시켰다는 것이다. 그 나팔관의 광란을 단번에 끝장내야 하며, 그러려면 불임화시켜야 한다고 그는 주장했다.

사실 프리디의 본심은 벅을 일종의 법적인 예방약으로 이용하고자 하는 것이었다. 그는 지칠 줄 모르는 성도덕주의자에 불임화광이었고(그는 문란한 여성과 '저능아'를 같은 부류로 보았다), 이미 자신이 실시한 불임화로 피해를 입은 사람들에게 고소까지 당한 상태였음에도 의지를 꺾을 생각이 전혀 없었다. 행실 나쁜 저능아를 합법적으로 마음껏 불임화할 수 있도록 새 법안이 미국 최고법원의 검토를 반드시 통과하기를 원했던 프리디는 캐리 벅의 변호인으로 자신의 친구이자 수용소의 전 감독관을 지낸 어빙 화이트헤드Irving Whitehead라는 인물을 선임했다. 수용소 측 변호인으로는 버지니아주의 새 법안을 **작성한** 인물인 또 다른 친구 오브리 스트로드Aubrey Strode를 골랐다. 그러니 싸우는 상대가 결국 같은 편, 그러니까 수용소 편이었던 셈이다(화이트헤드는 클래런스 대로°가 아니었고, 그런 사람이 되는 일에는 관심도 없었다). 누구의 이해가 우세한 힘을 발휘할지는 안 봐도 뻔했다.

프리디가 갑자기 사망하자 뒤를 이어 이 집단 거주지의 소장이 된 존 헨드런 벨John Hendren Bell박사는 하급법원의 판결을 검토하겠다는 고등법원의 동의서인 사건 기록 이송 명령서를 받아냄으로써 이 사건을 연방 대법원으로 가져갔다. 벅 대 벨 소송의 '판결'은 지독한 거짓 덩어리였다. 화이트헤드는 캐리 벅에게 도움이 될 만하거나 그녀의 지능과 특징을 진단한 조악한 '과학'에 반박할 수 있는 증인을 단 한 명도 부르지 않았다. 반대 증언을 한 사람들은 대부분 그녀를 만나본 적도 없는 이들로, 그저 프리디가 짜놓은 대본대로 연습해서 증언했을 뿐이다. 화이트헤드는 제출하지 않았지만 나중에 드러난 캐리 벅의 학교 기록에 따르면 벅은 유능하고 앞날이 촉망되는 학생이었다.

벅이 타락하고 문란하다는 주장에 관한 부분이야말로 이것이 어떤 재판이었는지를 핵심적으로 보여준다. 어빙 화이트헤드는 돕스 부부를 소환하지 않았다. 만약 소환했다면 그들은 캐리 벅이 혼외 자녀를 낳은 것이 강간을 당했기 때문이며, 그것도 그 부부가 집을 비운

○　Clarence Darrow. 노동자, 흑인 등 주로 가난하고 핍박받는 사람들을 변호한 미국의 변호사.

사이 그들의 조카가 강간했기 때문임을 증언하지 않을 수 없었을 것이다.

캐리 벅은 결국 버지니아주 간질 환자 및 지적장애인 수용 시설에서 나가도 된다는 허락을 받아냈다. 그녀는 가난하게 또는 가난에 가까운 상태로 살다가 1983년 세상을 떠났지만, 간질 환자도 정신박약자도 아니었다. 폭넓은 독서가였다는 이야기도 전한다. 그녀가 낳은 딸 비비언은, 올리버 웬델 홈스가 쓴 표현으로는 3대째 나온 "천치"였음에도 학교 성적이 좋았고 우등생 명부에도 올랐지만 1932년 홍역으로 사망했다.°

이렇게 벅 대 벨 소송은 법정 기록에 남았고, 우생학의 과학은 역사에 남았다.

° 그들의 핏줄이 이어질 수 없도록 캐리 벅의 동생인 도리스도 불임화 시술을 받았다. 맹장 수술을 받으려고 입원했을 때 본인에게 알리지 않은 채 시술한 것으로, 그녀는 평생 아이가 생기지 않는 이유를 모르다가 1980년대가 되어서야 그 사실을 알게 되었다. 딸 비비언은 캐리가 아이를 양육할 지능이 없다는 판결을 받았기 때문에 돕스 부부가 입양해서 키웠고 초등학교를 4학기까지 다녔다.

"더 정상적인 세상"

6

그 재앙이 시작되기 전 걱정 없던 마지막 몇 년 동안, 우리 가족은 여행을 많이 다녔다. 워싱턴주에도 갔고, 클리블랜드에 있는 로큰롤 명예의 전당에 가서는 케빈을 안아 올려 지미 헨드릭스의 기타를 만져보게도 해줬다. (케빈이 〈조니 비 구드Johnny B. Goode〉의 전율 가득한 오프닝 리프를 이미 오래전에 마스터한 시점이었다.) 몬태나주의 칼리스펠에서는 승마를 하고 물 미끄럼틀을 타며 한 주를 보냈다. 미들베리에서 온 다른 가족을 만나기도 했는데, 알고 보니 우리 아이들과 아주 친한 친구의 가족이었다. 카리브해에 있는 세인트존섬에서 한 주를 보내는 동안에는 미들베리 전체가 옮겨 왔나 싶을 만큼 많은 미들베리 사람을 만났다. 내가 잘츠부르크 글로벌 세미나에 연사로 초대받았을 때는 일정을 잘 조율해 런던과 오스트리아에서 시간을 보냈다. 당시 세미나의 주제는 '우리 시대의 미국'으로, 내가 그곳에 연사로 서게 된 건 순전히 후원 덕이었다. 미들베리 대학의 학장을 지냈고 그 세미나의 회장을 맡은 올린 로비슨Olin Robison이 나를 초대한 것이다. 위엄 있고 역사적인 레오폴츠크론성의 회의실에서 힘들게 꾸역꾸역 말을 이어가던 기억이 떠오른다. 나는 도시의 인도에 갈라진 틈을 비집고 싹을 틔운 초록 풀이라는 희망적인 은유로 강연을 구성했다. 미들베리에서 처음 떠올렸을 때는 아주 훌륭하게 느껴지던 은유였지만 막상 지나고 보니 기억나는 건 제일 앞줄에 앉은 저명한 역사가 앨런 브링클리Alan Brinkley가 귀에서 뿜어져 나오는 수증기를 억누르며 나를 노려보던 모습뿐이다. 아, 그가 입은 셔츠의 섬세한 줄무늬가 스웨터와 완벽하게 어울렸던 것도.

그리고 몹시 집에 가고 싶었다는 것도.

하지만 아너리와 아이들은 즐거워했지.

그런 다음 우리는 아너리의 어머니이자 나의 장모님인 아너라까지 포함해 모두 함께 아일랜드에도 갔다. 장모님으로서는 소녀 시절을 보낸 고향을 마지막으로 찾은 여행이었다. 장모님의 어머니의 묘지를 찾았다. 만이 내려다보이는 가파른 언덕배기에서 몇 십 년이나 깎지 않아 뾰족뾰족하게 자란 풀들 사이로 간신히 묘비가 보였다. 80대에 접어든 장모님이 손과 무릎으로 언덕을 짚으며 올라가 당신 어머니의 묘지를 찾아내는 모습을 우리는 조용히 지켜보았다.

그 몇 년이 지나는 동안 케빈은 마음껏 열정적으로 기타를 연주했고, 쾌활한 곡을 연주할 때는 활기와 기쁨이 마치 피부에 닿듯 뚜렷이 느껴졌다. 케빈은 결코 음악을 가볍게 여기는 법이 없었다. 음악에, 또는 음악을 듣는 이들에게도 장난을 친 적이 없었고, 음악을 두고 연극적 기교를 부리려 한 적도 없었다. 무대에서 주먹 쥔 손을 흔들어대거나 깡충깡충 뛰거나 으스대며 걸어 다니는 행동도 하지 않았다. 케빈이 불붙은 듯한 열정으로 록과 블루스와 재즈 리프를 연주할 때면 케빈의 기타는 살아 있는 생명체처럼 느껴졌다. 케빈은 악기가 스스로 말하게 했다. 음들이 도약하고 춤을 추는 동안에도 엄숙한 표정을 짓고 있는 케빈을 보면 꼭 체스를 두는 사람처럼 보였다. 어쩌면 정말로 체스를 두듯 연주한 건지도 모르겠다.

확실한 사실은 케빈이 음악의 세계 깊은 곳에서 살고 있었다는 것이며, 상황에 꼭 맞는 음률을 찾아내는 데 명수였다는 것이다. 아일랜드 메이요주에서 섀넌 공항으로 돌아가던 길, 꽉 찬 우리의 작고 빨간 자동차가 수시로 거위 떼가 나타나는 좁은 2차선 도로를 두 시간인가 세 시간째 달리고 있을 때 어떤 음악의 선율이 차 안의 정적을 깼다. 처음에 나는 누군가 라디오를 켰나보다 생각했다. 차 뒤쪽에서 스피커를 본 기억은 없었지만 말이다. 〈와일드 마운틴 타임Wild Mountain Thyme〉°이라는 곡이었다. 그 곡은 뒷좌석에 앉은 작은 금발 머리 소년에게서 흘러나오고 있었다. 그 곡에 꼭 어울리는 방식으로. 그러니까 천천히, 숙고하듯이, 가슴을 에는 선율이 한 번에 하나씩 연주되고 있었다.

짐을 꾸리며 케빈이 마지막으로 챙겨 넣었던 작은 우쿨렐레로, 히스 꽃이 무리 지어 피어 있는 그곳을 지나던 바로 그 순간에.

○ 스코틀랜드에서 유래한 아일랜드 포크송으로, 원곡은 18세기 말 스코틀랜드의 시인인 로버트 태너힐Robert Tanahill이 스코트어로 쓴 〈The Braes of Balquhidder〉라는 제목이다. 이 곡을 1957년 북아일랜드의 포크 가수 프랜시스 맥피크Francis McPeake가 편곡하여 불렀다. "오, 여름이 왔네. 나무에선 달콤한 꽃들이 피어나고 거친 산에선 히스와 백리향이 자라네. 아가씨, 거기 가볼까?O the summer time has come / And the trees are sweetly blooming / And wild mountain thyme / Grows around the purple heather / Will you go, lassie, go?"

　나는 대학에서 글쓰기를 가르쳤다. 아니 가르치려고 노력했다고 해야 할까. 어쨌든 완벽하게 꾀죄죄한 학생들 앞에서 영화에 나오는 교수들이 하던 것처럼 이쪽저쪽으로 왔다 갔다 하다가 학생들의 에세이에서 뽑은 단어와 문장을 칠판에 갈겨쓰고는 드라마틱하게 획 뒤돌아서면서 다그치곤 했다. "이 문장의 문제가 뭐지? 이 문장을 왜 여기 쓴 걸까?"

　이것저것 다 따져보면 그래도 학생들에게 엄청나게 큰 해를 입히지는 않았다고 생각한다. 에세이가 반드시 "나는 잠에서 깨어 일어났다. 내 눈알은 내게 아침이 되었다고 말하고, 내 위는 내게 배가 고프니 아침을 먹어야 한다고 말했다"로 시작해야 한다고 규정하는 문학의 규칙은 없다는 사실을 알려줘야 하는 학생들이 대부분이었다. 그리고 "내가 친구와 함께 영화관으로 걸어가고 있을 때"와 같은 문장에서는 그 '친구'가 함께 축구를 하는 친구인지, 매력적인 여성인지, 아니면 화자 외에는 아무에게도 안 보이는 2.8미터짜리 토끼인지 알수 있게끔 인물 묘사를 가미하는 게 좋다고도 설득해야 했다.

　아너리는 나보다 사정이 훨씬 나았다. 실험실에 소속된 연구 과학자였던 그녀는 유수의 교육기관에서 야심차고 명석한 학생들에게 생화학을 가르치는 교수로 성공적으로 변신했을 뿐 아니라, 미들베리 대학의 과학 실험실들을 활용하여 여러 해 전 뉴욕의 마운트 시나이 병원(딘이 초등학생 시절 작문을 할 때 항상 '마운트 청산가리Mt. Cyanide'라고 썼던)에서 시작한 자궁 세포 연구도 계속 이어갔다.

제자들은 아너리를 사랑했다. 과학을 향한 아너리의 열정 때문이었고, 과학의 원리를 그들 자신의 삶과 연결시키기 위해 그녀가 기울인 수고와, 제자들 개개인의 특징을 명확하게 이해해준 그녀의 세심함(아너리는 매 학기 모든 학생의 이름을 기억했다), 그리고 자기들이 어려운 개념을 제대로 이해할 때까지 충분히 시간을 내어준 그녀의 인내심 때문이었다. 아너리가 가장 좋아하는 강의는 '시민을 위한 화학 Chemistry for Citizens'이었다. 화학 원리를 일상생활에 적용하기 위해 기획한 수업이었다(시대에 뒤떨어진 한 고루한 동료는 그 강의를 "멍청이를 위한 화학"이라며 무시했다). 자신이 여러 해 전 여성 과학 전공자로서 직접 경험했던 회의감을 잘 아는 아너리는 특히 여학생을 소중히 여겼다. 가장 훌륭한 학생은 아너리에게 생동감을 느끼게 하는 학생이었다. "천천히 말해줘요. 난 금발 머리니까요"라는 글귀가 적힌 티셔츠를 입고 다니던 유쾌한 학생들. 아너리는 몇 년 뒤면 종신 교수가 될 것 같았고, 우리는 안분지족 속에서 평생을 살아갈 작정이었다.

케빈은 좋은 성적을 받아 왔고, 여름 야구 시즌에는 포수를 보다가 기타 치는 손가락을 위험에 빠뜨렸으며(다행히 대부분의 투구는 케빈 옆으로 지나가버렸지만), 아이들만의 록 밴드를 결성했다. 딘은 중학교 내내 우수한 성적을 유지했다. 제 엄마보다도 짙은 적갈색 머리카락은 점점 굵어졌다. 아주 호리호리한 체격이었지만 우리가 작은 뒷마당에 트램펄린과 그네를 설치하고부터 딘의 몸에 변화가 시작됐다. 딘은 그네의 위쪽 봉을 잡고 턱걸이를 시작했다. 금세 놀라운 결과가 나타났다. 여전히 호리호리했지만 등과 어깨에 근육이 생겼다. 여름 수영 팀에서는 배영을 특기로 만들었고, 딘이 속한 계주 팀은 지역 시합에서 몇 가지 기록을 세우며 버몬트주 챔피언이 되었다.

1992년, 과도기였던 그해 가을 우리는 딘을 지역 극단에 참여시켰다. 딘은 〈메임 고모Auntie Mame〉에서 어린 마이클 역을 맡아 터번을 쓰고 언월도를 들어야 했는데, 무엇보다 즐거워했던 건 '욕설'에 관한 가족의 금기를 (또 한 번) 깨고도 훈계를 듣지 않아도 된다는 점이었다. "인생은 잔치판인데 가련한 개자식들은 그냥 굶어 죽어간다고!" 아너리는 아들이 모르는 사람들 사이에서 겉돌지나 않을까 걱정하다가(기우였다) 자신도 오디션을 봐 업슨 부인이라는 작은 역할을 따냈다.

이듬해에는 케빈도 딘을 따라 지역 극단에 들어가 어린이 뮤지컬 〈리얼리 로지Really Rosie〉에 출연했다. 무슨 모자든 거꾸로 돌려 쓰는 버릇이 있던 케빈은 초록색 천으로 된 악어 주둥이 모자를 뒤로 돌려 쓴 채 악어를 연기했다. 그리고 다음 시즌에는 형제가 함께 〈어느 웨일스 아이의 크리스마스A Child's Christmas in Wales〉에 마을 아이들로 출연해 목도리와 커다란 신문팔이 소년 모자를 쓰고 웨일스의 캐럴을 불렀다. 그 무렵에는 나도 주최측의 반복되는 요구에 못 이겨 작은 역할을 맡고 있었다.

바로 이런 게 앞으로 우리 인생이 흘러가야 할 모습이었다. 학생들이 좋은 강의 평가로 닦아주기만 한다면 천국으로 이어질 길.

*

하지만 우리 가족 안에서 균열이, 머리카락처럼 미세한 균열이 생겨나고 있었다. 그것은 딘의 행동에 생긴 변화로, 처음에는 거의 눈에 띄지 않을 정도였다. 아너리와 나는 그것이 아이가 사춘기로 넘어갈 때 필연적으로 나타나는 징후라고, 그냥 지나가는 한 시기일 뿐이라고 생각했다. 어느 여름날 차에서 내려 포크 콘서트가 열리는 장소로 걸어가던 중, 우리는 문득 케빈만 곁에 있고 딘은 보이지 않는다는 사실을 알아차렸다. 찾아보니 딘은 우리에게서 떨어져 길 건너편에서 냉담하게 어슬렁어슬렁 걷고 있었다. 그것은 곧 하나의 모티프가 되었다. 등산을 할 때면 숲에서 다른 장소를 찾아냈다. 학교에서 운동 경기를 할 때는 혼자 뚝 떨어져 앉았다. 퉁명스럽게 굴 필요가 없어 보일 때도 퉁명스러운 태도를 보였다. 자동차 여행이 불안해졌다. 좁은 공간에 가족이 함께 갇혀 있을 때면 우리의 큰아들은 날카롭게 날을 세웠고 그러다 격한 말싸움으로 번졌는데, 지나고 나면 말싸움이 시작된 정확한 이유도 기억할 수 없었다.

학교 공부에서는 호기심과 상상력을 계속 유지했다. 게다가 그런 가시 돋친 태도도 케빈과의 관계에는 아무런 영향을 미치지 않았다. 둘은 여전히 아주 가까웠고, 그럴 때면 딘에게서는 진실해 보이는 자연스러운 매력이 생겨났다. 딘은 어른들과 유난히 편하게 지냈고, 어른들의 눈을 정면으로 응시하며 그들의 신변에 관한 질문을 던지곤 했다. 사춘기 중반에 이르자 잘생긴 외모와 (가족에게는 보여주지 않는) 그 편안한 태도 덕에, 딘은 또래보다 몇 살 더 나이 든 이들까지 포함한 뭇 여성들에게 매력적인 존재가 되었다. 딘이 열다섯 살 때였던가, 세인트존섬의 야영지에 도착한 우리는 몇 분 안 되어 20대 중반으로 보이는 한 여성 관광객과 가볍게 대화를 나누고 있는 딘을 발견했다.

상대 여성은 딘이 보내는 관심에 기분이 좋은 듯 보였다.

하지만 집에서는 힘든 시간이 우리를 점점 조여오고 있었다. 아너리와 나는 다소 나빠진 우리의 형편이 아이들에게 불안감을 안기지 않도록 최대한 애쓰면서도, 그런 일이 일어났다는 사실을 부인하지는 않았다.

나는 내 인생의 3년을 쏟아부은 책 한 권을 놓쳤다. 그 프로젝트에 관련된 사람들이 책 내용에 대해 항의하면서 계약을 취소하도록 출판사를 설득했기 때문이었다. 한편 아너리의 좌절은 1994년 어머니의 날 학장실에서 받아 온 편지 한 통으로 찾아왔다. 종신직이 거부된 것이었다. 충격이었다. 지난 두 번의 평가를 아무 문제 없이 통과했고, 학과에서 종신직 추천도 받은 데다, 연구 보조금도 받았고, 학생들과 함께한 연구를 논문으로 발표하기까지 했다. 얼마 후 다른 학과의 교수 한 사람이 교직원들 사이에 불편한 감정을 초래할 위험도 감수하고 〈고등교육 크로니클Chronicle of Higher Education〉 지에 아너리의 종신직을 거부한 학교의 결정을 비난하는 글을 실었다.

아너리도 학교에 재고를 요청했다. 하지만 요청은 거절되었다. 나는 유망한 여성 교수를 알아보지 못하는 대학 측의 무지에 대한 경멸의 표시로 비상근 교수직에서 즉각 물러났다. 이 격한 반응에는 커다란 금전적 손실이 따랐다. 이제 우리 가계에는 수입원이 없어진 셈이었다. 그러한 위험과 아너리의 불안에도 불구하고, 나는 아내의 편에서 함께 맞서기로 한 그 결정을 후회하지 않았다. 그때도, 그리고 지금도. 한 번도 후회한 적 없다.

아이들에게 숨길 수 없었던 재정적 불안정과 그로 인한 긴장 속에서 열네 살의 딘은 대단히 아름답고 심리적 뉘앙스가 가득 담긴 에세이를 한 편 써냈다(2년 뒤에는 더욱 강렬한 글을 쓰게 되지만 말이다). 제임스 에이지가 《이제 유명한 사람들을 찬양하자Let Us Now Praise Famous Men》°에서 거저Gudger 가족의 침실을 묘사한 그 신비로운 문장들과 불가사의할 정도로 유사한 느낌을 주는 이 에세이 〈나의 방My Room〉에서, 딘은 독자를 성스러운 방의 공간으로 초대한다. 에이지가 그랬듯 딘은 방 안에 있는 물건들의 이름을 하나하나 불러주는 단순하고 세심한 행위로 그 물건들에 신성함을 부여하고, 또한 읽는 이로 하여금 그 물건들을 딘의 마음속 태피스트리와 연결 짓게 한다.

나의 방

당신은 모퉁이를 돌아 내 방문을 본다. 여러 해에 걸쳐 붙인 각종 스티커들이 뒤섞여 만들어내는 화사한 색깔. 마커로 그은 선들은 이리저리 헤매다 다시 엇갈린다. 한때 흰색이던 문틀에는 빨간색, 초록색, 파란색 접착제 자국이 남아 있다.

문손잡이를 잡으면 서너 바퀴 감겨 있는 마스킹테이프의 감촉이 당신의 손에 느껴진다. 테이프는 거쳐 간 손들에서 묻은 기름기로 살짝 때가 타 있다. 문손잡이를 돌리면 안쪽 금속장치가 두 번 딸깍하는 것이 느껴진다. 처음에는 좀 뻑뻑하고 열기 어렵지만, 그래도 문은 결국 길을 내어준다.

○　대공황기 빈민의 삶을 기록한 기록문학의 고전.

문이 열리고 제일 먼저 당신의 눈에 들어오는 것은 아마도 역시나 한때 흰색이었던 벽에 덕지덕지 붙어 방 안에 푸르스름한 기미를 더해주는 스키 사진들일 것이다. 방 한가운데 깔린 카펫에 3분의 2쯤 덮이고 남은 목재 바닥에 발을 디디면, 왼쪽으로 가로 60센티미터 세로 90센티미터짜리 게시판이 하나 보인다. 거기 빨강, 파랑, 은색의 각기 다른 압정 세 개로 달력 하나가 고정되어 있다. 9월의 사진 속 모습은 하늘을 향해 쭉 뻗어 있는 늘씬하고 키 큰 나무들이다. (…) 게시판 옆에는 길고 좁은 거울 하나가 벽에 박힌 못에 걸려 있다.

거울이 걸린 벽에는 직육면체 모양으로 벽을 파고 들어간 공간이 있다. 그 안에 내 침대가 있다. 직육면체 공간의 목재 바닥에 놓인 매트리스 하나. 그것이 내 침대다. 매트리스 위에 시트가 깔려 있고 그 위에 담요 한 장, 그리고 그 위를 깃털과 솜털로 된 두꺼운 흰색 이불이 덮고 있다. 베개도 깃털과 솜털로 된 것인데 파란 베갯잇을 입혀 놓았다. (…) 모서리에는 커다란 램프가 하나 서 있는데 문가에 있는 스위치와 침대가 있는 직육면체 공간에 달린 스위치로 그 램프를 조작할 수 있다. 침대 왼쪽에는 알람시계 겸 라디오가 있고, 책 몇 권과 작은 독서등도 보인다. 침대 위 천장에는 미국 지도가 붙어 있다.

그 벽을 따라 침대 오른쪽에 내 책상이 있다. 서랍이 없는 나무 책상이다. (…) 성능 좋은 IBM 컴퓨터가 책상 가운데 놓여 있고, 그 왼쪽 책상 가장자리에는 선풍기 한 대가 침대 쪽을 바라보고 있다. 책상 뒤에는 지미 헨드릭스의 포스터 몇 장과 듀크 엘링턴의 포스터가 한 장 있다. 책상 위 컴퓨터 옆에는 잡지들과 오래된 신문, 망치, 타이 하나, 컴퓨터게임들, 카드, 테이프, 디스크들과 책 몇 권이 보인다. 주변에 동전 몇 개가 흩어져 있고, 책상 밑에는 퓨즈함이 있다.

오른쪽으로 90도를 돌면 벽에 나무판자 세 장을 못으로 고정해 만든 나무 선반이 보인다. 가운데 선반에는 검은색 스테레오 CD 플레이어가 놓여 있는데 큰 것은 아니고 숙제를 하거나 책을 읽거나 그저 빈둥거릴 때 음악을 듣는 용도다. (…) 마지막 벽을 따라 돌면 서랍장이 하나 나오고 그 위에 기념품을 놓는 선반이 있다. 거기에는 고리버들을 엮어 만든 하얀 바구니가 세 개 있는데 (…) 그중 하나에는 콘서트 티켓과 작은 깃발 두 개, 소형 조각상, 비행기 탑승권, 안내 책자, <파우더> 잡지 한 권, 그리고 여행지에서 가져온 잡동사니들이 들어 있다.

마지막으로 문을 열며, 당신은 내가 임시 잠금장치로 사용하는 것을 보게 된다. 입구 바로 옆, 문 왼쪽 벽에 난 구멍을 못 몇 개로 보강한 것인데 나는 그 구멍에 문과 나란히 드라이버를 꽂아둔다. 문을 통과해 걸어 나가면 당신은 내 방의 익숙한 모습과 냄새에서 멀어져 더 정상적인 세상 속으로 들어간다.

더 정상적인 세상.

우리는 마침내 재정적 기반을 회복했지만, 그 속도는 더뎠다. 아너리는 자비의 성모 수녀회Sisters of Mercy order에서 운영하는 벌링턴의 작은 교육기관인 트리니티 대학에서 교수 자리를 구해, 학교가 재원 부족으로 문을 닫을 때까지 몇 년 동안 약 110킬로미터 거리를 오가며 통근했다. 나는 마침내 우리 가족의 지불 능력을 회복시켜준 책 출간 프로젝트를 찾았다.

"그들이 어렸을 때"

7

《톰 소여의 모험》을 마치면서 마크 트웨인은 이렇게 썼다. "이것은 엄밀히 한 소년의 역사이므로, 여기서 이야기를 멈춰야 한다. 한 남자의 역사로 바꾸지 않고서는 더 이상 이어갈 수 없다." [65]

소년기가 끝나고 그 소년이 인생의 새로운 단계로 들어서는 순간을 목격했다는 사람은 많지 않다. 마크 트웨인조차도 말이다. 나는 그런 순간을 목격했다. 그 소년은 당시 열한 번째 생일을 얼마 앞두고 있던 딘이었고 그 '순간'은 1992년 8월 23일, 온화하고 화창한 한여름의 일요일 오후였다. 장소는 뉴욕주 조지 호수 인근에 있는, '위대한 탈출Great Escape'이라는 정말 멋지고 독특한 놀이공원이었다.

해마다 브레드 로프 콘퍼런스가 끝나는 일요일이면 위대한 탈출 놀이공원에 들르는 것이 우리 가족의 정해진 의식이 되었다. 딘과 케빈은 여름이 한 번씩 지날 때마다 브레드 로프에 점점 더 애착을 느끼게 되었고, 나는 나 자신뿐 아니라 두 아이의 눈과 상상력을 통해서도 그 콘퍼런스를 사랑하게 되었다. 그 마지막 일요일, 우리는 산속 초원에 직각으로 자리잡은 노란색 목골 건물 브레드 로프와 기숙사 건물들, 소나무 숲과 그 뒤로 솟은 그린 마운틴 국유림에 의해 바깥세상과 단절된 이 19세기풍 캠퍼스가 건 전원의 마법에서 아직 벗어나지 못한 채였다. 아이들에게는 이미 그곳에서 보내는 마법 같은 열이틀의 낮과 밤이 오히려 표준적인 삶이며, 한 해의 나머지 50주는 기나긴 휴지기가 된 것 같았다. 그러므로 광활한 애디론댁 공원Adirondack Park의 동쪽 경계선을 따라 미들베리에서 남서쪽으로 100여 킬로미터 떨어진 곳에 있는 위대한 탈출 놀이공원은, 더 위대한 탈출로부터 일상의 삶으로 되돌아가는 이행의 과정에서 이상적인 기착지가 되어주었다.

작긴 하지만 둘도 없이 특별한 이곳은, 사실 놀이공원이라기보다 놀이공원의 박물관에 더 가깝다. 공원 안의 작은 '묘지'에는 '정글랜드', '대니 더 드래곤', '크랙 액슬 캐넌의 악몽' 등 그동안 이곳을 거쳐 간 놀이기구와 테마들을 기념하는 푯말이 꽂혀 있다.[66] 이곳은 1954년 스토리타운 USAStorytown USA라는 이름을 달고 어린아이들을 위한 명소로 개장했다. 1983년에 '위대한 탈출'로 이름이 바뀌었고, 그 뒤로도 아찔한 놀이기구가 들어섰다가 더 아찔한 놀이기구에 자리를 양보하며 계속 성장했다. 위대한 탈출은 자신의 유년기와도 접촉을 끊지 않은 것 같았다. 옛 시대의 물건이 놀이공원 여기저기에 흩어져 있었다. 번쩍이는 신식 롤러코스터 '스티밍 데몬'과 '로터 앤드 더 스파이더' 사이에, 마치 지층 사이에서 화석이 발견되듯 녹슨 옛 시설의 유물이 눈에 띄곤 했다. 예컨대 그 낡은 '이상한 나라의 앨리스 워크스루'를 지날 때는 연철로 된 트럼프 조각이 떨어져 나온다거나. 동물을 쓰다듬을 수 있는 미니 동물원도 있었고, 서부 시대를 테마로 한 '고스트 타운'에서는 대장간과 살룽, 메인 스트리트에서 매일 벌어지는 권총 대결도 볼 수 있었다.

마치 모든 방문객이 매표구에서 미국인의 습관적인 초조함을 스무디 한 잔과 바꾼 뒤 칼로리의 환희를 맛보며 돌아다니는 것 같았다. 한번은 고개를 들어보니 대머리에 근육이 울퉁불퉁하고 격투기 선수처럼 콧수염을 기른 남자가 "EVERLAST"라고 적힌 몸에 착 달라붙는 티셔츠 차림으로 권투 장갑을 낀 채 나를 향해 성큼성큼 다가오고 있는 모습이 보였다. 허공에 펀치를 날리며 구르듯이 빠른 속도로 움직이던 그는, 마지막 순간 예의 바르게 나를 피해 옆으로 지나갔다.

주황색이 살짝 물든 초가을의 이 일요일, 딘과 케빈은 매표구에서 입장권을 잡아채더니 우리를 제치고 공원 안으로 쏜살같이 달려갔다. 아이들은 이제 놀이공원의 배치를 다 외우고 있었다(케빈이 막 아홉 살이 되었을 때다). 둘은 형제이자 친구로서 흥겹게 나란히 뛰어가다가 흥미를 끄는 놀이기구 앞에 도착하면 멈춰서 우리가 오기를 기다렸다. 범퍼카라든가 추처럼 움직이는 '시 드래곤', 높이가 27미터나 되는 '페리스 휠', 물 미끄럼틀 '레이징 리버'라든가. 그리고 위장이 쪼그라드는 느낌을 선사하는 거대한 구식 목재 롤러코스터 '혜성'에서 즐거움은 절정에 이르렀다.

그 일요일, 우리는 위대한 탈출에서 오후를 보냈다. 지는 해가 아이들의 실루엣을 드러내며 케빈의 금빛 머리카락과 딘의 적갈색 머리카락에 이글거리는 빛을 던졌다. 카메라는 집에 두고 왔지만 나는 두 아이가 신나게 뛰놀고 달리는 모습을 머릿속 스냅사진으로 남겼고, 한 장면 한 장면 담을 때마다 마치 그 장면을 영원히 고정해두려는 듯 언제인지 모르게 내 머릿속에 뛰어든 주문 하나를 소리 없이 되뇌었다. **딘과 케빈. 그들이 어렸을 때.**

며칠 뒤 딘이 소년기를 뒤로하고 중학교에 입학하며, 그 소년기는 나의 주문 속에 영원히 멈춘 채 남겨졌다. 그로부터 5년 뒤면 영원히 어릴 것 같던 날들의 모든 흔적이 영영 사라질 터였다.

*

딘의 행동은 점점 더 반항기를 보이며 천천히 변해갔고, 사춘기 중반기에 이르자 변화는 도저히 무시할 수 없는 정도가 되었다. 아너리와 나는 여전히 그 변화를 '거쳐 가는 단계'로, '호르몬' 탓으로, 부모에게서 '분리'되고자 하는 정상적인 심리 욕구에서 촉발된 '부모에 대한 반항'으로 치부했다. 우리가 그 시기를 무리 없이 넘기고 딘과 대치하는 일을 최소화하면 언젠가는 그것도 '완전히 사라질' 거라고, 우리는 그렇게 생각했다.

그것은 '완전히 사라지지'는 않았다. 어쩌다 사라져도 오래지 않아 다시 돌아왔다. 마지막으로 그런 태도가 사라졌던 시기, 또는 사라졌을 거라고 우리가 기대했던 시기에는 끔찍하리만치 상상을 초월하는 일들이 일어났다.

딘이 막무가내로 반항적인 태도만을 보인 것은 아니었다. 그 애는 기타 교습을 받아도 되느냐고 물었고, 그래서 우리는 케빈의 선생님에게 교습을 받게 했다. 딘은 빨리 배웠다. 딘의 취향은 포크와 록 음악 쪽이었다. 중학교 교내 재즈밴드에서는 색소폰을 연주했다.

나도 아직은 딘과 함께 초등학교 옆 공터로 가서 연습용 배트로 딘에게 공을 쳐 보낼 수 있었다. 우리는 여전히 대학 체육관에서 함께 농구대를 향해 공을 던졌고 뒷마당에서 캐치볼을 했다. 우리 집 마당은 나무들이 시작되는 숲의 가장자리 근처에서 위쪽으로 경사가 져 있었는데, 딘은 자기가 팔을 뻗었을 때 손가락 끝보다 조금 높게 날아가게끔 공을 던져주면 좋아했다. 공을 잡든 놓치든, 드라마틱하게 몸을 날려 비탈 위에 부드럽게 착지할 수 있기 때문이었다(쉬운 동작은 아니라, 내가 경기를 챙겨 보는 몇몇 팀에도 이 기술을 완벽히 구사하는 프로 쿼터백들은 많지 않다).

고등학교 2학년이 되기 전 8월에 딘은 풋볼을 하겠다고 선언해 우리 모두를 놀라게 했다. 어깨가 점점 벌어지고 있다고는 해도, 아직 키 178센티미터에 체중은 66킬로그램 정도밖에 나가지 않는 아이였다. 딘은 공격할 때는 하프백을 맡고 수비할 때는 디펜시브 엔드를 맡았다. 그 애는 덩치 크고 살집 많은 라인맨들과 공을 갖고 겨뤘다. 한번은 너무 세게 부딪치는 바람에 훌라후프가 구르듯 뒤로 몇 바퀴나 굴러가기도 했다. 그러나 딘은 다시 일어났다.

그리고 자기만의 신나는 순간들도 있었다. 그중 하나는 경기장에서 작전 회의가 진행되던 중 경기에 참여하라는 의미로 자신의 등번호 "36"을 처음으로 부른 순간이었다. 짐작건대 딘은 그 일을 잊었을 리 없고, 어쨌든 나는 분명히 잊지 않았다. 언젠가 A&W에서 딘과 핫도그를 먹다가 그때 기분이 어땠느냐고 물었다. 한순간 딘의 냉담함이 녹아내렸다.

"최고였어요. 아무 소리도 안 들리더라고요. 내가 달리고 있다는 것밖에 느껴지지 않았어요. 평생 그때 작전 회의 장소를 향해 달려간 것만큼 빨리 달렸던 적은 한 번도 없어요."

다음 시즌에 딘은 패스를 하고 오른쪽으로 날렵하게 돌아 경기장 가운데로 45미터를 전속력으로 달려 터치다운에 성공했다. 딘이 골 라인을 넘는 순간 엔드 존 가까이 서 있던 코치는, 나중에 내게 그날 딘이 달려오는 내내 웃고 있었다고 말해줬다.

딘의 창조적인 삶도 더 확장되었다. 고등학교에서 《안네 프랑크 의 일기》를 연극으로 공연할 때는 안네의 불운한 남자 친구 페터 역 을 연기했고, 케빈과 함께 코네티컷에서 2주에 걸쳐 열리는 전국 여 름 기타 워크숍에도 참가했다.

그러나 딘은 질문받는 것을 싫어했고, 특히 집 밖에서의 생활이나 친구들에 관한 질문을 싫어했다. 아너리와 나는 딘과 케빈에게 맥주 를 포함해 술을 마시지 않았으면 한다는 점, 담배와 마약의 경우 절대 손대서는 안 된다는 점을 분명히 밝혔다. 아마 10대 자녀들을 이런 식 으로 지도한 부모가 우리가 처음은 아닐 것이다. 형제는 우리가 보는 곳에서는 이런 규칙을 존중했다. 그러다가 진입로로 차가 한 대 들어 오고 운전하는 친구가 경적을 울리는 순간 어둠을 향해, 무자비한 세 상의 수중을 향해 잰걸음으로 걸어 들어갔다. 우리는 속수무책의 마 음으로 아이들이 나가는 모습을 지켜볼 뿐이었다. 아이들을 집 안에 가둬두지 않는 한 우리가 할 수 있는 일은 없었다(그리고 오래지 않아 우 리는 집 안에 가두는 것이 얼마나 끔찍한 일인지 알게 된다). 우리가 매일 밤 희망한 것은…… 그랬다, 우리는 희망을 품었다. 매일 밤.

이 시절의 기억 가운데 내게 가장 달콤 쓸쓸한 맛을 남기는 것은 사랑스러운 아너리가 지하실에 탁구대를 들여놓은 일이다. 아너리는 탁구가 두 아들과 친구들이 신나게 즐길 수 있는 운동이자 그들을 안전하게 지켜줄 취미라고 생각했다. 이 희망이 얼마나 깨지기 쉬운 것이었는지 생각하면 아직도 목이 멘다. 탁구대는 사용되지 않았다. 밤이 그보다 훨씬 더 흥미진진했으니까.

*

1997년 가을 케빈이 갓 열네 살이 되었을 때, 케빈의 기타 선생님이 케빈을 경연에 내보내자고 제안했다. 경쟁의 세계에 익숙해지도록 도와주자는 것이었다. 〈다운비트DownBeat〉지에서 해마다 개최하는 학생 음악상의 응모 기한이 연말까지였다. 선택할 수 있는 카테고리가 여든 개나 되었다. 케빈은 재즈와 록 두 장르에서 각각 세 곡씩을 녹음했다. 모두 어렵고 정교한 곡들이었다. 재즈 카테고리에서는 텔로니어스 멍크Thelonius Monk의 〈블루 멍크Blue Monk〉, 패츠 월러 Fats Waller의 〈에인트 미스비해이빙Ain't Misbehavin'〉, 빌리 스트레이혼Billy Strayhorn의 〈새틴 돌Satin Doll〉을 연주했다. 블루스곡으로는 티 본 워커 T-Bone Walker의 〈스토미 먼데이Stormy Monday〉, B. B. 킹의 〈더 스릴 이즈 곤The Thrill Is Gone〉 그리고 소니 톰프슨Sonny Thompson의 〈토어 다운Tore Down〉을 제출했다. 모두 케빈이 리드 기타와 리듬 기타를 각각 연주한 것은 물론, 어떤 부분에서는 화음도 넣고 자신의 전자 기타로 베이스 라인도 연주하여 멀티트랙으로 더빙한 것들이었다.

참가곡을 보내고 나니, 사춘기 어린 아들에게 너무 무리한 요구를 한 것은 아닌지 걱정이 몰려왔다.

이듬해 6월 〈다운비트〉는 수상자를 발표했다. 두 카테고리 모두, 케빈은 자신이 속한 연령대에서 우승했다.

우리에겐 정말이지 엄청난 일이었다. 당연하지 않은가. 그러나 돌이켜보면 필요 이상 호들갑을 떨었던 건 아닐까 싶다. 우리는 격주로 간행되는 미들베리의 지역 언론에 케빈의 2관왕 소식을 알렸고, 편집자는 케빈이 기타 선생님과 함께 찍은 사진을 실었다. 친구들과 친척들에게도 당연히 이 소식을 알려야 했다.

이러한 행복감은 지속되지 못할 운명이었다. 수상자가 발표되고 며칠 지나지 않아 파워스 집안의 대하소설에서 '이전'이 쿵 소리를 내며 종지부를 찍고, '이후'가 시작되었다.

광기와 천재

8

예술적 천재성을 지녔거나 전반적 인지능력이 비범하게 높다는 사실이 조현병과 관련이 있을까? 이는 조현병의 특성을 둘러싼 여러 수수께끼 가운데 하나다. 물론 나에게는, 그리고 아너리에게도 이 질문은 단순한 학술적 관심사를 넘어선다.

우리 문화의 통념은 창조성과 정신질환을 단순한 상투적 정형화 이상으로 긴밀히 연결해왔다. 아주 많은 이야기가, 창조적이거나 극도로 똑똑하려면 최소한 조금은 미친 구석이 있어야 한다는 통념을 퍼뜨린다.

영화 속에 등장하는 미치광이 과학자들이 가장 잘하는 일은 시험관을 흔들며 바로 그런 가정을 강화하는 동시에 이용하는 것이다. 미친 과학자 영화는 공포영화라는 더 큰 장르의 하위 장르이기는 하지만, 인간이 신 또는 신들의 의지에 함부로 간섭하는 일(마치 영화가 광기 어린 눈을 번득이는 주인공에게 **미치지** 않고서야 네가 그런 일을 시도라도 할 수 있겠어?"라고 소리치는 것 같다)에 사람들이 느끼는 원초적 불안을 표현한다는 점에서 뚜렷하게 독보적이다. 이러한 영화들은 우생학과 뇌엽절제술, 신체와 장기의 이식, 로봇공학, 무기, 인간이 만든 역병, 영생의 추구 등이 초래한 폐해에 관한 섬뜩한 교훈극으로서 보이지는 않지만 언제나 가까이 있는 경계선을 환기시키는데, 이 경계선을 넘어간 천재들은 광기의 진창에 빠지고 마는 것이다.

오늘날 전반적인 반지성주의 정서의 거대한 흐름이 과학자들을 향한 증오를 키우는데, 특히 지구온난화, 낙태와 성교육, 특정한 기반의 경제적 현실에 맹목적으로 저항하는 것이 그 흐름을 대표한다. 뉴스 헤드라인과 인터넷 '밈'의 단골 소재인 이 맹목적 저항은 절대론에 가깝고, 여러 근원에서 나온 세력이 한 지점에서 만나며 저항을 계속 키워가고 있다. 그 세력이란 성서 속 절대론을 인용하는 기독교 복음가, 그 인용 또는 주장을 믿고서 '현실에 근거한' 공동체를 가리켜 가소롭고 순진하다며 업신여기는 정치 지망생, 과학이 자신들의 이해타산에 맞지 않는다고 여기는 상업과 교육의 거대 시스템, 그리고 광기를 지나치리만치 이성적인 사고의 부산물로 의심하도록 훈련된 대중이다.

그러나 이렇게 합리적인 척 제시하는 주제들의 표면 바로 밑에는, 정신질환자는 말할 것도 없고 과학과 과학자들, 나아가 지성주의 전반을 향한 훨씬 더 오래되고 만연한 회의론의 원천이 자리잡고 있다는 강력한 증거가 있다. 그 원천은 바로 공포와 증오를 일으키는 유령 같은 인물인 **타자**the Other다. 이 인물은 나중에 다시 등장할 것이다.

과학자들은 그들을 압박하는 옛 역사의 부담스러운 짐을 짊어지고 있다. 과학자의 직업은 연금술에서, 심지어 마법이라는 깊은 뿌리에서 진화해왔다. 전래된 이야기들에는 자신의 불가사의한 통찰력을 악한 일에 이용하거나 초월적 지식을 추구하다 스스로 타락하는 마법사의 이야기가 가득하다. 독일 문학의 걸작인 괴테의 비극 《파우스트》가 "가장 내밀한 자아 속에 품고 있는 세계"에 관한 지식을 얻는 대가로 악마의 대리자 메피스토펠레스에게 자신의 영혼을 팔아버린 학자의 운명을 그린 것은 그런 이야기들이 얼마나 사람들의 상상력을 강력하게 사로잡고 있었는지 보여주는 증거다.▼ 사실 괴테 이전부터 존재했던 '파우스트 대 메피스토펠레스'라는 주제는 연극 무대에서 오페라, 발레, 장편소설로 퍼져갔고 결국에는 시대정신, 즉 '차이트가이스트zeitgeist'에 첨예한 관심을 갖는 영화의 영역으로까지 넘어갔다. 파우스트를 연상시키는 프랑켄슈타인 박사와 그가 만든 괴물이 처음 스크린에 등장한 것은 1910년의 일로, 에디슨 스튜디오에서 만든 이 16분짜리 무성영화의 감독은 어쩌면 토머스 에디슨 본인이었을지도 모른다. 그때부터 이 주제를 간접적으로 다루는 영화가 많이 만들어졌다. 제1차 세계대전 후 독일에서 제작된 1920년 작 무성영화 〈칼리가리 박사의 밀실Das Cabinet des Dr. Caligari〉에서 사악한 칼리가리 박사는 최면을 걸듯 국민을 홀리는 한편 전쟁 도발에 혈안이 된 정부를 상징하던 인물이었다. 인종을 정화한다는 나치의 비뚤어진 실험으로 우생학이 부상하기 시작하던 1933년, 파라마운트는 〈잃어버린 영혼들의 섬The Island of Lost Souls〉이라는 영화를 내놓았는데, 이 영화와 〈닥터 모로의 섬The Island of Dr. Moreau〉이라는 제목으로 나

▼ 《파우스트》는 1829년에 브라운슈바이크에서 처음으로 1부 전체가 공연되었다. 스물한 시간 분량에 달하며 변화무쌍하고 혼란스러운 2부는 한 번도 무대에서 그 전체가 공연된 바 없다.

온 두 편의 리메이크 영화▼○에는 인간을 들짐승으로 바꾸는 수술 방법을 개발한 비정상적인 과학자가 등장한다. 1927년에는 과학에 의해 조작된 악마적 미래에 대한 자유주의자 독일인들의 공포가 놀랍도록 현란한 세트와 상징적 이미지들과 함께 다시 등장했다. 바로 암울한 예언적 알레고리들이 가득한 프리츠 랑Fritz Lang의 환상적인 영화 〈메트로폴리스Metropolis〉로, 이 영화는 〈블레이드 러너Blade Runner〉가 대표하는 현대적 디스토피아를 묘사하는 SF 영화들의 효시라 할 만하다. 〈메트로폴리스〉는 파괴적인 로봇을 만들고자 하는 로트방이라는 과학자와 그를 따르는 냉소적인 엘리트들, 그리고 그들에게 꼼짝없이 짓눌리는 가난하고 예속된 노동자 무리를 보여주면서 기독교의 이상이 후퇴하고 있음을 암시적으로 드러낸다. 결국 로트방이 만들어낸 로봇은 모든 통제를 벗어나 도시를 파괴한다.

인류가 제2차 세계대전 당시 과학기술의 파괴력이 만들어낸 지옥도를 경험한 뒤로, 영화의 한 테마로서 미친 과학자와 미친 과학은 한 쌍으로 묶여 다니기 시작했다. 집단 광기의 세계가 낳은 묵시록적 의도가 담긴 힘, 그것이 곧 미친 과학이었다. (제2차 세계대전이 끝나고 15년 뒤, 영국군 소속 정신과 의사로 일했던 스코틀랜드인 R. D. 랭R. D. Laing은 **실제로** 온 세상이 미쳤으며, '조현병 환자'라는 꼬리표를 단 사람은 미친 세상에서 예외적으로 온전한 정신을 지닌 사람이라는 자신의 믿음을 대중화하기

▼　세 영화 모두 소설가 허버트 조지 웰스Herbert Geoge Wells의 1895년작《모로 박사의 섬The Island of Dr. Moreau》을 영화화한 것이다.

○　국내에서는 세 편 모두 〈닥터 모로의 DNA〉라는 제목으로 소개되었다.

시작했다. 랭은, 만약 먼 미래라는 것이 존재한다면 그때의 사람들은 "우리가 '조현병'이라 부르는 것이 너무도 단단히 닫혀 있는 우리 정신의 갈라진 틈새로 빛이 새어드는 현상이며, 이는 주로 아주 평범한 사람에게 일어나는 일임을 알게 될 것이다"라고 썼다.) [67]

*

뇌의 신비에 관한 훨씬 더 핵심적인 질문이자 정신이상에 취약한 내 두 아들과 관련해서도 훨씬 더 유의미하고 합리적인 질문은 아주 오랜 옛날부터 제기되어왔고 지금도 여전히 제기되고 있다. 그것은 바로 창조성과 정신질환 사이에 신경적 연결이 존재하는가 하는 의문이다. 이를 다르게도 질문해볼 수 있다. 요컨대 케빈과 딘의 예술적 재능이 그들을 조현병으로 이어지는 통로에 데려다놓은 것일까? 또는 그 반대로, 조현병에 대한 취약성이 그들에게 예술적 재능을 부여한 것일까?

많은 나라에서 전형적인 답은 긍정 쪽으로 기운다. 직관적 긍정이라는 게 더 정확할지도 모르겠다. 미친 예술가는 미친 과학자, 미친 교수, 젠체하는 지식인과 함께 전기傳記와 연예, 심지어 정치적 조롱의 단골 소재다. 물론 감탄의 대상이기도 하다. 플라톤은, 먼 훗날 R. D. 랭이 그런 것처럼, 정신이상은 예술적 성취와 함께 가는 것이라고 암시했다. "광기 중에는 (…) 무사 여신들(뮤즈들)에게 사로잡히는 종류의 광기가 있다. (…) 정신이 멀쩡한 사람은 광인과 경쟁하려 해도 상대가 되지 않는다." [68] 예술가들 중에서도 음악가와 작가, 화가가 정신질환에 가장 취약했다. 베토벤, 리스트, 차이콥스키, 찰리 파커 Charlie Parker, 윌리엄 스타이런William Styron, 실비아 플라스Sylvia Plath, 로버트 로웰Robert Lowell, 어니스트 헤밍웨이, 빈센트 반 고흐는 물론 심각한 우울증에 시달린 것으로 유명한 지그문트 프로이트까지. 하나씩 열거하자면 잘 알려진 이름들이 끝도 없이 나올 것이다.

광기와 창조성의 연관에 대해서는 현대 신경과학의 견해도 시대를 초월한 통념과 대체로 일치한다. 결정적인 연관의 증거를 제시한다기보다는 여러 단서를 덧붙여 잠정적으로 — 잠정적인 긍정이라고 할 수도 있겠다 — 말하기는 하지만 말이다.

확실한 결론을 내리는 데 방해가 되는 한 가지는, 창조성이 정확히 **무엇**인지 규정하기가 아주 어렵다는 점이다. 창조성의 신경학적 근원과 과정은 이 만성질환 자체의 근원과 과정만큼이나 무정형적이다. 창조성은 어디에서 오는가? 창조성의 기능은 무엇인가? 창조성을 정신질환과 연결 지으려는 사람의 의도는 무엇인가?

일상 대화의 수준에서 창조성은 거의 저절로 정의된다. 그것은 "지배적인 사고나 표현 방식과는 다른 인지 처리 과정이 필요한 기발한 접근법"과 관련된다. 창조성이란 "참신하거나 독창적이거나 유용하거나 적용 가능한 무엇을 만들어내는 능력"이기도 하다. 창조적인 사람은 "연관 관계를 인지하는 일, 연상하고 관련짓는 일, 남들은 보지 못하는 것을 알아보는 일에 더 능하다".[69]

교육 심리학자들은 그 질문을 더 높은 수준으로 끌고 가, 창조성은 인간의 발달과 생존에 핵심적인 도구라고 말한다. 파리 대학교 연구자이자 부교수인 상드라 브뤼노Sandra Bruno가 그중 한 사람이다. 브뤼노는 어린이에게서 창조성의 근원을 찾아보면, 그것은 완전히 새로운 무언가를 만들어낸다는 의미의 창조가 아니라 오히려 모방 행위에 더 가깝다고 주장한다. 아기는 반사작용, 즉 세계에서 일어나는 행위에 대한 본능적인 반응들을 경험한다. 아기가 그러한 반사작용을 새로운 상황에 유용하게끔 **계획**을 세우는 데 적용하기 시작할 때 첫 번째 창조적 도약이 일어나는데, 이런 과정 중 하나가 바로 언어 습득으로 이어진다. 브뤼노는 이렇게 썼다. "습관, 모방, 언어 습득은 창조성과 반대되는 것처럼 보일지도 모른다. 그러나 사실 그것들은 현재 지니고 있는 역량을 넘어서고자 하는 충동에 뿌리를 두고 있다. 이 아이에게 중요한 문제는 한쪽의 반복과 상투성과 표준, 그리고 반대쪽의 독특함 사이에서 균형을 찾는 것이다." 브뤼노는 다음과 같은 도발적인 문장으로 논문을 마무리한다. "실질적인 측면을 고려해볼 때 이 두 극단은 다양한 유형의 신경증으로 이어질 수도 있다."[70]

우리를 창조성과 정신이상의 문턱 앞으로 이끄는 문장이다.

정신질환의 미로에 갇혀 있는 비밀들이 대부분 그렇듯이 이 의문에 관해서도 아직 확정된 해답은 나오지 않았다. 반세기 이상 연구되어온 이 질문은 신경과학자들에게 가장 난해한 수수께끼 중 하나로, 옥스퍼드 대학교 이상심리학과 명예교수이자 예리한 학자인 고든 클래리지Gordon Claridge의 오랜 연구 주제이기도 하다.

1997년에 클래리지는 '스키조타이피schizotypy'라는 개념을 도입했다. 클래리지 본인도 논쟁적이라고 인정한 이 개념은 성격의 특징들은 유전되기는 하지만 개인마다 차이를 보이며, '정상'부터 일시적인 분열 상태(불순응, 미신, 때때로 통합적 사고에 어려움을 겪는 현상, 인생의 쾌락을 거부하고 움츠러드는 상태)를 거쳐 완전한 정신증적 장애까지 모두가 하나의 스펙트럼 상에 이어져 나타난다고 가정한다. 즉 모든 뇌에는 어느 정도의 스키조타이피가 포함되어 있는 셈이다. 그렇지만 모든 뇌가 정신이상에 빠지는 것은 아니다.

그렇다면 스키조타이피의 어떤 면이 창조성과 연결되며, 거기서 다시 정신질환으로 연결되는 것일까?

사회심리학자인 수전 K. 페리Susan K. Perry는 "속박되지 않고 정신의 경계선들을 넘나들 수 있는 능력은 조현병적 사고와 창조적 사고 양쪽 모두가 지닌 양상"이라고 썼다.[71] 스키조타이피가 어느 지점 또는 상황에 이르렀을 때 완전한 조현병으로 또는 그보다 증세가 약간 덜하되 비슷한 병인 양극성장애로 넘어가는지는 아직 밝혀지지 않았다. 그러나 '스펙트럼'이라는 개념이 '제정신'인 행동과 '실성한' 행동을 구분하는 명확한 선은 없다고 믿었던 오이겐 블로일러의 관점을 지지하는 것은 분명하다.

탁월한 학자 클래리지가 강력한 실험 증거와 임상 증거를 대며 주장하는 대로 정말 모든 사람의 뇌에 스키조타이피가 존재한다면, 여기에는 관점을 바꿔놓을 어마어마한 함의가 담겨 있다. 예를 들어 조현병이 해로운 환경요인의 자극으로 발병되기는 하지만 그 근원적 원인은 오직 유전적 결함뿐이라는, 오랫동안 유지되어온 학설이 뒤집힌다. 스키조타이피는 **모든** 사람이 조현병의 잠재성을 갖고 태어난다는 사실을 말해주기 때문이다. 그 잠재성은 처한 환경에 따라 정신질환으로 현실화될 수 있고, 창조성을 매우 높이는 결과를 낳을 수도 있으며, 심지어 영적 무아경을 불러올 수도 있다.

한편 조현병이 단순히 창조적인 사람에게 닥치는 비극적인 위험 요소인 것만은 아니라고 주장하는 연구자들도 있다. 그들은 유전자 풀에 계속 남아 있다는 점이 핵심이라고 말한다. 조현병이 계속 존재하는 것은 "창조성과 유전적으로 함께 연결되어 있기 때문"이라는 것이다.

이는 2014년《창조성과 정신질환Creativity and Mental Illness》이라는 책에 한 챕터로 실린 논문의 주요 관점이다.[72] 정신의학을 연구하는 다섯 명의 박사로 이루어진 이 논문의 공저자들은 최근 몇 년간 나온 103건의 연구 결과가 창조성과 정신증 사이에 유전적 연결성이 있음을 시사한다고 밝혔다. "그뿐 아니라 스키조타이피 유형의 사고는 종종 비범하지만 의미 있는 연상을 활용하는 인지적 유연성이나 발산적 사고° 등의 창의적 사고와 여러 특징을 공유하는 것으로 여겨진다. 이러한 공통점과 더불어 두 구성체에서 관찰한 유전율을 함께 살펴보면, 창조성과 조현병 양자에 공통된 유전적 요인이 있을 것이라 추측할 수 있다."

현대 초기에 칼 융은 광기와 창조성이 서로 얽혀 있을지도 모를 어두운 황야를 대담하고도 심도 깊게 탐구했다. 융은 한때 자신의 스승이었고 나중에는 적대적인 사이가 된 프로이트가 세워둔 제한적인 경계선 너머에 있는 생각과 이미지에 평생 매료되었다. 모든 억압을 벗어던지고 그 생각과 이미지에 침잠해보지 않는다면 정신은 그 속

° 다양한 아이디어를 창의적으로 생성해내는 사고 유형으로, 주어진 정보에서 또 다른 정보를 생산해내거나 한 가지 문제에 대해 가능한 한 많은 해법을 찾아내거나 통념을 벗어난 연관 관계를 떠올리는 등의 사고를 말한다.

에 감춰둔 비밀을 영원히 알려주지 않을 것이고, 인간의 인식은 부분적인 상태, 좋게 봐줘야 발달이 정지된 상태로 남을 거라고 그는 믿었다. 융이 탐구한 대상은 동양의 여러 종교와 그 종교들이 사용하는 화려하고 때로는 두려움을 자아내는 이미지들, 인간 경험이 보편적으로 공유하며 기이한 토템으로 표현되는 '무의식', 악마, 신, 요정, 어머니, 아이, 그림자 등이었다.

융은, 적어도 부분적으로는 예술을 매개로 정신의 내부를 누비고 다닌 인물이었다.

그는 《인간, 예술, 문학 속의 정신The Spirit in Man, Art, and Literature》에서 "예술을 정당하게 다루고자 한다면 분석심리학은 의학적 선입견을 완전히 버려야 한다. 예술 작품은 질병이 아니며 따라서 의학적 접근법과는 다른 접근법이 필요하기 때문이다"라고 썼다.[73] 이어서 의사의 목표는 질병을 뿌리째 뽑아내는 것이지만 심리학자는 그와 반대되는 관점을 취해야 한다고 덧붙인다. 심리학자는 예술가 각자의 의도와는 무관하게 그 작품에 담긴 **의미**를 탐구해야 한다는 말이었다. 융이 생각하는 예술가는 이카로스와 비슷한 존재였던 듯하다. 빛의 근원에 가까이 날아갈 수 있는 특권과 저주를 동시에 받아, 무한한 진리를 단 한 번 보는 대가로 자신의 목숨을 위태롭게 하고 심지어 목숨을 희생하기까지 하는 존재 말이다.

나는 자신의 기타에 다가가려 애쓰다가 결국 기타와 하나가 되는 케빈을 생각한다.

*

앞서 언급한 과학자에 대한 자극적인 판타지와 실제 과학자의 기질과 목표를 비교해볼 기회를 가졌던 사람은 비교적 소수다. 나는 그운 좋은 소수에 속한다. 아너리는 영화 속에서 스위치를 누르고는 "살아 있어, 저건 **살아 있다고!**" 하고 요란을 떠는 괴짜 과학자보다 연구에 몰두하는 현실의 과학자에 훨씬 가깝다. 1975년에 시카고 대학교에서 박사 학위를 받은 뒤, 아너리는 거의 동일한 유전체를 지닌 인체에 존재하는 약 7조 개의 세포에 관한, 세포생물학에서 대체로 답을 찾지 못했던 핵심적 질문 하나를 파고드는 연구 계획을 세웠다. 그것은 세포들이 어떻게 근육세포, 혈액세포, 신경세포, 피부세포 등 그렇게 많은 **유형**으로 분화하는가 하는 질문이었다. 그로부터 40년이 지나 내가 이 글을 쓰는 지금, 아너리는 마침내 자신의 노트와 논문, 600여 장의 세포 사진을 정리하고 종합하며, 조용히 그러나 현저히 확장되어온 자신의 끈기와 수고가 담긴 연구 성과를 정교하게 통합·정리하는 작업을 진행하고 있다. 나는 아직 그녀가 "유레카!"라고 외치는 소리를 들어본 적도, 뭔지 모를 거품이 보글거리는 비커를 들고 집에서 달려 나가는 모습을 본 적도 없다. 또한 나는 과학 학부 교직원들의 크리스마스 파티가, 축하하러 와서는 혼자 깊은 생각에 빠져 있는 영문학과의 크리스마스 파티보다 훨씬 더 명랑하고 유쾌한 대화로 가득하다고 장담할 수 있다.

대중문화의 신화에서 미친 과학자의 얼굴에 야누스처럼 나란히 붙어 있는 또 하나의 얼굴은 미친 예술가의 얼굴이다. 빈센트 반 고흐는 1888년 자신의 왼쪽 귓불을 스스로 잘랐을 수도, 아닐 수도 있다. 어떤 학자들은 폴 고갱이 고흐와 말다툼을 하던 중 그의 귀를 잘랐다고 믿고 있다. 어느 쪽이든 귀가 잘린 일과, 2년 뒤 반 고흐가 자신이 그림을 그리던 밀밭에서 스스로 총을 쏘아 자살한 충격적인 결말은 그를 천재와 죽음을 소재로 한 낭만주의의 아이콘으로 만들었다.

20세기에 자살한 유명한 예술가들의 명단은 예술가를 정신이상 자이자 비극적 인물로 보는 감상적인 관점을 더욱 강화했다. 버지니아 울프는 1941년 주머니에 돌을 가득 채우고 우즈강으로 걸어 들어 갔고, 어니스트 헤밍웨이는 1961년 아끼던 엽총을 자신에게 겨눴고(그의 아내 메리는 그것이 사고라고 주장했다), 시인 실비아 플라스는 몇 차례의 자살 기도에 실패한 뒤 1963년 마침내 가스를 써서 성공했으며, 화가 마크 로스코Mark Rothko는 1970년 손목을 그었고, 시인 존 베리먼John Berryman은 1972년 미네소타의 한 다리 위에서 뛰어내렸으며, 그런지 기타리스트 커트 코베인Kurt Cobain은 1994년 총으로 자신을 쏘았고, 배우 스폴딩 그레이Spalding Gray는 2004년 스태튼섬으로 가는 페리에서 뛰어내렸다.

이상하게도 (미친) 과학자와 (미친) 예술가는, 그들에게 광기의 저주를 안긴 목표를 따져보면 서로 정반대의 지점에 있다. 과학자가 전형적으로 추구하는 것은 영원한 생명이며, 예술가가 추구하는 것은 영원한 죽음이다. 가만 생각해보면 왠지 직관과 반대되는 일이다. 과학자는 (어쨌든 대부분의 사람들이 열망하는 것을 추구하는 이들인데) 대중적인 교훈극에서 일반적으로 악당의 역할을 맡고, 예술가는 (오로지 자살을 통해서만 정신이 이상했다는 것이 확인되는데) 대체로 사람들의 애도와 존경(물론 다 지나가고 회고할 때에야 생기는 존경이지만)을 받지 않는가.

그렇다면, 신경과학은 높은 지능과 과학적 천재성과 예술적 창조성이 정신질환을 수반한다는 신화를 뒷받침할까? 정신이상은 예외적인 존재가 된 사람이 치러야 하는 대가인 것일까?

슬프지만 그 답은 '그렇다'인 것 같다. 하지만 매우 모호하고 여러 가지 단서가 달린 '그렇다'이며, 그것도 제한된 범위 안에서만 그렇다. 그러니 다시 말하자면, 반드시 그런 것은 아니다. 확정적으로 그렇다고 말할 수는 없다. 항상 그런 것은 분명 아니다. 이 대답들은 조현병의 근원, 특성, 인지에 미치는 영향을 알아내고자 하는 거의 모든 연구가 마지막에 도달하게 되는 바로 그 대답들이기도 하다.

창조성과 정신이상이 뇌에서 동일한 기원을 공유한다고 주장하는 최근의 가장 유명한 연구자들로는 아이오와 대학교의 낸시 쿠버 앤드리어슨Nancy Coover Andreasen과 존스홉킨스 대학교 의학대학원 정신의학과 교수 케이 레드필드 제이미슨Kay Redfield Jamison, 켄터키 대학교 정신의학과 교수 아널드 M. 루드윅Arnold M. Ludwig이 있다.

앤드리어슨은 신경과학자 중에서는 독특하게도 뇌 과학과 창의적 예술 두 분야 모두에서 전문 지식을 쌓은 인물이다. 1963년에 문학 박사 학위를 받은 뒤 아이오와 대학교 영문학과에서 르네상스 문학을 강의하던 그녀는 유명한 아이오와 작가 워크숍의 교직원 및 학생들과 매우 가깝게 지냈고, 그러면서 점점 한 집단으로서 '작가'의 정신적 안정성에 호기심을 갖게 되었다. 그래서 다시 아이오와 의과대학에 등록해 1973년 정신의학과 레지던트 과정을 마친 이후, 그녀는 사실상 본인이 발명했다고 할 수 있는 분야에 뛰어들었다. 창조성이 정신질환, 더 구체적으로는 양극성장애와 밀접하게 연관되어 있는가에 관한 경험적 연구를 시작한 것이다.

1974년에 앤드리어슨은 아이오와 대학교 동료인 정신의학자 아서 캔터Arthur Canter와 함께 논문을 발표했다. 창조적 글을 쓰는 작가들을 대상으로 정신과 질환의 증상을 검사한 결과, 그들이 열다섯 명의 "비창조적 대조군" 자원 참가자들과 "유의미한 차이를 보였다"고 밝히는 내용이었다.[74] 이는 "구조화한 인터뷰와 구체적으로 정의한 진단 기준"을 사용한 연구로, 두 사람은 "어떤 형태든 정신과 질환을 앓는 경우가 작가의 73퍼센트를 차지한 반면 대조군에서는 20퍼센트만 나타났고, 가장 흔한 병은 정동장애affective disorder"라는 결과를 얻었다.

'정동장애'라는 단어는 조현병의 가장 심각한 형태인 분열정동장애와 매우 가까운 병처럼 들릴지도 모른다. 그러나 사실 정동장애는 '기분장애mood disorder'의 동의어이며, 경우에 따라 기분장애에는 양극성장애가 포함될 수도 있는데, 양극성장애는 조현병과 유사한 증상을 공유하고 있어 조현병과 비슷하기는 하지만 보통 정신증psychosis° 단계까지는 가지 않는다. 앤드리어슨이 말한 "어떤 형태든 정신과 질환"이라는 말은 만성적이지 않은 알코올의존증과 우울증을 포함하는 광범위한 용어다. 고립된 채 조금씩 앞으로 나아가며 강렬한 집중력으로 언어의 일관성과 고귀함을 추구하는 과정에서 본질적으로 좌절을 맛볼 수밖에 없는, 글을 쓰며 사는 삶의 특성 자체가 알코올의존증과 우울증을 불러들이는 것으로 볼 수도 있다. 다른 예

○   환청, 환각, 망상을 현실과 혼동하는 등 현실 판단력이 무너진 상태를 말한다.

술 형식에 삶을 바치는 사람도 똑같은 주장을 할 수 있을 것이다.

앤드리어슨과 캔터의 연구는 동질적인 사람이 속한 소규모의 협소한 범위에 초점을 맞추어 (의도와 상관없이) 잘못된 그림을 제시했다는 점과, 앞서 언급한 모호성들로 연구의 가치를 훼손했다는 점에서 비판을 받아왔다. 그들이 연구 대상으로 삼은 사람 중 적어도 일부는 실제 정신질환이 아니라 앞에서 언급한 스키조타이피의 징후였을 수 있기 때문이다. 인지심리학자 스콧 베리 코프먼Scott Barry Kaufman은, 그러한 상태는 "**모든 사람**에게서 어느 정도씩은 명백히 발현되는 여러 성격 특성의 집합으로 구성된다"라고 썼다.[75] 이런 경우 "특이한 지각 경험, 자신과 타인 사이의 정신적 경계선이 희미해진 상태, 충동적인 비순응성, 주술적 믿음"을 포함하여 조현증과 유사한 특징이 나타날 수도 있다고 코프먼은 지적한다.

최근에는 이와 유사한 또 다른 설명이 제시되었는데, 앞서 열거한 특징이 정신질환의 신호라기보다는 극단적이지만 정상적인 인간 행동의 표현이며, 부분적으로는 창조적 작업의 본질적 성격 때문에 초래된 것이라는 내용이다.

킹스칼리지런던 정신의학 연구소의 유전 정신의학자 로버트 A. 파워Robert A. Power도 이 관점을 확인해주며, 이에 더해 자신의 연구 팀이 이 두 요소 사이의 실제적인 유전적 연결을 발견했다고 주장한다. 파워가 이끄는 연구 팀은 2015년까지 일정 기간 동안 아이슬란드 주민 8만 6000명에게서 정신질환이 발생할 예측 변수로서 유전적 위험도를 계산했다. 그는 "우리가 발견한 사실은 창조적인 사람이 남다르게 사고하는 유전적 성향을 갖고 있을 수 있으며, 여기에 해로운 생물

학적 요인이나 환경 요인이 더해지면 정신질환으로 이어질 수 있음을 암시한다"라고 결론지었다.[76]

이 연구를 아이슬란드에서 실시한 이유는, 레이캬비크에 본사를 둔 디코드deCODE라는 유전학 회사가 자금을 댔기 때문이다. 디코드의 최고 경영자이자 신경학자인 카리 스테반손Kari Stefansson 또한 "우리가 보여준 것은 기본적으로 조현병과 창조성이 생물학적 기반을 공유한다는 사실"이라며 파워와 비슷한 주장을 내놓았다.[77]

그러나 아이오와 대학교 연구의 경우와 마찬가지로 아이슬란드 연구도 방법론적 측면에 대해, 또 그 기반이 되는 전제에 대해서도 비판을 받았다. 하버드 대학교 정신의학과 교수인 앨버트 로덴버그 Albert Rothenberg는 그 연구를 가리켜 '창조성'이라는 개념 자체가 그만큼 포착하기 어렵다는 사실을 보여주는 예라고 말했다. "문제는 그들이 창조적인 것의 기준으로 내세운 것이 썩 창조적이지 않았다는 점"이라는 것이다. "예술가 협회에 속하거나 미술이나 문학을 한다는 게 그 사람이 창조적이라는 증거는 아니다. 정신질환이 있는 사람들이 미술이나 문학과 관련한 일을 하고자 시도하는 경우가 많은 것은 사실이지만, 이는 그들이 그 분야에 뛰어나서라기보다는 그 분야에 끌리기 때문이다. 이런 점 때문에 데이터가 왜곡됐을 수도 있다."[78]

미술이나 문학을 한다는 사실만으로는 누군가가 정신질환임을 증명할 수 없으며, 오히려 이런 활동은 정신질환의 해독제로 널리 알려져 있다. "거의 모든 정신병원에서 예술 치료를 실시한다"라고 로덴버그는 지적한다. "그래서 퇴원자 다수는 예술과 관련된 일자리나 예술을 추구하는 일에 끌리게 된다."[79]

'정신이상'에 관한 고정관념이 사람들의 인식에 끈질기게 영향을 미친다는 사실은 모종의 불안이 작동하고 있음을 암시한다. 그러한 불안이 정신질환에 대한 공포에서만 생겨나는 것은 아니지만, 어쨌든 사회가 정신질환을 다루는 방식에 엄청나게 억제적인 영향력을 발휘하는 것은 사실이다. 그리고, 여기서 불안을 조장하는 요소 중 중요한 한 가지는 '타자'라는 우리의 친구들일지도 모른다.

과학자들이 소외당하는 현상은 그들이 현대 세계를 움직이는 역학을 창조해냈고 편의와 보건, 커뮤니케이션 등의 역학에서 중심적인 역할을 했다는 사실과 뭔가 잘 맞지 않는다. 게다가 과학자들을 비방하는 사람은 그들이 이루어낸 모든 것을 인간 삶에 원래부터 있던 당연한 것으로 받아들인다.

위대한 자연학자이자 철학자인 로렌 아이슬리Loren Eisley는 "위대한 예술가도 그렇고 위대한 과학자도 그렇고, 그들의 비극은 그들이 평범한 사람에게 두려움을 안긴다는 점이다"라는 문장으로 이 맥락에서 말하는 '타자'를 사실상 정의해버렸다.[80]

의학과 신경과학, 통계분석의 전문 지식이 없는 나로서는, 앞서 나 자신이 설명하려 했던 분야를 이야기하기에는 그다지 신뢰할 수 없는 화자라는 점을 솔직히 인정할 수밖에 없다. 하지만 대부분의 신경과학자가 대체로 서로 다른 의견을 갖고 있다는 사실이 내겐 그리 달갑지 않다. 내 두 아들에게 무언가 끔찍한 일이 일어났고, 나는 어떤 일이, 도대체 왜 일어났는지 알고 싶을 뿐이다.

∗

물론 내가 염두에 두고 있는 것은 케빈, 그리고 희열을 안겨주던 케빈의 음악적 역량이다. 생의 마지막이 가까웠던 무렵, 분열정동이 몹시 심각했던 그때, 그럼에도(그럼에도가 여기에 적절한 단어라면) 평범한 음악가의 수준을 훌쩍 뛰어넘어 모든 제약을 벗어던지고 강렬하면서도 명랑하게 연주하던 케빈을 생각한다. 2004년 가을, 몇 차례의 정신증 발작으로 케빈이 집에서 떨어진 채 혼자서 생활하는 것을 스스로 감당할 수 없으리라는 사실이 분명해지자, 우리는 아너리가 부학장으로 있던 인근의 캐슬턴 대학에 케빈을 등록시켰다. 그렇게 하면 그 학교의 재즈밴드와 함께 연주할 수도 있을 터였다. 재즈 뮤지션들이 흔히 하는 연습으로 '트레이딩 에이츠'라는 것이 있다. 예컨대 호른 연주자가 일련의 음들을 연주하면 즉각 또 다른 멤버가 그에 화답하듯이 연주하면서 음과 음을 주고받는데, 이렇게 오가는 가운데 연주는 점점 더 빨라지고 복잡해진다. 후에 케빈의 밴드 멤버들은 케빈이 뛰어난 색소폰 연주자인 강사와 둘이서 승부를 겨루던 모습을 얼어붙은 듯 지켜보았던 일에 관해 이야기해주었다. 한 계단씩 오르듯 난이도가 점점 높아지는 동안 케빈은 계속해서 강사가 연주한 음들을 기타로 완벽하게 재현해냈는데, 그러다 문득 그것이 지겨워졌는지 음의 순서를 뒤집어 거꾸로 연주했다는 것이다.

　이 일을 생각하면, 어쩔 수 없이 여러 통계 수치와 상관관계들이 내 눈앞에서 춤을 추기 시작한다.

　그리고 나는 딘을, 작가가 될 수도 있었을 이야기꾼인 딘을 생각한다. 언제나 딘은 우리가 살아가야 하는 현실의 지구 모퉁이 바로 너머에 자신과 상당히 비슷한 존재가 살고 있는 동화의 세계가 펼쳐져 있다고 확신하는 것 같았다. 딘은 그런 세상에 닿고 싶어 했다. 때로는 그저 별다를 것 없는 심술처럼 여겨지기도 했다. 어딘가에는 여기보다 더 좋은 곳이 있으리라는 믿음으로 안달을 내는 거라고. 연을 가지고 나가 공중에 띄우는 데 성공하면(성공하는 경우는 드물었다) 딘은 곧바로 더 큰 연을, 더 높은 고도를, 더 강한 바람을 원했다. 내가 버몬트주의 시골길을 달리다 커브를 좀 빠른 속도로 돌아 차가 살짝 비틀거리면 어린이용 카 시트에 벨트를 매고 앉아 있던 딘은 "이거 **또** 해요!" 하고 흥분해서 소리치곤 했다. (그러면 나는 그걸 '또' 했다. 내가 인정하고 싶은 것보다 훨씬 더 여러 번.)

반복이나 더 큰 연만으로 평범한 경험을 더욱 증폭시킬 수 없을 때면, 딘은 자기 머릿속에서 그 일을 해낼 수 있었다. 그 동화의 세계로 손을 뻗어 자기 앞으로 끌어당겨 와서는 일상의 세계 위에 동화의 세계를 세웠다.

미들베리에 정착한 지 2년이 지날 무렵, 딘은 마을 근처를 탐험하기 시작했다. 대개는 야생화가 핀 목초지와 초원이었다. 어느 날 딘은 버려진 집의 기반이었던 잔해를 발견했다. 그것은 시내로 이어지는 아스팔트 도로를 따라 저 멀리 솟아 있는 언덕 가장자리의 웃자란 잡초와 넝쿨 속에 반쯤 묻혀 있었다. 오래되어 금이 간 직사각형의 시멘트 바닥과 그것을 단단하게 잡아주는 녹슨 철 기둥 몇 개가 다였다. 버려진 집의 잔해에서 느껴지는 으스스함에 딘은 순식간에 사로잡혔지만, 다른 아이들이 느끼는 것과는 다른 방식이었다. 딘에게 그 잔해는 **만족스러울 만큼** 으스스하지 않았다. 유령들이랄까, 신비로움을 더해줄 뭔가가 필요했다. 그래서 딘은 그 동화의 세계를 소환했다. 그리고 나에게 그 세계로 같이 들어가겠냐고 물었다.

("나 오래 가 있지 않을 거야 / 당신도 함께 가." 로버트 프로스트는 이렇게 썼었지.)

매혹적인 초대였다.

딘은 자기가 찾아낸 비밀 장소에 관한 이야기를 나와 함께 쓰고 싶어 했다. 신비로운 이야기를. 나는 물론 좋다고 했다. 그해 여름 우리는 방충망을 친 집 뒤쪽 돌출 현관에 탁자를 내놓고 나란히 앉아 램프를 밝힌 채 며칠 밤을 보냈다. 눈에 보이지는 않지만 뒷마당 너머 어둠 속에서 울어대는 귀뚜라미 소리를 들으며, 우리는 등장인물과 플롯에 관한 아이디어를 떠올리고 노란색 공책에 그것을 써 내려갔다.

아이와 함께 판타지를 만들어낸다는 것은 누구나 누릴 수 없는 굉장한 기쁨이다. 그러나 결국 그것을 전적으로 협업이라 할 수는 없었다. 이야기의 거의 전부가 딘의 것이었으니까. 아마 딘은 온화하면서도 무시무시한 어둑함 속에서 내가 자기 곁에 앉아 있다는 사실을 좋아했던 것 같다. 그리고 우리 둘 모두에게 그 일은 이미 사라져버린 밤들을 되살리는 일이었을 것이다. 딘과 케빈 둘 다 더 작은 아이였던 시절, 아이들의 2층 침대 위층에서 내가 둘 사이에 누워 양쪽 팔을 하나씩 그 작고 따뜻한 몸에 두른 채 아이들이 잠들 때까지 즉석에서 지어낸 이야기를 들려주던 그 밤들. 우리 위의 천장에서는 울워스 슈퍼마켓에서 사 온 달과 별 스티커들이 야광을 발하고 있었다. 동화의 세계가 그보다 더 가까웠던 적은 없었다.

그러나 이제 이야기를 들려주는 역할을 도맡은 사람은 딘이었다. **이야기**는 딘에게로 넘어가 있었다. 딘은 자신과 이웃의 한 친구를 바탕으로 이야기 속 인물들을 구성했고, 그 버려진 집의 잔해로 하나의 세상을 만들어냈다. 이 세상은 딘이 점점 더 자라고 점점 더 능숙해지면서 하나의 우주로 확장될 수도 있었을 것이다. 상황이 다르게 풀렸더라면 말이다.

"만약, 만약에……"

9

1998년 6월 12일 이전까지 나는 아주 평범한 인생을 살았다. 내게는 쉬는 시간에 함께 어울리며 웃고 이야기를 나누던 평범한 친구들이 있었다. 늘 어울리는 친구들의 무리에 속해 있었다고 할까. 규칙적으로 수업을 들었고, 어떤 과목에서는 또래에 비해 앞서 나가기도 했다. 고등학교만 졸업하면 곧 내 것이 될 자유와 삶의 여정을 꿈꾸던 보통 학생이었다. 다른 많은 아이들처럼 나도 12학년 졸업반이 되면 어떨까 꿈꿨다. 학교에서 제일 으뜸가는 아이들과 어울릴 것이고, 어쩌면 지속적으로 만나는 여자 친구가 생길지도 모른다고. 무도회에도 가고, 반 아이들과 함께 검은 졸업식 예복을 입고 미소를 띤 채 평범한 한 명의 졸업생으로 졸업을 할 거라고. 나는 이 중 무엇도 누릴 수 없었다.

—한 에세이의 서두

딘 파워스, 1999년 6월 25일

버몬트의 봄이 완연했던 1998년 6월 12일 금요일, 딘의 고등학교 11학년이 끝나는 날 밤이었다. 기온도 그리 높지 않아 한낮에는 20도를 오르내렸고 공기에서는 갓 깎은 잔디의 축축한 냄새가 났다. 그날 밤 케빈이 속한 밴드가 미들베리에서 남쪽으로 몇 킬로미터 떨어진 곳에 있는 초등학교 체육관에서 공연을 하기로 되어 있었다. 6시 30분경 나는 평소 우리 집 지하실에 보관해두는 드럼 세트와 앰프, 마이크, 코드 등 장비를 밴에 챙겨 넣었다. 케빈과 아너리와 나는 집을 나서서 다른 밴드 멤버들을 하나씩 태우고 공연장인 학교로 향했다. 나는 아이들이 장비를 나르고 설치하는 것을 도왔다. 우리는 공연이 다 끝난 9시 무렵까지 그곳에 있었다.

그날 저녁 딘에게는 다른 계획이 있었다. 딘은 미들베리에서 남서쪽으로 20킬로미터쯤 떨어진 구릉지 농장에 살고 있던 한 여자아이를 만나러 가고 싶었다. 그 아이의 이름은 에이미라고 해두자. 아너리는 자신의 자동차인 1997년형 볼보를 딘에게 빌려주었다. 아내는 딘에게 술을 마시지 않겠다는 약속과 조심해서 운전하겠다는 다짐을 받아냈고, 평소와 같은 11시 통금 시간을 되새겨주었다. 전해 11월 열여섯 번째 생일부터였으니, 딘이 운전면허를 딴 지 일곱 달이 지난 때였다. 아직 운전의 모든 기술과 규율을 숙달하지는 못한 상태였다. 딘은 속도를 지나치게 내는 편이었는데, 슬프지만 이는 열여섯 살짜리 학생들에게 너무도 흔한 성향이다. 누군가에게 딘이 과속하는 걸 봤다는 이야기를 듣고 한동안 운전을 못 하게 했다가 다시 허락해준 것이 겨우 일주일 전 일이었다.

에이미는 열다섯 살이었다. 에이미의 집에서, 그 아이의 아버지도 듣고 있을 때, 에이미의 이복 오빠가 에이미와 딘에게 근처에서 열리는 파티에 관해 얘기했다. 딘보다 몇 살 많은 자신의 소프트볼 팀원들이 모이는 파티인데 그곳에 둘을 데려가겠다고 제안한 것이었다. 밤이 깊으면 법적으로 술을 마실 수 있는 다른 사람에게 부탁해 맥주를 살 수 있을 거라고도 했다.

우리가 케빈의 밴드 멤버들을 각각 데려다주고 집으로 돌아온 것은 10시가 되기 조금 전이었다. 아너리와 나는 잠시 이야기를 나누다가 잠자리에 들었다.

전화벨 소리에 깨어보니 자정이 좀 지나 있었다. 어느 부모라도 공포로 몰아넣을 소리와 시간이었다. 아너리가 전화를 받았고, 곧 딘에게 사고가 생겼다고 내게 말했다. 딘과 에이미는 미들베리의 병원에 있었다. 아너리도 아직 어느 정도 부상을 입었는지는 듣지 못했다.

아너리가 병원으로 가고 내가 케빈과 함께 집에 남아 있기로 했다. 아너리가 병원으로 가는 사이, 에이미는 북쪽으로 55킬로미터가량 떨어진 벌링턴에 있는 더 큰 병원으로 이송되었다. 에이미는 딘이 젖은 나뭇잎이 흩어져 있던 2차선 아스팔트 도로에서 너무 빠른 속력으로 커브를 돌 때 심한 두부외상을 입은 터였다.

그날 밤 11시 15분쯤, 단 몇 초 사이에, 나는 엄마의 베이지색 볼보 350 GLT에 대한 통제력을 잃으면서 나 자신과 에이미를 이전의 삶으로부터 완전히 떼어놓았다. 그러나 그 밤은, 마치 오터강이 흐르듯 여느 마을이나 여느 도시의 여느 밤처럼 흘러갔고, 사고의 흔적은 깨끗이 치워졌다. 에이미는 벌링턴의 병원으로 옮겨졌다.

파티에서 나온 딘은 에이미를 빨리 집에 데려다주려는 마음에 조급해하고 있었다. 이미 에이미의 통금 시간이 지난 터였다. 그 전에 통금을 좀 늦춰보겠다고 집에 전화를 걸었지만 에이미의 아버지가 허락하지 않았다. 그 통화는 딘에게 에이미를 가능한 한 몇 분이라도 빨리 데려다줘야 한다는 압박감을 안겼다. 적어도, 딘은 그런 압박을 느꼈다.

타라고 하지 않았는데 멋대로 뒷좌석에 뛰어든 두 친구도 차에 함께 있었다. 어두운 시골의 쇄석 포장길에서 커브를 돌던 중, 딘은 차에 대한 통제력을 잃었다. 뒷바퀴가 오른쪽으로 미끄러지면서 우측 차체가 나무에 세게 부딪쳤다. 딘의 옆자리에 앉아 있던 에이미가 그 충격의 대부분을 흡수했다. 에이미의 머리가 유리창을 세게 받았다. 충격으로 에이미는 의식을 잃고 몇 주 동안 혼수상태에 빠져 있었다. 딘은 다치지 않았고, 뒷자리의 남학생 중 한 명은 한쪽 다리가 부러졌다.

구급차와 버몬트주 경찰차가 현장에 도착했다. 구급차는 신속히 에이미를 미들베리의 병원으로 옮겼다. 그리고 잠시 뒤 에이미는 수술을 위해 벌링턴에 있는 큰 병원으로 이송되었다.

경찰관은 음주 측정기로 딘을 검사했다. 검사 결과 딘의 혈액에는 미량의 알코올이 포함되어 있었지만 음주 운전에 해당하는 최소 농도보다도 훨씬 낮은 수치였다. 경찰관은 자동차 운전 과실에 대해 경범죄 혐의를 적용했지만 음주 운전 혐의는 적용하지 않았다. 이는 이후 수년간 내 아들이 겪게 될 고난을 감안하면 반드시 기억해야 할 결정적인 사실이다.

아너리는 딘을 태우고 벌링턴으로 향했다. 병원에 도착한 아너리는 나에게 전화를 걸어 아직 에이미가 어느 정도 부상을 입었는지는 알지 못하며, 더 알게 되면 다시 전화하겠다고 말했다. 소식은 아주 천천히 도착했다. 내가 최악의 상황을 떠올리며 공포에 사로잡혀 거의 움직이지도 못하고, 감히 방에서 나갈 엄두도 내지 못하고, 독서든 십자말풀이든 컴퓨터든 신경을 다른 데로 돌릴 수 있는 어떤 일도 하지 못한 채 전화 옆에 앉아 세 시간을 보내고 난 새벽 4시, 아너리가 집으로 돌아왔다. 딘은 부상당한 소녀의 부모와 이복 오빠와 함께 병원에 남아 있겠다고 고집했다. 딘은 다음 날에도 병원에 남아 있었고, 그래서 아너리와 내가 함께 병원으로 갔다. 딘은 에이미의 병실에 함께 있고 싶어 했지만 에이미의 부모가 허락하지 않아 우리와 함께 집으로 돌아왔다.

아너리가 변호사를 선임해야겠다고 생각했고, 그래서 우리는 그렇게 했다. 어느 시점에선가 주 검사는 딘의 죄목을 경범죄에서 '심각한 신체 부상을 일으킨 운전자의 중대한 과실'이라는 중죄로 올렸다. 이렇게 된 이유를 우리는 끝까지 알지 못했다. 딘이 파티에서 취하도록 술을 마신 다른 무리와 어울린 것도 아니었다. 술을 갖고 있었고 더 어린 친구에게 맥주를 건넸다는 점은 인정했다.

그러고도 며칠 동안, 딘은 매일같이 고집스럽게 벌링턴으로 찾아갔다. 마침내 간호사가 딘을 에이미의 병실에 들여보내주었고, 딘은 아무 움직임도 없는 소녀의 병상 옆에 몇 시간을 앉아 있었다. 어느 날 딘은 아녀리에게 보석상 앞에 잠시 세워달라고 부탁했다. 아직 혼수상태에서 깨어나지 못한 친구에게 줄 선물을 사기 위해서였다.

기다림의 분초들이 스르륵 기다림의 시간들로, 스르륵 기다림의 날들로, 스르륵 기다림의 달들로 넘어갔다. 사고 후 첫 두 주가 흐를 동안, 나는 매일매일 에이미의 상태가 달라지리라는 기대를 품었다. 오늘 아침에 깨어나지 않았으면 오늘 오후에는 희망차게 깨어날 거야. 다시 걸을 수 있게 되려면 몇 주가 걸릴 수도 있지만, 그래도 그 애에게 내가 얼마나 미안해하고 있는지 말할 잠깐의 기회는 있겠지. 나는 바로 곁에서 에이미를 도울 것이고, 그 모든 일에 관해 백만 번 이야기할 생각이었다.

보석상에서 딘은 목걸이를 하나 사서 작은 선물 상자에 담아 병원으로 가져갔다. 그러고는 에이미의 병상 옆 탁자에 그 상자를 두고 왔다.

그러나 그 뒤로 오랫동안 내가 에이미를 보는 것은 허락되지 않았다.

딘이 목걸이를 가져가고 얼마 지나지 않아, 에이미의 부모는 딘이 병실에 들어오는 것을 영원히 금지했다.
에이미는 모두에게 고문처럼 불안했던 3주가 흐른 뒤 혼수상태에서 깨어났다.

병원에 다녀온 친구들이 에이미를 만났다고, 에이미가 자신들을 알아보고 미소를 지으며 손을 흔들어 보였다고 전해줬다. 에이미가 내게는 다시는 미소 짓지 않고 손을 흔들어주지 않으리라는 조용한 깨달음이 들 때마다 심장이 내려앉았다. 나는 집에만 틀어박혀 있었다. 그때까지는 법원 판결 때문도, 부모님 때문도 아니었고, 그 사건이 나에게 미친 영향과 내가 줄곧 짊어지고 있던 죄책감 때문이었다. 사람들이 나를 어떻게 생각할지 무서웠고, 누가 나에게 화가 나 있는지, 누가 아직 나의 친구인지, 그리고 결국 에이미에게 어떤 일이 일어날지 생각하는 것이 무서웠다. 나는 돌출 현관에 앉아 담배를 피우며 세상과 나 자신에 대해 많은 것을 조용히 알아가기 시작했다.

에이미가 의식을 되찾고 난 뒤에도, 초기에는 그 아이가 얼마나 온전하게 회복할 수 있을지, 아니, 아예 회복할 수 있을지조차 아무도 예측할 수 없었다. 아너리와 나의 의식은 에이미의 신체적·정신적 예후와, 고개를 숙인 채 집 안을 왔다 갔다 하는 딘의 심리 상태 사이를 분주히 오갔다.

나는 매주 에이미의 집에 전화를 걸어 에이미의 상태가 어떤지 물었다. 에이미 아버지의 목소리에는 단 한 번도 반가운 기색이 없었다. 그 목소리에서 강고한 적의가 진동하는 것을 느낀 어느 날, 나는 전화 걸기를 그만두었다. 그리고 몇 달 뒤, 나는 에이미의 부모에게 그 사고에 대한 우리의 참담한 마음을 다시 한 번 전하고 만나서 화해하기를 바란다는 마음을 담아 편지를 보냈다. 답은 오지 않았다.

마침내 우리는 에이미가 겪은 고난의 실체를 조금 더 상세히 알게 되었다.[81] 혼수상태였을 때, 그리고 혼수상태에서 벗어난 뒤로도 몇 주 동안 에이미는 산소호흡기에 의지해 숨을 쉬었다. 영양관을 통해 영양을 공급받았고 몇 달 동안 휠체어를 타고 지냈다. 다섯 달에 걸쳐 매일 부모의 도움을 받아 고통스러운 재활 치료를 받은 뒤에야 에이미는 다시 움직일 수 있었다.

에이미의 부모는 구조 회사에서 아녀리의 찌그러진 볼보를 다시 사들였다. 끝내 그 의도를 완전히는 알 수 없었지만, 그들이 우리에게 요청한 일로 미루어보건대 그중 한 가지는 차를 미들베리 타운 중앙 잔디밭에 놓아두고 딘을 그 옆에 세운 다음 지역 언론을 불러 사진을 찍고 비디오 촬영을 하려는 것이었다.

또한 우리는 버몬트주의 신문들과 주 유일의 메이저 네트워크 CBS 가맹 상업 텔레비전 방송인 WCAX에서 이 충돌 사고에 관한 잘못된 보도를 그렇게 신속하게 다루게 된 이유도 끝내 확실히 알 수 없었다. 신문들과 텔레비전 방송국은 한결같이 딘을 가리켜 15세 소녀에게 심각한 부상을 입힌 "음주 운전자"라고 칭했다. 그 언론 가운데 단 한 곳도 정보의 원출처, 즉 순찰 경찰관이 사고 현장에서 측정한 음주 측정 결과 기록을 확인하려는 수고는 하지 않았다. 그들이 사실 확인의 의무를 이행하지 않은 채 추측을 기정사실처럼 써버렸거나, 누군가 그들에게 잘못된 정보를 제공했거나 둘 중 하나일 것이다.

이후 법정 소송이 진행되는 수년간 딘은 언론에서 "음주 운전자"로 묘사되었다. 그 잘못된 사실이 버몬트주 안에 기정사실처럼 자리잡고 있는 것에 우리는 몹시 분개했다. 신문과 방송국에 사실을 바로 잡으라고 요구하고 싶었다. 그러나 변호사는 그러지 않는 게 좋겠다고 충고했다. 세련된 대학 도시에 사는 "외지인"인 우리 쪽에서 어떤 종류든 항의를 제기했다가는 지역민들의 적의를 자극하고 언론에 영향을 미치려 한다는 비난을 듣게 될 거라고 그는 염려했다. 우리는 그냥 잠자코 넘어갔다. 돌이켜보면 끔찍한 실수였다. 언론이 청소년 운전자와 '음주'라는 주제를 다루고 또 다루며 계속해서 그 사건을 들춰내고 다시 거론할 구실을 찾는 동안, 딘은 버몬트주 제1의 공공의 적이 되었다.

사고가 일어나고 몇 주 뒤 열린 심리에서 법원은 그 몇 주 뒤 다시 심리가 열릴 때까지 딘에게 자택 구금 명령을 내렸다. 이제 딘의 고립은 의무가 되었다. 친구 대부분이 딘을 저버렸고, 계속 들러주는 친구는 풋볼 팀 동료 한 명뿐이었다. 자택 구금 명령의 영향은 우리 가정 깊숙이 파고들었다. 그 명령이 시행되기 전까지 아내리와 나는 딘에게 우리가 너의 협력자이자 옹호자이자 보호자라고 정당하게 이야기할 수 있었다. 그러던 우리가 이제는 딘의 간수가 된 것이다.

그 여름 나는 많은 생각을 했다. 집을 제외하고 대부분의 시간을 보낸 유일한 장소인 일터에 있는 동안에는 머리에서 이런 저런 생각을 몰아낼 수 있었지만, 집에 돌아오는 순간 생각은 다시 나를 완전히 집어삼켰다. 시간. 나는 시간에 대해 가장 많이 생각했다. 내 인생을 완전히 바꿔버린 그 몇 초, 그 사고가 있기 전의 며칠, 내가 선택한 것도 아닌데 나는 어떻게 저곳에서 이곳으로 넘어온 것일까. 그것은 새로운 경험이었다. 나는 왜 되돌아갈 수 없는 걸까. 만약 내가 에이미에게 전화만 하지 않았다면 쉽게 그 사고를 피할 수 있었을 것이고, 만약 그날 내가 아프기만 했다면, 만약 볼보의 타이어에 펑크가 나 있었다면, 만약, 만약, 만약에……

딘이 매일 자택 구금에서 벗어나는 시간이자 그 아이의 강박적인 절망이 잠시나마 중단되는 유일한 시간은 미들베리 베이글 앤드 델리 숍에서 베이글을 만들고 손님 받는 일을 돕는 아침 아르바이트를 할 때였다. 가게 주인인 짐 러브라이트Jim Rubright는 부지런하고 친절하고 가정적인 사람으로 사고가 있기 몇 달 전에 딘을 고용했다. 사고 후 딘이 그 일을 계속하길 원하자 판사는 허락해주었고, 짐도 기꺼이 딘을 반겨 맞아주었다. 짐이 보여준 인간애와 존중의 표현을 우리 가족은 결코 잊지 못할 것이다. 그렇게 딘은 계속해서 매일 날이 밝기 전에 일어나 하얀 앞치마를 두르고 짐과 그의 아내, 그리고 성인이 된 짐의 자식들과 함께 마을 사람들의 아침 빵을 만들었다. 물론 이제는 상황이 달랐다. 손님을 상대하는 것은 언제나 딘이 그 일에서 특히 즐거워하던 부분이었다. 손님 대부분은 딘이 아는 사람이었다. 수영 팀, 풋볼 팀, 교회, 학교에서 알게 된 친구들과 그 부모들.

그러나 이제 평소처럼 눈인사를 나누고 주문을 받을 때조차, 무언의 부담감이 딘을 짓눌렀다. 상대방이 아무 말도 안 해도 단골 가운데 많은 사람이 조용한 경멸을 담아 자신을 쳐다본다고 딘은 확신했다. 악명 높은 '음주 운전자'가 그들의 눈앞에 실물로 서 있었다. 딘은 이렇게 자기 모습이 노출되는 것을 두려워했다. 그럼에도 불평하지 않고 묵묵히 맡은 일을 수행했고, 나는 그 태도를 용기 외에 다른 어떤 말로도 표현할 수 없다. (용기는 딘의 천성이었고 지금도 여전히 그렇다. 몇 년 뒤 어느 늦은 밤, 딘과 내가 샌프란시스코의 텐더로인 구역 부근에서 복작거리는 보행자 무리에 섞여 키어니 거리를 건너던 중 일어난 일이 떠오른다. 그때 우리 앞에서 걷던 한 남자가 갑자기 무리에서 벗어나 어느 젊은 여성에게 다가가 그녀의 귀에 대고 고함을 질러댔다. 그러자 딘은 단 한 순간도 망설이지 않고 큰 소리로 그에게 외쳤다. "여자한테서 떨어져!" 우리 주위의 모든 사람이 갑자기 어딘가 다른 곳을 보려고 애쓰는 듯한 표정으로 시선을 돌렸고, 남자는 그녀에게서 떨어졌다.)

그러니 일을 계속하게 된 것은 다행이면서 불행이었다. 그래도 일하는 시간만큼은 자택 구금의 지겨움에서 벗어날 수 있었고, 더 중요하게는 그 일로 갈기갈기 찢어진 딘의 자존감이 조금이나마 되살아날 수 있었다. 일이 끝나면 딘은 집으로 돌아와 다시 생각에 잠겼다. 그 생각은 어쩔 수 없이 벌링턴의 병원에 있는 소녀에게로 향했다.

하지만 결국은 피할 수 없는 일이었다. 며칠을 생각해봤지만, 그 일은 결국 운명이었다. 그러나 당시 나는 그날 밤 몇 초 사이에 내가 그은 불씨에서 번진 거대한 화염이 에이미와 나의 인생을 얼마만큼이나 망쳐놓을지 알 수 없었다. 이 일이 지금까지 에이미와 그 애의 가족을 얼마나 힘들게 했는지는 감이 잡힌다. 그러나 에이미가 앞으로 얼마나 힘든 인생을 살아가게 될지는 그저 추측하려고 노력해볼 수 있을 따름이다. 에이미가 알고 있는 건, 그저 기억의 통로에 검은 안개가 자리 잡고 앉은 그 시간 이후 모든 것이 너무도 힘겨워졌다는 것뿐이겠지. 그러니 나로서는 그 애가 겪은 일에 관해 누구에게도 할 수 있는 말이 없다. 그 일이 내가 겪은 일보다 훨씬 끔찍하다는 것밖에는. 그리고 나 자신에 관해 할 수 있는 말은, 그 일이 내게도 역시 힘들었다는 것이다.

그해 여름 나는 많은 옛 친구들과 관계를 끊었고, 밤에 그들과 어울리지 않았고, 시내에 나가 재미있는 일을 하지도 않았다. 빵집에서는 손님을 접대하기가 싫었고, 내가 아는 사람이나 나를 아는 사람을 만날 위험이 없도록 가게 뒤쪽에서만 일하고 싶었다. 단 한 번이라도, 그 어느 순간이라도, 내가 잘 지내는 모습을 누군가 볼까 싶어 두려웠다. 나는 잘 지내서는 안 되었다. 내가 한 일의 대가를 다 치르고, 에이미가 다시 멀쩡해지고, 내가 그 애에게 사과를 할 때까지는.

나는 '살다보면 나쁜 일은 일어나기 마련'이라느니 하는 말에 강한 반감을 느꼈고, 아무도 내게 그런 말을 못하게 했다. 그것은 책임감을 내팽개치는 말, 결국 '그래, 맞아. 그런 일이 일어날 줄 내가 어떻게 알았겠어. 그건 내 잘못이 아니야. 누구에게나 일어날 수 있는 일이야' 하는 식으로 생각하게 만드는 말이니까. 그럴 수는 없다. 나는 내게 쏟아지는 비난을 그대로 받아낼 것이고, 내가 한 일을 인정할 것이다. 나는 바보가 아니다. 책임을 회피하려는 사람을 꿰뚫어볼 수 있다. 내 머릿속에 자리한 그것, 책임이라는 것에 관한 이미지를 통해, 나는 그동안 걸어온 삶의 경로를 급격히 틀었다.

이 에세이의 그 어느 문장에서도 딘은 사고가 자신의 책임이라는 사실을 부인하지 않는다. 어디서도 에이미를 비난하지 않으며, 어떤 식으로도 자신의 과실을 축소하지 않는다. 자신이 음주 운전을 했다는 중상에 대해 반박하려는 시도도 없다. 문장 곳곳에는, 친구와 그 부모를 향한 공감이 깊이 배어 있을 뿐이다. 에이미가 겪는 고난이 자신의 고난보다 더 심하다고 적은 내용을 보아도 그렇다.

사고 직후 경찰관은 딘이 취해 있었다고 판단하지 않았지만, 슬프게도 우리 아들은 **이미** 미성년 음주자로 알려져 있었다. 우리는 딘이 술을 마신다는 것은 알았지만 상습적인 '미성년 음주자'였는지 아니었는지는 단언할 수 없었다. 그동안 그런 기미가 보이지 않았다는 사실만이 우리에게 희망을 주었다. 우리는 딘이 밤에 외출했다가 취한 채 돌아오는 모습을 한 번도 본 적이 없었고, 사고 당일 밤 파티에서도 딘은 명백히 자제력을 발휘했다. 물론 단 한 잔의 맥주라 해도 우리 집에서 정한 규칙과 법률 모두에 위배되는 것은 사실이지만 말이다. 딘의 음주에 대해 우리가 아는 바가 없다는 것이 부모의 무관심이나 무능력처럼 여겨질지도 모른다. 하지만, 자기 자녀를 미행하거나 친구를 고자질쟁이로 만들지 않고서(양쪽 다 윤리적으로도 실제적으로도 실행하기 어려운 장해 요인들이 존재한다) 집 밖에서 친구와 어울리는 10대들을 감시할 수 있는 수단이 존재하는지는 몰라도 우리로서는 들어본 적이 없다. 앞서도 말했듯이 또 다른 방법, 그러니까 사춘기가 지나갈 때까지(**그 시기**를 어떻게 정의하든 간에) 아이를 계속 가둬두는 것도 그리 좋은 생각은 아닐 것이다.

우리는 사춘기의 문턱을 넘어 밖으로 나간 아이에게 어떤 치명적 위험이 기다리고 있는지 알고 있었다. 아이가 집에 돌아올 때까지 앉아서 기다리는 일 외에 우리가 할 수 있는 일이 거의 없다는 것도. 돌아온 뒤에도 다음 날 밤이면 아이는 나가고 부모의 불침번이 다시 시작된다는 것도.

우리가 사는 도시에서, 또 우리나라에서 부모들이 쓰는 몇 가지 전략을 우리도 알고 있다. 집에서 술을 마시게 하는 것이 그중 하나다. 아직 음주가 가능한 나이에 이르지 않은 아이도 집에서는 술을 마시고, 심지어 술이 있는 파티도 열 수 있다. 적어도 그때만큼은, 그리고 그 직후에는 아들딸이 나가서 길거리를 헤매지 않을 테니 차라리 그 편이 낫다는 것이다. 다른 집 파티에서 취한 아이들을 집까지 안전하게 데려가는 일을 누가 맡을지는 가족들 간에 서로 의논해서 결정하는 모양이다.

딱히 다른 해결책이 있는 것은 아니었지만, 가정 내 음주 역시 아내리와 나에게는 현실적인 해법으로 여겨지지 않았다. 그것을 허용하는 부모 마음에는 충분히 공감하지만, 우리를 불편하게 한 것은 내놓고 표현되지는 않을지언정 그 전략에 함축되어 있는 것이 분명한 메시지였다. 그러니까, 금지된 행동도 붙잡히지만 않으면 괜찮다는 메시지, 그리고 술이 발달 중인 뇌에 그리 나쁜 영향을 미치지 않으리라는 메시지 말이다.

우리의 무관용 전략도 결코 완전하지는 않다. 우리는 딘과 케빈에게 음주의 위험성에 관해 이야기하며, 단순하지만 절대적인 규칙 하나를 명심하게끔 했다. 법적으로 음주가 허용되는 나이가 되기 전까지는 어디서건, 어느 때건, 단 한 모금도 안 된다는 규칙이었다.

시간과 장소를 막론하고, 애초에 반항하도록 프로그램되어 있는 자기 자식들이 이러한 도덕적 훈계와 강제할 수 없는 규칙을 충실하게 따르는 것을 본다면 부모들은 감탄해버린다. 그렇게 규칙이 확립된 거라고, 우리는 믿었다. 그런 다음 집에서 주먹을 꽉 쥐고는 무엇에도 집중하지 못한 채, 큰 사고 없이 또 하룻밤이 지나게 해달라고 기도했다.

우리가 매달려 있던 그 헛된 환상을 깨준 것은 바로 딘 자신이었다. 사고가 있기 몇 주 전, 딘은 우리에게 사춘기 남자아이다운 반항적인 태도로, 그러나 타고난 솔직함으로, 친구들과 함께 술을 마신 적이 있다고 고백했다. 그리고 앞으로도 계속 마실 거라고도.

우리가 어떻게 해야 했을까? 지하실에 가둬야 했을까? 우리는 딘의 결정에 반대하며 아직 허용되지 않은 한계에 대해 똑똑히 알고 있어야 한다고 간곡하게 말했다. 심지어 매주 지역 심리학자와 만나보라며 딘을 상담소에 보내기까지 했다. 딘은 이미 부모들의 강요로 등록해 상담을 받고 있던 다른 친구들과 합류했다. 상담을 다녔지만, 딘의 습관이 바뀌었다는 신호는 찾을 수 없었다.

＊

이 모든 일을 겪는 동안 거기에는 케빈도 있었다. 우리의 작은 아들은 그 사고가 있고 채 한 주가 지나지 않아 중학교를 졸업했고, 1998년 7월에 열네 살이 되었다. 케빈은 그동안 일어난 모든 일을 흡수한 말없는 목격자가 되었다. 혹시나 케빈이 괴로워하지는 않을까 싶어 지켜보았지만, 스스로 어떤 감정을 품고 있든 그 아이는 모든 감정을 숨겼다. 특유의 끓어넘치던 활력은 더 이상 찾아볼 수 없었다.

딘과 케빈이 형제지간인 어린아이들의 관계를 뛰어넘어 서로를 이해하는 진정한 우정을 다진 시기는 바로 그해 여름이었을 것이다. 그 과정은 아너리와 나에게는 미묘하게 차단되었고, 아마 둘 사이에서도 그리 많은 말이 오가지는 않았던 것 같다. 대신 다른 형식의 소통이 있었다. 딘이 케빈의 도움으로 기타를 마스터하고 케빈과 듀엣을 연주하기 시작한 것이 바로 이 여름이었다. 딘은 앞선 2년 동안 케빈의 선생님에게 교습을 받고 그 뒤로는 이런저런 워크숍에 참석하면서 기타의 기본을 익힌 터였다. 이제는 케빈이 없을 때면 앉아서 담배만 피우는 대신 위층 자기 방으로 올라가 몇 시간이고 끝없이 기타를 연주했다. 이따금씩 연주를 하며 울부짖는 소리를 내기도 했다. 격렬함으로 가득한, 하지만 내게는 체계적으로 들리던 음악을 만들면서 딘은 고통과 분노를 울부짖음으로 토해냈다. 몇 년 뒤 딘과 케빈은 버몬트주에서, 그리고 나중에는 콜로라도주의 여러 카페에서 함께 연주했다.

*

마을 곳곳에 포스터가 나붙은 것은 사고가 나고 얼마 지나지 않아서였다.

오터강을 가로지르며 펼쳐지는 시내 중심가의 몇몇 상점 진열창에서 그 포스터를 볼 수 있었다. 거리를 향해 유리창 안쪽에 테이프로

붙여놓은 곳도 있었는데, 바로 우리가 거래하던 은행이었다. 우리는 그곳 계좌를 해지하고 다른 은행에 계좌를 열었다.

에이미의 흑백사진이 실린 포스터였다. 사진 밑에는 청소년들에게 음주 운전자의 차에 타지 말라고 경고하는 에이미의 말이 인용되어 있었다. 그 자체로는 훌륭하고 중요한 충고다. 하지만 이 충고는 '음주' 운전자(이름은 밝히지 않았다)가 낸 자동차 사고를 겪고 가까스로 살아남은 자신의 경험에서 나온 것이라는 말로 이어졌다. 미들베리에서, 애디슨 카운티에서, 버몬트주에서 그 포스터를 본 사람 가운데 그 운전자의 신원이나 그날 밤 어머니의 차를 몰던 그 운전자의 상태에 관해 모르는 이는 거의 없었다.

에이미의 부모와 불편한 관계를 풀고자 하는 희망을 여전히 품고 있던 우리는 이번에도 그냥 넘어갔다. 또한 중범죄 기소에도 이의를 제기하지 않기로 결정했다. 딘에게도 어린 피해자에게도 배심재판이라는 시련을 안겨주고 싶지 않았다. 우리는 법원이 어떤 처벌을 내리든 받아들일 작정이었다. 우리도 딘도, 경솔한 운전으로 충돌 사고를 낸 딘의 죄에 대해서는 한 번도 이의를 제기하지 않았다. 벌금과 보호관찰, 석방의 조건과 사회봉사를 받아들일 준비가 되어 있었다.

에이미의 부모는 딘에게 3년에서 8년의 금고형을 선고해달라고 법정에 요청했다.

3년에서 8년을 감옥에서. 딘은 생각도 꿈도 그 끔찍한 가능성에 짓눌린 채 1년을 보냈다. **3년에서 8년.** 감옥에 갇혀, 햇빛도 못 보고, 세상에서 내쫓긴 채, 주위에는 범죄를 저지른 기결수들과 냉소적인 간수들, 더 나이 들고 더 거칠고 살면서 심장에 굳은살이 박인 남자들

외에 아무도 없는 채로 보내는 3년에서 8년. 자유가 없는, 다양성도 없는, 발견도, 웃음도, 사랑도, 음악도, 존엄도, 자신의 가치를 확인할 길도, 소중히 여겼던 그 무엇도 없는 **3년에서 8년.** 사춘기 아이에게는 영원처럼 긴 칠흑 같은 터널.

물론 그것은 딘의 머릿속에만 존재하는 가능성이었다. 미국의 어느 법정도 한 소년에게, 이제 막 유년기를 벗어난 초보 운전자에게, 아무도 죽지 않았고 음주 운전 혐의도 없는 자동차 사고에 대해 그런 악몽 같은 선고를 내릴 만큼 야만적일 리는 없었다.

아니, 젠장, 혹시 그럴 수도 있는 걸까? 때때로 신문 머리기사는 다른 이야기를 했고, 하고 있으니까.

그런 형량을 요구한 것으로도 자신들의 적개심을 분명히 보여주지 못했다는 듯, 에이미의 부모는 개인적인 화해의 희망까지 짓밟았다. 그 일은 몇 주 뒤 열린 법정 심리에서 일어났다. 자리에 앉아 재판관이 입장하기를 기다리고 있는데, 우리보다 몇 줄 앞에 앉아 있던 에이미의 아버지가 자리에서 일어나더니 몸을 돌려 우리 쪽으로 걸어왔다. 왠지 모르지만, 나는 그가 무릎까지 오는 반바지를 입고 있었던 것이 기억난다. 손에는 작은 선물 상자를 들고 있었다. 그는 상자를 우리에게 내밀었다. "에이미가 이걸 딘에게 돌려주고 싶대요." 그가 속삭이듯 말했다.

열어보지 않아도 그 작은 상자 안에 뭐가 들어 있는지 우리는 알았다.

우리는 딘에게 그 일을 알리지 않았다. 그러나 그해 가을 딘을 기다리고 있던 또 한 차례의 괴롭힘은 막아내지 못했다.

딘이 법정에 소환된 것은 1998년 9월 28일이었다.

새로운 학기와 함께 그 사건의 법률적인 여파도 찾아왔다. 나는 법정에 소환되었다. 너무 무서워 덜덜 떨고 있었는데, 설상가상으로 채널3 방송의 취재진까지 와 있었다. 나는 형기와 면제의 조건, 통행금지 시간, 음주 금지에 대해 들었고, 에이미와 대화해서는 안 된다는 말을 들었다.

정말로 법원은 딘에게 학교 안에서 그 어느 순간에도 에이미와 같은 구역에 있는 것을 금지했다. 딘이 에이미와 마주쳐서는 안 되었기에 점심시간에도 이 금지 명령은 예외가 아니었고, 그 결과 딘은 혼자 밖에서 식사를 해야 했다. 에이미가 다니는 복도와는 다른 복도로만 다녀야 하는 것은 물론이었다.

말하자면 나는 돋보기로 관찰당하는 상태였다. 학교는 힘들었고, 아웃사이더가 된 기분이었다. 한때는 편하게 이야기를 나누고 어울리던 친구들에게 인사를 건네는 시도조차 거의 또는 전혀 하지 않았고, 그 친구들 또한 내게 그랬는데, 나는 그게 더 무서웠다. 어쩌면 사고 자체보다 나를 더 괴롭히는 것이자 가장 위험하기도 한 것이 바로 학교라는 환경임을 깨달았을 때, 나는 학교를 자퇴하고 개인 교사에게 배우기 시작했다.

정확히 하자면, 그 끔찍한 학기가 끝났을 때, 그러니까 졸업반의 첫 학기가 끝났을 때 아너리와 내가 딘이 그 적대적인 학교의 환경에서 벗어나 공립 도서관에서 개인 교사와 만나 공부할 수 있도록 조치를 취한 것이었다.

지금까지도 나는 그 선생님에게서 배우고 있다. 선생님은 사고에 대해 나를 비난하는 태도를 보인 적이 한 번도 없다. 선생님과 함께 있으면 마음이 편해지고 내게 주어진 과제를 완수하고 싶은 마음이 솟구친다.

그 졸업반 학년 가을, 딘은 홈이든 원정이든 가리지 않고 모든 미들베리 풋볼 경기에 유니폼을 차려입고 참석했다. 그러나 코치는 한 번도 딘을 경기에 투입하지 않았다. 스탠드에 앉아 모든 걸 볼 수 있었던 우리의 눈에는 팀 동료들도 딘을 전혀 상대하지 않는 것 같았다. 버몬트주 남부로 원정을 갔던 시즌 마지막 경기에서 점수가 확보되자, 코치는 마침내 딘을 돌아보며 출전 기회를 주겠다고 제안했다.

미들베리 팀 벤치가 마주 보이는 쪽 관람석 첫째 줄에 앉아 지켜보고 있던 나는 딘의 대답을 똑똑히 들을 수 있었다. "고맙지만 사양합니다."

나는 여전히 사회에서 이탈한 중퇴자이고 친한 친구는 한 명 반밖에 없다. 한 명은 내 동생이고, 다른 한 명은 내가 함께할 수 없는 다소 위험한 삶을 선택했으니 완전한 친구라고는 할 수 없을 것이다. 나는 아무에게도 전화하지 않고 아무 데도 가지 않는다. 어서 미들베리를 벗어나지 않는다면 영원히 어디에도 가지 않게 될까봐 한순간도 걱정이 끊이지 않는다. 나는이 마을과 이곳에 담긴 끔찍한 기억들을 떠날 마음의 준비를다 마쳤지만, 지금은 법적 제한 때문에 여기 묶여 있다. 이곳에서 실제로 내게 마음을 쓰는 사람은 여남은 명도 채 되지 않는데 여기 남아 있어야 할 이유가 무엇인가? 그리고 몇 가지 이유로 에이미와 내가 1년 가까이 갖지 못했던, 서로에게 들어야하고 말해야 하는 것들을 털어놓을 사적인 만남의 기회가 영영 없을 것 같아 두렵다. 치유의 과정이 시작되는 순간까지는아직 몇 년 더 기다려야 할 모양이다.

그렇게 오늘까지 왔다. 이번 주는 미들베리 대학의 졸업식 시즌이라 [넘치는 손님 때문에] 정신없이 일하고 있고, 지난 두어달도 상당히 바쁜 편이었다. 일주일 뒤면 내 인생의 다음 단계가 어디로 이어질지 알게 되겠지. 삶에 대한 통제력을 되찾기를 바라지만, 지금 내 인생은 강과 같고 나는 그 강에 속수무책으로 휩쓸려 가고 있다. 내가 끝에 가까이 왔다는 것과 그동안벌어진 일이 비극적인 결과를 가져왔다는 것을 안다. 그래도그 일은 열일곱 살 나에게 삶이 정말로 얼마나 소중한 것인지,조심하지 않으면 삶을 어떻게 놓쳐버릴 수 있는지 깨닫게 해주었다. 때때로 나는 인생을 다시 살아볼 기회를 얻은 노인이된 느낌이다. 심리 치료를 너무 많이 받았거나, 익명의 알코올중독자 모임에서 나처럼 살다가 수 년 또는 수십 년 동안 알코올의 안개 속에서 죽음 같은 삶을 보내고 있는 사람들의 말을 너무 많이 들었기 때문인지도 모른다. 그렇게 나는 여기에 있고, 깨달음을 얻어 인생을 변화시킬 또 한 번의 기회를 얻은 것이다. 그러니 나는 그 기회를 잡는다.

고등학교 교장은 굳이 하지 않아도 됐을 쓸데없는 모욕적 징벌을 몸소 하나 더 보탰다. 이 체제의 잡역부는 딘이 모든 요건을 충족했음에도 졸업식에 참석할 존엄한 권리마저 박탈했다. 그리고 1998년 졸업 앨범에 딘의 사진을 싣는 것도 금지했다.

두려워하던 선고일이 가까워졌다. 자택 구금 기간이 끝없이 계속되거나 감옥에서 영원히 보내는 것으로 대체될 듯한 느낌이 들기 시작했다.

이때의 날들과 달들과 사건들이 내 큰아들을 처음으로 조현병과 만나도록 떠민 것이라고 나는 확신한다.

"……내 인생은 강과 같고 나는 그 강에 속수무책으로 휩쓸려 가고 있다."

혼돈과 비통

10

이 책을 쓰기 위해 자료를 조사하는 동안, 나는 매일 일상적으로 일어나는 정신질환과 관련된 '혼돈과 비통함'을 보도하는 뉴스 기사들을 파일로 정리했다. 법 집행기관과 법정과 구치소와 교도소에서, 그리고 정신의학적 개입 과정에서 정신질환자를 다루는 방식을 보도한 기사들이었다. 그 파일에 담긴 내용은 이 책을 서술하는 데 활용되었다. 1장에서 다루었던 내용, 2014년 노스캐롤라이나주에서 경찰관이 키스 비달이라는 청년을 죽인 사건이 그 한 예다.

파일에 담긴 내용은 이미 오래전에 이 책에 담을 수 있는 분량을 훨씬 초과했다. 키스 비달의 이야기처럼, 그 모든 이야기는 상상하기도 어려운 수준으로 정신질환자에 대한 잔혹 행위와 불법행위와 무신경한 제도를 보여준다. '문명'사회가 그 사회에서 가장 무력한 구성원들을 보호하는 데 실패한 사례로 끝없이 채워져 있는 나의 파일은 그 자체로 대대적인 잔혹함에 관한 하나의 서사다. 그러나 이토록 많은 이야기조차, 개인적 품위 또는 시민적 품위를 모독하는 처사에 대한 지속적이고 집단적인 분노 의식을 키워 개혁을 요구할 정도의 규모로 이어지지는 못했다. 그 이야기들은 순간 활활 타올랐다가도 집단 총격이나 테러, 말세를 예고하는 듯한 선거 출마자와 같은 다른 끔찍한 사건에 밀려 사라져버리고 만다. 그런 사건과 관련되었을 하나의 가능성으로 정신질환 문제가 언급되기도 하지만 이내 잊히거나 무시된다.

이제 나는 그 파일에서 몇 가지 이야기를 가져와, 중요도순이 아닌 개략적인 연대순으로 제시해보려고 한다.

처참한 참사, 주로 정신증 상태였다고 추정되는 사람이 저지른 무차별 총격에 대한 이야기는 제외했다. 예컨대 투손, 오로라, 샌디 후크 초등학교, 워싱턴 네이비 야드, 찰스턴의 에마누엘 아프리칸 감리교회, 콜로라도 스프링스, 샌버너디노, 올랜도, 댈러스 등지에서 일어났던 총격 사건들 말이다. 모두 전 국민의 기억 속에 화염처럼 선명히 새겨져 있으니 여기서 새삼 다시 살펴볼 필요는 없을 것이다. 이 사건들을 일으킨 총격범들은 모두는 아니라 해도 그 대다수가 거의 당연한 듯이 정신질환자였다고 여겨지지만, 대부분 자살했기 때문에 그들을 진단할 기회는 없었다.

이제부터 기술할 몇 가지 사건에 대해 기억하고 있는 독자도 있을 것이다. 하지만 그 사건들을 연달아 읽고 또 읽어보면, 우리 사회의 토대가 무언가 잘못되어 있음을 보여주는 이 증거들이 새삼 충격적으로 느껴지리라.

*

정신질환자가 길거리에서(이 경우에는 산기슭에서) 경찰에게 총격을 당하거나 구타를 당해 사망한 사건 중에서도 제임스 '아바' 보이드James "Abba" Boyd의 지독한 운명은 내 파일에 담긴 것들 가운데 가장 극심한 고통을 안겨주는 이야기다. 이 치명적인 대치가 있었던 날은 키스 비달이 사망한 지 불과 6주 뒤였다.

내가 이 끔찍한 사건을 상세하게 묘사할 수 있는 이유는 그것이 기록으로 남아 있기 때문이다. 공격한 경찰 중 한 사람이 그 장면을 녹화했는데, 이는 '제정신'을 지닌 수많은 미국인에게 초현실적인 상황을 무표정하게 지켜보는 것이 아무렇지도 않은 일이 되었음을 의미한다. 헬멧에 부착하는 작은 장비를 지급받은 그 경찰관은 '아바' 보이드에게 기나긴 시련이 펼쳐지는 내내 착실하게 디지털 녹화 장치로 그 장면을 기록했다. 이 물건은 다양한 종류의 '보디 캠' 중 하나로, 이 사건을 거치며 사소한 법 집행 도구에서 우리 문화의 핵심적인 물건으로 바뀌었다. 드라마틱한 등장 이후 채 3년도 지나지 않아, 보디 캠은 경찰 조직 내에서 뿐 아니라 민간 소비자들에게도 확장되어 하나의 인기 상품이 되었다. 그야말로 자그마한 '기계장치의 신deus ex machina'인 셈이다. 보디 캠은 그 사촌 격인 휴대폰 카메라와 함께, 사람의 죽음을 화면에 담는 행위에 대한 금기를 무너뜨렸다는 쓸쓸한 성과를 달성했다.

그러나 그보다 더 중요한 것은 이런 장치들이 사회에서 가장 자기방어가 취약한, 그래서 괴롭힘만 당해온 사람들, 다시 말해 정신질환자와 도시의 소수자에게는 총기의 폭압에 맞서 지금까지 발명된 것 가운데 가장 효과적인 균형추 역할을 해준다는 사실이다.

제임스 '아바' 보이드를 죽인 사건에서도 이런 두 가지 기능이 모두 잘 드러났다.

보이드는 편집성 조현병 병력이 있는 서른여덟 살의 노숙자였다. 산비탈에서 처형될 당시 그는 앨버커키 외곽의 아미야산 기슭을 며칠째 헤매며 다니던 중이었다. 배낭에 넣어 다니는 천 쪼가리 외에는 딱히 덮을 것도 없어 잠도 바위와 세이지 덤불 사이에서 잤다. 보이드는 범법자였다. 앨버커키시에서 야영 허가를 받지 않았으니 법을 위반한 셈이었다.

보이드는 총을 소지하지 않았지만 칼은 두 자루 갖고 있었고, 자기 소유지가 아닌 곳에서 쫓아내려는 경찰관들에게 주먹질을 한 이력이 있었다. 그를 알았던 사람들은 하필 '발작' 중에 누군가와 맞설 일이 생기는 경우를 제외하고는 난폭한 사람이 아니었다고 말한다. 그럴 때 난폭해지는 것은 정신증 상태에 놓인 거의 모든 사람에게서 나타나는 반응이다. 보이드는 망상 증세가 있어서 때에 따라 자신이 혼자 활동하는 연방 정부 기관이라고 믿기도 하고 신이라고 믿기도 했다. 아내도 자식도 없었다. 짧은 기간을 구치소와 정신병원에서 보낸 적이 있었지만, 그가 계속 치료를 받게 하거나 자신이나 타인을 해치는 일을 막아줄 기구는 존재하지 않았다.

2014년 초, 보이드는 자기가 종종 배회하는 곳에 살고 있던 사람을 짜증 나게 만들었다. 그 남자는 몇 차례 경찰에 전화를 걸어 보이드를 신고했다. 2014년 3월 14일 오후, 공격용 소총과 권총, 섬광탄으로 무장하고 전투견 한 마리를 대동한 경찰 분대가 산기슭을 뒤져 보이드의 야영지였던 바위 근처까지 갔다. 증강 병력이 현장으로 이동하는 사이 먼저 도착한 이 경찰관들은 보이드에게 "투항하라"고 명령했다.

"국방부, 내게 한 번만 더 명령했단 봐라!" 보이드가 소리쳤다. 그는 칼 두 자루를 움켜쥐고 있었다. 분대는 공격 무기를 장전한 상태로 조금씩 그에게 다가갔다. 위기 개입 훈련을 좀 받은 적이 있던 미칼 모네트Mikal Monette라는 30세의 경찰관이 보이드를 진정시켜 투항하게 하려고 대화를 시도했다. (경찰서는 위기 개입 팀 전체를 파견하지 않았다. 예산 삭감으로 출동 가능한 전문가의 수도 줄었다. 예산 삭감은 전국적으로 만연한 또 하나의 정신질환자 학대 방식이다.) 언론인 콜린 헤일드Colleen Heild가 4월 16일 〈앨버커키 저널Albuquerque Journal〉에서 보도한대로, 두 사람이 한 시간 가량 대화를 나누는 동안 경찰관의 수가 서서히 늘어났다. 플레이스테이션 게임에 관한 이야기부터 보이드가 데니스에서 식사를 한 끼 할 수 있을까 하는 내용까지 대화의 소재로 등장했다. 헤일드의 기사에 실린 사진 프레임 왼쪽 가장자리에는 보이드가 어두운색 안경 너머로 잠시 후 자신을 쏘아 죽일 남자들을 바라보고 있는 모습이 보인다. 빛바랜 파란 셔츠를 입은 덩치 큰 보이드는 살짝 구부정한 자세로 서 있다. 하반신은 바위에 가려져 있지만 카메라에 더 가까이 잡힌 그의 오른손에는 지는 햇살을 받아 빛을 반사하는 작은 물체가 들려 있다. 보이드는 푸른 제복을 입은 경찰관 다섯 명과 10미터가량 거리를 둔 채 대치하고 있다. 둘은 그에게 소총을 겨누고, 한 명은 권총을 겨누고 있다. 그 경찰관들의 자세를 보면 꼭 진격해 오는 남부 연합군 여단을 향해 발포 준비를 하고 있는 북부 연방군 보병들처럼 보인다.

헬멧의 카메라가 일어난 일을 모두 기록했다. 녹화된 화면 속에서 마침내 제임스 보이드는 마치 어깨를 으쓱이듯이 손바닥을 위로 향한 채 두 손을 든다. 그러고는 배낭을 집으려고 오른쪽으로 돈다. 고함 소리가 들린다. 한 경찰관이 던진 섬광탄이 보이드의 발치에서 커다란 폭발음을 내며 터지더니 하얀 연기를 퍼뜨린다. 섬광탄은 치명적 무기가 아니라 상대를 놀라게 하려는 용도다. 동시에 누군가 풀어놓은 경찰견이 보이드를 덮친다.

이상하게도 보이드는 전혀 겁을 먹지 않은 것 같다. 그는 개를 향해 두 손을 내민다. 이어서 배낭을 한쪽 어깨에 걸고 왼쪽으로 돌아서는데, 다른 곳으로 가려는 것이 분명해 보인다. 소총을 겨눈 두 명을 포함해 세 명의 경찰관이 그에게 바싹 다가가며 고함을 지른다. "엎드려! 바닥에 엎드려! 당장 엎드려!" 총격이 시작되었을 때 가장 가까운 사수는 보이드에게서 겨우 1미터밖에 떨어져 있지 않았다. 그들은 순식간에 연달아 여덟 발을 발사했다. 보이드는 공격자들의 반대편으로 쓰러지고 그의 머리가 바닥에 부딪힌다. 뒤꿈치에 잠시 경련이 인다. 경찰관들은 몇 차례 더 고함을 치며 명령한다. 그러고는 엎드려 있는 보이드에게 또 몇 차례 더 총격을 가한다. 총알 하나가 그의 셔츠를 찢자 찢어진 셔츠 자락이 잠시 펄럭인다. 또 한 발의 총알은 그의 엉덩이를 맞혀 벨트 부근의 찢어진 바지 자락도 비슷하게 펄럭인다. 보이드의 오른손은 머리 근처 바닥에 놓여 있고 왼팔은 몸통에 깔려 있는데, 경찰관들은 그에게 칼을 "내려놓으라"고 고함을 지른다. 그들은 또 개를 풀고 개는 보이드의 엉덩이를 물고 흔든다. 헬멧의 카메라가 이 모든 장면을 담았다.

총격이 멈추고, 경찰관들은 잠시 자기들끼리 잡담을 나눈다. 코앞의 상황에서 완전히 유리된 듯한 이 기이한 태도는 치명적인 무력을 행사한 직후 경찰관들이(또는 다른 가해자들도) 보이는 전형적인 모습이다. 곧 한 경찰관이 치명상을 입은 남자 쪽으로 몸을 굽히더니 몸통에 깔린 그의 왼팔을 사납게 잡아당긴다. 마침내 그가 왼팔을 빼내자 보이드가 손에 무엇을 쥐고 있었는지 보려고 모두가 몰려든다. 비디오 화면으로는 그가 정말로 뭔가를 쥐고 있기나 했는지, 그랬다면 무엇을 쥐고 있었는지 뚜렷이 보이지 않는다.

한참 뒤 경찰관들은 30분 거리의 뉴멕시코 대학병원으로 보이드를 이송한다. 부서진 오른팔을 절단하고 그를 살리기 위해 한쪽 폐마저 절제한 외과의들의 노력에도 불구하고, 보이드는 다음 날 아침 그 병원에서 사망했다. 변호사들의 요구로 헬멧 카메라의 녹화 영상이 언론에 공개됐다. 그러자 며칠 동안 앨버커키 시민들은 가두시위를 벌이며 거칠게 항의했다. 그들은 2010년 이후에만 벌써 경찰이 서른일곱 명에게 총을 쏘고 그중 스물세 명이 목숨을 잃는 상황을 지켜보았다. 총상을 당한 사람 중 4분의 3이 정신질환자였다.[82]

이 모든 상황에 주목한 법무부는 수사에 착수했고, 수사는 열여섯 달 동안 이어졌다. 2014년 4월, 법무부는 앨버커키 경찰의 용의자에 대한 "과도한 무력 사용 (…) 패턴"이 그들의 헌법상 권리를 침해한 경우가 많았다고 비난했다. "무력"에는 발포 외에 발길질, 주먹질, 폭력적 제압도 포함된다. 이런 일을 당한 사람 중 다수가 정신질환자였으며 많은 경우 전혀 위협적인 행동을 하지 않았다고 법무부는 밝혔다.[83]

버나릴로 카운티의 지방 검사는 키스 샌디Keith Sandy와 도미니크 페레스Dominique Perez 두 경찰관을 살인죄로 기소했다. 그들의 재판은 2016년 가을로 예정되어 있다. 이 글을 쓰는 현재 아직 재판은 시작되지 않았고,° 2015년 7월 앨버커키시는 보이드의 동생 앤드루가 제기한 민사소송에서 500만 달러를 지불하기로 합의한 상태다.[84]

✳

정신질환자인 용의자가(또는 어떤 용의자라도) 경찰과의 대치에서 살아남았다면, 상당히 많은 경우 그다음 단계로 그들이 가게 되는 곳은 현대판 베들럼이다. 미국의 수감 제도는 야만성이 모여서 이루어진 군도와 같다. 그 제도의 전제와 관행은 여러 중요한 측면에서 중세를 떠올리게 하는데, 이는 수감 제도 자체뿐 아니라 타고난 것이든 주입된 것이든 교도관과 간수 들의 한결같은 냉담함이 만들어낸 필연적인 결과다. 어떻든 수감은 인간의 정신과 육체의 기력을 몹시 쇠하게 만든다. 대부분의 사람이 흔히 상상하는 것보다 훨씬 더, 윤리적인 사회가 용인해도 되는 수준보다 훨씬 더, 필요한 수준보다 훨씬 더, 비교할 수 없을 정도로 그렇다.

선동적인 정치적 수사에 의해 조장된 대중의 인식과는 반대로 범죄율은 1980년대에 정점을 찍은 이후 지속적으로 하락하여 지금은 거의 1970년대 중반과 비슷한 수치다. 2014년의 폭력 범죄만 보면 직전 시기보다 4.6퍼센트 감소했다.[85]

수감자 수 역시 감소했지만 범죄 감소에 비하면 그 속도가 느리다. '마약과의 전쟁'으로 더욱 적극성을 띤 가혹한 양형으로 수감자

○   이 책은 미국에서 2017년 3월에 출간되었다.

수가 30만 명에서 거의 160만 명까지 증가했던 1970년대 중반 이후, 2009년에야 처음으로 감소 추세로 돌아섰다. 주와 연방 수감자의 경우 일반적 통계에 따르면 2016년에 140만 명을 밑돌았다지만, 일부 옹호 단체들은 그 수를 230만 명 정도로 더 높게 잡는다.[86] 2014 회계연도에는 연방 교도소의 과밀 수용이 중간 보안 수준의 교도소에서는 기준의 39퍼센트를 초과했고, 고도의 보안을 유지하는 교도소에서는 52퍼센트를 초과했다.[87]

교도소가 이렇게 과밀해진 가장 끔찍한 이유는 "미친 사람에게는 아무도 신경 쓰지 않는다"는 관료들의 판단에서 찾을 수 있다. 이는 실패로 끝난 탈수용화라는 경솔한 실험의 결과이기도 하다.

탈수용화 이후로 미국의 수감 제도는 "정신질환을 범죄화"해왔다. 당시 쿡 카운티의 보안관이었던 토머스 다트Thomas Dart가 2014년 〈뉴욕 타임스〉의 니컬러스 크리스토프Nicholas Kristof에게 한 말이다.[88] 크리스토프는 쿡 카운티 교도소를 "미국 최대의 정신건강 센터"라고 묘사하며, 미국 재소자 가운데 어떤 형태든 정신건강 문제를 가진 사람이 절반 이상이라는 2006년 법무부 조사 결과를 인용했다.

수감된 사람들 중 다수는 그 정신건강 '문제'로 치료를 받게 되는 것이 아니라, 히로니뮈스 보스°마저도 눈을 감아버릴 만한 더 많은 문제를 일으키게 된다.

교도소 직원들의 용인된 고문 형식 가운데 아주 지독하고 결코 용

° Hieronymus Bosch. 네덜란드의 화가. 충격적인 이미지와 기묘한 상징성으로 20세기 초 현실주의 화가들에게 영감을 주었다.

서할 수 없는 것 하나는, 미묘하게 돌려서 표현하는 '징벌적 격리'라는 것이다. 더 익숙한 용어로 말하자면 '독방 감금'이다. 독방 감금은, 예컨대 매일 한 시간씩 휴식을 주며 며칠 동안 가둬두는 비교적 짧은 기간의 격리라 해도, 정신이 온전한 사람이든 이상한 사람이든 가리지 않고 누구에게나 환각과 편집증을 촉발한다고 알려져 있다. 이미 정신이상인 사람에게 독방 감금은 심각하고 지속적인 정신증으로 가는 지름길이다. 인간의 정신은 그 본질상 사회적이며 고립을 싫어한다. 그러므로 강제로 다른 사람과 격리하는 처사는 허가를 받고 행하는 악행이나 다름없다.

과거에 독방 감금은 단기 조치로만 행해졌다. 하지만 최근 몇 십년 사이에는 너무 많은 재소자에 압도된 간수들이 점점 더 극히 사소한 이유만으로도 재소자를 아주 좁고 환기도 제대로 되지 않는 감방에 가두고, 거기다 흥정의 수단으로 음식과 물과 약까지 제한하곤 한다.

독방 감금은 자살 충동의 배양접시다. 그리고 자살 기도는 교도소 규칙 위반이라, 누군가 자살을 시도하다 발각되거나 실패한 뒤 발견되면 간신히 구한 목숨이 위태로울 정도로 구타를 당하고 심하면 맞아서 죽는 경우도 있다.

미국의 가장 무시무시한 한 수감 시설에서 독방 감금은 몽둥이찜질과 구두 끝을 사용한 폭력과 더불어 특히 자주 쓰는 징벌 방법이다. 1932년 라이커스 아일랜드Rikers Island라는 이름으로 문을 연 이 교도소는 현재의 라과디아 공항 바로 북쪽에 위치한, 이스트강의 라이커스섬이라는 쓰레기 매립지에 자리 잡고 있다. 악취 나는 땅에 세워졌다는 점 또한 베들럼과 비슷하다. 나지막한 열다섯 동의 건물들이 면적 160헥타르가 넘는 섬을 차지하고 있다. 그곳의 콘크리트 벽은 겨울에는 몹시 찬 공기를, 여름에는 섭씨 38도의 열기를 가두어 추위와 더위를 악화시킨다. 유지 보수는 최소한으로 제한되어 있어서 바닥에 난 커다란 균열들로 인해 우기에는 침수되고, 깨진 채 방치된 유리창은 얼굴이나 목을 긋기에 안성맞춤인 도구를 제공한다.

라이커스에 지정된 수용 인원은 1만 5000명인데 재소자 중 범죄를 저질러 형을 살고 있는 사람은 사실상 한 명도 없다. 대부분이 가난한 사람들이고 그중 흑인과 라틴아메리카계 시민이 압도적으로 많다. 이런저런 혐의를 받아 재판을 기다리는 사람들, 가족이 너무 가난해 보석금을 내지 못한 이들이다. 이 재소자들 가운데 약 40퍼센트가 모종의 정신질환을 앓고 있는 것으로 추정된다. 역사적으로 미친 사람들은 언제나 가학 성향의 간수들에게 괴롭히지 않고는 못 배기는 대상이었다. 빌 드 블라지오Bill de Blasio 뉴욕 시장은 라이커스에서 거의 매일 벌어지는 잔학 행위에 아무 조치도 취하지 못한다는 비난을 받다가 2016년 약 2400만 달러 이상을 투자해 임상 효율성 가속화 프로그램Program to Accelerate Clinical Effectiveness, PACE의 직원을 2020년까지 세 배로 늘리겠다고 발표했다.

그러는 동안 라이커스에서 마음대로 힘을 휘두를 수 있는 집행자들은 계속해서 '징벌적 격리' 처벌을 내리고 있다. 적합하다고 판단하는 경우에만 그런다지만, 그 경우가 매우 빈번하다. 뉴스 보도가 나와도 관행을 바꾸는 것 같지 않으며, 이에 대한 대중의 비판도 사실상 전무하다. 2013년 〈뉴욕 타임스〉 기자 짐 드와이어Jim Dwyer가 라이커스를 가리켜 "사회가 걸리적거리는 정신질환자들을 내다 버리는 쓰

레기통"이라고 표현한 것도 아마 이런 상황 때문이었을 것이다.[89]

후에 뉴욕의 신문과 텔레비전 뉴스 들이 보도하고 연합통신의 제이크 피어슨Jake Pearson이 조사한 바에 따르면, 라이커스 아일랜드에 수감된 37세의 조현병 환자 브래들리 발라드Bradley Ballard가 2013년 9월 여성 간수에게 외설적인 제스처를 해 보이자 다른 간수들이 그를 감방에 가둔 채 그대로 방치했고 한다. 간수들은 그에게 여러 끼의 식사는 물론, 항정신병 약과 당뇨병 때문에 발라드에게 반드시 필요했던 인슐린 주사도 제공하지 않았다. 그들은 감방 문의 작은 창을 통해 그의 상태를 "수십 번" 살펴보았으며, 그가 점점 심하게 흥분해 옷을 다 벗어 던지고 고무줄로 성기를 단단히 감는가 하면 감방의 변기가 막혀 넘치는데도 아무런 조치를 취하지 않았다. 7일째 되던 날, 그가 바닥에 움직이지 않고 누워 있는 것을 한 간수가 발견했다. 몸에는 자기 배설물이 묻어 있고 성기는 빨갛게 부어올라 있었다. 발라드는 몇 시간 뒤 병원에서 사망했다.

1년 뒤 발라드의 어머니인 비벌리 앤 그리핀Beverly Ann Griffin이 뉴욕시를 상대로 불법행위에 의한 사망 소송을 제기했다. 소송에 걸린 액수는 공개되지 않았지만, 그 소송은 내가 이 글을 쓰는 지금까지도 마무리되지 않았다. 발라드는 2013년 가석방 담당관에게 알리지 않은 채 주소를 이전했다는 이유로 라이커스로 보내졌다. 그 전의 죄목은 폭행죄였다.

2014년 2월, 라이커스 교도소 직원의 부주의한 학대로 또 한 명의 재소자가 기괴한 죽음을 맞이했다. 뉴욕시 경찰은 분열정동장애 병력이 있는 56세의 해병대원 출신 제롬 머더Jerome Murdough를 할렘의 공영주택 건물에 무단 침입한 죄목으로 체포했다. 연합통신의 피어슨 기자를 비롯한 여러 기자들이 보도한 바에 따르면, 머더는 경찰관들에게 지독한 추위를 피하려 했던 거라고 말했다. 이 경범죄에 대해 산정된 2500달러의 보석금을 낼 수 없었던 그는 정신질환을 가진 재소자들에게 배정된 구역 안에 있는 가로 2미터에 세로 3미터 넓이의 콘크리트 블록 감방에 감금됐다. 섭씨 38도를 오르내리는 곳이었다. 큰 소리로 불평했지만 온도를 조절해주는 사람은 아무도 없었다. 간수들조차 이 전직 해병대원에게 별 주의를 기울이지 않았다. 머더는 일주일 만에 더위 때문에 사망했다. 그의 가족은 불법행위에 의한 사망 소송으로 2500만 달러를 요구할 작정이었지만, 그들이 소송을 제기하기 전에 뉴욕시가 재빨리 250만 달러를 주고 합의를 보았다.

＊

칼리프 브라우더Kalief Browder는 라이커스 아일랜드에서 자살한 것은 아니지만, 그가 2015년 22세의 나이로 브롱크스에 있는 자신의 집에서 스스로 목숨을 끊을 때 사용했던 기술은 라이커스에서 배운 것이었다. 이는 제니퍼 고너먼Jennifer Gonnerman이 2016년 6월 2일 자 〈뉴요커〉에 기고한 에세이에서 내린 결론이다.[90] 고너먼은 뉴욕시 변호사들이 만든 브라우더의 진술 녹취록도 구했다. 그녀는 고소가 취하되어 브라우더가 라이커스에서 석방된 2014년에 그를 인터뷰했다.

브라우더가 당한 박해는 그가 열여섯 살이었던 2010년 강도죄 죄목으로 체포되었을 때부터 시작되었다. 브라우더와 그의 친구는 어느 날 밤 브롱크스 거리에서 한 남자가 자신에게 다가와 말을 걸었다고 얘기한 탓에 누명을 썼다. 경찰은 둘 모두에 대한 증거를 찾지 못했지만, 브라우더는 갇혀서 하루를 지낸 뒤 자신이 강도죄와 중절도죄, 폭행죄를 뒤집어썼다는 사실을 알게 되었다. 브라우더는 그 전에 저지른 비폭력 범죄로 보호관찰 상태였기 때문에 그를 잡아두라는 명령이 떨어졌다. 보석금은 3000달러였는데, 이런 경우 대개 그렇듯이 그의 가족은 보석금을 지불할 형편이 안 됐다. 그래서 칼리프 브라우더는 겁에 질린 채 경찰 버스에 태워져 라이커스 아일랜드로 이송되었다.

거기서 그는 3년을 지냈다. 그 기간 동안, 브라우더와 친구 둘 다 거의 독방 감금 상태였다. 브라우더는 계속해서 무죄를 주장했고, 최소 다섯 번 자살을 시도했다. 다른 재소자가 자살을 시도하다 실패한 뒤 감방에서 실려 나갈 때 아직 그의 목에 찢어진 침대 시트가 묶여 있는 것을 본 뒤로 그는 목을 매달아 자살하겠다는 생각을 갖게 되었다.

변호사들이 녹취한 브라우더의 증언에 따르면, 자살 시도 중 한 번은 침대 시트를 찢어 만든 줄을 천장 환기구에 집어넣고 한쪽 끝을 목에 묶은 다음 세면대 가장자리에서 막 뛰어내리려는 순간 교도관들이 그의 방으로 들어왔다고 한다. 그들은 그를 붙잡아 끌어내리기는커녕 약을 올렸다. "자, 어서 뛰어내려!" 그사이 죽음이 두려워진 브라우더는 뛰어내리기를 거부했고, 그러자 교도관들은 침대 시트를 끊은 다음 브라우더를 침대에 집어던지고 마구 때렸다.

(제니퍼 고너먼은 2014년 7월 14일 자 〈뉴욕 타임스〉에 실린 기자들의 취재 결과도 인용했다. 라이커스 내부에서 "교도관들이 재소자, 특히 정신건강 문제가 있는 재소자를 잔인하게 공격한" 일이 "수십 건" 있었음이 밝혀졌다는

내용이었다.[91] 그 조사로 다음과 같은 사실이 드러났다. 열한 달 동안 심각한 부상을 입은 재소자는 총 129명으로, 그들 가운데 77퍼센트가 정신질환 진단을 받은 사람이며 이러한 사례 중 80퍼센트는 수갑을 찬 채로 폭행을 당했는데, 기사가 나온 날까지 폭행한 교도관들 중 단 한 명도 기소되거나 공식적으로 고발당하지 않았다.)

그 일이 있기 전까지 브라우더에게는 정신질환의 징후가 전혀 없었다. 석방된 뒤 그는 브롱크스 커뮤니티 대학에 입학했고 평균 학점 3.5점을 받았다. 학교에서 브라우더가 이룬 일 중에는 독방 감금이 인간의 정신에 가하는 위험에 관한 연구 논문 작성도 포함되었다. 그는 이렇게 썼다. "독방 감금은 재소자를 갱생하는 것이 아니라 사실상 그들에게 심각한 정신적 문제를 야기하며, 장기적으로는 그들의 가족이 감당해야 할 정신적 장애를 남긴다는 분명한 증거가 존재한다."[92] 그 무렵에는 이미 브라우더 자신의 정신도 병들어 있었다. 그는 망상과 편집증에 시달리다가 또다시 자살 시도를 했고, 세 차례나 정신병동에 강제로 끌려갔다. 2015년 5월, 총 다섯 시간에 걸쳐 자살 시도에 관한 집요한 질문 세례를 포함하여 변호사를 상대로 한 세 차례의 증언을 견뎌낸 후 한 달이 채 지나지 않아, 브라우더는 침대 시트 방법을 다시 시도해보기로 결심했고 이번에는 성공했다.

*

경찰이 정신질환자에게 총격을 가하는 장소가 도시만은 아니듯, 도시의 감옥과 교도소에서만 정신질환자를 치명적으로 학대하는 것은 아니다. 교도소장과 동료 재소자들의 잔학 행위는 내륙 중심지를 포함하여 전국의 시골에서도 일어날 수 있고, 실제로 일어나고 있다.

2014년 10월, 두 아이의 아버지인 39세의 조시 프란시스코Josh Francisco가 미주리주 파밍턴의 교정 센터에서 독방 감금 중 목을 매 자살했다. 11월 8일 블라이드 번하드Blythe Bernhard가 〈세인트루이스 포스트디스패치St. Louis Post-Dispatch〉를 통해 보도한 바에 따르면, 프란시스코는 양극성장애를 앓고 있었고 "그의 가족은 필요한 도움을 받게 하고자 4년 동안 필사적으로 노력했다".[93] 조시의 삶의 세세한 부분을, 그리고 그를 감옥으로 끌고 가 사랑하는 가족들과 절대 만날 수 없게 만든 그 개탄스럽지만 익숙한 관료 체제의 아둔함에 관해 입을 연 것은 그의 어머니인 앤 프란시스코Anne Francisco였다. 그녀는 놀랍도록 명징하고 유려하면서도 보편적인 정서를 담은 에세이에서 아들이 자살한 날의 세세한 내용들을 문장으로 풀어낸 뒤 저명한 저널리스트 피트 얼리Pete Earley의 블로그[94]에 그 글을 보냈다. 얼리 역시 정신질환을 앓는 아들의 아버지로, 그가 쓴 《크레이지: 정신 나간 미국 정신보건에 대한 한 아버지의 추적Crazy: A Father's Search Through America's Mental Health Madness》은 2007년 퓰리처상 논픽션 부문 최종 후보에 오르기도 했다. 다음은 2015년 얼리가 블로그에 게시한 앤 프란시스코의 글 중 일부를 발췌하여 편집한 내용이다.

남편과 나는 4년 전까지만 해도 정신질환에 관해 아는 것이 거의 없었다. 그런데 그날 며느리가 전화를 걸어 와 조시의 행동이 이상하게 변했다면서, 입원해서 정신과 치료를 받도록 설득하는 데 우리의 도움이 필요하다고 말했다. 며느리의 설명으로는 조시가 (…) 국가와 정부의 일에 극도로 신경을 곤두세우고 광신적인 면모를 보이며 이상한 언어로 기도를 한다는 것이었다.[95]

조시는 자신이 정상이라고 확신하고 치료받기를 거부했다. 질병 인식불능증의 전형적인 증상이었다. 그의 행동에 겁을 먹은 아내는 조시에 대한 접근 금지 명령을 받아냈고, 계속 아내와 접촉을 시도하던 조시는 결국 스토킹 혐의로 체포됐다. 캘리포니아에서 미주리로 찾아간 조시의 부모는 "조시가 짐 보관용 로커에서 살고 있다는 사실을 알게" 되었다. 그들은 조시를 입원시킬 정신병원 한 곳을 찾아냈지만 그는 완강히 버텼다. "병원은 내가 증상을 부풀려서 말한 뒤에야 조시를 받아주었다. 조시가 내게 반감을 품기 시작한 것은 이때부터다."[96]

조시가 병원에 있을 때 이혼 서류가 도착했다. "조시는 병원 전화로 아내에게 전화를 걸어 사과했다." 그는 곧 퇴원했지만 전화를 건 것 때문에 즉각 다시 체포되었다.

구치소에 있던 나흘 동안 약을 복용하지 못한 조시는 법정에 끌려 갔을 때 격한 반응을 보이고 말았다. 당시 그 자리에 변호사는 없었다. 나중에 들은 바로는 조시가 격한 감정을 터뜨린 것이 검사를 화나게 만들었다고 한다. 조시의 보석금이 더 높아졌고 우리는 조시가 풀려날 수도, 우리와 함께 캘리포니아로 갈 수도 없다는 말을 들었다. 별안간 우리는 아들의 정신질환과 이루 말할 수 없이 엉망인 정신보건 시스템뿐 아니라, 이제 형사 사법제도와도 싸워야 했다. 조시를 석방시키고 마침내 집으로 데려오기까지 법률 비용 및 그 밖의 항목에 4만 달러 이상이 들었다. 은퇴한 목사인 남편과 내가 저축해두었던 그 돈은 조시의 치료에 썼어야 할 돈이었다.[97]

조시의 고난은 이제 겨우 시작에 불과했다. 캘리포니아로 간 그는 어머니의 차에서 질식사하려던 첫 번째 자살 기도를 스스로 중단하고 입원에 동의했다. 조시의 형이 남부 캘리포니아에서 자신의 가족과 함께 살자고 권했다. 조시는 남쪽으로 가 새 정신과 의사를 만나고 집수리 용품 상점에 일자리를 구했다. 그곳에서 그가 위풍당당한 포즈로 찍은 사진이 있다. 안경을 낀 자신만만해 보이는 젊은이가 상점 직원용 빨간 조끼 차림으로 경쾌하게 펼친 한쪽 손을 허리춤에 얹고 서 있는 모습.

그러나 조시는 자신에게 정신질환이 있다는 사실을 계속해서 부인했고, 그로 인한 나쁜 결과들에 계속해서 시달렸다. 넉 달 뒤 그는 직장을 그만뒀다. 그리고 어머니의 말에 따르면 "이틀 뒤 조시의 형은 망상 상태에 빠진 조시를 어느 호텔 콘퍼런스 룸에서 발견했다. 조시는 자신이 조직하고 있는 어떤 국제 재단의 이사회를 열었고, 초대한 이사들이 도착하기를 기다리고 있었다고 했다".[98]

얼마 뒤 조시는 거리로 뛰쳐나갔다. "곧 조시는 악순환의 고리에 빠졌다. 입원하면 상태가 안정됐지만 약의 끔찍한 부작용에 시달렸고, 그래서 병원을 나오면 약을 끊어버렸다. 그렇게 상태가 도로 악화되어 다시 입원하기를 반복했다." 다시 북부 캘리포니아에서 부모와 같이 살게 되면서 조시는 한 번 더 약물요법을 시도했지만, 재차 질병

인식불능증이 도져 자신이 멀쩡하다는 망상을 품었다. 그는 약을 먹지 않으니 몇 년 만에 가장 좋은 상태가 되었다고 주장했고, 미국에 곧 계엄령이 내려질 거라고 믿었다.

조시의 어머니는 전미 정신질환자 가족 연합NAMI, National Alliance on Mental Illness 캘리포니아 지부를 알게 되면서 잠시 한숨을 돌리고 희망을 품을 수 있었다. 그러나 조시는 여전히 약을 거부했다. 2013년 3월, 미주리주의 조시 담당 보호관찰관이 조시에게 세인트루이스로 돌아오라고 명령했다. 그녀는 그곳에서 "아들이 자신에게 필요한 도움을 얻게 될 것"이라고 믿었다. 그 기대와 달리 조시는 설득을 당해 예심에 대한 권리를 포기했고, 이로써 그와 같은 상황에 처한 사람들이 공통적으로 겪는 또 하나의 시련이 시작되었다. 조시는 주립 정신병원에 빈 병상이 나오기를 기다리며 두 달 동안 세인트루이스 카운티 감옥에서 약을 전혀 쓰지 않은 채 지냈다. 6주 뒤에는 정신 능력 시험에 불합격했고 그 결과 다시 약물요법을 시작하라는 법원 명령이 떨어졌다. 어느 날 밤 조시는 다른 환자들의 전화로 전 부인에게 연락을 시도함으로써 보호관찰 조건을 위반했다. 그 일로 병원에서 아홉 달을 더 보냈다. 2014년에 앤 프란시스코는 이렇게 썼다. "올해 1월, 우리는 조시를 만나러 갔다. 조시는 자신이 처한 상황이 우리 탓이라고 비난했다. 우리가 느낀 비통함은 말로 표현할 길이 없다."[99]

다시금 수감 생활이 이어졌다. 몇 달이나 연기된 끝에 열린 심리는 조시의 보호관찰 철회로 끝을 맺었다. 조시는 또다시 약물요법을 끈질기게 거부했고, 이내 주립 병원에서 환자의 전화를 사용한 중범죄로 기소되었다. 7월 초, 그는 원래의 3년형을 채우도록 다시 교도소에 수감되었다.

독방 감금은 조시 본인이 요청한 것이었다. 어머니의 글로 미루어, 조시는 전체 수감자 사이에서 함께 생활하는 것에 대해 편집증적 불안에 시달렸던 듯하다. 그는 정신의학적 감독을 전혀 받지 않은 채 7월부터 10월 말까지 독방에서 지냈다. 의료보험 양도 및 책임에 관한 법률HIPAA▼은 당국이 부모에게 조시의 상태에 관한 정보를 제공하는 것을 금지했다. 이는 정신질환자 가족을 고통에 빠뜨리는 또 하나의 요소다.

10월 22일, 교도소장이 전화를 걸어 조시 프란시스코가 자신의 감방에서 스스로 목을 맸다고 알렸다. 의료보험 양도 및 책임에 관한 법률도 이런 종류의 정보 누설은 허용하는 모양이다.

＊

이 이야기들은 미국에서 경찰관들과 교도소 관리자들이 정신질환자에게 가하는 살인적 상해에 관해 보도되고 기록된 이야기 중 아주 작은 편린일 뿐이다. 모두 2010년대에 일어난 사건만을 가져온 것인데, 2010년대라면 이미 그런 사건들이 신문과 텔레비전, 사회학자,

▼ 의료보험 양도 및 책임에 관한 법률The Health Insurance Portability and Accountability Act 은 병원 환자들과 구치소/교도소 재소자들의 의료 기록을 그들의 기관 관리자를 제외한 이들, 이를테면 사설탐정이나 약탈적 보험회사 측에 제공하지 못하게 함으로써 프라이버시를 보호하기 위한 법률로 1996년에 제정되었다. 이 법률은 병원이나 감옥에 있는 가족의 상태를 다른 가족이 전혀 알 수 없게 하고, 성직자가 교구민을 만나지 못하게 한다는 의도치 않은 부작용으로 인해 비난받는다.

정신의학자, 성직자, 사랑하는 사람을 잃은 가족과 친지의 연합, 심지어 일부 정치가들까지 소리 높여 문제를 제기할 정도로 관심을 일으키고 나서도 오랜 시간이 지난 뒤다.

이따금 라이커스 아일랜드에 정신과 의사를 더 많이 배치하겠다는 드 블라지오 시장의 임상 효율성 가속화 프로그램과 같은 실제적 추진안이 제시되거나 '개혁'을 약속하는 목소리가 나오기는 하지만, 국가공무원이 국가의 가장 절망적인 시민에게 가하는 상해의 패턴이 계속되는 걸 보면 이 가해자들은 그런 행동을 해도 자신은 아무 처벌도 받지 않으리라 확신하는 것 같다. 그리고 지금까지 그런 가정은 대체로 들어맞았다.

이러한 잔혹 행위를 둘러보는 여정은 캘리포니아에서 마무리하는 것이 적절할 것 같다. 1960년대 초에 대실패로 끝나면서 갈 곳 없고 취약한 정신질환자들을 대대적으로 길거리로 내몰고, 그 결과 감옥을 "사회가 걸리적거리는 정신질환자들을 내다 버리는 쓰레기통"으로 만든 탈수용화 운동이 일어난 곳이 바로 캘리포니아이기 때문이다.

2014년 4월에 캘리포니아주 연방 지방법원 재판관 로런스 K. 칼턴Lawrence K. Karlton은 전체 재소자의 28퍼센트를 차지하는 정신질환 재소자를 다루는 캘리포니아 교정사회복귀국의 정책과 실무 관행을 검토했다. 그 정책과 관행에는 테이저건과 페퍼 스프레이의 사용, 감방에서 완력으로 끌어내기, 독방 감금이 포함되어 있었다.

칼턴 재판관은 그 관행들이 헌법에 위배된다고 판결했다.

위대한 해결사

11

정치적 폭발과 사회적 분열의 시기였던 1960년대에 독선적인 사회공학 프로젝트 하나가 시행되었는데, 이 프로젝트는 아직까지도 제대로 된 검토를 받아본 적이 없다. 이 프로젝트는 지옥으로 가는 길을 닦았지만, 그 길을 철저히 선의로 포장했다.

1960년대의 이상주의 혁명이 미국 사회의 구조적 기반을 약간 해지고 닳게 만든 정도라면, 정신질환자로 이루어진 미국의 하위 국가는 사실상 해체시켰다. 확신에 차서 그 하위 국가를 '구조'하겠다고 나선 이들은 세 가지 서로 다른, 그러나 서로 연관된 파도를 타고 나타났다. 사실상 한 사람이 만든 쓰나미라 할 수 있는 그 첫 번째 파도는 뒤로 끊임없이 이어지는 파도들을 이끌고 정신의학에 맹공을 퍼부었다. 과학 실험실과 마케팅의 합작품인 두 번째 파도는 정신질환자를 고분고분하고 사교적인 사람으로 바꿔주리라 약속하는 '기적의' 약물들로 사회를 흠뻑 적셔놓았다. 약을 만든 사람들과 그 옹호자들은 전통적 정신의학을 한물간 무용지물로 만들겠다고 장담했고 실제로도 거의 그렇게 했다. 그러한 약물들의 장점과 해악을 두고는 오늘날까지도 열띤 논쟁이 계속되고 있다.

세 번째 파도는 근시안적 정치가와 냉소적인 관료 무리를 그 물마루에 태우고, 어설프게 정신질환자들을 풀어줌으로써 일을 그르쳐놓았다. 이는 소규모 치료 센터와 새로운 약물만 있으면 모든 게 잘 돌아가리라는 안이한 가정으로, 국영 정신병원의 불완전한 보호하에 있던 수십 만 환자를 병원 밖으로 내몰아 기적의 약물 처방전으로 주머니와 지갑을 가득 채운 국가의 변덕스러운 처분에 떠맡겼다. 그러나 소규모 치료 센터와 신약으로는 모든 게 잘 돌아갈 수 없었다. 이 세 파도는 서로 힘을 합해 '진보'라는 미국의 신화와는 반대 방향으로 나아가며 반세기가 넘도록 미국 정신의료를, 뇌엽절제술과 유전 실험의 암흑기에조차 상상할 수 없었던 정도의 위기에 빠뜨려 놓았다.

첫 번째 파도는 1938년에 증기선을 타고 와 뉴저지주 호보컨에 발을 디뎠다.

토머스 사즈(Thomas Szasz, 사스 터마시Szász Tamás)는 제2차 세계대전 발발 당시 나치 국방군이 침략해 오기 전에 간신히 헝가리를 빠져나온 동유럽 유대인 가운데 한 명이다. 아돌프 히틀러 정권이 작은 나라 헝가리를 추축국 동맹에 끌어들이려 하던 무렵이었다. 그 동맹은 1944년 나치가 헝가리를 점령하며 깨졌고, 독일군은 약 44만 명의 유대인을 체포하여 열차에 태웠다. 대부분은 아우슈비츠로 갔고, 나머지는 오스트리아와의 국경 지대로 가서 참호 파는 일을 했다.

헝가리는 전체주의의 틈바구니에 옴짝달싹 못한 채 끼어 있었다. 이 점은 토머스 사즈의 정신에 진한 자국을 남겼다. 헝가리의 북동부와 맞닿은 우크라이나부터는 광활한 소비에트연방이 펼쳐져 있었다.

실제로 헝가리는 나치에서 해방된 후 1949년에 러시아인들에게 점령되었고, 1956년 헝가리 혁명을 진압하러 온 붉은 군대에 의해 다시 한 번 점령되었다. 소련군이 최종적으로 헝가리를 떠난 것은 1991년이다.

토머스와 그의 형 조지(사스 쬐르지Szász György)는 호보컨에 내릴 당시 영어를 할 줄 몰랐다. 둘 다 작고 마른 체형에 머리카락은 곱슬곱슬하고 이마는 넓으며 대륙인다운 자신감을 풍기고 있었다. 변호사이자 사업가인 그들의 아버지 줄리어스(사스 줄러Szász Gyula)가 가족의 이주 비자를 마련해, 아내 릴리와 함께 곧 아들들을 따라 망명길에 올랐다. 가족은 오하이오주 신시내티로 갔다. 그곳에서 아이들의 삼촌 오토가 신시내티 대학교 수학과 연구 교수로 일하고 있었다. 조지 사즈는 신시내티 대학교에서 화학 박사 학위를 받고 조용하게 생산적인 삶을 살아갔다.

토머스 사즈는 1년도 안 되는 기간 동안 독학으로 영어를 배웠다. 그는 이 새롭고 복잡한 언어를 상당히 높은 수준으로 통달했다. 때로는 궤변까지 늘어놓을 정도로 정교한 뉘앙스를 파악하여, 나중에 그가 논쟁을 일으킨 시절에는 평생 영어를 말하고 살아온 지식인들도 그와 대거리하는 것을 꺼릴 정도였다. 그는 독서로 유럽과 미국의 역사, 철학, 심리학, 의학, 종교, 정치학, 문학, 언어학까지 깊이 있게 섭렵했고, 자기가 읽은 것은 모두 기억했다. 신시내티 대학교에서 물리학 학사 학위를 받은 뒤 1944년에는 신시내티 대학교 의학대학원을 졸업했다. 여유 시간에는 더 웅대한 야망을 갈고닦았으니, 그 야망으로 결국에는 미국의 정신의학과 정신질환이라는 개념 자체를 공격하게 된다. 토머스 사즈는 정신의학에서 자신의 조국에 전멸의 위협을 가했던 것과 똑같은 강압적 권력의 의지를 보았다. 그래서 지그문트 프로이트를 필두로 한 정신의학 옹호자들이 단순히 잘난 체하는 헛똑똑이일 뿐임을, 기껏해야 이윤 추구에 눈먼 기회주의자에, 최악의 경우엔 시민의 자유를 제한하려고 혈안이 된 정부의 대리인임을 폭로하기로 결심했다. 정신의학계를 조롱하고 개종시켜 정신의학의 존재 자체를 말살해버릴 작정이었다.

사즈는 1950년 29세의 나이로 시카고 정신분석 연구소의 졸업 증서를 받고 그곳 직원으로 합류했다. 1954년에는 해군에 징집되어 메릴랜드주 베데스다에 있는 미 해군 병원의 정신과 군의관으로 임관했는데, 친한 친구이자 추종자인 심리학자 제프리 셰일러Jeffrey Schaler에게 한 말에 따르면 거기서 "정신의학과 정신분석의 비인간화된 언어"에 역겨움을 느꼈다고 한다. 이후 그는 시러큐스에 있는 뉴욕 주립대학교 업스테이트 메디컬 센터의 정신의학과 교수가 되었고, 1990년에 은퇴할 때까지 그 학교에 남아 있었다. 그는 자신이 무신론자가 신학을 가르치듯 정신의학을 가르쳤다고 셰일러에게 말한 바 있다.

사즈는 2012년 92세의 나이로 세상을 떠나기 전까지 서른다섯 권의 저서를 쏟아냈지만, 1961년에 낸《정신질환이라는 신화The Myth of Mental Illness》만큼 지대한 영향력을 행사한 책은 없었다. 시러큐스의 종신 교수직을 하마터면 놓칠 뻔하게 만든 이 책에서, 그는 사람들이 '정신질환'이라 부르는 것은 사실 다른 사람이 불쾌하거나 위협적으로 느끼는 행동들을 선택해서 행하는 일일 뿐이라고 단언했다. '정신' 자체도 은유라는 점을 감안하면 그에게는 정신질환도 은유의 대

상일 뿐이었고, 치료 심리학은 "국가적 강압 기구의 한 부문"에 지나지 않았다.[100]

그는 어사일럼과 뇌엽절제술과 무차별적인 전기충격요법의 암흑시대에서 간신히 벗어난 기존 정신의학계 자체에 도전하며, "의료 전체가 개인적 치료에서 정치적 압제로 바뀔 위태로운 지경에 처해 있다"고 단언했다.[101] 사즈에 따르면 정신증이 발발한 상태인 환자를 본인의 의지에 반하여 입원시키는 것은 시민권과 인권을 뻔뻔하게 침해하는 짓이자 반인류 범죄에 맞먹는 처사였다. 아니, 사실상 그보다 더 나쁜 일이었다. "비자의적인 정신병원 입원은 노예 상태로 전락하는 것과 같다. 수용의 수준을 조절하는 것은 노예 농장을 보기 좋게 겉치장하는 것과 다름없다. 문제는 수용 시설을 어떻게 개선할지가 아니라 그것을 어떻게 폐지할지다." 정신증 환자에게 동의 없이 약물을 투여하는 것도 마찬가지였다. 또 프로이트가 초기에 관심을 가졌던 중요한 주제인 히스테리도 사스에게는 정신질환의 증상이라고 할 만한 게 못 되었다. 그것은 단지 의사소통 수단의 하나이자 '비논증적 언어'일 뿐 진단할 필요가 없다는 것이다. 프로이트를 그렇게 유명하게 만든 초석인 무의식이라는 것도 존재하지 않는다고 했다. 그것은 사람들이 스스로에게 정신적 외상을 남긴 사건에 대해 기억하지 못하는 이유를 은유적으로 설명하는 과정에서 프로이트와 그 제자들이 발명해낸 개념일 뿐이었다. 게다가 사즈에 따르면 미국 정부는 불법마약을 금지할 권리가 없었다. '향정신성 의약품psychotropic medications'이야말로 없애야 할 대상이었다. 그는 후기 저서《일상의 의료화The Medicalization of Everyday Life》에서 "정신질환은 뇌의 질환이며 화학물질로써 치료할 수 있다는 독단적인 관점은 환자의 인간성을 말살한다"고 주장했다.

사즈의 주장에 대한 평가는 찬반양론으로 나뉘어 무수히 제기되었다. 우리의 판단이 어떻든 상관없이, 그의 주장들이 처음 제기된 지 거의 60년이 지났음에도 여전히 그것을 무시하고 넘어가는 것은 불가능하다. 정신의학의 기존 체제가 꾸준히 유지되고, 사람들이 우울증이나 조증에 빠지거나 망상에 시달리거나 다른 사람과 일관적이고 온화한 방식으로 관계 맺지 못하는 일이 실제로 일어난다는 증거들에도 불구하고, 정신의학 및 정신질환의 정의에 대한 사즈의 비난은 진실로 여겨지는 통념의 기둥을 하나하나 무너뜨렸으며 실제 진실의 기둥들도 일부 무너뜨려왔다. 그의 비난은 공공 정책에도 스며들었고, 정신건강에 관한 여론과 정신보건 논쟁에도 침투했다. 1975년 미국 연방 대법원이 내린 판결에 따라 비자의적 입원 및 치료는 개인의 시민권을 침해하는 일로 규정되었다. 이제는 정신증 환자가 치료를 거부할 경우 의사가 강제로 치료를 시행하려면 법원 명령이 필요하며, 그것이 나올 때까지 며칠이나 몇 주, 때로는 몇 달을 기다려야 한다는 뜻이었다.° 2015년 여름 텍사스주에서는 경찰이 와서 환자에게 자해나 타해의 위험이 있는지 판단할 때까지 잠시 동안 병원이 정신증 환자를 억류할 수 있도록 허용하는 법안을 양당 모두 찬성하여 통과시켰는데, 주지사가 이 법안에 거부권을 행사한 일이 있었다. 이 주

○　한국의 경우는, 2016년 5월 29일 개정되어 2017년 5월 30일부터 시행 중인《정신건강증진 및 정신질환자 복지서비스 지원에 관한 법률(약칭: 정신건강복지법)》참고. http://www.law.go.kr/lsInfoP.do?lsiSeq=183629&efYd=20170530#0000

지사는 정신질환이라는 것은 존재하지 않는다고 확신하는 몇몇 로비 단체의 조언에 따라 행동한 것으로, 그는 자신의 거부권 행사가 환자의 시민적 자유를 보호하기 위한 노력이라고 설명했다.

텍사스 주지사에게 조언한 이들 가운데 가장 막강한 힘을 지닌 단체는 인권 시민 위원회CCHR, Citizens Commission on Human Rights였다. 인권 시민 위원회는 1969년에 사즈와 또 한 사람의 정신질환 부인자이자 사이언톨로지교의 창시자인 L. 론 허버드L. Ron Hubbard가 결성한 단체다. 공상과학소설가이기도 한 허버드는 사람이 죽으면 비행접시가 그를 금성으로 데려가고, 그곳에서 금성의 정비공들이 영혼을 재정비하여 다시 지구로 돌려보내 태평양에 빠뜨려놓으면 영혼이 캘리포니아 해변으로 걸어 나가 새로운 인간의 몸을 찾아다닌다고 믿었다. 지금까지 알려진바 허버드의 이론은 아직 전문가들의 검토를 받지 않았지만, 만약 그게 사실이라면 캘리포니아 사람을 이해하는 몇 가지 실마리로 작용할 것 같다.

1950년대부터 1960년대에 걸쳐 사즈의 사상은 비자의 정신의료 폐지를 위해 노력하는 모든 주의 시민 단체들이 느슨하지만 지속적으로 연계해 추진해온 '반정신의학' 운동에 형식과 내용을 부여하고 구체화했다. 인권 시민 위원회는 재빨리 협회들과 국제 지부들을 만들었다. 이 단체들에는 과거에 조현병 환자였거나 당시 조현병 환자인 사람이 다수 포함되었는데, 그들에게 사즈는 자신과 자신에게 내려진 감당하기 힘든 진단에 대해 그들이 느끼는 점을 세상을 향해 설명해주는 드물고 귀한 존재였다. 절대 수치로는 소수에 불과하지만 이들은 지난 50년 동안 앞서 언급한 텍사스주의 경우처럼 입법 관련

청문회에서 매우 효과적으로 자신들의 목소리를 내고 종종 그 결과에도 영향을 미쳐왔다.

인권 시민 위원회는 정신질환자가 '학대'당하는 것을 방지하고 '소비자 보호' 차원에서 그들을 보호하겠다고 약속하며, 최근에는 한 발 더 나아가 잘 팔리는 '2세대' 향정신 약, 요컨대 조현병과 양극성 장애의 치료약으로 판매되는 아빌리파이Abilify, 리스페달Risperdal,○ 자이프렉사Zyprexa 등이 속한 약물 범주가 학교 총격범이나 대량 학살범, 테러리스트의 악행에 부분적으로 책임이 있다는 주장을 줄기차게 내세우고 있다. 이 약들이 폭력적으로 행동할 수도 있는 정신질환자의 증상을 완화하기는커녕 오히려 충동질한다는 것이다. 이것이 최근 사즈 신봉자들이 주장하는 바인데, 한 가지만 지적하자면 그러한 견해는 환각제처럼 정신에 영향을 미치는 여타 약물들을 모두가 자유롭게 사용할 수 있어야 한다던 사즈의 주장과는 모순된다. 어쨌든 이런 상황을 보면 사즈도 참 그 생각을 종잡을 수 없는 사람이다.

반정신의학 운동의 지지자 상당수는 본인이 조현병 진단을 받았거나 진단은 받지 않았으되 조현병 증상이 있는 사람들이었으니, 이들은 그 운동이 그때까지는 말로 명확하게 표현하기 어려웠던 자신들의 믿음을 공식적으로 인정해준다고 느꼈다. 그들에게 힘을 실어주는 또 다른 세력으로는 정신의학계에서 일하다 염증을 느낀 전문가들이 있었다. 그중 한 명이 영국군에서 일하며 정신이 혼란한 환자와 대

○ 정확한 외래어 표기는 '리스퍼달'이지만, 국내에서는 얀센코리아가 '리스페달'이라는 이름으로 판매하고 있다. 이하 '리스페달'로 표기한다.

화를 나누는 일에 매력을 느끼게 된 카리스마 넘치는 뉴 에이지 신봉자 R. D. 랭이다. 그는 군의관 경험을 통해 갖게 된 철학을 자신의 가장 유명한 저서 《분열된 자아 The Divided Self》에 담았는데, 이 책은 사즈의 《정신질환이라는 신화》가 나오기 1년 전이자 랭이 30세였던 1960년에 출간되었다. 랭은 사회가 '정신증'이라 부르는 것은 사실 개인이 강압적이고 억압적인 세상의 규범에 맞춰 살아남기 위해 구축했던 '가짜 자아'를 무너뜨리고 탈출하는 방식이라는 유명한 주장을 남겼다. 그에게는 선동적이고 교훈적인 경구를 만들어내는 재능이 있었다("실성이란 실성한 세상에 대한 완벽하게 합리적인 적응이다", "인생은 성적 접촉으로 감염되는 질병이며 치사율은 100퍼센트다" 등등).

1960년대가 지나는 동안 하나의 통일적 세력을 형성해가던 반문화는 랭의 등장을 무조건적인 신뢰와 환희로 반겼다. 만약 그렇게 지나친 찬사에 휩싸이지만 않았다면 그의 유연한 지성은 더욱 깊이 있고 심오한 업적을 낳았을지도 모르겠다. 1950년대에서 벗어나고자 기존 관념과 권위를 공격하는 사상이라면 무조건 열광했던 1960년대의 젊은이들은 프랑스의 철학자이자 '전투적 지식인' 미셸 푸코도 명사 대우를 하며 떠받들었다. 푸코는 이미 《광기의 역사》를 펴내 사회가 광기를 규정하는 방식에 도전했으며, '합리성'은 달갑지 않은 사람들을 제한하고 처벌하는 핑계일 뿐이라고 단언한 바 있었다.

사즈가 처음 뚫어놓은 구멍이 알고 보니 끝없이 분출하는 유정 油井이었다는 사실이 이내 분명해졌다. 초기에 그를 지지하며 끓어오른 여론은 이념상 주로 좌파에서 나왔지만, 사실 사즈는 결코 약자에게 공감하는 사람이 아니었다. 그는 "나는 오른쪽으로 갈 수 있는 한 가장 끝까지 간 우파다"라고 말했고, 랭에 대해서는 "신좌파의 취약점을 알리고 옹호하는 설교자"라며 무시하고 넘겼다. 1950년대에 일반인들에게 안전하게 적용할 수 있는 미국식 정신의학을 확립한 캔자스 출신 정신과 의사 칼 메닝거Karl Menninger가 차지하고 있던 '세상에서 가장 유명한 정신의학자'의 자리를 사즈는 이미 살아생전에 챙긴 터였다.

정신의학은 유럽 지식인들의 별 볼 일 없는 헛소리이거나 멋대로 실컷 섹스를 하려는 핑계에 지나지 않는다고 의심하던 미국인이 많기는 했지만, 그럼에도 1950년대에 미국 정신의학계는 프로이트가 미국을 방문했던 1909년부터 그토록 갈망해왔던 정통성과 지위를, 그리고 더불어 힘을 마침내 획득했다. 사즈가 정신의학계의 정론에 맞서 1인 반란을 이끌기에 완벽한 준비를 마쳤을 무렵이 하필 바로 이런 시점이었다. 사즈의 반란 이후 정신의학은 다시는 이전 같은 수준의 명망을 되찾지 못했고, 그 뒤로 '정신질환'이라는 말로써 인간의 행동을 설명할 때면 아무런 문제 제기 없이 넘어가는 일이 없었다.

사즈는 자신의 교제 범위에 속하는 사람에게는 세심히 배려하는 친구이자, 편지를 보낸 독자에게는 꼼꼼하고 정중하게 답장을 보내는 사람이었지만, 논쟁할 때나 타자기 앞에 앉을 때는 신랄하고 거침없는 전사로 돌변했다. 논쟁의 포화가 아무리 거세게 빗발쳐도 그는 자신이 단호하게 공들여 구축한 논리의 흐름에서 한 치도 벗어나는 일이 없었다. 사즈의 논리는, 정신증에 걸린 사람에게 손을 내밀어 돕고자 하는 노력, 특히 정부가 지원하는 그러한 노력은 모두 결국 정부의 후원을 받은 강압이라는 주장이었다.

그는 변덕스러운 면도 있었고, 랭처럼 경구를 만드는 것도 즐겼다. 물론 사즈의 경구가 더 신랄했다. "당신이 신에게 말하면 당신은 기도를 하는 것이다. 신이 당신에게 말하면 당신은 조현병에 걸린 것이다." 그리고 이런 말도 했다. "한때 종교가 힘이 세고 과학이 약했을 때, 사람들은 마술을 의술로 착각했다. 과학이 힘이 세고 종교가 약한 지금, 사람들은 의술을 마술로 착각한다."

사즈는 비유도 그만큼 신랄하고 효과적으로 사용했고, 비유로써 증명을 대신하는 일도 종종 있었다. 그는 정신의학을 연금술과 점성술에 비유했다. "종교재판과 이단의 관계는 정신의학과 정신질환의 관계다.", "치료주의는 가부장주의를 재현한다.", "정신의학은 의료화°다.", "정신분석은 의료화의 제곱이다."

그리고 그는 선언서를 내놓듯 말하는 버릇이 있었다. 반박을 전혀 고려하지 않고서, 대개는 입증할 증거도 제시하지 않은 채 다짜고짜 주장하는 것이다. 예를 들면 이런 식이다.

> 자살은 기본적인 인권이다. 자살이 바람직하다는 뜻은 아니다. 단지 사회는 그 행위를 결행하겠다는 한 인간의 결정에 강제로 개입할 도덕적 권리가 없다는 뜻이다. 그러한 개입은 곧 자살을 결심한 사람을 심각하게 유아화하고 비인간화하는 결과를 가져온다.

○ 질병이 아닌 것을 질병으로 간주하고 치료 대상으로 삼는다는 의미를 지닌 사회학 용어다.

그는 "정신의학은 지난 60년 동안 사회에 영향을 미친 파괴적인 힘들 가운데 가장 파괴적인 힘"이라고도 말했다. 제2차 세계대전은 깜빡한 모양이다.

그리고, 여기 그의 변치 않는 철학을 가장 잘 드러내는 말이 있다.

> 내가 정신의학자들에게 개인을 정신병원에 감금하는 것은 자유를 박탈하는 짓이라고 더욱더 공격적으로 상기시켜줄수록, 그들은 "정신질환도 다른 질환과 다를 게 없으며" 정신병원도 진짜 병원이라고 더욱더 열성적으로 주장한다. 이렇듯 기존 정신의학계의 강제성에 대한 옹호와 핑계들은, 정신질환이 은유적 성격을 띠며 강제된 정신의학과 합의된 정신의학을 구별하는 일이 중요하다는 나의 주장을 더욱 뒷받침해준다.[102]

이런 식의 선언에서는 절대주의의 냄새가 난다. 절대주의란 사즈가 혐오했던 그 전체주의 정권들의 특징인데 말이다. 게다가 그는 미국에도 절대주의가 만연할지 모른다고 두려워했던 것 같다. 그가 지칠 줄 모르고 공격을 퍼부을 때 쓰는 수단인 책과 논문, 강연 등에는 (그가 가장 즐겨 쓰는) '강제적', '폭력적'이나 (예컨대 피터 싱어Peter Singer 같은 의료윤리학자의 목표를 묘사할 때 쓰는) '사악한', 또 (의사들을 묘사하는) '국가의 하수인', 그리고 사즈 본인은 이데올로기에 얽매이지 않은 중립적인 중개인임을 암시하는 듯한 '치료의 이데올로기' 같은 단어들이 아주 자주, 반복해서 등장한다. 그러나 사실 그야말로 이데올로기에 얽매여 있었으니, 그 이데올로기는 바로 자유 지상주의다.

사즈의 지지자들은 그를 숭배했고, 그중 아직 살아 있는 사람들은 여전히 그를 숭배한다. 회색 수염을 기른 건장한 체격에 감정이 풍부하며 본인 역시 심리학자이자 교육자인 제프리 셰일러는 지난 30여 년간 강연과 책, 웹 사이트를 통해 자신의 멘토인 사즈의 사상을 옹호하는 데 인생을 바쳤다. 사즈가 돈키호테라면 온화한 셰일러는 그의 산초 판사인 셈이다.

셰일러를 비롯한 사즈의 옹호자들은 사즈의 사상을 자신이 어떻게 이해하고 있는지 설명할 때, 또는 그저 사즈를 설명하려고 할 때도 늘 일반인에게는 아주 복잡하고 난해하게 느껴지는 논리의 흐름을 필요로 하는 것 같다. 셰일러는 이렇게 말했다. "토머스 사즈는 정신의학을 반대하는 것이 아니다. 그는 정신의학이라는 미명하에 사람들에게 행해지는 일을 반대하는 것이다. 그는 항상 미친 사람을, 정신의학자들과 정치가들이 '정신질환자'라는 꼬리표를 붙인 사람과 엄격하게 구별했다. 아주 이상한 행동을 하는 사람들이 있고, 그들이 그런 행동을 하는 이유가 그 행동보다 더 이상하다는 사실을 그는 부인하지 않는다. 사람들이 이상한 행동을 하는 이유가 병들었기 때문이라는 생각에 반박할 뿐이다. 그는 그들에게 자유의지가 없다는 생각을 부인한다."[103] 이 진술을 잘 뜯어보면, 처음에는 탄탄한 토대에서 시작한다. 즉 사즈가 정신의학이라는 미명하에 사람들에게 행해지는 일을 반대한다는 얘기로 시작한다. 그러다가 갑자기 모호함과 자기모순과 답 없는 질문들이 질펀이는 늪지대로 방향을 튼다. 정신질환이라는 것이 존재하지 않는다면 "미친 사람"이란 정확히 어떤 사람을 말하는 것인가? 이상한 행동을 하는 "더 이상한 이유"는 또 무엇이란 말인가? 그리고 그 "더 이상한 이유"에서 "병"을 단정적으로 배제하는 까닭은 무엇인가? 마지막으로, 그 실성한 사람이 자신의 나침반에 따라 자유의지대로 행동한다면서 왜 군이 "자유의지"를 논점에 올리는가?

사즈를 지지하는 또 다른 사람의 이야기도 살펴보자.

> 오늘날까지도 많은 정신과 의사가 사즈가 정신질환이 존재한다는 사실을 부인했으며, 나아가 정신적 고통과 혼란이 존재한다는 사실까지 부인했다고 믿고 있다. 그와는 반대로 사즈는 고통의 존재를 부인하지 않는다. 누구든 그렇게 생각한다면 참으로 어리석은 일이다. 사즈는 정신질환의 존재를 인정한다. 단지 정신질환을 종래의 관점과 다르게 볼 뿐이다. 결정적인 것은, 정신질환은 폐렴이 폐 조직 내에 존재하는 것 같은 방식으로 인간 안에 존재하는 병이 아니라는 점이다. 오히려 정신질환은 고통받는, 또는 자신이나 다른 사람을 혼란스럽게 만드는 행동을 하는 특정 사람들에게 부여된 하나의 이름이요 명칭이며, 사회적으로 편리한 허구다.[104]

그러니까 사즈는 "정신질환이 존재한다는 것은 인정"하지만, "사회적으로 편리한 허구"로서만 인정한다는 것이다. 이는 "정신질환의 존재를" 인정하지만 단순히 "종래의 관점과 다르게 볼 뿐"이라는 말과는 거리가 한참 멀어 보인다. 그 특정한 사람들이 "고통받는"데 정신이상 때문에 고통받는 것은 아니라면, 도대체 그들은 **무엇 때문에** 고통받고 있는 걸까?

초기에 사즈는 정신의학의 신뢰성을 떨어뜨리기 위한 공격을 가

할 때 '병변' 주장에 심하게 의존했다. 질병과 부상은 흔적과 장기 확장 또는 수축, 낭종, 시력 상실 등 몸 안팎에 흔적을 남기는 반면, 그런 식의 이상이 소위 '정신질환'이라는 것 때문에 일어날 수는 없다는 주장이었다. 이미 한 세기 전부터 에밀 크레펠린과 오이겐 블로일러가 혜안으로 정신질환의 기질적 원인을 예측했음에도 말이다. 이는 사즈가 정신질환을 하나의 은유로, 그것도 부당한 은유로 보았기 때문이다. 뇌에 생긴 병변이란 것은 한마디로 '뇌 손상'이라는 것인데, 이는 '정신치료자'가 아니라 신경외과 영역에서 다루는 대상이다.

그러나 1980년대부터는 다양한 종류의 자기공명영상과 양전자 단층촬영, 컴퓨터 X선 체축 단층촬영 등 일련의 극적인 발전 덕분에 연구자들이 살아 있는 조현병 환자의 뇌에서 뇌실이 확장되어 있는 등 설득력 있는 병변 증거를 찾아내는 일이 가능해졌다. 정신의학자이자 편집자, 저술가이며 옥스퍼드 대학교 신경생물학 중개 그룹Translational Neurobiology Group의 수장이기도 한 폴 해리슨Paul Harrison이 2015년에 쓴 다음 내용처럼 말이다.

> 여러 논쟁과 모순이 있지만, 그래도 지금은 조현병의 신경병리학에서 확립된 사실들이 있다. 조현병은 뇌실 확대나 피질 부피 축소와 연관된다. 이러한 병리는 해마와 전전두피질과 배측 시상에서 확실하게 나타나므로 국소적이지 않으며 단일한 형태를 띤 것도 아니다. 그러한 이상이 나타나는 패턴을 보면 각 영역 내부의 연결 및 해당 영역 간 연결에 혼선이 생겼음을 짐작할 수 있는데, 이 혼선은 뇌의 발달 단계에서 생겼을 가능성이 가장 높다.[105]

하버드 대학교 의학대학원의 연구자 세 명은 2010년에 다음과 같이 보고했다.

> 1984년부터 지금까지 MRI를 활용한 조현병 연구가 빠른 속도로 발전해왔다. 게다가 그 26년은, 조현병 연구 역사에서 조현병의 뇌 이상에 관한 한 이전 어떤 시기에 기록된 것보다 훨씬 더 결정적인 연구 결과들이 많이 나온 시기다.[106]

그래서, 뇌 스캔 기술의 등장과 그 기술로 밝혀낸 사실들 때문에 사즈가 조현병 병변이 실제로 존재한다는 것, 그러므로 정신질환도 실제로 존재한다는 것을 인정했을까? 그런 일은 없었다. 말년에 그는 이렇게 주장했다. "그 증거는 과학적으로 그리 설득력이 없다. 그리고 만약 그 증거가 설득력이 있다면, 이 환자들은 '정신질환'이 아니라 뇌 질환이 있다고 표현하고 그에 맞게 치료해야 한다. 신경학자들은 '정신질환 모델'을 인정하지 않는다. (앞에서 인용한 해리슨 등이 바로 그 '조현병'이라는 용어를 사용함으로써 직접 확인해주었듯이 이 말은 사실이 아니다.) 그래서 정신의학자들은 '신경정신의학'을 발명하려는 것이다. 정신병리학의 뇌 상관물들 대부분은 묘사적일 뿐 설명적이지 않으며, 인과관계의 증거는 전혀 제시하지 않는다. 또한 거짓양성과 거짓음성을 수반하는 불일치도 많다."

사즈를 가장 매몰차게 비판하는 인물로 라엘 진 아이작Rael Jean Isaac이 있다. 그녀 역시 많은 자유 지상주의 출판물에 글을 써왔고 자유 지상주의 사상을 옹호하는 책과 비판하는 책 모두 여러 종 발표했다.

사즈가 세상을 떠나고 며칠 뒤에 쓴 글에서 라엘은 사즈의 기여를 냉철하고도 명쾌하게 비판했다. "사즈는 모든 생각에는 결과가 따른다는 명제를, 또한 끔찍한 생각은 그것이 아무리 잘못되고 터무니없는 생각으로 밝혀지더라도 끝내 살아남는다는 점을, 살아남을 뿐만 아니라 우리 사회의 제도를 형성하고 그 과정에서 사람들의 삶과 사회의 기반에 말로 표현할 수 없는 해를 입힌다는 사실을 몸소 입증하는 강력한 증거다."[107]

＊

그런데 만약 아이작을 포함하여 사즈를 비방하는 모든 사람이 사즈를 잘못 해석해온 것이라면? 그리고 그 보편적인 오해야말로 그가 남긴 비범한 유산의 핵심이었다면?

미국의 문학평론가 앨프리드 케이진Alfred Kazin은 언젠가 랠프 월도 에머슨Ralph Waldo Emerson이 "항상 그가 무슨 말을 하는지 이해하지 못하는 사람들에게 긍정적 영향을 미친다"고 쓴 적이 있다.[108] **긍정적**이라는 단어를 **강력한**으로 바꾸면 그게 바로 토머스 사즈에 관한 말일지도 모르겠다. 사즈를 비판한 방대한 글들을 읽다보면 그를 비난하는 사람이든 숭배하는 사람이든 아무도 그를 이해하지 못한 것 같다는 생각이 든다. 게다가 바로 이런 불분명함이 그의 업적에 관한 지적 충돌의 상당량을 초래하는 것 같다.

물론 자신이 말하려는 의미를 난해한 텍스트로 엮어낸 다른 여러 사례도 역사에는 수없이 존재한다. 사즈의 저술들을 읽는 동안, 때때로 나는 사즈가 정신의학이나 '정신질환'을 공격한다기보다는 오히려 언어 자체를 공격하고 있다는 느낌을 받았다. 이런 각도에서 보면 사즈는 정신질환 진단법이 아니라, 다가오던 후기구조주의와 해체주의 시대(대략 1980년대)와 더 공통점이 많았던 것인지도 모르겠다.▼

사즈 본인도 이런 점을 드러내는 몇 가지 진술을 한 바 있다. 이미 초기에도《정신질환이라는 신화》의 서문에서 짤막한 여담처럼 두 차례 그런 언급을 했다.

> 커뮤니케이션 분석 방법에 기반을 두고 그 방법을 사용하는 정신의학은 언어와 의사소통 행동을 연구하는 학문들, 이를테면 상징 논리학이나 기호학, 의미론, 철학 등과 실제로 많은 공통점을 지닌다.

다음 글은 더 노골적이다.

> 나의 글은 정신의학이나 반정신의학의 일부가 아니며, 둘 중 어디에도 속하지 않는다. 내 글이 속하는 곳은 개념 분석, 사회·정치 비평, 시민적 자유, 상식이다.[109]

그렇다면 이런 점이 정신질환으로 고통받는 수많은 사람에게 어

▼ 후기구조주의는 여러 방면에 적용되었지만 그중 한 갈래로 언어가 진실을 전달할 능력이 없다는 점과 권력의 위계를 은폐한다는 점을 탐구했다. 1960년대에 자크 데리다Jacques Derrida가 창시한 이래 1980년대 미국에서 영향력을 발휘하기 전까지는 별로 힘을 얻지 못했던 해체주의는 전통적 언어에 깃든 이데올로기적 편향을 찾아내고자 했다.

떤 위안이 될 수 있을까? 병세가 심각해짐에 따라 명백하게 자기 인식과 자기통제력을 상실하고, 스스로 최대한 알아서 살아남도록 방치되어왔으며, 증세를 치료받기는커녕 이상한 충동들을 보여도 법정과 병원, 정신과 의사, 경찰관 모두에게서 아무런 관심도 받을 수 없었던 그 사람들에게 말이다. 그 움직임을 위협적이라 간주한 경찰관의 총에 맞아 죽은 사람의 명단이 점점 길어지는 것은 또 어떤가. 이 경찰관들은 정신증 상태인 사람을 제압하는 훈련조차 받은 일이 없는데, '정신증'이란 '신화'이므로 그런 훈련이 필요 없다고 여겨져왔던 것이 바로 그 이유 중 하나다.

사즈가 어떤 영향을 미쳤는지는 그가 경멸한 업종에 종사하는 사람들이 누구보다 아주 씁쓸하게, 하지만 제대로 인지하고 있었다. 미국 정신의학회 회장을 지낸 로런스 하트만Lawrence Hartmann은 사즈가 은퇴한 후인 1992년에 이렇게 말했다. "그는 환자에게 자신이 병에 걸렸음을 부인할 기회를 주었고, 입법자에게는 자신에게 책임이 있음을 부인할 기회를 주었다."[110] 또한 정신의학 연구자이자 저술가인 E. 풀러 토리는 다음과 같이 단언했다.

점점 증가하는 정신질환이 20세기 후반에는 논의의 대상도 되지 못하는 (…) 주요한 이유는, 정신이상의 존재를 부정하는 듯한 역사적 이론들이 등장했기 때문이다. 유행병처럼 번지는 정신질환의 문제를 진지하게 검토할 희망이 한때나마 존재했다 하더라도, 그 희망은 미셸 푸코의《광기의 역사》, 토머스 사즈의《정신질환이라는 신화》, 어빙 고프먼Erving Goffman의《수용소》가 출간된 1961년에 죽어버렸다.[111]

앞서도 살펴보았고 앞으로도 다시 보겠지만, 사즈가 초기 경력을 이어가던 시절은 말할 것도 없거니와 그의 평생에 걸쳐서도 다수의 정신병원이 정신질환에 걸린 사람을 돌볼 해법이 아니라 불결함과 방치, 굶주림, 무지, 노골적 가학성으로 가득한 곳이었다는 점은 이견의 여지가 없는 진실이다. 이 진실을 담은 이미지들을 그 누구보다, 심지어 사즈 본인보다도 더 강렬하게 미국인의 의식에 각인한 것은 《정신질환이라는 신화》보다 1년 늦게 출간된 한 편의 소설과 13년 뒤 그 소설을 각색한 영화였다.

환자들을 짐승 취급하며 가학적으로 학대하는 오리건주의 한 정신병원 이야기를 그린 켄 키지Ken Kesey의 신랄한 소설《뻐꾸기 둥지 위로 날아간 새》는 1962년 출간과 동시에 세계적인 베스트셀러가 되었다. (소설을 쓰기 전에 키지가《정신질환이라는 신화》를 읽은 것은 아니지만, 나중에 키지와 사즈는 서로 존경을 담은 편지를 주고받았다.) 1975년 잭 니콜슨Jack Nicholson이 동료 환자들과 루이스 플레처Louise Flecher가 연기한 래치드 간호사의 전체주의적인 잔인성 한복판에 자신을 던져 넣은 맥머피 역으로 뛰어난 연기를 펼친 영화가 나오면서 원작 소설의 영향은 걷잡을 수 없이 커졌다. 영화〈뻐꾸기 둥지 위로 날아간 새〉는 최우수 작품상, 감독상(밀로스 포먼Milos Forman), 남우 주연상, 여우 주연상, 각색상까지 아카데미 영화제 주요 부문을 휩쓸며 이 모든 부문에서 수상한 세 번째 미국 영화로 기록되었다.

이렇게 정신의학을 비난하는 사즈의 책에 더하여, 밀로스 포먼의 불꽃처럼 강렬한 영화와 당시 문화 전반에 퍼져 있던 격렬한 반권위주의 정서가 뒤섞여 만들어진 독한 칵테일은 정신의학에 저주를 퍼부어 지옥으로 보내버리는 데 성공했고, 그 뒤로 정신의학은 한 번도 그 지옥에서 완전히 벗어난 적이 없다. 새로이 일기 시작한 반정신의학 운동도, 정치적 우파만 그런 것은 아니지만 특히 그들에게서 주로 나타난 확신, 즉 정신증 증세를 겪고 있는 사람을 속박하거나 그들에게 약물을 강요하는 것은 두말할 것도 없이 시민권을 침해하는 행위라는 확신을 더욱 공고하게 했다.

*

이제 내가 개인적으로 아는 리비Livy와 프랭크 매클렐런Frank McClellan 부부, 그리고 그들의 아들 마틴Martin 이야기를 해보려 한다. 마틴은 드물게 아동기에 발병하는 소아 조현병의 피해자다. (이들의 이름은 가명으로 바꾸었고, 나는 이 이야기에 나오는 마틴을 실제로 만나본 적이 없다.)

리비는 마른 체형에 준수한 외모의 60대 여성으로, 조금씩 회색으로 변해가는 붉은 머리를 정수리 위로 틀어 올리고 다닌다. 30년 동안 사실상 한시도 쉬지 않고 아들에 대한 불안에 시달려온 탓인지 지나치다 싶게 치열한 성격이다. 리비는 속사포 같기는 하지만 완벽하게 구성된 문장으로 말한다. 남편인 프랭크는 허스키한 목소리를 가진 사업가로 서글서글하고 아내보다는 느긋한 편이지만, 아동기부터 마틴을 둘러싸고 반복되어온 위기들을 겪어내며 기진맥진한 기색이 역력하다.

2016년 여름에 서른한 살이 된 마틴은 미국에서 태어난 조현병 환자에게 생길 수 있는 거의 모든 사연을 품은, 일종의 걸어 다니는 사레집과도 같다. 미묘하지만 결정적인 몇몇 초기 조현병 증상들을 알아보지 못한 아동정신과 의사들, 잘못된 인식에서 기인한 법 제도의 경직성, 미국 주 행정 차원의 법적·재정적 문제 때문에 악화된 의료 체계의 무력함, 환자가 자해 또는 타해의 "위험을 실행에 옮길 임박한 가능성"(그들은 종종 이 임박한 위험을 실행에 옮김으로써 그 가능성을 현실로 만든다)이 생기기 전에는 진료를 받지 못하게 하는 속 터지는 법적 딜레마, 약물 치료도 받지 않은 채 오랫동안 병원 치료만 기다리는 일, 마지막으로 범죄자로 기소되는 일까지, 마틴은 허다한 고통을 겪어왔다. 열거한 일 중 한 가지만 겪어도 치료는커녕 조현병 자체의 잔인성을 더욱 악화시키기에 충분하다. 이런 체계적 실패들을 모두 합하면 그것이 바로 우리 사회가 '정신의료'라고 부르는, 사즈 이후로 뒤죽박죽된 채 이어져온 의료 참사의 구체적 모습일 것이다.

아동 조현병 환자의 수많은 부모가 그렇듯이 리비의 인생도 여러 면에서 마틴의 인생과 하나로 엮여 있다. 깨어 있는 시간과 잠든 시간 모두(이런 구분이 무의미하긴 하지만) 마틴의 안전에 관한 생각과 마틴이 할지도 모를 행동에 대한 두려움, 법정과 병원에 동행하는 일, 다양한 청문회에서의 법적 옹호 활동, 전미 정신질환자 가족 연합을 위한 자원봉사 활동 등으로 가득 차 있다.

리비가 아들을 위해 했던 그 모든 노력으로도 마틴의 상태는 그다지 나아진 게 없었다. 마틴의 담당 의사들과 함께 그 주의 다른 병원들에서 의학적 처방을 간신히 얻어낸 것(처방받은 약을 먹도록 마틴을 설득하는 일은 아주 가끔씩만 성공할 뿐이었지만) 정도가 성과라면 성과였을까. 리비 부부는 농장 부지에 있는 작은 아파트에 아들의 거처를 만들어주었고, 여전히 마틴의 미래에는 단순히 '존재하는 것' 이상의 가능성이 별로 없다.

그러나 리비의 노력은 다른 측면에서 결과를 냈다. 바로 적敵을 만든 것이다. 리비는 그 열렬하고 지치지 않는 옹호 활동 때문에 반정신의학과 관련된 사람들에게서 가혹한 비판과 독설 세례를 받아왔고, 그 주의 정치가들에게 아들을 포함한 정신질환자를 위한 도움을 요청했다가 그들 대다수의 신랄하고 거만한 무관심에 또 한 번 상처를 입었다.

"돌이켜보면 마틴의 조짐과 증상은 이미 아동기 초기부터 분명히 드러났어요." 내가 매클렐런 부부의 집을 방문했던 어느 날 리비는 이런 얘기를 했다. "마틴은 이미 한 살 때도 다른 아이들에게 물리적인 공격성을 보였죠. 아무 이유도 없이 애들을 때렸어요. 우리 부부가 마틴을 살짝이라도 치거나 때린 일은 한 번도 없었는데도 말이죠." 어린 마틴은 툭하면 짜증을 냈고, 더 나쁜 것은 갈수록 다른 사람에게 감정을 이입하는 능력을 잃어갔다는 점이다(그러나 동물과 곤충에게는 유난히 상냥했다). 마틴은 편집성까지 띠게 되면서 자신의 문제와 잘못된 일들에 대해 다른 사람을 탓하기 시작했다. "예를 들어 자기가 뭔가를 못 찾으면 다른 가족이 그걸 가져갔다고 하는 거죠. 초등학교 중반 무렵부터는 선생님이나 다른 아이, 심지어 가족이 자기를 해치려 한다고 생각했어요. 다른 사람에게 적대적으로 말하고 불친절했는데, 제 어머니에게도 그랬어요. 개미 한 마리를 죽였다고 외할머니를 살인자라고 불렀죠."

어린 마틴은 리비가 처음엔 '사악한 눈 Evil Eye'이라고 불렀던 눈빛을 보이며 부모를 기겁하게 했다(리비와 프랭크가 마틴의 병을 알게 되면서 리비는 '그 시선the Stare'이라는 표현으로 바꾸었다). 나중에 리비는 그러한 눈빛이 조현병 환자에게 흔한 증상이라는 사실을 알게 되었다. 여섯 살 무렵부터 마틴은 행복해 보이는 적이 거의 없었다. 열여덟 번째 생일 때까지 유창한 달변가였지만 "계속해서 의미가 불분명한 장광설을 늘어놓았고, 대개는 분노와 적의에 찬 말"이었다. 마틴은 시끄러운 소음과 셔츠 옷깃의 상표가 피부에 긁히는 느낌을 매우 싫어했다. 또 추위를 느끼지 못해서 한겨울에 코트도 장갑도 없이 밖에 나가곤 했다. 낮에는 내내 잠을 자고 밤에는 활발히 움직였다.

마틴이 그런 반응과 행동을 보이기 시작할 무렵 리비는 아동정신과 의사에게 마틴을 데려가 증상을 설명했다. 의사는 가만히 듣더니 아들에게서 환각을 봤다는 얘기를 들은 적이 있느냐고 물었다. 리비가 없다고 하자 의사는 마틴이 조현병이 아니라고 결론지었다.

이어서 리비는 아동심리학자를 찾아갔는데, 그는 "무언가 심하게 잘못되어 있다"는 데 동의하고 아이들에게 생기는 자폐 스펙트럼 장애의 하나인 아스퍼거증후군이 아닐까 짐작했다. 아동심리학자는 처음의 정신과 의사에게 마틴을 다시 진료해보도록 제안했지만, 리비는 마틴이 정신과 의사를 만날 필요가 없다고 주장하며 그 제안을 거절했다.

이미 의료인으로서 교육을 받았던 리비는 직접 조현병에 관한 실질적인 지식을 쌓기로 작정했다. 그녀는 결정적인 시기에 해당하는 몇 년 사이 마틴이 태만한 진단 또는 적어도 불완전한 진단을 받았다고 확신한다. 열여덟 번째 생일에 마틴은 심각한 정신증 발작을 일으키고 긴장증catatonia° 초기 단계에 들어섰다. 아이러니는 그 생일에 마틴이 법적 성인이 되었다는 사실이다. 그러니까 마틴이 마침내 치료가 절박한 상황이라는 반박할 수 없는 증거를 보인 바로 그날, 그는 약물요법부터 입원 치료까지 그 병에 대해 어떤 조치를 취할지, 또는 거부할지 스스로 결정할 법적 지위를 획득한 것이다. 예상대로 마틴은 투약과 입원 모두 거부했다.

"이 제도에는 일말의 유연성도 존재하지 않아요. 열여덟 번째 생일은 아이의 뇌와 성인의 뇌를 가르는 결정적 경계선으로 간주되죠. 짐작건대, 이렇게 기한을 설정한 의도는 남자가 정신적 발달 수준과는 상관없이 육체적으로 완전한 성인에 이르자마자 입대할 수 있는 가능성을 열어두기 위한 것 같아요. 마틴이 '위험을 실행에 옮길 임박한 가능성'을 보이기 전까지 우리는 마틴에게 적절한 의학적 치료를 받게 할 수 없었어요." 리비의 말투는 씁쓸했다. "마틴에게 그런 위험이 있다는 사실이 증명됐을 때는 이미 최소한 3년은 정신증을 앓아온 뒤였지요. 정신증을 치료하지 않고 지내는 기간duration of untreated psychosis, DUP이 장기적으로 악영향을 미친다는 증거가 있습니다." 심하게 단순화할 위험을 감수하고 말하자면, 치료를 하지 않는 기간이 길어질수록 조현병은 참호를 더욱 깊이 파고 들어간다.

"그러니 마틴은 자기가 병에 걸렸다는 것도 모를 만큼 뇌에 심한 병이 생기고도 수년간 치료를 전혀 받지 못한 사람의 전형적인 예입

○ 온몸의 기능이 극도로 억제되어 움직이지 않는 상태가 되는 운동 기능 장애. 여러 정신 질환의 증상으로 나타나는데, 외부 자극에 반응하지 않거나 정상적인 동작을 못 한 채 몇 시간 동안 같은 자세를 유지하기도 한다.

니다. '시민적 자유'라는 허울 아래 몇 년 동안이나 치료를 받지 못했죠." 리비는 잠시 심호흡을 한 뒤 다시 말을 이었다. "조현병이 한 사람의 뇌에 이런 일을 벌여 병을 자각하지 못하게 만들었다면, 그 병이 그에게서 시민적 자유를 **이미 박탈해갔다는** 사실을 이 나라의 시스템은 직시하지 못하는 겁니다. 우리 사회에는 이런 사람들을 도울 성인 전문가들이 더 많이 필요해요. 그들이 '자유롭게' 헤매고 다니다가 감옥에 갇힐 행동을 하고 감금되도록 내버려두는 것이 아니라 그들을 보호해줄 사람들 말이에요."

마틴의 긴장증은 억제되었지만 결코 치료된 것은 아니었다. 스무 살이었던 2006년, 마틴은 그 병으로 인해 중범죄를 포함한 범죄를 저질렀다. "예전 고용주의 사무실에 유리를 깨고 들어가 수천 달러어치의 피해를 입혔어요. 그러고는 몇 군데 찢어진 상처에서 피를 흘리며 나가 이번엔 자동차 운전자의 목을 졸라 차를 빼앗으려고 했는데 다행히 그 운전자는 달아났답니다. 내 생각엔 마틴이 긴장증의 '흥분' 단계에서 이런 일을 벌였던 것 같아요."

경찰은 마틴을 체포하여 근처에 있는 한 대학병원 응급실로 데려갔다. 처음에 마구 싸우려 들던 마틴은 금세 긴장증의 혼미 단계에 빠졌는데, 몇 시간 뒤 의식을 회복했을 땐 거의 말하지도 움직이지도 못했다. 부모가 그에게 물을 좀 주었고, 그런 다음 마틴은 휠체어에 태워져 아무 치료도 받지 못한 채 지역 구치소로 옮겨졌다. 리비는 몇 차례 구치소에 전화를 걸어 중요한 병력 정보를 제공했다. 그러나 구치소는 마틴이 간수 한 명을 공격한 다음에야 그를 주립 정신병원으로 이송했다. 정신증 상태의 마틴에게 더 큰 고통을 안기며 몇 차례의 형사 공판이 진행된 뒤, 리비가 찾아낸 변호사는 마침내 검사를 상대로 마틴이 정신이상이며 따라서 제기된 혐의에 대해 무죄임을 주장했다.

변호사가 리비의 아들을 감옥에서 빼내주긴 했지만, 오랫동안 약물요법을 받지 않고 지낸 결과 마틴의 뇌에 발생한 손상은 그 무엇으로도 되돌릴 수 없다. "오랫동안 치료하지 않은 정신증이 뇌에 유해한 영향을 미칠 수 있다고 암시하는 문헌들 때문에 계속 걱정이 돼요."▼ 리비는 말했다. "몇 년 동안 마틴은 간신히 웅얼거림을 뱉어내

▼   2000년 11월 《미국 정신의학 저널》에 한 연구가 사설 형태로 실렸다. 뉴욕주 정신병원 원장인 제프리 리버먼Jeffrey A. Lieberman과 국립 정신보건원의 부소장이었고 종종 폭력성이 발현되는 심각한 상태의 정신증 환자들을 용기 있게 대한 것으로 잘 알려진 정신과 의사 고故 웨인 S. 펜턴Wayne S. Fenton이 쓴 글이었다. 2006년 9월 3일, 당시 53세의 펜턴 박사는 워싱턴 교외에 있는 자신의 진료실에서 19세 환자에게 항정신병 약물 복용을 다시 시작하라고 권하다가 그 환자에게 맞아 숨진 채 발견되었다.

리버먼과 펜턴의 연구에서 나온 결론 중 하나는 다음과 같다. "환자를 즉각적이고 효과적으로 치료하면 좋은 결과를 낼 수 있다. 그러나 동일한 연구들을 통해 밝혀진바, 전 세계에 걸쳐 정신증의 첫 번째 발작을 겪은 사람은 정신증 증상이 시작된 때부터 치료가 시작될 때까지 우려스러울 정도로 긴 시간을 허비한다. 여러 대륙에서 실시된 열 가지 이상의 연구에 의하면, 정신증이 치료 없이 지연되는 기간은 평균 1~2년이다."

두 저자는 정신증을 장기간 치료하지 않으면 필연적으로 "측정 가능한 신경독소와 평생에 걸친 장애"를 초래한다는 지배적인 믿음에 의혹을 던지는 새로운 연구들이 있다는 점을 인정하면서도 다음과 같이 밝힌다.

"진단하지 않고 치료하지 않은 정신증은 환자와 그 가족에게 공포와 고통, 혼란이라는 무거운 짐을 지운다. 치료하지 않은 정신증에 수반하는 여러 기능장애는 청년기의 표준적 발달 과정에 엄청난 문제를 일으킨다. 또래 집단을 형성하고 유지하는 것, 가족에게서 독립하는 것, 연애 관계를 맺는 것, 독립적 삶의 기술을 습득하는 것, 생산적 직업 활동을 준비하는 것까지 성숙에 필요한 과제들 모두가 발달의 가장 중요한 단계에서 방해받을 수 있으며, 이런 방해는 한 젊은이의 삶의 여정을 쉽게 고칠 수 없는 방식으로 바꿔놓는 경우가 많다. 그뿐아니라 정신증을 치료하지 않은 사람은 폭력을 비롯한 행동 통제 장애를 일으킬 위험이 있고, 그 때문에 자신과 타인에게 장기적으로 영향을 미칠 결과를 초래할 수 있다."

는 정도밖에 할 수 없었어요. 마틴은 스스로 자신을 변호할 수 없어요. 우리가 대신 해줘야만 합니다." 이 글을 쓰는 지금까지 마틴은 총 열일곱 번 입원했고, 그중 몇 차례는 두 달에서 석 달을 기다리고야 비자의 치료를 받았다. 석 달을 기다린 끝에 시작된 입원은 1년 반 동안 지속되었다.

리비가 들려준 이야기로 판단하건대, 마틴을 상대해온 법원과 정신병원, 법 집행기관의 네트워크는 마틴이 조현병을 처음 진단받았을 때부터 그의 권리들을 온전하게 지켜주기 위해 최선을 다해 서로 협력해왔다. 리비와 프랭크는 아들의 고통이 장기화되고 상태가 악화된 부분적인 이유가 사법제도 자체의 불안정성에 있다고 확신하며 분통을 터뜨린다. 사법제도는 수십 년에 걸쳐 한편에서는 정신의학 전문가들의 서로 상충하는 주장에 의해, 다른 한편에서는 정신증에 걸린 사람의 고통 경감보다는 자신들의 이데올로기 유지에만 관심을 기울여 과도하게 경계하는 정신질환 부인주의자 및 시민 자유론자들에 의해 흔들려왔다.

마틴은 몇 달째 수렁 같은 긴장증 상태에 빠진 채로 시골집 근처 깊은 숲속 어딘가에서 자신의 권리를 만끽하는 중이다. 그러는 동안 의사인 그의 어머니는 마틴이 악성 또는 치명적 긴장증 상태로 다가가고 있다는 공포를 느낀다.

*

토머스 사즈의 친구 중 아직 살아 있는 이들은 사즈 본인도 틀림없이 신중에 신중을 기했을 그의 개인사와 인간관계에 관해서는 입을 열지 않는다. 그에게는 글쓰기와 강의, 대담, 논쟁, 인터뷰를 제외한 사적인 삶이라는 것이 거의 없었으리라고 쉽게 추측할 수 있다.

1951년에 그는 로진 로시카잔Rosine Loshkajan이라는 레바논 여인과 결혼했는데, 사즈는 자서전에서 그녀에 관해 딱 한 번 언급했을 뿐이다. 그녀는 사즈에게 딸 둘을 낳아주었고, 1970년에 그와 이혼했으며, 이듬해 한 모텔에서 자살했다. 셰일러는 사즈의 악명이 급격히 높아진 상황이 "로진을 절벽 너머로 떠밀었을 것"이라고 믿고 있다.

토머스 사즈는 2012년에 계단에서 떨어진 뒤 곧 사망했다. 검시관은 척추에 심각한 손상이 생긴 결과 사망에 이르렀다고 판단했다. 제프리 셰일러가 추도식에서 올린 유대식 기도에 따르면, 사즈의 직접적인 사인은 자살이었다.

정지

12

나는 딘의 조현병 전구기前驅期가 그 사고의 트라우마와 잔인한 여파에 끊임없이 압박을 받은 탓에 촉발되었다고 믿는다. 만성 정신질환 연구에서 전구기 연구는 비교적 역사가 짧아 대체로 1990년대 초반부터 시작된 것으로 본다. 전구前驅, Prodrome란 '~에 앞서 달려가는'이라는 의미의 그리스어에서 온 단어다. 신경과학에서 전구라는 용어는 조현병 치료(여전히 하나의 희망이지만 곧 이루어질 희망은 결코 아닌)에만 초점을 맞추던 것에서, 미래에 정신증이 발생할 수 있음을 보여주는 '잠복성' 행동 신호들을 일찍 식별해내는 일로 초점이 옮아갔음을 알려준다. 이러한 식별이 가능해지면 그 병이 '노골적인' 정신증으로 진행되어가는 초기 과정에 개입할 수 있고, 따라서 환자가 평생 겪을 고통을 줄여줄 수 있다. 2010년 국립 바이오테크놀로지 정보 센터가 발표한 논문에는 이렇게 설명되어 있다.

전구기는 몇 주에서 몇 년까지 지속될 수 있고, 이 시기에는 공존 장애°가 발생하는 경우가 매우 흔하다. 조현병 및 기타 정신증적 장애의 전구기에는 임상적 정신증 증상이 나타나기에 앞서 일어나는 비균질적 자각증상과 행동의 변화나 악화 과정이 진행되는 것이 특징이다.[112]

1999년 6월 1일 화창한 화요일, 딘과 아너리와 나는 미들베리 지방법원 신관 건물 계단을 올랐다. 앤 여왕 시대풍 벽돌은 완공한 지 3년이 지났는데도 여전히 붉은 광택을 선명히 유지하고 있어서, 서쪽으로 법원 거리와 면해 있는 19세기풍 자주색 구관과 대조를 이루고 있었다. 우리는 작은 공판실에 들어가 광택이 반들반들한 두 개의 법정 변호사 탁자 중 하나에 둘러앉았다. 그 탁자들 위로 판사의 책상이 높이 솟아 있었다.

우리는 불안한 열두 달을 보내고 난 뒤, 우리 아들이 나머지 청소년기와 20대 초반을 감금된 채 보내게 될지 말지를 결정할 공판에 참석한 터였다.

에이미와 그 가족은 이미 도착해 다른 탁자에 앉아 있었다. 양쪽 가족의 변호사들이 서류 가방을 열고 서류들을 탁자 위에 펼쳐놓았다.

판사가 들어와 우리 모두 기립했다. 그는 공판을 여는 말을 몇 마디 하고는 딘에게 할 말이 있으면 해보라고 권했다. 딘이 앉아 있던 의자에서 일어났다. 격식상 차려입은 쓸쓸한 새 흰색 셔츠에서 벌써

○ 한 환자가 서로 무관한 병리 또는 질병을 동시에 앓는 상태를 말한다. 동반 질병, 동반 이환, 공존 이환, 동시 이환, 중복 이환 등 여러 용어가 쓰인다.

땀 얼룩이 배어났고, 역시 격식상 맨 넥타이는 약간 비뚤어져 있었다. 딘은 주먹 쥔 손을 탁자에 짚은 채 체중의 균형을 맞추며 상체를 앞으로 내밀었다. 나는 그 순간이 끔찍이도 싫었다. 벽에 걸린 거만해 보이는 법원 문장紋章도, 미국 국기도, 내 아들의 몸에 걸쳐진 우스꽝스럽고 무의미한 셔츠와 타이도, 판사의 무표정한 얼굴도, 그리고 반대편 탁자에 앉은 사람들의 험악한 표정도. 그 모든 것이 다.

딘의 꽉 쥔 주먹이 반들거리는 탁자 위에서 가늘게 떨렸다. 딘이 두려워하는 모습을 보는 경우는 아주 드물었고, 이만큼이나 두려워하는 모습을 본 건 처음이었다. 딘이 스스로를 추스를 수 있을지 확신이 서지 않았다. 그러나 딘은 그렇게 했다. 곧게 몸을 세우더니 생각을 정리하고, 짤막하지만 당당하게 그 사고에 대한 책임이 자신에게 있다는 자책의 말과 함께 에이미가 겪은 일에 대해 연민을 표현했다. 에이미의 부모는 험악한 표정을 끝까지 풀지 않고 앉아 있었다.

딘이 말을 마치자 공판장에는 침묵이 흘렀다. 그 침묵 너머에 앞으로 8년 동안 딘이 걸어갈 길이 놓여 있었고, 그 길은 남은 인생 동안 딘이 걸어갈 여정까지 결정하게 될 터였다. 딘 역시 이러한 점을 이해하고 있었으리라.

그때 내가 일어나서 내게도 멍청한 소리를 할 기회를 달라고 법정에 요청했다.

결국 발언하겠다는 얘기지만 어차피 그 말이 그 말 아닌가.

고상한 척 장광설을 늘어놓는 버릇이 있었던, 아니 아직도 있는 나는 용서에 관해 이야기하는 게 좋겠다고 생각했다. 구체적으로는, 용서라는 행위가 용서하는 사람에게 주는 치유의 효과에 관해 말하고 싶었다. 하지만 내가 그 의미를 명확히 전달할 수 있을지 없을지는 결국 아무 의미도 없었다. **용서**라는 단어가 입술 사이로 새어 나오자마자 반대편 탁자에서 날카로운 항의로 내 말을 중단시켰으니 말이다. 어떻게 감히 용서를 입에 올릴 수 있느냐. 딘은 용서받을 자격이 없다! 딘의 경솔함 때문에 에이미가 죽을 뻔했다…….

나는 지옥이 이런 걸까 생각하며 다시 자리에 앉았다.

이어 침묵이 흐르는 몇 초 동안, 나는 생각했다. 내 아들이 우호적인 판결을 받을 가능성을 혹시 내가 망쳐놓은 건 아닐까?

판사는 양손은 깍지를 낀 채 테 없는 안경 너머로 딘을 곰곰이 뜯어보았다. 훌륭한 재판관이 대개 그렇듯 속을 읽을 수 없는 진지한 태도였고, 검은 법복을 걸친 마른 체구에 뒤로 빗어 넘긴 검은 머리의 양옆은 희끗희끗했다. 뉴잉글랜드 사람 특유의 도덕을 구현하는 인물 같은 모습이었다.

"나는 이 젊은이에게서 희망을 봅니다." 마침내 판사가 입을 열었다. 1년이 넘는 기간 동안 우리 가족을 제외한 어른이 딘에게, 또는 딘에 관해 한 말 가운데 인간적 존중이 담긴 최초의 말이었다. 딘에게는 물어본 적 없지만 나는 바로 그 순간 내 아들을 에워쌌던 암흑에 조그만 틈이 벌어지기 시작했다고 생각한다. 어쨌든 아너리와 나에게는 틀림없이 그 순간 틈이 벌어졌다.

판사는 3년에서 8년의 징역형에 집행유예 판결을 내렸다.

우리 아들은 벌금 2500달러와 사회봉사 500시간, 1년간 운전면허 정지, 여름이 끝날 때까지 5주 동안 주말마다 애디슨 카운티 작업반에서 일할 것, 자택 구금 1년 유지, 여러 자잘한 벌금 납부를 포함한 조건과 함께 보호관찰을 받게 되었다.

그렇게 딘이 지옥에서 빠져나오는 긴 여정이 시작되었다.

사건은 종결됐다.

그러나 자신이 삶의 강물에 속수무책으로 휩쓸려 가고 있다는 딘의 느낌은 사라지지 않았다.

*

그 강물에서 딘을 끄집어내 영원히 떠내려갈 위험에서 구해낸 것은 아너리였다.

아너리는 버몬트주의 사법제도가 언젠가는 자비로, 아니면 적어도 상식으로, 자기 아들의 처벌을 완화해달라는 호소에 답해주리라는 믿음을 끝내 버리지 않았다. 위기에 닥쳐서도 결코 허둥대는 법이 없는 그녀는 타이밍과 인내의 중요성을 잘 알고 있었다. 아너리는 지역사회의 여론이 아직 딘에게 불리한 쪽으로 기울어져 있을 때 그런 요청을 하는 것은 이로울 게 없다고 생각했다. 마을 곳곳에 나붙어 고약한 오해를 부추기는 포스터들과 법정에서 눈이 시린 검열의 조명을 들이대고 고집스럽게 딘을 "양껏"(공판 녹취록을 보면 이는 맥주 한 병을 의미했다) 마시고 "취한 사람"이라고 표현한 WCAX TV 뉴스의 포식자적 관심이 그런 여론을 주도하고 있었다. 아너리는 그 방송사의 기자들과 뉴스 제작진이 딘의 사건에 관심을 잃고 그들이 딘의 경우와 관련해서 넌지시 제기했던 질문("당신이 연 파티에서 누군가 양껏 마시고 취한다면, 그들이 초래할 피해에 당신은 책임이 있는가?"와 같은)과 비슷한 내용을 방송하게 해줄 다른 이야깃거리를 찾아 떠날 때까지 기다렸다.

아너리는 곧 새 학년이 시작된다는 점을 고려하여 최대한 오래 기다렸다가 조용히 딘을 위한 작업에 착수했다. 그녀는 우리 쪽 변호사에게 딘이 남은 자택 구금 기간 내내 계속 갇혀 지내는 대신 그해 가을 대학 진학 예비 학교의 졸업 후 과정에 등록할 수 있도록 요청하는 청원서를 판사에게 제출해달라고 끈질기게 부탁했다. 에이미의 부모도 이 청원 심리에 참석했는데, 에이미의 아버지는 딘이 짊어진 짐을 덜어주고 새로운 곳에서 시작할 기회를 주는 것에 거세게 반대했다. "저 애는 바로 자기 집 뒷마당에서도 수많은 기회를 찾을 수 있습니다!" 나는 지금도 궁금하다. 그가 자신의 말 속에 담긴 아이러니를 느꼈을까? 딘이 거의 1년 가까이 뒷마당을 거니는 동안 더 큰 세상의 기회들은 딘의 손이 닿지 않는 곳으로 흘러가버렸다.

판사는 에이미 부모의 반대를 기각했다. 딘의 자택 구금을 종료하고 메인주에 있는 학교에 등록하도록 허락해달라는 우리의 청원이 받아들여진 것이다.

그렇게 우리 아들은 고통과 스트레스에 지친 채, 젊은이로서의 삶을 재개했다.

＊

소송은 새로운 시작의 희망과 함께 마무리됐을지 모르지만, 우리의 시련은 계속될 참이었다. 내가 화해를 시도하며 에이미의 가족에게 만남을 제안하는 편지를 보냈던 건 딘에게 선고가 내려지기 전인 그해 3월이었다. 상담사의 중재를 받는 방법도 좋다고, 우리 모두가 함께 치유의 과정을 시작하기를 바라는 마음이라고. 에이미와 딘이 육체적·정신적 시련에서 회복하는 데 도움을 주기 위해서라도 그런 만남이 필요하다는 게 내 생각이었다. 딘 역시 여러 차례 에이미와 그 애의 부모에게 '속죄'하고 싶다는 바람을 이야기한 터였다. 그러나 에이미의 가족은 내 편지에 아무 응답도 하지 않았다. 판사가 딘의 형기를 조정해주고 얼마 지나지 않은 어느 더운 여름날 오후, 내가 집 앞 언덕배기의 잔디를 깎다가 돌아서니 보안관의 흰색 순찰차가 우리 집 진입로로 천천히 올라오는 모습이 보였다. 선글라스를 낀 보안관이 차창 너머로 나를 바라보고 있었다. 나는 잔디 깎는 기계를 멈춘 뒤 이마의 땀을 닦고는 터덜터덜 언덕을 내려가 순찰차로 다가갔다. 막 깎인 잔디의 달콤한 향이 나를 따라왔다.

느낌만으로도 무슨 일이 벌어지고 있는지 알 것 같았다. 그런 일이 벌어질 수도 있다는 말을 변호사에게 듣기는 했지만, 나는 끝까지 순진하게도 그런 일이 정말로 일어나리라고는 생각하지 않았다. 1년 넘게 이어진 형사 법원의 처벌들과 법정 밖에서 에이미의 부모가 벌인 술책들만으로도 이미 충분하지 않은가. 특히 두 아이가 입은 심리적 피해를 감안한다면 더더욱 안 될 말이었다.

보안관이 열린 창으로 팔을 내밀었다. 손에는 두꺼운 서류 봉투가 들려 있었다.

"유감입니다." 그는 정말로 난처해하는 것 같았다.

"이해합니다. 할 일을 하시는 것뿐인데요."

그는 고개를 끄덕이고는 진입로를 빠져나갔다.

나는 봉투를 열었다. 안에는 에이미의 부모가 아너리와 나를 상대로 민사소송을 제기했다는 통지가 들어 있었다. 소송의 목적은 우리가 "경솔하게" 운전하는 아들에게 그날 밤 차를 운전하도록 허락함으로써 형사상 과실을 범했음을 입증하는 것이었다. 이 소송이 우리의 삶을 3년 더 잡아먹었다.

에이미 부모의 변호사는 아너리와 내가 부주의한 부모였다는 증거와 증언을 모으기 위해 탐정을 고용해서 딘의 친구들과 그 가족이 사는 동네를 집집마다 방문해 면담하게 했다. 면담이 끝난 뒤에는 진술이 이어졌다. 변호사는 면담한 사람 거의 모두에게서 진술을 받았는데, 그중 다수가 우리의 친구이거나 친구였던 이들이었다.

그런 다음 그 변호사는 아너리와 내게도 진술을 받아냈다.

2003년 11월, 에이미의 가족은 증거 부족을 이유로 소송을 철회했다. 그러나 그 소송은 결코 사라지지 않고 사이버 공간에 계속 남아 있다. 누군가 아너리의 과학적 경력에 관한 정보를 찾기 위해 구글 검색창에 이름을 입력하고 제일 먼저 뜨는 링크를 누르면 그녀의 이름으로 된 문서 하나가 나온다. 아너리가 거의 반세기 동안 쌓아온 과학적 업적과는 아무 상관이 없는 문서가. 거기에는 버몬트주 대법원이 이 선량한 여성의 이름이 걸린 얼토당토않은 민사소송의 세세한 점들에 관해 판단한 내용이 담겨 있다.

에이미는 부상에서 회복했다. 에이미가 건강을 회복하기까지 오랜 기간 부모의 격려와 관리를 받으며 고통스럽고 철저한 재활 치료를 이어갔다는 사실을 우리는 잘 알고 있다. 한때 학교의 촉망받는 농구 선수였던 에이미에게는 선수로서 익혔던 훈련이 분명 긍정적으로 작용했을 것이다. 우리가 들은 이야기를 모두 종합해보면, 에이미는 그 시련을 겪는 동안에도 늘 용기 있고 쾌활한 상태를 유지했고, 몇 년 뒤에는 결혼해 가정을 꾸렸다고 한다.

*

1835년에 세워진 굴드 아카데미Gould Academy는 2000명의 주민과 비슷한 수의 단풍나무가 터전으로 삼고 있는 메인주 서부의 베델 마을에 있는 붉은 벽돌로 된 작은 학교다. 가까이 앤드로스코긴강이 흐르고 화이트 마운틴 국유림이 있다. 학문적 수준이 높은 학교라 그만큼 수업료와 숙식비도 많이 든다. 딘의 기록에 명시된 중죄 유죄판결 때문에, 굴드의 행정 직원들은 입학 신청에 선뜻 결정을 내리지 못했다. (딘이 신청서를 쓰고 있을 때 잠깐 넘겨보다가 "나는 공격적인 사람이 아닙니다"라는 가슴 아픈 문장을 읽었던 것이 떠오른다.) 이번에도 아너리는 포기하지 않았다. 그녀는 교장 윌리엄 P. 클러프 3세William P. Clough III에게 전화를 걸어 교장실에서 자신과 딘을 면담해달라고 설득했다. 두 사람은 동쪽으로 거의 네 시간 가까이 달려야 하는 베델까지 차를 몰고 갔다. 판사가 그랬듯 클러프 교장도 자기 앞에 앉은 이 젊은이, 그리고 그의 어머니와 이야기를 나누며 두 사람의 지성과 진실성과 성실함을 알아보았다. 그는 딘을 그 학교의 학생으로 반가이 맞아들였다.

그해 가을 내가 딘에게 보낸 이메일 두 통을 보면 당시 딘의 상황이 어땠는지 짐작할 수 있다.

제목: 너의 엄청난 성적

날짜: 1999년 12월 2일 목요일 12:05:45 –0500

발신인: 론 파워스 <ropo@sover.net>

수신인: 딘 파워스 <junior_304@hotmail.com>

딘,

방금 엄마가 굴드 홈페이지에서 너의 엄청난 성적과 우등생 명단에 올라 있는 네 이름을 보여주었단다. 물리와 미적분 성적이 어마어마한데, 다시 보니 나머지도 다 그렇구나. 축하한다. 계속 그렇게 뛰어나게 학업을 이어가렴. 이런 성적이라면 대학에서 성취할 수 있는 건 정말이지 한계가 없겠어. 조심하지 않으면 너 망할 놈의 지식인이 될지도 모르겠구나. 그런 일이 일어나려는 기미가 느껴지거든 얼른 숲으로 달아나라.▼

아빠가

제목: 또 축하할 일들

날짜: 1999년 12월 2일 목요일 20:01:20 –0500

발신인: 론 파워스 <ropo@sover.net>

수신인: 딘 파워스 <junior_304@hotmail.com>

▼ 한때 딘은 나에게 자신은 "절대 지식인이 못 될 것" 같다는 아쉬움을 토로한 적이 있었다. 자존감에 생긴 상처를 명확히 드러내는 통찰이었다.

딘,

네 엄마가 각 과목의 개인 평가를 확인하는 방법을 알아냈지 뭐냐. 오늘 그걸 집에 가져온 덕에 우리는 저녁을 먹으며 읽고 또 읽었다. 환상적이라는 말도 부족하구나. 그곳 선생님들이 정말로 너의 진가를 알아보고 있고, 굉장한 칭찬의 말을 해주었어. 나는 학교에 다니는 내내 한 번도 그런 칭찬을 들어본 일이 없는데. 더할 나위 없이 네가 자랑스럽다.

아빠가

한편 케빈은 그해, 1999년 가을에 고등학교에 들어갈 예정이었다. 이제 막 열다섯이 된 케빈은 동네에 떠도는 형에 관한 소문에 상처 입기 쉬운 상태였다. 그 전해, 자동차 사고가 일어나고 여섯 달쯤 지났을 때 에이미의 부모는 왜인지 모르지만 동네 레스토랑에서 연 에이미의 열여섯 번째 생일 파티에 케빈을 초대했다. 역시나 왜인지 모르지만 우리도 케빈이 거기 가는 것을 허락했다. 아마도 그 초대를 화해의 제스처로 받아들여 미끼를 덥석 물었던 것 같다. 한 시간 정도 지나자 전화벨이 울렸다. 케빈이었다. 케빈은 파티에 있는 것이 불편하니 데리러 와달라고 했다. 우리는 그렇게 했다.

그런 일이 있은 뒤, 우리는 케빈도 이 마을 밖으로 내보내야 한다는 것을 깨달았다. 점점 발전하는 기타 실력이 그나마 좋은 동기가 되어주었다. 1999년 여름이 지나는 동안 기타를 향한 케빈의 열정은 더욱 성숙하게 영글었고, 기타로 할 수 있는 것들에 대한 이해도 더욱 깊어졌다. 딘과 함께 즉흥연주를 하고 마이클 선생님과의 세션도 여전히 이어가면서(이제 케빈의 영원히 변치 않을 친구가 된 마이클은 우리에게 다소 서글픈 어조로 "내가 아는 건 이미 다 가르쳐줬어요"라고 말했다), 케빈은 매주 벌링턴에서 전설적인 연주자이자 선생님인 폴 애스벨Paul Asbell에게 교습을 받았다. 애스벨은 젊은 시절 시카고에서 머디 워터스Muddy Waters, 존 리 후커John Lee Hooker, 하울링 울프Howlin' Wolf, 라이트닝 홉킨스Lightnin' Hopkins, 오티스 러시Otis Rush 등과 함께 연주와 녹음을 했고, 다시 버몬트에 정착한 뒤로는 여러 스튜디오로 출장을 다니며 폴 버터필드Paul Butterfield, 조슈아 레드먼Joshua Redman, 줄리언 라지Julian Lage 등과 녹음했다. 애스벨은 피시Phish의 트레이 아나스타시오Trey Anastasio를 제자로 가르치기도 했다.

그러나 케빈은 이미 교습만으로 충분하지 않은 단계에 도달해 있었다. 케빈에게 필요한 건 연주 경험이었다. 〈다운비트〉에서 수상했을 뿐 아니라 자신의 영웅인 우즈 티 컴퍼니와도 함께 무대에 올랐고 미들베리의 페스티벌 온 더 그린Festival on the Green에도 참가한 터였지만, 이런 일들은 드물게 생기는 일회성 이벤트였다. 케빈은 정기적인 앙상블과 솔로 연주를 하고 기타의 모든 장르를 배울 준비가 되어 있었다.

우리는 음악학교를 찾기 시작했다. 이른 봄 우리가 처음 찾아간 곳은 보스턴 남서부에 있는 입시 예술학교였다. 우리는 그 학교의 행정 직원과 한낮에 만나기로 약속을 잡고 전날 밤 그 도시에 도착했다. 엄청나게 맛있는 피자를 나눠 먹었고, 다음 날 아침에는 쇼핑몰에 가서 케빈이 면접 때 입을 옷을 샀다. 노란색과 파란색 테를 두른 흰색 조끼였다.

한 시간쯤 뒤 우리는 엄청나게 크고 어둡고 텅 빈 공연장 한가운데 놓인 접이의자에 앉아 입학 사정관을 기다리고 있었다. 케빈은 새 조끼 차림으로 무릎 위에 걸친 어쿠스틱 기타를 조율하고 있었다. 마침내 메트로놈처럼 규칙적인 구두 소리가 요란하게 울리며 입학 사정관의 도착을 알렸다. 그녀는 우리의 맞은편에 거칠게 앉더니 들고 온 클립보드를 험악한 표정으로 들여다보았다. 자기소개도 인사도 없이 우리를 흘끔 쳐다보고는 그 학교가 케빈에게 "맞는 곳"이 아닌 이유를 줄줄이 늘어놓았다. 마치 케빈의 엄마와 통화하고 면담 약속을 정했던 일을 전혀 기억하지 못하는 것 같았다. 아니, 심지어 우리가 자물쇠를 따고 그 건물에 침입했다고 의심하는 듯한 태도였다.

만약 어떤 기적으로 케빈의 입학 신청이 받아들여진다면 그 학교에서 케빈은 대략 성서에 나오는 나병 환자 같은 지위를 누리게 되리라는 점을 명확히 표현한 뒤, 그녀는 케빈에게 한 곡 연주해보라고 말했다.

나는 아들 쪽을 바라보았다. 몸 전체가 보일 만큼 떨어진 거리였다. 케빈은 꼭 나팔총을 본 토끼처럼 온몸을 구부리고 그 철제 의자에 앉아 있었다. 두 손은 기타 위에 포개고 두 발목은 의자 밑에서 단단히 서로 건 채, 케빈은 이 사람이 도대체 왜 이렇게까지 불친절하게 구는지 이해해보려는 듯 고개를 살짝 옆으로 기울여 그녀를 바라보았다.

나로 말하자면, 당장 케빈의 손목을 붙잡고 거기서 나가버리고 싶었다. 그녀가 한 아이의 용기와 자존심에 얼마나 부당한 공격을 가하고 있는지 캠퍼스 전체에 다 들릴 만큼 큰 소리로 또박또박 알려주고 싶었다. 그러나 참았다. 충돌 상황이 발생하면 케빈은 더욱 당황할 테고, 만약 음악학교 사람들을 더 만나보려는 의지 자체가 무너져버리기라도 하면 앞으로 그 애를 가르치고 북돋워줄 기회도 사라질 것 같았다.

억지로 참고 있자니 복통이라는 물리적인 고통이 몰려왔지만 나는 침묵을 지킨 채 상황이 흘러가는 대로 지켜보았다. 창백해진 케빈의 얼굴이 눈에 들어왔다. 그러나 케빈은 특유의 아름답고 유려한 동작으로 기타를 잡더니, 이내 연주를 시작했다.

짧은 연주는 흠잡을 데가 없었다. 평소 그 애가 연주에 쏟아붓던 열정과 창의성, 깊은 해석력은 좀 부족했을지 모르나 기술적으로는 완벽했다. 케빈은 마치 이렇게 말하는 것 같았다. '당신이 결코 나를 위협할 수 없는 깊은 수위가 있어. 당신은 나의 존엄을 훼손하지 못해.' 그리고 아마 이렇게도 말했을 것이다. '당신에겐 나의 열정을 보여주지 않겠어. 당신은 그럴 가치가 없으니까.'

우리는 그 어둠침침한 건물에서 이른 봄의 눈과 진흙탕 속으로 걸어 나가 차를 타고 캠퍼스를 떠났다. 두 번 다시 그곳에 갈 일은 없으리라는 것, 설령 초대를 받더라도, 이 세상에서 우리가 선택할 수 있는 유일한 학교가 그 학교뿐이라도 결코 가지 않을 것을 우리는 알고 있었다. 다소 가라앉은 분위기 속에서 미들베리로 돌아오는 동안, 나는 케빈에게 그 점을 단단히 일러두었다. 걱정은 오직 하나뿐이었다. 케빈이 적의와 모욕을 감수하고 과연 또다시 음악학교의 누군가에게 면접을 보려고 할까? 괜한 걱정이었다.

몇 주가 지난 어느 날 전화벨이 울리더니 온화한 목소리의 한 남자가 케빈 파워스와 통화할 수 있겠냐고 물었다. 전화한 사람이 누군지 확인한 나는 작은아들에게 수화기를 건넸고, 케빈은 의아하다는 얼굴로 나를 보며 수화기를 받아 들었다. 몇 초 뒤, 특유의 비스듬한 미소가 아이의 얼굴에 번졌다. 전화를 건 사람은 미시건주 트래버스시티의 인터로컨 예술 아카데미Interlochen Arts Academy의 기타 강사로, 케빈이 그곳에 입학 허가를 받았음을 알려주기 위해 전화한 것이었다.

그해 언제였던가, 케빈은 우리가 구해 온 인터로컨 입학 신청서를 작성하고, 필수적으로 제출해야 하는 "대조적인 스타일"의 솔로곡 연주 장면을 비디오테이프 두 개에 담아 인터로컨에 보냈었다. 이제 케빈은 기쁨이 넘치는 얼굴로 강사가 자신의 연주를 대단히 칭찬했다는 말을 우리에게 들려주었다.

인터로컨은 1999~2000년도에 총 440명의 학생을 받았다. 그중 기타 연주자는 열한 명뿐이었다.

국토의 3분의 1을 횡단해야 나오는 그 기숙학교에 정말로 가고 싶은지 물어볼 필요는 없었다. 그 애의 얼굴 가득 그 답이 쓰여 있었으니까.

그해 9월, 나는 1500킬로미터를 운전해 케빈을 인터로컨으로 데려갔다. 잊지 못할 여정이었다. 케빈과 내가 선택한 경로는 북쪽의 몬트리올까지 올라갔다가 서쪽으로 17번 고속도로를 타고 오타와를 우회해 1000킬로미터를 달린 다음, 수많은 호수와 말코손바닥사슴이 가득한 광활한 원시림 앨곤퀸 주립 공원을 지나는 코스였다. 중간에 통나무로 지은 식당에서 햄버거를 먹고 선물 가게에도 들렀는데, 이 두 곳은 이후로도 함께 학교를 오갈 때마다 마치 전통처럼 방문하는 장소가 되었다. 두 아이 모두 그랬지만, 특히 케빈은 더 전통에 집착했다. 우리는 온타리오주 서드베리에 있는 모텔에서 밤을 보낸 뒤 솔트세인트마리에서 남쪽으로 꺾어 75번 주간고속도로를 타고 미시건으로 향했다. 장엄한 아치가 있는 현수교이자 길이가 8킬로미터에 달하는 매키노 다리에 올라 미시건호와 휴런호를 잇는 매키노 수로도 건넜다.

케빈은 긴 자동차 여행 내내 쾌활한 상태였지만 학교에서 새로운 사람들을 만날 일이 걱정스럽다고 털어놓았다. 일단 자기는 재미있는 농담을 하나도 모른다는 것이었다. 나는 농담의 가치가 지나치게 부풀려진 것일지도 모른다며, 친구를 사귀는 가장 좋은 방법은 그들 자신에 관한 질문을 많이 하는 것이라고 조언했다. 이 방법은 여자아이들한테도 마찬가지라고, 아니 여자아이들한테 더 그렇다고도 덧붙였다.

온타리오의 서드베리 모텔에 들렀을 때였다. 내가 가방에서 세면도구를 꺼내는 동안 케빈은 뒤쪽 침대에 앉아 있었다. 그때 갑자기 어쿠스틱 기타 소리가 들려 나는 뒤를 돌아보았다.

램프 불빛이 금빛 머리카락을 비추는 가운데, 케빈은 몸을 약간 앞으로 기울여 고개를 숙인 채 지저분한 운동화 한쪽 바닥을 반대쪽 발의 오목한 부분에 맞대고 있었다. 평소의 연주 자세였다.

그 곡은 짧지만 마치 중세의 담시처럼 시적이면서도 사람을 사로잡는 구석이 있었다. 연주가 계속되어 나는 짐 푸는 것을 멈추고 케빈 옆에 앉아 음악에 귀를 기울였다. 연주가 끝나고 자동차 경적 소리와 복도의 목소리, 다른 방에서 들려오는 텔레비전 소리 같은 일상의 소음이 되돌아오자 나는 케빈에게 어디서 그 곡을 알게 되었는지, 그걸 외우는 데 얼마나 걸렸는지 물었다. 케빈은 어깨를 으쓱하더니 그냥 즉흥적으로 연주한 거라고 말했다. 그냥 손가락을 좀 푼 것뿐이라고.

몇 주 뒤, 인터로컨을 방문해 케빈과 함께 캠퍼스를 거닐던 중 내가 다시 그 이야기를 꺼냈다. 기억에서 떠올려 그 곡을 되살려볼 수 있겠냐고. 케빈은 무심코 고개를 저었는데 그때 케빈의 신경은 햇빛 속에서 자전거를 타고 있던 예쁜 여자아이에게 온통 쏠려 있었다. 그 아름다운 금빛 음악은 그날 저녁 한순간 온타리오의 모텔 방을 채우고는 영원히 사라졌다. 단 한 번, 그것도 아주 잠깐만 경험할 수 있는, 그리고 두 번 다시 경험할 수 없는 무엇이었다.

모텔에서 밤을 보낸 뒤, 다음 날 우리는 햇살 화창한 오후에 트래버스시티로 갔다. 돛단배들이 점점이 떠 있는 이 소도시의 반짝이는 항구를 따라 달리다가, 도시를 벗어나는 2차선 도로를 타고 체리 과수원과 소나무 숲을 지나 인터로컨에 도착했다. 이 학교 캠퍼스의 500헥타르에 달하는 대지는 트래버스시티 남서쪽으로 25킬로미터 떨어진 소나무와 단풍나무 숲에 자리하고 있다. 그린 호수와 덕 호수 사이에 펼쳐진 캠퍼스에서, 기숙사와 스튜디오, 방문객을 위한 투박한 통나무집, 행정동, 무용, 미술, 콘서트, 연극을 위한 공간들까지 대부분의 건물은 전체 부지의 4분의 1쯤 되는 공간에 몰려 있다. 학생들은 캠퍼스 안에서 어디를 가든 소나무와 단풍나무 사이를 걷게 된다.

날씨는 화창했고 나무들 너머로 그린 호수가 빛나고 있었다. 아이들, 그러니까 젊은 예술가들은 걷고 조깅하고 자전거를 탔고, 여름을 보내느라 헤어졌다 다시 만난 친구들은 가다가 멈춰 서서 환호성을 지르며 포옹을 나눴다. 그런 모습에 케빈이 소외감을 느끼지 않을까 싶었지만, 이번에도 내가 틀렸다. 케빈은 보자마자 인터로컨에 완전히 빠져버렸다. 등록을 하고, 몇몇 선생님을 만나고, 향기로운 소나무들 사이에 자리한 낮고 단정한 기숙사에서 자신의 방을 찾고, 제시라는 이름의 붙임성 좋은 피아니스트 룸메이트를 만나는 동안, 케빈은 내내 들떠 있었다. 제시와 케빈은 방금 만난 사이임에도 죽이 잘 맞았다. 농담을 못해 불안하다는 걱정은 더 이상 들리지 않았다.

나는 작별 인사로 케빈을 꼭 끌어안았다가 케빈이 엉덩이로 살짝 밀어내고서야 포옹을 풀었다. 그러고는 돌아서서 다시 집으로 타고 갈 밴에 올랐다. 뒤쪽으로 주차되어 있던 차를 앞으로 돌리며 마지막 인사를 하려고 창밖으로 손을 내밀었지만 케빈은 나를 보고 있지 않았다. 인터로컨의 소년 소녀 무리 속에 서 있는 케빈의 얼굴에는 비스듬한 미소가 떠올라 있었다. 자기 생애의 가장 행복한 3년에 이미 발을 내디딘 것이었다.

대실패

13

1963년 핼러윈 데이, 존 F. 케네디 대통령은 자기 앞으로 제출될 마지막 법안인 지역 정신보건법Community Mental Health Act에 서명하여 법률로 확정했다. 노후한 정신병원들과 야만적인 환자 관리의 해악을 단번에 말끔히 바로잡겠다는 목적으로 제정된 이 법은 이후 4년 반에 걸쳐 대대적인 인구 재배치 실험에 1억 5000만 달러의 자금을 투입했다. 새로 짓든, 기존 시설을 전용하든, 각 주에서 정신질환자 치료를 위한 지역 센터를 세우는 일에 보조금으로 지급될 예정이었다.

이는 연방 정부가 정신질환자를 보살피는 일에서 적극적인 역할을 맡기로 한 최초의 시도였다. 지역 정신보건 센터 운영은 대부분 주 정부의 자율에 맡기되, 정기적으로 자금을 제공함으로써 주의 재정 부담을 줄여주기로 한 것이다.

이는 토머스 사즈의 반정신의학적 가르침으로부터 그릇된 정당성을 부여받은 계획이었다. 그리고 정신질환자를 위한 20세기의 정책 실험에서 가장 오랜 여파를 미치는 재앙 중 하나가 되었다. 케네디의 서명으로 실행에 옮겨진 이 프로그램은 '탈수용화deinstitutionalization'

라는 명칭으로 알려졌다. 설거지 통에서 은식기들이 쏟아져 나오며 울리는 경쾌한 리듬이 연상되는 이름이다. 관료주의의 느낌을 물씬 풍기는 음절이 만들어내는 발음만 들어도 이 거대한 프로젝트가 얼마나 조잡하게 기획되고 엉성한 실수를 반복했는지 짐작할 수 있을 것만 같다. 탈수용화의 의도치 않은 결과는 통제가 불가능할 정도로 널리 퍼져나갔고, 지금 우리 시대에까지 강력한 반향을 퍼뜨리고 있다.

지역 정신보건법 법안은, 1955년에 의회가 정신의학자와 병원 행정가 들로 꾸린 정신질환 및 정신건강 합동 위원회에서 만들었다. 미국 정신의학회와 미국 의학 협회가 선발한 그 구성원들은 좋은 의도를 갖고 있던, 그리고 그 시대치고는 좋은 정보도 갖고 있던 전문가들이었다. 돌아보면 그 시대는 정신질환자의 특성과 그들에게 필요한 지원에 관한 결정적 정보와 이해가 없었던 때가 아닌가. 새 법이 발효되면서 정부가 고용한 정신의학 종사자들은, 대부분 불결하고 수용 인원이 초과된 전국의 주립 정신질환자 수용 시설 279곳에 수용된 56만 명의 환자를 몇 해에 걸쳐 다른 곳으로 옮기는 일에 착수했다. 교정 당국 관료들은 작별을 기념해 환자 대부분에게 소라진Thorazine 을 투약함으로써 격려해주었다. 마치 시금치가 뽀빠이의 팔뚝에 영향을 준 것과 같은 방식으로 그 약이 손상된 뇌에 영향을 미치리라 믿었던 모양이다. 옮겨진 환자 중 절반가량은 각각 3000명 이상 과포화 수용 상태인 정신병원에 억지로 떠밀려 들어가 있던 이들이었다. 케네디 대통령도 상당히 절제하여 표현했듯이 "개인적 보살핌이나 배려는 거의 불가능한" 환경이었다.

그런 환경과 대조적으로, 애초 계획에 따르면 환자들이 옮겨 갈

목적지는 햇빛이 비치는 군도와 같은 곳이 될 예정이었다. 바로 전국 각지에 산재한 1500군데의 새로 지은 소규모 '지역 보건 센터'들이었다. 이전까지 시설에 수용되어 있던 정신질환자가 그곳의 깨끗하고 빛이 잘 드는 방에서 건강에 좋은 음식과, 잘 훈련되었음은 물론 공감 능력도 있는 직원의 보살핌을 받으며 편안히 지내게 될 거라고 전문가들은 자신 있게 예상했다. 환자 대부분은 집과 충분히 가까운 곳으로 보내져 가족이 있는 환경에서 잠을 잘 수도 있을 거라고도 했다. 그들이 받을 친절한 보살핌은 정신적 균형이 정신건강의 핵심이라고 주장했던 도덕적 치료의 철학을 현대에 되살리는 일이 될 터였다.

케네디 대통령은 정신병원들의 처참한 상태가 자신의 '뉴 프런티어' 슬로건에 걸맞은 성취를 가져다줄 또 하나의 안건이 되리라고 보았다. 정신질환자를 향한 그의 감수성은 아마도 여동생 로즈메리Rosemary가 겪은 역경 때문에 더욱 예민해졌을 것이다. 17장에서 다루겠지만 로즈메리는 1941년 월터 프리먼Walter Freeman과 제임스 와츠James Watts가 시행한 전두엽 절제 서커스의 희생자였다. 케네디는 새 법령에 따라 이동 자금을 지원하기로 한 주립 병원 입원 환자 총 80만 명에 '정신지체'에 시달리는 환자 20만 명까지 포함하는 이례적인 조치를 취하기도 했으니, 그 환자 중 다수는 아마도 로즈메리까지 포함한, 진단받지 않은 조현병 환자들이었을 것이다.

낙관적인 대통령뿐 아니라 정신질환 및 정신건강 합동 위원회까지 행동에 나서도록 부추긴 결정적인 요인은 이른바 '소라진의 치료 효과'였다. 소라진과 그 뒤를 이은 비슷한 약물들은 좋은 쪽으로든 나쁜 쪽으로든 몇 십 년에 걸쳐 정신보건을 변모시켜왔다.

소라진이 처음 세상에 등장한 것은 합동 위원회가 결성되기 1년 전인 1954년이었다. 이른바 '기적의 약물'이라 불리는 소라진과 이후의 유사 약물들이 조현병이나 그 비슷한 질병을 '치료하지' 못한다는 사실은 대단히 중요하므로 거듭 강조할 필요가 있다. 이 약들의 임무는 뇌의 특정한 화학적 작용들을 **안정화시키는** 것이다. 예컨대 세로토닌과 도파민 균형을 조절함으로써 조현병의 증상들을 완화한다. 하지만 환자가 약을 계속 복용하는 동안만 완화된 상태를 유지한다. 대개는 그렇다. 앞으로 살펴보겠지만 기적의 약물을 홍보하던 초기에는 치료와 안정화의 근본적인 차이를 명확히 밝힌 경우가 거의 없었다. 이러한 의도적 혼선 탓에 그 시기의 수많은 정신질환자는 말할 것도 없고, 제대로 된 정보를 얻지 못한 채 제약 회사 외판원이 설명하는 약물의 효과에만 의지해 이를 처방한 정신과 의사들은 약의 기능과 효력을 엄청나게 과대평가했다. 소라진이 치료약으로 오인되지만 않았어도 탈수용화는 일어나지 않았으리라는 추측도 충분히 가능하다.

이 기적의 약물이 만병통치약이라는 신화에 속아 넘어간 사람 중 하나가 바로 케네디 대통령이다.

나는 우리의 의학적 지식과 사회적 통찰을 완전히 적용한다면 극히 일부를 제외한 정신질환자 대부분은 결국 건전하고 건설적으로 사회에 적응할 수 있으리라 확신합니다. 정신질환 중 발병자 수가 가장 많은 조현병 환자 세 명 중 두 명은 6개월 안에 치료하고 퇴원할 수 있다는 사실이 증명되었는데, 지금까지는 조현병으로 인한 입원 기간이 평균 11년이었습니다. (…) 이제는 전국적으로 힘을 모아 정신질환을 퇴치하는 일이 가능하며, 또한 그것이야말로 명백히 실용적인 방안입니다. (…) 우리는 공공 기금도 절약할 수 있고 인적자원도 아낄 수 있습니다.[113]

3주 뒤 존 F. 케네디는 댈러스로 날아갔고, 거기서 한 저격범이 쏜 총에 맞아 사망했다.

*

그 뒤에 연달아 이어진 기념비적 실수들과 잘못된 판단들을 무엇으로 설명하면 좋을까?

합동 위원회는 정신질환에 관한 문화적 오해의 한 시대가 희미하게 저물고 또 다른 오해의 시대가 벌겋게 동터오는 과도기에 활동을 시작했다. 그 두 가지 빛이 동시에 존재하던 과도기 동안 정신의학자들까지 포함하여 대부분의 사람은 여전히 지그문트 프로이트가 '정신'의 욕구불만들에 관해 모두 밝혀냈다고 믿고 있었고, 자식을 냉정하게 밀어냄으로써 말 그대로 자식을 미치게 만든다는 이른바 '조현병을 초래하는 어머니'가 존재한다고 믿었으며, (속 편하게 메닝거 형제를 맹목적으로 따라) 조현병은 치료할 수 있는 병이라고 믿었다. 그리고 1955년 이후로는, **말 그대로** 거의 모든 사람이 소라진과 그 후예들이 그 일을 해낼 수 있다고 믿었다. 복잡할 것도 어려울 것도 없는 일이라며 말이다.

합동 위원회가 어디로도 이어지지 않을 다리들을 놓느라 분주하게 보낸 시기는 바로 그 작열하는 여명 직전이었다.

　무자비한 현실의 첫 한 가닥은 베트남전쟁의 확전이라는 형태로 구체화되었다. 케네디 대통령 사망 이후 미국에는 다양한 '조언자들'이 늘어났으나 결국에는 철저히 호전적인 세력이 모두를 압도해버렸다. 이 세력은 돈과 젊은이라는 국가 재산을 지속적으로, 점점 더 양을 늘리고 점점 더 비싼 비용으로 투입할 것을 주장했다. 제2차 세계대전 이후의 경기 호황으로 이러한 국부 유출을 상당 부분 감당할 수 있었지만 1973년에 세계 석유 위기와 주식시장의 극심한 폭락으로 미국이 불황에 돌입하면서 그마저 쉽지 않게 되었다. 지역 보건 센터 운영 예산 삭감에도 이러한 위기가 큰 원인으로 작용했다. 결국 지역 보건 센터 건설은 원래 계획의 절반에도 못 미치는 650곳도 안 되는 상태에서 건설이 중단되었고, 이로써 이미 퇴원했거나 퇴원할 예정이던 56만 명의 환자 가운데 절반가량은 오도 가도 못 하는 처지가 되었다.

　그러나 돈이 떨어져가는 와중에도 정신질환자의 대대적인 강제 이탈은 멈추지 않았다. 머리에 총알을 맞고 달려가는 코뿔소처럼, 가던 경로를 되돌릴 어떠한 인지적 능력도 없이, 쓰러지기 직전인데도 비틀거리며 계속 앞으로만 돌진했다. 병원을 빠져나간 인원수만 보면 오히려 가속이 붙었다. 게다가 입원 치료가 필요한 새 환자에게 내어줄 침대도 없었다. 클레어몬트 매케나 대학의 올가 러레인 코프먼 Olga Loraine Kofman은 이렇게 기록한다. "1980년에 이르자 56만 명이었던 미국의 정신병원 환자 수는 13만 명을 조금 웃도는 수준까지 줄었는데, 당시 지역사회가 후속 보살핌과 주거를 제공하지 않았기 때문에 만성 정신질환을 앓는 환자 다수는 노숙자가 되거나 감금되는 결과로 이어졌다. 노숙자 중 3분의 1이 심각한 정신질환을 앓고 있는 것으로 추산되었다."[114]

그 뒤로도 계속해서 선의라는 포장재가 지옥으로 가는 길을 닦았다. 1965년 7월 린든 존슨Lyndon Johnson 대통령은 존 F. 케네디의 암살에 대한 잦아들지 않는 국민적 애도 분위기에 힘입어 자신의 '위대한 사회' 의제를 서둘러 다지기 위해 메디케어Medicare와 메디케이드Medicaid○라는, 일종의 이정표라 할 수 있는 두 가지 진보적 입법에 서명했다. (바로 전해인 1964년에는 사망한 전임 대통령의 비전을 환기하며 역사적이지만 일부의 격분을 자극하기도 한 민권법 통과를 이끌어냈고, 1965년 8월에는 선거권 법안에 서명해 통과시킨 터였다.) 메디케어는 미국 시민에게 지속적으로 큰 혜택을 주며 그 가치를 증명했다. 그보다는 덜하지만 메디케이드도 그랬다. 한 가지 참담한 예외만 빼면.

메디케이드는 주립 병원과 정신질환을 치료하는 모든 공공시설에서 정신질환자를 치료한 비용에 대해 연방이 주에 환급해주던 정책을 금지했다. 이렇게 한 (좋은) 의도는 탈수용화를 더욱 서두르는 한편 간호와 치료 비용을 각 주가 책임지게 하기 위해서였다. 그러나 알고 보니 각 주는 그런 종류의 책임을 지는 일에 전혀 관심이 없었다. 지역 정신보건법이 구상했던 것처럼 속수무책인 정신질환자를 친절하게 맞이하여 주거를 제공하고 치료해줄 길을 찾는 대신, 납세자의 돈이 더 지출되는 것을 경계하며 수많은 환자를 사립 요양소와

○　메디케어는 65세 이상의 노인과 65세 미만이라도 특정한 장애나 질병을 가진 사람들을 대상으로 운영되는 연방 정부의 의료보험 제도이며, 메디케이드는 연방 정부의 가이드라인에 따라 주 정부 차원에서 운영하는 저소득층 대상의 의료보험 제도다.

지역사회에 훌쩍 떠넘겼다. 요양소와 **지역사회**가 그들을 보살피고 그 대가로 메디케이드 환급을 받으라는 것이었다.

불행히도 그 '지역사회'란 결국 '길거리'를 의미하게 되었다. 주립 병원을 피난처로 삼은 사람들 대부분은 가까운 민영 요양 시설이나 지역사회의 보호시설에 입소하기 위한 절차를 처리할 정도로 정교한 추론 능력을 갖추지 못했다. 가족이나 친구 또는 모르는 사이지만 인정 많은 사람들이 받아들여주지 않으면 그들은 아무 데로나 떠돌아다닐 수밖에 없었다. 정상적 생활을 영위할 능력이 심각하게 손상된 수천 명은 길을 헤매다 이윽고 구치소나 교도소로 흘러들었고, 그곳에서 그 속수무책인 사람들에게 들어가는 비용은 결국 납세자의 돈으로 충당되었다.

*

정신질환 치료(또는 치료 거부)법에 관한 전국적 틀을 만드는 데 가장 참담한 영향을 미친 주는 바로 캘리포니아였다. 작은 국가 하나 정도의 인구(1969년 당시 약 2000만 명으로 총 2억 500만 미국 인구의 거의 10분의 1을 차지했다)에, 부자들과 야망가들을 끌어들이는 자석 같은 힘을 지닌 캘리포니아주는 오랫동안 전국적 흐름을 선도하는 지역으로 군림해왔다. 캘리포니아에서 정치·사회·문화적 혁신이 일어나면 그것은 동쪽으로도 퍼져나갔다.

탈수용화도 예외는 아니었다. 이 프로그램은 황금의 주 캘리포니아에서 가장 폭발적으로 시행되었다. 탈수용화는 1960년대와 1970년대를 아우르는 반문화 속에서 더욱 널리 알려지게 된, 정신질환의 개념 자체를 반대하는 사즈의 조류와 혼용되었고 사이언톨로지교와도 혼용되었다.

사즈는 《정신질환이라는 신화》를 출간하고 8년 뒤 뉴욕을 출발해 북미 대륙을 가로질러 캘리포니아로 가서 사이언톨로지교도들과 함께 인권 시민 위원회를 공동 창립했다. 그 무렵 두 권의 책을 더 출간한 사즈는 수십 차례 강연을 하고 텔레비전에 출연했으며 논문과 기고문을 끊임없이 써댔고, 그렇게 여러 학계에서 존경받는 세계적인 유명 인사가 되어 있었다.

사즈의 인권 시민 위원회에 자금을 대는 사이언톨로지 파트너는 한때 공상과학소설가였던 L. 론 허버드라는, 얼핏 신비로워 보이는 인물이었다. 그는 1953년에 사이언톨로지교를 창시했다. 어떤 학계에서도 인정받지 못했지만 그래도 전 세계 수백만 명의 사람들에게 일종의 예언자 같은 이미지를 각인하는 데는 성공했다.

허버드는 붉은 머리를 뒤로 높이 빗어 넘기고 다녔다. 입술은 도톰한데 아랫입술은 보조개 같은 것이 파인 작은 턱 위쪽으로 약간 뒤집히듯 말려 있었다. 제2차 세계대전에서는 해군 정보장교로 복무했다. 그는 애스콧타이를 즐겨 맸고 종종 카우보이모자도 썼다. 게다가 자기가 작곡한 재즈곡을 직접 부른 앨범도 몇 장 냈다. 차트에 오른 적은 한 번도 없지만.

그런 거야 다 좋다. 사이언톨로지의 확인되지 않은 주장에 따르면 그가 쓴 몇 권의 책은 2억 5000만 부 이상 팔렸다고 한다.

사즈처럼 허버드도 거의 강박적인 반정신의학과 정신질환 부인에서 활동의 연료를 공급받았다(어느 사이언톨로지 퍼레이드에 등장한 현수막에는 "정신의학은 죽음을 초래한다"라고 적혀 있었다). 사실 정신질환을 부인한 것은 사즈보다 그가 먼저였는데, 단지 그가 낸 출판물이 학계에서 한 번도 진지하게 논의되지 않았을 뿐이다. 아마도 학문과는 동떨어진 주장을 제시했기 때문일 것이다. 이를테면 테탄thetans(자그마치 10억 살 먹은 인간의 영혼으로 몸은 지구인의 육신을 빌려 쓰는데 때때로 육신을 새것으로 갈아줘야 하기 때문에 마치 새 옷 쇼핑을 하듯 병원의 신생아실을 훑고 다닌다는 황당무계한 얘기다)은 불멸의 존재이며, 테탄의 삶은 외계인이 지배한다는 식이다. 1950년 허버드가 자비로 출판하여 파격적인 베스트셀러가 된 책《다이아네틱스: 정신건강의 현대 과학Dianetics: The Modern Science of Mental Health》에 바로 저런 이야기와 전통 과학이 간과했다는 원리들이 설명되어 있다. 예컨대 사이언톨로지를 발견하는 행운을 누리지 못한 사람은 화성인지 금성에 있다는 '이식소'에서 머릿속에 잘못된 생각을 이식당할 위험에 처한다든가.

인권 시민 위원회가 발족한 1969년은 허버드가 편집광적 에너지로 자신의 '교회'를 확장하고 교리를 전파하던 시기였다. 생긴 지 16년째인 그 교회는 이미 상당한 부를 축적했는데, 이는 모두 개인 기부자들에게서 모은 것으로 그들 다수가 캘리포니아 남부에 사는 정치적 보수파 부자들이었다. 그러나 사즈와 제휴했을 당시 허버드의 보유 자산은 앞으로 들어올 것에 비하면 푼돈에 지나지 않았다.

그 무렵 사즈는 또 다른 종류의 세계적인 유명인이었다. 그러니까, 그는 매우 드문 지식인 유명인이었던 것이다.《정신질환이라는 신화》이후로 그는 세 권의 책을 더 내고 수십 편의 논문과 기사를 쓰고 강연을 했다. 그러므로 사즈가 허버드와 동업자 관계를 맺은 것은 일종의 정략결혼이었던 셈이다. 사즈는 그들의 활동을 정당화해줄 명망을 갖고 있었고, 인권 시민 위원회는 그에게 필요한 돈을 갖고 있었다. 게다가 인권 시민 위원회의 사명에는 "정신건강이라는 허울로 자행되는 학대를 근절하고 환자 보호와 소비자 보호를 실시한다"는, 사즈의 마음에 쏙 드는 대의가 있었다.

사즈는 위원회의 자문단에서 43년 동안, 그러니까 죽을 때까지 활동했다. 1994년 위원회 창립 25주년 기념일 기조연설에서 그는 이렇게 단언했다. "우리는 모두 인권 시민 위원회를 존경해야 합니다. 정치적·사회적·국제적으로 정신의학에 대항하는 중요한 목소리들을 조직화한 인류 최초의 단체이자 유일한 단체이기 때문입니다. 이는 역사상 한 번도 없었던 일이지요."[115] 그런 사즈도 이 단체에 참여한다는 사실에 대해서는 늘 복잡한 심경이었다. 그는 항상 자신이 사이언톨로지와는 조직적 연계가 없으며 그들의 신비주의적 믿음은 자신과 전혀 맞지 않는다고 명백히 밝혔다.

자유 지상주의자 쪽인 사즈든, 요란하게 우익 티를 내고 다니는 허버드든, 자신들의 믿음과 대의와 관련하여 캘리포니아주 입법부에 영향을 미치려 시도한 증거는 없다. 사실 그럴 필요가 없었다. 남부 캘리포니아는 이미 성향상 그들에게 찬동하는 쪽으로 심하게 기울어 있었으니 말이다. 이전 몇 십 년간 정치적으로 다양한 성향을 보였거나 아예 정치에 무관심했던 그 지역의 거대한 인구 집단은 1960년대 초부터 우익 쪽으로 결집해왔고 이는 사즈와 허버드에게 아주 유리한 상황이었다.

'남부 캘리포니아'란 사실 경계선이 정확하게 확정된 구역은 아니다. 대략 로스앤젤레스와 그 남단에 맞닿아 있는 오렌지 카운티를 포함하여 여덟 개 대도시권이 '남부 캘리포니아'로 일컬어지며, 이곳의 사람들이 캘리포니아주 인구의 3분의 2를 차지한다. 그래서 주 내에서도, 미국 전체에서도, 정치적 동향 선도에 대단히 막강한 힘을 발휘했다. 1960년대에서 1970년대에 이르는 동안 그곳 사람들은 그러한 자신들의 힘을 십분 활용하여, 또한 부분적으로는 성가신 정신이상자들 덕분에, 우익 사상의 요람으로 거듭났다.

인권 시민 위원회가 로스앤젤레스에 문을 열고 열렬한 장광설을 우편 소식지와 방송과 연설로 전파하기 시작하자 기대를 뛰어넘는 환대가 쏟아졌다. 남부 캘리포니아인들은 '정신질환'은 사기꾼이나 다름없는 '정신과 의사들'이 조작한 사기이며 비자의적 입원과 강제 약물요법은 노골적인 마르크스주의 의제까지야 아니더라도 국가 통제주의 및 전체주의 의제를 추진하기 위한 계략이라는 사즈와 허버드의 메시지에 쉽게 넘어갔다. 주 입법부에서도 다수를 차지하고 있던 이런 성향의 사람들은 덩달아 빨갱이 공포를 퍼뜨렸다.

1966년에 오렌지 카운티의 공화당원들은 우익적 사고를 하는 영웅을 캘리포니아 주지사로 선출하자는 운동을 진두지휘했다. 그들이 선택한 사람은 남부 캘리포니아인이자 보수주의자로 거듭난 로널드 레이건Ronald Reagan이었다.° (중서부에서 야구 경기 아나운서로 활동하던

° 레이건은 일리노이주에서 태어났고, 처음에는 민주당의 프랭클린 루스벨트 대통령을 지지했지만 1950년대부터 점점 보수적 입장으로 기울었다.

레이건은 1937년 할리우드로 가 영화에 출연한 이후 그곳에 정착해버렸다.)
레이건은 정신질환을 제대로 이해하지 못했고 그다지 관심도 없었지만, 가능하면 한두 푼이라도 돈을 아끼는 것에는 관심이 아주 많았다. 1967년 레이건이 주지사가 되자마자 한 일 중 하나는 패튼 주립 법의학 병원Patton State forensic hospital에서 237명의 정신의학 전문가를 해고하라고 명령한 것이었고, 이듬해에는 추가로 212명의 해고를 명령했다.

그 정도는 몸풀기에 불과했다. 이어서 레이건은 랜터먼-페트리스-쇼트법Lanterman-Petris-Short(LPS) Act에 서명했다.

이 법률의 주요 입안자는 프랭크 랜터먼Frank Lanterman이라는 캘리포니아 주 의원으로, 그는 정신의학 연구자 E. 풀러 토리가 "캘리포니아 반정신보건 운동의 심장부"라고 표현한 패서디나 지역을 대표하는 강성 공화당원이었다. 랜터먼의 선거구민과 그의 동지 중에는 꼼꼼하기 그지없는 미국 여성회Minute Women of the U.S.A., 미국 혁명의 딸들 Daughters of the American Revolution, 존 버치 협회John Birch Society 같은 수구 단체들도 포함되어 있었다. 정신의료가 사람들의 정신을 통제할 목적을 지닌 "마르크스주의의 무기"라고 생각하는 사람들이었다. 한 학자는 이렇게 결론지었다. "이런 보수적인 정치 문화 때문에 랜터먼은 정신의학에 대한 불신, 특히 비자의 입원에 대한 불신을 당연한 것으로 여겼다."[116]

랜터먼-페트리스-쇼트법에는 "성년 후견 프로그램을 통해 심각한 장애에 시달리는 사람을 위한 개인 맞춤 치료와 감독, 수용 시설 배치를" 실시한다는 좋은 의도도 포함되어 있었다. 그러나 이것은 곧 허황한 꿈으로 드러났다. 이후 2년 동안 수만 명의 환자가 큰 정신병원들에서 나와 주 전체로 퍼져가면서 미처 준비가 안 된 카운티와 사립 치료 시설의 수용 역량을 초과하고 길거리와 형사 사법제도의 영역으로 흘러들어갔다.

로스앤젤레스 카운티 소재 캘리포니아 상급법원의 발표에 따르면, 랜터먼-페트리스-쇼트법은 "현대 미국의 정신병원 입원 절차의 선례를 세웠다". 헨리 키신저Henry Kissinger 식으로 말하자면, 이 진술의 비극은 그 말이 사실이라는 점이다.

어쨌거나 랜터먼-페트리스-쇼트법은 무지한 정부가 정신질환을 앓는 사람의 이해득실에 파괴적으로 개입하는 전국 표준 방식이 되었다. 원래는 탈수용화를 가속화하려는 목적으로 제정되었으나, 오히려 고집스럽게 입원을 거부하는 환자를 주립 병원에 입원시키지 못하도록 막는 바리케이드 역할을 하게 된 것이다. 어쨌든 청문회를 통과하기 전까지는 입원시킬 방도가 없었는데, 그나마도 정신과 의사들이 동석하는 의학적 청문회가 아니라 판사와 변호사만이 있는 사법적 청문회였다. 고집스럽게 저항하는 환자는 거의 항상 정신증 상태에 빠진 사람이었고, 이들은 거의 항상 그에 수반하는 질병인식 불능증에 사로잡혀 있었으니, 랜터먼-페트리스-쇼트법은 결국 모든 환자 중에서도 가장 취약하고 절망적인 사람을 가장 도움 받기 어렵게 만든 셈이다.

그 법의 조항 중에는 필수적인 자금 모금을 어렵게 하고 재정과 환자 모두를 착취하도록 만들 것이 뻔한 내용들도 포함되어 있었다. 예를 들어 주민 수가 10만 명 이상인 캘리포니아주 카운티들에 직접 정신보건 프로그램을 실시하도록 규정하고, 그 비용의 90퍼센트를 주 정부에서 보조금으로 지급받으라고 한 것이다.

참으로 야무진 꿈이 아닐 수 없다. 결국 이를 통해 드러난 것은 과거 지역 정신보건법을 시행하던 기관들이 그랬듯이, 주 정부 역시 협조할 마음이 없다는 사실이었다. 주 정부는 이제 '선의의 고속도로'에 나와 서서, 막막한 정신질환자들을 허름한 민간 요양소와 요양원, 길거리, 감옥이라는 지옥으로 안내하는 신호수가 되었다. 정말이지, 미친 사람한테는 아무도 신경 쓰지 않는 것 같았다.

레이건 주지사와 그 후임자들은 결국 열네 곳의 주립 병원 중 아홉 곳을 폐쇄했다. 재정 지원에 관한 한 연방 정부를 탓할 수는 없었다.

프랭크 랜터먼은 후에 자신의 선의에서 비롯된 일이 초래한 결과에 대해 아쉬움을 토로했다. 몇 년 뒤 그는 한 기자에게 이렇게 말했다. "나는 그 법이 정신질환자에게 도움이 되기를 원했다. 보살핌이 필요한 사람이 보살핌 받는 것을 막으려 했던 것은 결코 아니었다."[117]

그리하여 미국 시민의 새로운 범주 하나가 형성되었다. 바로 '노숙자'라는 범주였다.

*

정신질환자가 지역사회로 쏟아져 나오는 흐름은 되돌릴 수 없었다. 갑작스러운 자유는 막 사회에 나온 이들에게 두려움만 안겼다. 대부분은 자신에게 거처를 임대해주려는 부동산업자를 찾지 못했고 자신을 고용하려는 사업주도 찾지 못했다. 새로 제정된 연방 정부의 차별 금지법에 의하면 그런 식의 행동은 불법이었지만, 사즈 박사 말마따나 "신화로나 존재하는" 정신질환자 가운데 그러한 부당 행위를 신고할 만한 능력을 갖춘 사람이 얼마나 되었을까? 병에 걸린 아이는 학교 친구들과 또래 집단 사이에서 놀림감이 되었다. 지역의 '고상한' 주민들 사이에서는 '미친 사람'에 대한 편견이 신속하게 형성되고 견고하게 다져졌다. 결국 주립 병원에서 나온 점점 더 많은 환자가 암담한 길거리를 피난처로 삼았고 그중 다수는 수감자가 되었다.

정신질환의 범죄화가 순조롭게 착착 진행되고 있었다.

1959년에 3만 7500명으로 정점을 찍었던 캘리포니아주 정신병원 입원 환자의 절반이 사라진 1970년, 주지사 레이건은 탈수용화를 다시금 진지하게 추진하기로 마음먹었다. 랜터먼-페트리스-쇼트법을 기반으로, 그는 캘리포니아의 대형 정신병원들에 정신질환자 수천 명을 더 지역사회로 내보낼 것을 명령했다. 그리고 1970년대를 지나면서 정책의 추진력과 범위는 더욱 확대되었다. 예를 들어 1972년 6월 레이건은 당시 새너제이에 있던 애그뉴스 주립 병원Agnews State Hospital에서 3800명의 방출을 승인했고, 이 조치로 인해 1885년에 창립된 이래 '정신질환자를 위한 위대한 은신처'로 알려져 있던 애그뉴스 병원의 정신보건 부문은 실질적으로 폐쇄됐다.

또한 그 정책은 로스앤젤레스 카운티 교도소를 비공식적인 "전국 최대 정신보건 제공자"로 탈바꿈시키는 데도 기여했으니, 이는 그 교도소를 관리하던 전직 관리의 표현이다.

그러다가 마치 기적처럼 상황이 호전됐다. 아니, 호전되는 것처럼 보였다. 1970년대 중반, 설사 이 문제에 대한 해답을 끝까지 얻을 수 없다 해도 최소한 이 문제로 인한 영향은 사회적 용인이 가능한 수준으로 최소화할 수 있으리라 여겨지던 짧고 찬란한 한 시기가 도래한 것이다.

탈수용화가 15년째 진행 중이던 1976년에 지미 카터Jimmy Carter가 대통령직에 올랐다. 취임한 지 1년 뒤 카터는 최초의 대통령 직속 정신보건 위원회President's Commission on Mental Health를 발족했다. 조지아주에서 해마다 정신건강 정책 심포지엄을 개최하며 오랫동안 정신질환자를 옹호하는 활동을 해왔던 로절린 카터Rosalynn Carter 영부인이 위원회의 명예 회장직을 맡았다. 또한 영부인은 연방 정부의 기념비적인 정책이 될 수도 있었을 정신보건 체계법Mental Health Systems Act의 입안도 도왔다. 카터 대통령은 1979년 5월 15일 이 법안을 의회에 제출했다. 정신보건 체계법의 목적은 정신질환 문제 해결을 위한 연방 정부와 주 정부의 노력을 효율적으로 조정하고, 특히 정부의 지원이 심각하게 부족한 작은 마을과 시골 지역의 문제를 해결하는 것이었다. 이 법안은 재정적 위험에 처한 지역 센터들에 절실한 자금 제공을 보장했고, 연방과 주 정부 사이의 무질서하고 적대적인 관계 대신 세심한 파트너 관계를 구축하며, 만성 정신질환자, 즉 조현병이나 분열정동장애, 양극성장애 환자 들의 필요에 "특별히 강조점"을 두겠다고 약속했다.

여러 달에 걸쳐 청문회와 논쟁과 수정을 거친 끝에 이 법안은 마침내 1980년 10월 7일 법으로 제정되어 그동안 한 번도 시도된 적 없는 '범주별' 연방 보건 프로그램을 제공하기 시작했다. 범주별 프로그램에는 자금의 사용 방식을 제한하는 엄격한 규칙이 따랐다. 카터 대통령의 프로그램은 **만성** 정신질환 치료, 그러니까 조현병 및 관련질환을 치료하는 일에 집중되었는데, 이런 일이 연방의 자금을 받아 지역사회 차원에서 실행된 것은 이때가 처음이었다. 또한 예방 프로젝트와 정신보건 교육에 대한 연방 보조금, 정신질환자의 법적·사회적 권리를 보호하는 옹호 활동에 대한 보조금도 포함되었다.

이제 지속적인 혁신과 문명화한 관리의 시대가, 그리고 정신질환자들을 위한 희망이 펼쳐질 것처럼 보였다.

정신보건 체계법이 목숨을 유지한 기간은 그러나 딱 310일이었다. 1981년 8월 13일, 정신보건의 오래된 천적이 다시 공격을 개시했다. 1980년 11월에 지미 카터를 이기고 40대 대통령에 당선된 로널드 레이건이 의회로 하여금 그 법을 실질적으로 폐지하게 만든 것이다.

레이건의 강력한 주장으로 의회가 폐지한 77가지 범주별 보조금에는 정신보건 체계법의 자금 지원도 포함되었다. 의회는 그 77가지 보조금을 9가지 '포괄 보조금'으로 대체했다. 범주별 보조금에 비해 포괄 보조금에 수반되는 규칙은 훨씬 적어서, 주 정부와 지방정부들은 자금 사용에 관한 막대한 재량권을 부여받았고, "좋은 의도에 따라"라는 어구 또한 광범위한 새 의미를 부여받았다. 신임 대통령은 85가지 프로그램을 표적으로 삼고, 그것들을 쥐어짜 돈이 훨씬 덜 드는 7가지 포괄 보조금으로 묶고 싶어 했다.

대신 의회는 77가지 범주별 보조금을 9가지 포괄 보조금으로 통합했고, 이렇게 바뀐 포괄 보조금은 연방 정부가 주 정부와 지방정부에 지급하는 총 보조금의 17퍼센트를 차지하게 되었다. 이로써 재정 지원 액수는 25퍼센트 정도 감소했다.

정신보건 체계법은 레이건이 1981년에 제정한 경제 회복 조세법

Economic Recovery Tax Act의 구렁텅이 속으로 사라졌다. 그 법은 수년간의 '스태그플레이션', 즉 미약한 성장세, 높은 실업률과 인플레이션이 만들어낸 경제적 악영향을 끝내겠다는 의도로 시행된 전면적인 충격요법이었다. 경제 회복 조세법은 부자와 기업의 세금을 깎아주면 그렇게 절약한 부를 성장과 생산에 투자할 것이라는 논리로('공급 중시' 경제학), 1987년까지 단계적으로 상속세 공제액을 17만 5625달러에서 60만 달러까지 늘렸고, 3년에 걸쳐 한계 세율을 23퍼센트 내렸으며, 5년에 걸쳐 기업의 납세의무를 1500억 달러 경감해주었다. 이렇게 해서 1982년부터 1986년까지 누계 7490억 달러의 세수가 감소한 것으로 추산되는데, 이는 1966년 한 해의 국민총생산과 맞먹는 액수다. 그런데 연방 정부의 지출에 의존하는 모든 기관이 고통을 받은 것은 아니다. 오히려 예산이 더 증가한 기관도 있었으니, 국방 지출은 회계연도 1981년부터 1985년 사이 한 해에 12.5퍼센트씩, 총 60퍼센트가 증가했다.

물론 정부는 이 역사적인 조세 감면을 상쇄하기 위해 지출을 줄일 방법도 찾아야 했고, 이로써 줄일 수 있는 국내 정책 프로그램을 거의 모두 훼손시켰다. 공격은 저항력이 가장 약한 곳으로 침투했다. 로비는커녕 대부분이 투표로도 요구 사항을 표현할 수 없는 사람과 집단, 따라서 정치적 영향력이 없는 사람이 그 대상이 되었다. 연방이 자금을 대던 학교급식 프로그램, 부양 아동 가족 지원Aid to Families with Dependent Children, 식량 배급표 프로그램, 실업보험, 저소득 가정을 위한 주택 프로그램, 정신질환자를 치고 들어갔으니, 이 정책들을 관장하던 모든 현행법을 폐지하고 그 모두를 긴축적인 '포괄 보조금'으로 대체한 것이다.

　로널드 레이건은 캘리포니아 주지사를 지내던 시절, 즉 L. 론 허버드와 토머스 사즈의 대중 교육과 정신질환자에 대한 전반적인 혐오의 시기에 주위들은 정치, 사회, 재정과 관련한 인상을 제외하고는 정신질환에 관해 별로 생각해본 적도 없는 것 같았다. 1981년 3월에야 그는 정신질환이라는 현상에 대한 현장 경험을 얻게 된다. 워싱턴의 한 호텔 앞에서 존 힝클리 2세John Hinckley Jr.라는 무장한 조현병 환자가 거의 직사거리에 가까운 곳에서 쏜 총에 왼쪽 겨드랑이를 맞아 죽을 뻔한 것이다. 대통령은 병원 침대에서 그 사건이 지닌 함의와 치료받지 못한 정신증 환자가 거리를 돌아다니는 현실, 쉽게 손에 넣을 수 있는 권총의 폭발적인 증가, 미국이 채 17년도 되지 않아 또다시 대통령 암살의 트라우마를 겪을 위험을 아슬아슬하게 피해 간 이번 사건과 관련하여 자신의 내면을 돌아보았고, 그 결과를 종합하여 문병 온 아내에게 이렇게 털어놓았다. "여보, 몸을 숙여 피했어야 했는데 내가 그걸 잊었지 뭐요."

　그와 달리 미국의 주와 연방의 입법자들은 공격을 피하는 것을 잊지 않았다. 입법자와 의회는 문명화된 개혁의 요청을 계속해서 유연하게 피해 갔다. 예컨대 정당한 법적 절차를 존중하면서도 정신증 환자의 의지에 반하여 검사와 치료를 허용하도록 랜터먼-페트리스-쇼트법을 정비하자는 요청 같은 것 말이다. 그리하여 캘리포니아와 미국 전역에서는 치료받지 않는 환자 수십만 명이 그 비극적 행로를, 적어도 부분적으로는 예방할 수 있었던 행로를 '자유롭게' 계속 갈 수 있었다.

＊

　탈수용화(와 캘리포니아)는, 비록 의도한 것은 아니지만, 정신질환자에게 가장 큰 혜택을 주는 기관으로 성장하게 될 단체 하나를 탄생시켰다. 그 단체는 바로 전미 정신질환자 가족 연합National Alliance on Mental Illness, NAMI이었다.

　정신질환자 가족 연합은 1974년에 오클랜드와 샌머테이오에서 만성적 정신질환에 시달리는 자녀를 둔 부모들의 작은 모임으로 시작되었다. 이 부모들은 자신의 딸아들에게 가해지는 적의와 그 적의의 가장 큰 원인인 무지에, 심지어 병원 사람들까지 보이는 무지에 머리끝까지 화가 나 있었다. 그들은 서로의 집 부엌 식탁에 둘러앉아 일종의 조직적 대응을 계획하기 시작했다. 참여자들이 늘어났고, 그에 따라 무력함과 분노의 이야기도 더욱 쌓여갔다.

　1977년 10월 이 모임은 전국적 조직을 만들기에 충분한 지지를 얻고 있다는 판단을 내리고, 그 조직을 성인 조현병 환자 부모 모임Parents of Adult Schizophrenics이라고 부르기로 했다. 조직을 만든 이들 중에는 이브 올리펀트Eve Oliphant라는, 작은 체구에 검은 머리를 길게 늘어뜨리고 아주 큰 안경을 쓴 열성적인 어머니가 있었다. 그녀는 그 무리에서 이미 유명인이 되어 있었다. 전국을 돌며 정신질환자 모임에 예리한 충고의 말을 들려주는 능력을 높이 인정받은 터였다. 젊은 시절의 사진을 보면 고개를 살짝 옆으로 기울이고 장난스럽게 미소 띤 얼굴에서 낙천성이 뿜어져 나오는데, 그렇게 쾌활한 천성을 타고난 그녀를 수많은 상처들이 활동가로 바꿔놓았다. 두 아들 중 한 명이 조현병 진단을 받고 내퍼 주립병원Napa State Hospital에 입원하면서 불행은 시작되었다. 올리펀트를 휩싼 고통에 또 하나의 고통을 더한 것은 아들을 방문하지 못하게 한 의사들의 결정이었다. 아들의 병은 모두 그녀 때문에 생긴 것이며, 따라서 그녀는 병을 더 악화시키기만 한다는 것이었다. 맙소사, 그녀가 '조현병을 초래하는 어머니'였다니!

이브 올리펀트와 그 동지들은 전국을 돌며 풀뿌리 전격전을 펼쳤고, 이 활동은 그동안 미처 자신들이 공동체라는 사실조차 알지 못했던 공동체를 빠르게 자극했다. 고통에 시달리던 가족들이 그 우르릉거리는 소문을 듣고 찾아와 서로를 발견하고 분회를 조직했다. 캘리포니아산 사상의 전형적인 궤도에 따라 이 운동도 빠른 속도로 동진해 미국 전역으로 퍼져나갔다.

언론들이 이브 올리펀트를 다루기 시작했는데, 그중 일부는 정신질환과 그것을 옹호하는 새 활동가들, 특히 여성 활동가들에 대한 자신들의 안이하고 거만하며 생색내는 듯한 태도를 은연중에 드러냈다. 올리펀트가 세계 정신의학회World Congress of Psychiatry에서 연설했을 때, 그녀가 사는 지역인 샌머테이오의 〈타임스〉에 기고한 한 '여성' 필진은 "정신의학계에 한 방 먹일 반도의 '작은 숙녀'"라고 떠들썩하게 보도했다.° "그녀는 작은 숙녀지만 그녀의 공격은 점점 강해지고 있고, 그녀가 말을 하면 사람들은 귀를 기울인다"라고 그 신문은 떠들어댔다.[118]

이 "작은 숙녀"는 정말로 강타를 날렸다. 학회에서 올리펀트는

○   샌머테이오는 샌프란시스코 반도에 위치해 있다.

'조현병을 초래하는 어머니'라는 신화와 귀를 닫은 정신의학계의 안이한 자기만족을 드러내는 관행을 공격하며 프로이트의 양념에 절여진 학식 있는 참석자들을 신랄하게 비판했다. 어느 순간 그녀는 풀뿌리 조직들이 생겨나는 이유를 언급했는데, 올리펀트가 쏟아내듯 말한 그 내용은 이후 누차 인쇄 매체에 실리며 널리 알려졌다. "백혈병에 걸린 자녀를 둔 부모는 동정과 이해를 받는데, 조현병에 걸린 아이를 둔 부모는 왜 경멸과 저주에 찬 비난을 받아야 하는지 우리는 이해할 수 없었습니다."[119]

1979년 위스콘신주 매디슨에서 열린 모임에서 각 그룹은 공식적으로 통합하여 전미 정신질환자 가족 연합을 결성했다. 이브 올리펀트는 가족 연합의 스타이자 가장 끈질긴 옹호자였고, 병원과 선출된 공직자, 신문 그리고 들으려 하는 사람과 듣지 않으려 하는 다른 모든 사람에게 고통받는 인류에 관한 강력한 주장을 제시하며 20세기판 도로시어 딕스가 되었다. 나이가 들면서 속도가 점점 줄기는 했지만, 2010년 6월 아흔 번째 생일을 2주 앞두고 세상을 떠날 때까지 올리펀트는 그 활동을 계속해나갔다.

가족 연합의 교육과 자문 활동, 정신보건 의제에 대한 관여가 전혀 비판받지 않은 것은 아니다. 예컨대 언론인이자 저술가인 로버트 휘터커Robert Whitaker는 항정신병 약물을 무조건 지지하고 일라이 릴리Eli Lilly 같은 제약 회사로부터 기부금을 받았다며 가족 연합을 혹독히 비난했다.[120] 그래도 가족 연합의 활동은 긴 세월을 거치며 여전히 활발하게 이어지고 있다.

미국의 수감 체계 속에 이성적 판단력이 손상된 사람의 수가 너무 많아지자 늘 침착하던 스탠퍼드 대학교 로스쿨마저 2015년에는 〈언제부터 감옥을 정신보건 시설로 받아들이게 되었는가?〉라는 논문으로 버럭 분노를 터뜨렸다. 당시 캘리포니아주 상원 임시 의장이었던 대럴 스타인버그Darrell Steinberg와 스탠퍼드 대학교 법대 교수 데이비드 밀스David Mills, 스탠퍼드 대학교 법대 특별 프로젝트 감독 마이클 로마노Michael Romano가 공동으로 집필하고 발표한 논문이었다.

그 구체적 내용 중에는 이런 것이 있다. 미국의 정신질환자는 "의료 기관보다는 구치소나 교도소에서 치료받게 될 확률이 훨씬 높다." 미국 수감자 가운데 정신질환자는 35만 명 이상인데, 이는 정신병원에서 치료받는 환자의 열 배가 넘는 수다.

"소송 관련 개혁들로 상당히 정비되기는 했지만 (…) 감옥 내 정신의료는 여전히 여러 중요한 측면에서 의학적 기준은 말할 것도 없고 헌법이 정한 최소한의 기준에도 한참 못 미친다."[121]

이 연구에는 당국의 잘못을 정확히 지적하는 평가가 여럿 담겨 있지만, 다음 내용은 특히 설득력 있는 울림을 준다.

우리는 정신질환에 시달리는 우리의 수많은 형제자매에게 사실상 그들이 범죄를 구성하는 행동을 피할 수 없는 환경을 조성해놓았다. 우리는 그들을 치료하는 대신 감옥에 집어넣고 있다. 그러다 형기를 채우고 나면 지지 시스템이라고는 없이 또는 최소한의 지지 시스템만을 갖춘 채 석방하여 다시금 철창 뒤에 갇힐 때까지 시간만 때우게 한다. 이 사람들에게 들어가는 돈을 절약하겠다는 심산으로 벌이는 이런 관행에는 엄청난 재정적·도덕적 비용이 따른다. 그것이 비효율적인 이유는 그들을 치료하고 지원하는 데 들어갈 액수보다 훨씬 많은 돈을 그들을 수감하는 데 쓰고 있기 때문이다. 그것이 비도덕적인 이유는 다른 사람의 삶을 무가치한 것으로 무시해버리는 처사가 우리의 집단적 가치와 원칙에 완전히 어긋나기 때문이다.[122]

2015년에 베라 정의 연구소Vera Institute of Justice는 대부분 감옥들의 설계와 운영 방식, 자원 자체가 정신질환자에게 더 큰 위험을 초래한다는 사실을 지적하는 보고서를 발표했다. "끊임없는 소음과 밝은 조명, 계속해서 바뀌는 인적 구성, 위협과 폭력의 분위기를 특징으로 하는 감옥에서 정신질환에 시달리는 사람들은 잠시도 휴식을 취할 틈이 없다. 게다가 정신질환 치료를 거의 받지 못하므로 감옥에서 시간을 보내면 보낼수록 그들의 병은 더욱 악화된다."[123]

보고서는 또한 "혼란스러운 환경"에 놓인 데다 치료를 받지 못하는 상황(수감자의 83퍼센트가 이런 곤경에 처한다)까지 더해지면 병세는 자연히 깊어지는데 이런 수감자들은 "규칙 위반에 대한 처벌로든, 손쉬운 괴롭힘의 대상인 그들에 대한 보호조치로든 독방에 감금될 확률이 더 높다"고 덧붙였다. 물론 이 "혼란스러운 환경"은 학대가 벌어져도 알 수 없는 폐쇄적 환경인 주립 병원에 대해서도 적용할 수 있는 말이다. 그런 수치스러운 인간 저장 창고에서는 누더기를 걸친 환자와 벌거벗은 환자를 방치하고, 스물네 시간 내내 대낮처럼 불을 밝혀두며, 다른 환자들 그리고 직원들에 의한 강간을 포함한 폭력적 괴롭힘이 벌어진다.

베라 정의 연구소는 독방 감금이야말로 정신질환자에게 가하는 처벌 중 가장 심각하게 영혼을 파괴하고 절망에 빠뜨리며 광기를 유발하는, 도덕적으로 매몰찬 처벌이라는 말도 덧붙이는 게 좋았을 것이다. 물론 이는 정신질환이 없는 다른 모든 사람에게도 마찬가지다.

＊

코네티컷주 뉴타운의 한 초등학교°에서 정신이상과 자살 충동에 빠진 한 젊은이가 초등학생 어린이들과 교직원들을 집단 살해 한 지 6주가 지난 2013년 1월 21일, 〈포브스〉 편집장 스티브 포브스Steve Forbes는 대형 공공 병원을 다시 정신질환자와 정신질환자로 추정되는 사람들로 채워야 한다고 요구하는 듯한 이야기를 했다. "우리는 심각한 정신적 문제가 있는 사람들은 자신에게 가장 이로운 것이 무엇인지 합리적 판단을 내릴 수 없다는 상식을 받아들이지 않고, (…) 오히려 공립 정신병원들을 상당 부분 텅 비워버렸다." 자유 시장 해법의 믿을 만한 옹호자조차 이런 글을 쓴 것이다.[124]

2년 뒤, 펜실베이니아 대학교 페렐먼 의학대학원의 윤리학자 세 사람도 정확히 그와 같은 주장을 했다.

세 윤리학자는 케네디 대통령의 대담한 실험이 병원의 과밀화와 환자 인권침해 위험, 더 효율적인 경제 운용 전망 등을 고려한 정당한 우려에서 행해진 것임을 인정하면서도, 세월이 흐르면서 그 해결책이 결국 실패했음이 분명해졌다고 단언했다. 또한 지난 50년 동안 시

○   샌디 후크 초등학교.

대와 인구구조가 급진적으로 변화했다는 점도 지적했다. 1955년 이후 미국 인구는 두 배로 늘었고, 만성적이지 않은 질환까지 포함해 정신질환에 시달리는 환자의 수가 1000만 명이나 되는데도 정신병원의 입원 환자를 위한 병상은 4만 5000개로 줄어(95퍼센트 감소) "완전히 부적절한 등식"을 만들었다는 것이다.

그들은 "탈수용화는 사실상 수용 장소를 옮기는 것이었을 뿐"이라고 잘라 말했다. "미국의 구치소와 교도소는 전국에서 가장 거대한 정신보건 시설이 되었다. 전 재소자의 절반이 정신질환이 있거나 약물 남용 장애가 있는 이들이고, 주별 재소자의 15퍼센트는 정신증적 장애 진단을 받은 사람들이다. (⋯) 그 결과 정신질환을 앓는 환자들이 위태로운 입원과 노숙자 상태와 감금 상태 사이를 오가는 악순환이 형성된다." 그들은 정신질환자를 "안전하고 현대적이고 인간적인" 방식으로 수용할 수 있는 의료 시설로 되돌려보낼 것을 촉구하며, "'어사일럼'이라는 단어는 원래의 의미대로, 즉 안전함과 치유의 성역으로 이해해야 한다"라고 제안했다.[125]

다시 대규모 정신병원에서 치료하는 것이야말로 현재의 고장 난 정신보건 체계가 촉발한 수많은 개인과 가족의 재앙은 물론, 환자를 범죄자로 만들고 사회 혼란을 초래하면서 막대한 비용을 치르고 있는 상황도 바로잡을 수 있는 현실적인 수단일 것이다. 그러나 아직은 어떤 선구자나 운동도, 그런 대대적이고 복잡한 이전 작업—그렇게 큰 비용이 들어갈 선의의 실천—을 위해서는 지옥으로 이어지는 길을 피해 갈 수 있는 상세한 안내도를 마련해야 한다고 진지하게 제안한 적이 없다.

이 대규모 사업은 새 병원의 설계·건설·유지에 관해, 직원의 심사 및 감사 절차에 관해, 철저히 감독하고 초당적 법률로써 집행할 수 있는 (또 집행되는) 영양·청결·상담 문제에 관해 공적·사적 계획과 합의를 거쳐 주도면밀하게 프로그램을 짜고 그것을 토대로 시행해야 한다. 이 글을 쓰고 있는 지금도 서로 대립하는 '폐지론자들'과 '온정적 간섭주의자들'은 각자 군건한 절대론적 입장을 고수하며 타협점을 찾을 기미를 전혀 보이지 않으니, 이들을 화합하게 만들 방법도 찾아야 할 것이다. 이런 일은 정신의학적·기술적 이론에 깊은 지식을 가진 동시에 사람들을 더 큰 선善으로 나아가도록 영감을 줄 수 있는 지혜로운 공적 지도자 또는 지도자들만이 이룰 수 있다. 근래에 미국에서는 그런 지도자들이 그리 눈에 띄지 않는다.

물론 이 모든 일에는 지속적으로 엄청난 양의 공적·사적 투자가 필요할 것이다. 그러려면 단합된 공공의 의지를 그만큼 역사적인 규모로, 아마도 전쟁 준비에 맞먹는 규모로 동원해야 할 것이다.

그만큼 포괄적이고 영구적인 정신보건 개혁이 일어나리라 기대할 수 있을까?

아직은 일어나지 않았다.

"안녕, 가족들—"

14

인터로컨 캠퍼스에서 처음으로 연주를 한 뒤 케빈은 우리에게 이메일을 보내왔다. 카페에서 열린 비공식 저녁 행사에서 룸메이트와 함께 기타와 피아노 이중주 연주를 한 것이다. 케빈의 메시지에는 자기 인생에서 펼쳐지고 있는 모든 것에 대한 생동하는 열정과 경이감이 가득하다.

제목: !!
날짜: 1999년 9월 28일, 화요일 08:50:55 PDT
발신인: "케빈 파워스" <hoist@hotmail.com>
수신인: ropo@sover.net
안녕, 가족들—
카페 공연 이야기를 들려줄게요. 처음엔 인터로컨 재즈 캄보가 무대에 올랐어요. 물론 죽여줬고 모두 열광했죠. 그러고서 나와 [룸메이트] 제시가 열 번째 순서인가 나가서 <에퀴녹스>를 연주했는데, 다들 우리가 그날 쇼에서 최고였다고 말하는 거예요. 정말 대단하죠! 사실 우리가 인터로컴 카페에서 처음으로 무대에 오르겠다는 용기를 낸 것만으로도 진짜 엄청난 일이었는데. 꽤 재능 있어 보였나봐요. 난 사실 내 연주가 그리 대단하다고 느끼지 않았지만 사람들은 다들 좋아했던 것 같아요. 아직도 보는 사람마다 자꾸 칭찬해줘서 엄청 들떠 있어요. 또 한 가지 빅뉴스는, 어젯밤 나한테 여자 친구가 생겼어요. 이름은 앨리예요. 그러니까 또 하나의 미션을 달성한 셈이죠. 집에는 새로운 소식 없나요? 이곳은 정말 모든 게 멋진 것 같아요. 나중에 또 얘기할게요.

케빈

케빈에게는 온전한 정신으로 살아갈 시간이 이제 2년도 채 남아 있지 않았다.

몇 주 뒤 아너리가 나의 생일이자 딘의 생일을 맞아 딘에게 보낸 편지는, 그녀가 딘의 시련기를 지나는 동안 야무지게 억누르고 통제해왔던 불안감이 들여다보이는 매우 드문 예다. 판사의 판결로도 그 불안은 잦아들지 않았던 모양이다.

제목: 생일 축하해
날짜: 1999년 11월 18일 05:50:37 -0500
발신인: 아너리 플레밍 <ropo@sover.net>
수신인: 딘 파워스 <junior_304@hotmail.com>
얘야,

한밤중에 또 잠에서 깬 김에 일어나 너에게 생일 축하 인사를 보내야겠다고 생각했어. 멋진 생일이 되기를 바란다. 내가 느껴온 이 불안과 불면증을 극복할 날도 언젠가는 오겠지. 너랑 케빈이 집에 왔을 때 다들 무사히 지내고 있다는 걸 알고 나면 괜찮을 거야. 사랑한다. 행복한 생일 보내렴.

엄마가

딘으로 말하자면, 미들베리 유니언 고등학교에서 왕따 당하며 중단되었던 지적 발달을 굴드 아카데미에서 다시 꽃피우고 있었다. 학교 과제로 통찰력 있고 열정적인 몇 편의 글을 쓰기도 했는데, 작문 주제는 셰익스피어, 헌법, 토머스 제퍼슨Thomas Jefferson 등이었고, 달콤 씁쓰레한 순진함으로 정신건강에 관해 쓴 글도 있었다.

정신건강은 자기 인생을 즐기며 살길 원하는 사람이라면 누구에게나 중요한 요소다. 정신적으로 건강한 사람은 매사를 볼 때 긍정적인 관점을 유지할 수 있다. (…) 정신적 건강과 육체적 건강의 균형을 유지하는 사람은 지적인 자극과 다른 사람들과의 상호작용을 추구하며, 일과 자원봉사 활동을 통해 자신의 시간을 창의적으로 사용한다. 이것은 자신감을 북돋우고 스스로에 대해 대체로 괜찮은 사람이라고 느끼도록 해준다.
스트레스는 계속해서 변화하는 환경에 적응하는 동안 우리 몸이 경험하는 일종의 처벌이다. (…) [그것은] 불신과 거부, 분노, 우울감을 낳을 수 있고, 이는 건강 문제로 이어진다. (…)

사랑하는 사람의 죽음, 아이의 탄생, 승진, 새로운 관계를 겪으며 인생을 재조정할 때 우리는 스트레스를 경험한다.

당신의 인생에서 스트레스를 일으키는 원인들을 밝혀내라. 가족과 친구, 동료 또는 상담가에게 생각과 감정을 알리면 자신의 문제를 다른 방식으로 보는 데 도움이 된다. 우울은 당신이 비참한 기분을 느끼게 만들 수 있다. (…)

당신을 위한 단기적 목표와 인생의 목표를 세우라. (…) 약물과 술이 인생의 문제를 해결해주지 않는다는 사실을 깨달으라. 유머 감각을 기르고 즐거운 시간을 만들라. 즐길 시간을 계획하고 당신을 웃게 만드는 활동에 참여하라.

첫 학기가 끝나갈 무렵 케빈은 이메일을 보내 (첫 번째 연애가 끝난 것도 모르고 있었던) 우리에게 두 번째 연애가 끝난 이야기를 들려주었다. 그러나 이런 이야기를 하면서도 케빈은 여전히 평소와 다름없이 낙천적이었고, 또한 어서 휴일이 되어 집에 오고 싶다는 마음도 진하게 느껴졌다. 그리고 언제나 그렇듯 할머니의 안부도 물었다. 나는 답장을 보내 나와 딘과 케빈이 돌아오는 1월 겨울방학 때 뉴욕에서 함께 보기로 한 뮤지컬 〈렌트Rent〉의 티켓을 구해두었음을 알려주었다.

*

크리스마스를 앞둔 금요일, 나와 아너리는 2차선 도로를 타고 베델을 향해 동쪽으로 달려갔다. 크리스마스 장식을 한 정다운 버몬트와 메인주가 우리를 감쌌고, 일찍 찾아온 황혼 속에서 농가 주택들과 커다란 삼나무들은 색색의 전등을 밝히고 있었다. 그중에는 수십 년에 걸쳐 신문지에 싸이고 골판지 상자에 담긴 채 매년 크리스마스 시즌이 올 때까지 보관되어 있는 전등도 많았으리라. 작은 마을의 전신주마다 스티로폼으로 만든 사탕 지팡이와 거대한 플라스틱 양초 들이 장식되었고, 상점 진열창 안에는 아기 예수가 태어난 구유 장면이 미니어처로 연출되었다. 회중파와 가톨릭교회의 불 밝혀진 문 앞에는 화환이 하나씩 걸려 있었다.

캠퍼스에 도착하자 딘이 미소 띤 얼굴로 우리를 맞이했다. 딘은 우리를 강당으로 안내해주고는 무대 뒤로 사라졌고, 우리는 그날 저녁의 프로그램을 보기 위해 다른 부모들 사이에 자리를 잡고 앉았다. 딘과 악기를 다룰 줄 아는 다른 학생들 말고도, 예복을 입고 찬송가와 캐롤을 부르는 소년 합창단도 있었다. 세월이 흘러도 변치 않을 모든 학교 합창단의 특징인 양 다들 입술을 O자로 만들어 천사 같은 소리로 진지하게 노래를 불렀다.

공연이 끝나자 부모들과 자녀들은 강당을 빠져나와 각자의 차에 올라 크리스마스 휴일을 보내러 집으로 달려갔다. 이틀 뒤, 예복을 입고 찬송가를 부르던 아이 중 하나, 부드럽고 동그란 뺨을 가진 진지하고 지적인 소년이 어둠 속에서 자기 부모의 농가 주택 주방으로 들어가 엽총을 들어 어머니의 머리를 날려버렸다. 나중에 그 소년은 버몬트 교도소에서 친해진 한 강사에게 이렇게 설명했다고 한다. "나는 어머니를 **사랑해요**. 내가 한 일을 봤다면 선생님도 내 말을 이해했을

거예요." ▼

우리 네 가족은 따뜻한 크리스마스를 보냈고, 나는 약속했던 대로 아들들과 함께 기차를 타고 뉴욕에 가서 1월 초의 〈렌트〉 공연을 함께 보았다.

그리고 이 무렵 딘은 정치와 뉴스 전반에 깊은 관심을 갖게 되었다.

제목: 답장: (제목 없음)

날짜: 2000년 3월 1일 수요일, 05:28:32 PST

발신인: "딘 파워스" < junior_304@hotmail.com >

수신인: ropo@sover.net

어떻게 지내요, 아빠? 요 며칠 제가 뭘 했는지, 아마 못 믿을 거예요. 신문을 읽고 있거든요. 신문에서 쓰는 주된 수사를 살펴보는 중인데, 요즘은 꼭 종교들이 경주를 벌이고 있는 것 같지 않아요? 밥 존스 대학교 관련된 소식 아빠도 들었어요? 그리

▼ 이 소년의 이름은 레어드 스태너드Laird Stanard로, 버몬트 교도소에서 25년 형 가운데 15년을 복역한 뒤 2015년 여러 제약 조건을 단 채 일시적으로 출소되었다. 내가 최대한 자세히 알아본 바로 그는 한 번도 정신감정을 받은 적이 없다. 교도소에서 레어드의 강사 노릇을 했던 작가 테오 파드노스Theo Padnos는 2004년에 출간한, 그러나 합당한 평가를 받지 못한 책에서 청소년 살인자들에 관해 다루었다. 이 책,《내 인생은 장전된 총: 파국에 이른 청소년들My Life Had Stood a Loaded Gun : Adolescents at the Apocalypse》[에밀리 디킨슨의 시에서 따온 제목이다-옮긴이]에 그는 레어드의 이야기를 포함시켰다. 파드노스에 따르면 레어드는 그간 여러 차례 반복해서 봤던 영화 〈아메리칸 뷰티American Beauty〉를 통해 갖게 된 판타지가 점점 강해졌다고 한다. 그 영화는 살인을 마치 초월적 재능인 양 보이도록 표현하는데, 이는 살해당한 인물(한 청소년의 고뇌하던 아버지)이 영화의 내레이션을 맡아 플롯에 대해 이런저런 논평을 함으로써 사실은 죽지 않은 것처럼 여겨지기 때문이다. 이 인물은 차분하고, 여전히 감각지각이 가능하며, 자기 자신의 죽음에 대해서도 그리 불편해하지 않는다.

고 미시건에서도 또 학교 총격 사건이 있었대요. 케빈이 있는 곳이랑 가까운 건 아닌지 궁금해요. 제가 스노모빌 트레일을 달렸던 거 얘기했었나요? 다섯 번이나 했다니까요. 그리고 저 레이브 파티에도 갔었어요! 테크노 음악은 정말 폭발적이더라고요. 뉴욕이나 보스턴에 있는 클럽에도 가보고 싶어요. 밴드도 결성해서 '앨리스 인 체인스'의 곡들을 연주하고 있는데, 노래하는 애 목소리가 아주 듣기 좋아요. 이주에는 시험이 있어요. 이제 나가볼게요. 주말에 만나겠죠. 그때 봐요.

주니어

몇 주 뒤, 고통스러운 주제가 새롭게 모습을 드러냈다. 과거 딘과 나 사이에 있었던 불화가 다시 시작된 것이다. 그러한 긴장에 이해할 만한 원인이 있었던 경우는 극히 드물다. 예를 들어 딘은 나로서는 전혀 감지하지 못하는 어떤 상황에 대해 격렬히 화를 터뜨리곤 했다. 돌이켜보건대 딘이 그렇게 예민하게 군 이유는 서서히 그 아이를 잠식해가던 조현병의 긴 전구기 때문이었던 것 같다.

2000년 4월 초에 케빈이 봄방학을 보내기 위해 미시건에서 비행기를 타고 집으로 돌아왔고, 우리는 둘이서 베델로 달려갔다. 딘이 굴드 캠퍼스에서 케빈과 함께 공연할 계획을 잡아두었기 때문이다. 형제가 상당한 규모의 관객 앞에서 함께 연주한 것은 이때가 처음이었는데, 엄청나게 성공적인 공연이었다.

강렬하고 신나게 몰아대는 로큰롤이 열한 대나 되는 앰프에서 쏟아져 나왔다. 굉장한 실력을 가진 동생과 함께 무대 위에서 신나게 공연하는 것은 딘의 오랜 꿈이었다. 케빈의 재능을 자랑할 기회, 그리고 자신의 재능도 자랑할 기회가 생긴 것에 너무나 들떠 있었다. 형제는 공연장을 가득 메운 사람들을 실망시키지 않았다. 케빈은 늘 그랬듯 맹렬하게 몰두하여 뛰어난 실력을 열정적으로 보여주면서도 특유의 포커페이스를 유지했다.

딘은 달랐다. 딘은 웃고, 함성을 질렀고, 눈을 반짝였고, 몸을 굴렸고, 짙은 머리카락을 통통거리며 신나게 뛰었다. 그렇게 순수하고 자유롭게 환희를 느끼는 딘의 모습을 보는 건 몇 년 만에 처음이었다. 공연이 끝나고 길게 이어진 환호와 휘파람과 박수 소리는 '그레이트 풀 데드Grateful Dead'마저 깨워 일으킬 것 같았다.

그 기쁨은 그러나 그날 우리가 함께한 나머지 시간까지 이어지지 못했다. 케빈과 내가 버몬트로 출발하기 직전에 팽팽한 긴장이 우리를 집어삼켰다. 이유는 기억나지 않는다. 아마도 이유는 없었을 것이다. 어쨌든 차가 캠퍼스에서 빠져나올 때쯤에는 딘과 나 둘 다 부글부글 끓어오르고 있었다.

악천후에 놀라 눈이 휘둥그레진 케빈을 조수석에 태운 채 늦겨울의 눈보라 속을 뚫고 기어가다시피 미들베리 집으로 돌아온 뒤, 나는 이메일로 상황을 바로잡아보려 시도했다. 그러나 그 메일이 이룬 것이라고는 내가 상황을 전혀 파악하지 못하고 있다는 깨달음, 그리고 어쩌면 내 아들의 내면에 자리잡고 있었을 악마들이 느꼈을 음울한 만족뿐이었다.

제목: 방문

날짜: 2000년 4월 9일, 일요일 18:05:22 -0400

발신인: 론 파워스 <ropo@sover.net>

수신인: 딘 파워스 <junior_304@hotmail.com>

딘,

한 시간쯤 전에 집에 도착했다. 돌아오는 길의 절반은 억센 눈보라를 헤치고 왔구나. 거의 몬트필리어부터 벌링턴까지, 그리고 산길은 말할 것도 없었지. 하지만 우리는 무사하다.

네가 나에게 얼마나 답답함을 느껴왔고, 또 느끼고 있는지 알고 있다. 내가 너와 친밀한 관계를 형성하지 못했다고 생각한다는 거 알고 있어.

청소년기에 접어들면서 너에게 일어난 변화들에 대해 내가 아무런 준비가 되어 있지 않았던 것 같구나. 엄마나 다른 사람들이 나와 네가 많이 닮았다고 종종 말하는데, 아마 그게 우리 사이에 이렇게 마찰이 많이 생기는 이유 중 하나인 것 같아. 나는 네가 무척 좋은 아이라고 생각하고, 정말 좋은 상태일 때는 거의 영웅적이라고 느끼기도 해.

우리가 늘 싸우는 것은 정말 원치 않아, 딘. 때로는 우리가 친구처럼 지내기를 기대한다. 너에게 들려주고 싶은, 우리의 이런 문제와는 무관한 다른 이야기들이 너무나도 많단다. 언젠가는 이 모든 괴로움이 가라앉기를, 너와 나 둘 다 더 나이 들며 조금은 현명해져서 화해하고 서로 함께하는 것을 즐기게 되기를 소망한다. 사랑한다, 딘. 너를 위해 날아오는 총알도 막아설

"안녕, 가족들—"

수 있을 만큼.

부디 믿어주렴.

아빠가

만날 때마다 마찰이 점점 심해졌지만, 나는 딘에게 이메일을 보낼 때만큼은 늘 다정한 친구 같은 말투를 유지하기로 했다. 딘도 대개는 그런 제스처를 취했다. 우리가 한때 친구처럼 함께 보냈던 시간들을 이메일이 대신 채워주고 있었다.

2000년 5월 무렵, 아이들이 집을 떠나서 보낸 시기의 첫 단계가 끝나가고 있었다. 딘은 진학할 대학을 선택했다. 콜로라도주 애니마스강을 끼고 샌환산맥 안에 둥지를 튼 듀랭고라는 작은 도시에 있는 포트루이스 대학이었다. 너무나도 멋진 산악과 야생의 풍광을 자랑하는 곳으로 스키를 즐길 수 있는 곳이 다섯 군데나 되는데, 이 점이 딘의 결정에 중요한 역할을 했을 것이다.

한편 케빈은 자신을 품어주고 영혼을 사로잡아버린 꿈 같은 작은 우주 인터로컨을 떠날 준비를 하고 있었다. 비록 여름 동안만이었지만.

그해 여름은 내 기억 속에 각인된 기타 음악, 방충망을 친 집 뒤편 돌출 현관에서 친구들과 함께 닭고기와 옥수수를 구워 나누던 식사, 이따금 열리던 우즈 티 컴퍼니의 콘서트 속에서 걱정 근심 없이 흘러갔다. 아들들은 친구들 또는 친구라 부르는 이들과 미들베리의 밤 속으로 외출을 나갔다. 아마 그 무리 중 누군가가 마리화나를 돌렸던 것이 틀림없었다. 우리는 이제 마리화나가 조현병 증상을 심하게 악화시킬 수 있는 물질이라는 사실을 알고 있다. 그로부터 몇 달 뒤, 그에 못지 않게 파괴적이고 강력한 환각제인 LSD를 누군가 그 무리에 가지고 왔다는 것도 우리는 나중에야 알게 되었다. 하지만 그 무렵에는 내가 공저자로 참여한 책이 출간되어 좋은 평을 얻고 아주 많이 팔리면서, 아너리와 내가 대학을 떠난 이후 심각할 때는 신용카드를 돌려가며 간신히 막아낼 정도까지 이르렀던 집안의 경제적 위기가 마침내 끝났다. 지난 밀레니엄의 마지막 여름이었다.

9월에 케빈과 나는 케빈의 짐을 챙겨 밴에 싣고 트래버스시티까지의 긴 여정을 시작했다. 아너리는 딘과 함께 비행기를 타고 앨버커키에 내린 뒤 차를 빌려 북쪽으로 달려 듀랭고로 갔고, 거기서 딘은 대학의 첫해를 시작했다. 인터로컨에 도착한 케빈은 재즈 캄보와 그보다 규모가 큰 재즈 앙상블 양쪽 모두에서 입단 제의가 왔다는 사실에 뛸 듯이 기뻐했다. 그로부터 며칠 뒤 우리는 케빈이 인터로컨에서 배우기만 하는 게 아니라 가르치기까지 한다는 사실을 알게 되었다. 동료 학생 몇 명을 상대로 개인 교사 노릇을 하게 된 것이다. 아너리와 나는 부모 초청 주말 공연에 맞춰 인터로컨으로 갔다. 재즈 앙상블의 공연이 예정되어 있었는데 케빈은 그중 퍼스트 기타를 맡았다. 초저녁에 캠퍼스에 도착한 우리는 정성껏 차려입은 부모 무리에 합류해 코슨 강당으로 향했다. 입구 앞에는 큰 곰과 작은 곰 두 마리가 서로 등을 맞댄 채 쉬고 있는 장면을 묘사한 마셜 프레더릭스Marshall Fredericks의 청동상 작품이 있었다. 우리는 입장권을 꺼내 강당 안으로 들어섰다. 광이 나는 경질 목재 바닥 위에 붉은 커버를 씌운 1000석에 가까운 좌석이 둥그런 파노라마처럼 무대를 향해 경사를 이루고 있었다.

무대에는 아무것도 없었다. 연주자가 앉을 조립식 스탠드도, 마이크도 보이지 않았다. 1000명에 가까운 관객은 환하고 텅 빈 공간에 시선을 둔 채 프로그램 책자만 말았다 폈다 하며 기다리고 있었다.

그때 우르릉거리는 소음이 들려왔다. 무대 바닥의 일부가 뒤로 미끄러지며 물러났다. 앙상블은 모습을 보이기 전에 소리로 먼저 존재를 알렸다. 깊은 곳에서 둔탁한 쿵 소리가 났다. 그러고는 앙상블이 서서히 올라오며 모습을 드러냈다. 하나같이 검은 옷으로 차려입은 스무 명의 젊은 남녀가 층층이 무대에 앉아 악기를 불고 두드리고 어루만지고 퉁기며 듀크 엘링턴Duke Ellington의 〈테이크 디 A 트레인Take the A Train〉을 멋들어지게 연주하기 시작했다. 조명 빛을 받은 트롬본과 드럼이 황금처럼 빛나는 가운데 무대 오른쪽 맨 앞줄, 검은 턱시도를 입고 나비넥타이를 맨 케빈이 보였다. 검은 마틴 기타의 금색 테두리가 조명을 반사했고, 케빈의 금발은 밝은 빛을 받을 때면 항상 그렇듯 황금색으로 빛났다. 언제나처럼 무표정한 얼굴에 반짝반짝 닦은 검은 구두 한쪽은 다른 쪽 구두의 움푹 파인 부분에 맞댄 모습이었다. 케빈은 빅밴드가 만들어내는 비트에 고개만 조금씩 까딱거리고 있었다.

케빈의 첫 솔로가 시작됐다. 밴드가 일순 조용해지더니 케빈이 만드는 음들이 혼자서 통통 튀고 춤을 추며 앰프를 통과해 객석 사이로 타고 올라가 관객의 귓속으로 들어갔다가 다시 빠져나왔다. 이어서 구부러진 베이지색 음향 제어 타일을 타고 흘러 강당 밖으로 탈출한 다음 초저녁 별들이 있는 곳을 향해 곧바로 위로 솟아올랐고, 그런 다음 깊은 우주로, 여태까지 연주된 다른 모든 음악과 함께 영원 속으로 잠겼다. 솔로 연주가 끝나고 케빈이 인사를 하듯 고개를 숙이는 순간 갑자기 박수가 터져 나왔고, 그 소리에 놀란 케빈이 고개를 살짝 들었을 때는 박수 소리 또한 이내 그곳을 떠나 케빈의 음악이 간 길을 따라 우주 속으로 들어간 뒤였다.

케빈이 인터로컨에서 보낸 나머지 세월은 그 박수를 균형추로 삼아, 희부연 환상 같은 유예된 시간 속에서 둥둥 떠 흘러갔다. 선생님들로서는 더 이상 가르쳐줄 게 없어질 때까지, 케빈은 기량과 음악적 감각을 계속해서 완벽하게 갈고 닦았다. 한번은 기타 앙상블을 지휘하며 잊지 못할 공연도 이끌었다. 록과 재즈, 플라멩코 그리고 자신의 음악적 기억 속에 남아 있는 다양한 요소를 혼합한 듯한 경이로운 기타 연주곡도 여럿 작곡했다. 케빈과 밴드 멤버들은 스탠퍼드 대학교와 시카고에서도 공연을 했다. 음악에만 전념하지 않고 수업에도 신경을 쓴 덕에 학업에서도 그럭저럭 괜찮은 성적을 받았다. 그러나 케빈이 음악에서 완전히 떨어져 나가는 법은 결코 없었다.

*

10월 말, 나는 케빈에게 이메일을 보내 아너리와 내가 케빈이 기타리스트로서 '태어난 이야기'를 되새기게 하는 어떤 만남에 관해 알려주었다.

제목: 신기한 사건!
날짜: 2000년 10월 20일 금요일 23:47:47 -0400

"안녕, 가족들—"

발신인: 론 파워스 <ropo@sover.net>

수신인: 케빈 파워스 <hoist@hotmail.com>

(…) 엊그제 수요일에 네 엄마와 내가 볼보 전시실에 있을 때 무슨 일이 있었는지 아니? 언젠가 네 엄마를 도와준 적이 있는 친절한 판매 사원과 이야기를 나누고 있는데, 또 다른 판매 사원이 우리를 쳐다보는 게 느껴지더구나. 우리의 대화가 잠시 중단되자 그가 내게 이렇게 물었어. "선생님 성함이 파워스죠?" 내가 고개를 끄덕이니 "기타를 연주하는 아들이 한 명 있죠?"라고 또 묻지 않겠니. 그렇다고, 사실은 그런 아들이 둘이라고 했지. 그러니까 이런 이야기를 하더라. "10년인가 12년쯤 전에 보트하우스에서 선생님 본 적 있어요. 어린 아들을 데리고 왔었죠. 선생님 가족은 내 바로 옆자리에 앉아 있었어요. 그 아이가 무대에 올라가 밴드와 함께 공연했던 거 기억나요. 아이가 작은 장난감 기타를 갖고 있었죠. 그 애가 얼마나 신이 났었는지 아주 생생합니다. 그때 난 그 아이가 성공하리라는 걸 알아봤어요. 신문에 난 아드님 뉴스도 다 챙겨봤다고요. 지금 그 아이는 어디 있나요?"

믿어지니? 그 사람은 네 인생 전체의 방향을 결정한 바로 그 운명의 날 바로 우리 옆에 앉아 있었고, 그걸 기억하고 있었어. 거의 우리만큼 또렷하게 말이다. 참 신기한 세상이지?

건강 잘 챙겨라. 시간 나면 메일 보내렴.

사랑을 담아,

아빠가

2000년 겨울방학이 끝나갈 무렵 벌링턴 공항에 마중하러 갔던 날, 케빈은 잔뜩 들떠서 서둘러 주차장으로 달려갔다. 플로리다주 잭슨빌에 사는 새 룸메이트 피터의 집에 머물다 돌아오는 길이었다. 나를 깜짝 놀래줄 것을 가지고.

밴 뒷좌석에 기타와 배낭을 던져 넣더니, 케빈은 배낭을 마구 뒤져 CD 한 장을 꺼내서는 자랑스럽게 흔들며 잽싸게 앞 좌석에 올라 보석 상자 같은 케이스를 활짝 열어젖혔다. 그러고는 내가 막 시동을 거는 참에 디스크를 카 오디오에 집어넣고 소리쳤다. "아빠가 이거 들어봤으면 좋겠어요!"

나는 차를 그냥 세워둔 둔 채, 이미 흘러나오기 시작한 음악에 귀를 기울였다. 케빈은 볼륨을 높이고 나를 빤히 응시했다. 펑크곡들이었다. 하지만 그냥 펑크가 아니었다! 기타, 베이스, 드럼, 보컬의 이글대는 힘과 잘 단련된 음악성으로 무장한 여섯 곡이 질주하듯 이어졌다. 나는 한 번도 펑크 팬이었던 적이 없었지만 이건 뭔가 달랐다. 펑크를 뛰어넘는 무언가가 있었다. 곡들은 선동과 장난기 사이를 오가며 힘차게 치고 나왔다. 주로 한 남자를 버린 누군가를 향한 젊은이들의 도전적인 태도가 흘러넘치는 곡들이었다. "그 누구를 위해서도 나를 바꾸지 않을 거야.", "우리는 왜 서로를 위해 태어난 사람인 것처럼 굴고 있을까?", "너는 왜 거짓말을 해서 네 맘대로 하려는 거니?" 같은 가사들이 들렸다. (현학적인 부친이 며칠 뒤 '그녀'가 '자기 맘대로 하려고to get her way' 거짓말을 한 것은 그게 '함께하는 방식together way'이기 때문일지도 모른다고 말하자 케빈은 현학적인 부친에게 '아빠 참 뭘 모르네요'라고 말하는 듯한 눈빛으로 곁눈질을 했고, 현학적인 부친은 그 후로 조언질을 삼갔다.) 가사에 소외된 젊은이의 필수 성분인 거친 언사들이 담겨 있었지만, 그럼에도 노래들은 전혀 어둡지 않았다. 사실 가사는 그 굉장한 음악에 틀을 잡아주는 용도로만 쓰인 것 같았다.

여섯 곡 중 가장 길고 가장 좋은 것은 청각적 불꽃놀이 같은 〈이피스터멀로지컬 코멘터리Epistemological Commentary〉, 그러니까 '인식론적 논평'이라는 제목의 곡이었다. 케빈이 솔로 연주를 가장 길게 하기도 했고, 빠른 속도로 높이 올라갔다가 다시 내려오고 또다시 올라갔다가 내려오기를 반복하는 현란한 연주를 펼치면서도 생동감 넘치는 음악적 아이디어로 구성된, 이 세상의 노래 같지 않을 정도로 훌륭한 곡이었다. 케빈은 곡이 거의 끝날 무렵 코드를 더 높이 바꿨는데, 그러자 기타가 마치 증기 오르간 같은 소리를 내며 천상의 영원한 기쁨을 표현하듯 현란한 서커스를 펼치고는 멀어져갔다.

음악이 다 끝나고 디스크가 슬롯에서 빠져나왔을 때 나는 아무 말도 하지 않았다. 무의미하고 판에 박힌 논평을 던져 방금 내가 들은 것을 시시한 것으로 만들고 싶지 않았다. 나는 그저 고개를 절레절레 흔들며 내 아들의 어깨에 손을 올렸던 것 같다. 들리는 소리라곤 싸늘한 주차장에서 윙윙대며 돌아가는 밴의 엔진음뿐이었다.

케빈의 얼굴에 비스듬한 미소가 떠올랐다. 케빈은 고개를 끄덕였다. 그 애는 내 감정을 이해하고 있었다.

케빈은 나이 열여섯에 모든 어린 뮤지션이 품고 있는 판타지를 막 실현한 참이었다. 전문 스튜디오에서 밤샘 녹음 세션을 마친 것이다. 케빈과 피터는 또 한 명의 뮤지션을 초대했는데, 스콧 섀드Scott Shad라는 젊고 역동적인 드러머였다. 스콧은 '인스펙션 12Inspection

Twelve'라는 잭슨빌 밴드의 멤버였는데, 그들은 얼마 후 〈인 리커버리 In Recovery〉라는 표제가 박힌 CD를 가지고 전국 무대에 데뷔했다.

케빈이 들려준 이야기에 따르면, 세 사람은 12월 31일에 방음 설비가 완비된 녹음실에 들어가 볼륨과 음색을 조절하고 연주를 시작했다. 밤새 녹음하고 또 녹음하고 편집 작업을 했다. 이런 세세한 과정이 케빈의 실현된 판타지에 더욱 깊은 풍미를 더했다. 아침이 밝아올 무렵 그들은 제작을 마무리했고, 음반사들에 보낼 요량으로 복사본을 여러 개 만들었다. 그런 다음 그들은 '마초' 펑크 밴드에 어울리는 '부비Booby'라는 이름을 지었다.

그들은 몇 곳에 CD를 보냈는데, 그중에는 꿈을 품은 신인 뮤지션이라면 꼭 거쳐야 할 웹 사이트 garageband.com도 있었다. 넉 달쯤 지나, 그들은 부비의 곡들을 포스팅하기 시작했다.

제목: 극찬들

날짜: 2001년 5월 6일 일요일 07:52:35 - 0400

발신인: 론 파워스 < ropo@sover.net >

수신인: 케빈 파워스 < hoist@hotmail.com >

케브,

Garageband.com에서 < 이피스터멀로지컬 코멘터리 >에 달린 리뷰들, 너도 찾아봤겠지? 대부분이 아주 극찬이더구나! 특히 내 마음에 든 평은 이거였어. "그동안 GB에서 아주 많은 곡을 들어왔는데, 지금껏 여기서 들었던 펑크곡 가운데 이게 최고다! 이 노래 진짜 죽여줌! 기타 라인이 너무 끝내주게 멋져서 참기가 힘들 지경" 이러쿵저러쿵, 어쩌고저쩌고. 이런 식의 칭찬을 읽으면 정말이지 엄청나게 벅차오를 것 같구나. 네가 '실력파 뮤지션' 후보에도 들고 펑크 부문 100위에 오른 것도 봤단다. 순위가 계속 오르고 있으니, 다음 수요일이면 평단으로부터 진짜 큰 지지를 받을 것 같아. 피터에게도 전해주렴. 너희가 정말 경탄스럽다!

사랑을 담아,

아빠가

3월에 인터로컨에서 집으로 전화했을 때 케빈의 목소리는 무겁게 가라앉아 있었다. 그 마법 같은 녹음 세션을 함께했던 재능 있는 젊은 드러머, 잭슨빌의 스콧 셰드가 죽었다는 소식이었다. 스콧은 당뇨병을 앓고 있었다. 3월 6일, 가장 최악의 순간에 그는 필요한 양의 인슐린을 투여하지 못한 상태였다. 운전 중 발작이 일어나는 바람에 충돌사고가 일어났고, 그는 목숨을 잃었다.

아너리와 나는 3월 말 봄방학을 맞은 케빈을 데리러 비행기를 타고 인터로컨으로 갔다. 케빈의 선생님 중 한 분과 학생 평가 면담을 잡았는데, 그 선생님은 우리에게 이렇게 말했다. "케빈은 내가 인터로컨에 근무하는 동안 만났던 학생 중에서 가장 재능이 뛰어난 뮤지션인 것 같습니다."

하지만 곧 4월에 또 하나의 죽음이 닥쳐왔다. 내 아내의 어머니인 아너라, 두 아이가 정말 좋아했던 외할머니가 98세의 나이로 숨을 거둔 것이다. 갑작스레 닥친 이 슬픈 소식에 두 아이 모두 얼이 나갔다.

케빈은 전화 통화를 하는 내내 말을 잇지 못했고, 얼마 뒤 이런 메일을 보내왔다.

제목:
날짜: 2001년 4월 25일 수요일, 20:19:34
발신인: "케빈 파워스" <hoist@hotmail.com>
수신인: ropo@sover.net
안녕 아빠

처음에 별로 말을 하지 못했던 거 미안해요. 상처 받으셨을지 모르지만, 난 아직도 그냥 적응하는 중이에요. 그리고 아빠하고 엄마가 언제나 날 위해 있어주는 것에 정말 감사해요. 나도 이제 어느 정도 단단해진 것 같다고 생각했는데, 그래도 누군가의 죽음이 아직 내 안 깊숙이 받아들여지지가 않네요. 언제나 거기 있어준 할머니나 스콧 같은 사람들을 내가 이용해온 기분이에요. 함께 시간을 보낼 제대로 된 기회도 갖지 못했고 그들이 사라지기 전에 하고 싶었던 말을 하지도 못했죠. 이런 일이 일어날 때 나는 왜 온전히 감정에 나를 내맡기지 못하는지 모르겠어요. 하지만 할머니 경우는, 제 생각에는 돌아가시길 원하셨던 것 같아요. 할머니가 그런 얘기 하는 걸 들었거든요. 그걸 원망하지는 않아요. 할머니는 90년도 넘게 꽉 찬 삶을 사셨으니까요. 어쨌든 고마워요. 당연히 그러시겠지만 엄마 잘 보살펴드리세요. 며칠 뒤에 만나요.

사랑을 담아 케빈이

제목: 답장:

날짜: 2001년 4월 25일 수요일, 16:35:53 - 0400

발신인: 론 파워스 < ropo@sover.net >

수신인: 케빈 파워스 < hoist@hotmail.com >

케브,

내가 장담하는데, 네 반응은 완전히 정상적인 거란다. 눈물이 슬픔을 재는 유일한 척도는 아니지. 너는 일종의 쇼크 상태에 있는 거야. 나는 널 잘 알아. 네가 얼마나 매사를 강렬하게 느끼는지. 전화기를 통해 들린 너의 침묵이 너무나 많은 걸 말해주었어. 너는 그 순간 너의 상실감에 깊이 연결되어 있었던 거란다.

"이용했다"는 것에 대해 말하자면, 그건 사실이 아니야. 너는 무언가를 가져간 사람이 아니라 준 사람이란다. 할머니와 함께 있을 때 너는 언제나 상냥하고 다정하고 사려 깊었어. 늘 할머니를 살피듯이 그분에게 다가갔었지. 할머니 머릿속에서 무슨 일이 일어나고 있는지 살펴보고 귀 기울였고, 거기에 놀랍도록 온화하고 싹싹하게 반응했어. 네가 할머니와 나눴던 유머는 정말 경이로웠단다. 너와 할머니 둘이 함께 있는 모습을 떠올릴 때마다 나는 언제나 아너라 할머니의 얼굴이 활짝 열리며 경계심이 싹 사라지는 모습, 때때로 할머니가 온몸과 어깨가 다 흔들리도록 배꼽을 잡고 폭소를 터뜨리던 장면을 떠올리게 된단다. 너는 할머니가 재미있어 하는 농담을 할 줄 알았고, 때로는 엉뚱하게 할머니를 즐겁게 할 줄 알았지. 그건 할머니에게 살아갈 이유를 주는 것들 중 하나였단다.

할머니가 너에게 뭔가를 주셨다는 점에 대해서는 나도 네 생각과 같다. 너와 딘 모두에게 그러셨지. 다정한 사람이 되어야 하는 이유를 깨우쳐주셨어. 할머니와 함께 살면서 할머니의 욕구와 기분에 맞추고, 필요할 때는 도와드리는 것, 이를테면 주방까지 모셔다드리거나 담요나 찻잔을 집어드리는 것 같은 그런 작은 일들이야말로 사람의 인생을 풍성하게 만들고 가장 깊은 만족감을 주는 거니까. 나는 할머니께서 너와 딘에게 물려주신 다정함이 이 무시무시한 세계의 모든 증오와 추함보다 훨씬 강하다고 생각한다. 그리고 너희가 세상에 나가 만나게 될 그 무엇도 너희를 오염시키지 못할 거라 믿어. 왜냐하면 너희는 항상 가슴속에 할머니의 한 조각을 품고 다닐 테니까.

네가 쓴 "그 누구를 위해서도 나를 바꾸지 않을 거야"라는 가사, 어쩌면 그건 어느 정도는 할머니의 얘기인지도 몰라. 할머니는 너를 사랑하셨어. 엄마와 나도 너를 사랑한다. 너는 정말 훌륭한 사람이야.

네가 내 아들이라는 사실을 내가 얼마나 자랑스러워하는지에 관해서는 너에게 아직 말도 꺼내지 못했단다.

사랑을 담아,

아빠

케빈이 어린아이였을 때 넘치는 생동감으로 케빈을 품어주었던 세상이 이제 그 아이에게 진짜 본성을 보여주고 있었다. 2001년 9월 세계무역센터가 공격을 받은 날, 케빈은 우리에게 이런 메일을 보냈다.

제목: 안녕

날짜: 2001년 9월 11일 화요일 20:29:32 -0400EDT

발신인: 케빈 파워스 <POWERSKB@INTERLOCHEN.K12.MI.US>

수신인: 론 파워스 <ropo@sover.net>

아빠⋯⋯

역사에 남을 이 엄청난 날⋯⋯ 나는 도대체 누가, 왜 이런 일을 벌이는지 혼란스러워서 정신을 차릴 수가 없어요. 이런 일을 설명할 수 있는 말이 없어요. 미국 역사에서 가장 큰 사건 중 하나가 되리라고 말해도 과언이 아니겠지만, 좀 더 두고 봐야겠죠. 우리나라를 위해 싸우고 있는 사람들이 현명하게 행동하기만을 바라고, 부시가 조치를 취할 때 그게 무엇이 됐든 신중하기를 바랄밖에요. 아빠 동료 중에도 그 분야에서 일하는 분이 있나요? 뭐, 여기서는 대체로 모든 게 괜찮아요. 남들보다 더 심각하게 영향을 받는 사람도 있겠지만 나는 괜찮고 아빠와 엄마도 잘 지내시길 바라요. 이 일을 아빠는 어떻게 생각하는지 듣고 싶어요. 오늘 밤이나 내일 전화 걸 수 있을 것 같아요.

케빈

이 메시지를 읽은 나는 인터로컨까지 차를 몰고 가 케빈을 안고 위로해주고 싶었다. 물론 그럴 수도 있었을 것이다. 돌아보면, 그러지 않았던 것이 너무도 후회된다. 대신 나는 이런 답장을 보냈다.

제목: 새 세계의 첫날
날짜: 2001년 9월 12일, 수요일 16:06:56 - 0400
발신인: 론 파워스 < ropo@sover.net >
수신인: 케빈 파워스 < hoist@hotmail.com >

케빈,

식료품점에 갔다가 방금 집에 돌아왔는데, 그사이 네가 전화했었다고 엄마가 전해주더구나. 나와 엄마 둘 다 이 슬프고 끔찍한 날 종일 네 전화를 기다리고 있었어. (딘이 아침에 전화해서 정말 기뻤단다. 정말로 너희들과 연락이 닿았으면 싶었거든.)

신기한 건, 내가 집으로 돌아오는 길에 네 생각을 하고 있었다는 거야. 엄마와 네가 통화하고 있던 바로 그 순간이었을지도 모르지. 너에게 말해주고 싶은 것들에 관해 생각했다. 그중 가장 중요한 건 너에게 용감해지라고, 인생에 대해 낙관적 전망을 잃지 말라고 강조하는 것이었지. 그건 앞으로 펼쳐질 이 힘든 날들 동안 이 나라의 모든 사람에게도 아주 중요한 일일 거야. 둘째는 삶의 소중함을, 그 모든 순간의 소중함을 음미하라는 건데, 이건 네가 이미 하고 있는 일이리라 생각한다.

셋째는 예술가로서 네 친구들과 너희 학교에, 어쩌면 언젠가는 너의 나라에 어떤 기여를 할 수 있는지 인식하는 거란다. 테러리스트들과 범죄자들, 사악한 자들은 언제나 우리의 세상을 파괴하고, 그 세상을 다시 온전히 되돌리는 것은 언제나 예술가들이지. 지금 우리에게는 너의 음악이 정말로 필요해. 네가 그 아름다운 기타에서 뽑아내는 모든 음이 완성하는 기쁨과 힘과 희망을 우리는 들어야 해. 인간애와 삶의 달콤함을 되살리기 위해서는 너와 피터가, 너희 밴드 멤버들이, 이 부서진 사회 전체에 있는 모든 음악가가 필요하단다.

잘 연주하렴. 거기에 열정을 더 보태고. 네가 언제나 그래왔듯이.

커다란 사랑과 존중을 담아,

아빠가

그리고 케빈은 그렇게 했다. 그렇게 할 수 있을 때까지는.

항정신병 약

15

과학사에 남은 발견 가운데 1954년에 있었던 항정신병 약의 발명만큼이나 서구 세계에 커다랗게 끓어오르는 환희를 촉발한 일은 많지 않다. 무엇보다 정체성을 회복하고 보호하며 자아를 악마의 지배로부터 지켜낸다고 약속하는 향정신성 약물들만큼 인간의 공포와 욕망의 샘 깊은 곳까지 가닿은 것은 단연코 없었다.

냉전을 치르며 빨갱이 공포에 절어 방공호를 건설하고 비트족°을 혐오하던 미국인은 인류의 전망에 관한 희소식에 굶주려 있었다. 이럴 때 정신이상이 곧 완전히 퇴치되리라는 말보다 더 좋은 소식이 있었을까? 한때는 재미라곤 눈곱만치도 찾아볼 수 없던 신문과 잡지, 텔레비전은 이제 예언자 같은 위치로 격상된 제약 회사가 던져주는 달착지근한 보도 자료를 덥석덥석 받아물었다. 언론은 제약 회사 실험실 소속 과학자가 내놓는 더없이 유토피아적인 약속을 인용하며

○ beat generation. 1950년대 미국에서 현대 산업사회를 부정하고 기존 질서와 도덕을 거부한 문학예술가 세대를 이르는 말이다.

최신의 획기적인 발견에 앞다투어 격찬을 늘어놓았다. 따분하고 고색창연한 '정신치료' 이론으로 무장한 프로이트교의 대사제들은 힘들게 얻어낸 높은 지위의 최정상에 오른 바로 그 순간, 눈치챌 겨를도 없이 기습을 당하고 말았다. 그것도 화학물질에게!

약병에 담긴 제정신! 알약 한 알로 얻는 마음의 평화! 이런 생각은 전후 마케팅에 길들여진 미국인이 소비재를 통한 쉬운 해결책에 품고 있던 믿음과 완벽하게 부합했고, 따라서 기적의 약물 전격전은 거의 개전과 동시에 끝나버렸다. 제약 회사가 맹렬히 쏟아낸 초기의 웅대한 주장은 늘 공익을 지켜오던 문지기마저 마비시켜버렸다. 어쨌든 그들의 주장을 분석하고 도전을 제기할 만큼 과학 지식에 정통한 사람이 얼마나 있었겠는가? 문외한들에게 보도하는 문외한들의 거대한 컨소시엄인 언론은 물론 아니었다. 대체로 과학에는 무지하고 로비스트에게는 친절한 공직자들 역시 그렇지 못했다. (여러 사건이 자주 증명했듯 모종의 금전적 보상이 주어지지 않는 한) 먼지 앉은 두꺼운 책에서 눈을 들어 공적인 사안으로 시선을 돌리기에는 너무 타성에 젖은 학계도 마찬가지였다. 정신과 상담의들 역시 다를 건 없었다. 그들 중에는 상담 치료를 받던 고객들이 소파를 버리고 가까운 약국으로 가버리는 모습을 멍하니 바라만 보다가 이제 알약을 처방하는 사람으로 변신할 절호의 기회가 그저 반갑기만한 사람도 너무 많았다.

심각한 흠결을 수반한 거대 제약 기업의 성공, 그러니까 주로 탐욕과 부당이득, 기만적이거나 아예 거짓인 마케팅, 뇌물 수수, 그리고 이윤이 상상 이상으로 치솟은 이후 수백만 달러를 들여서라도 법정 소송을 합의로 마무리하고 계속해서 신뢰를 배반해 이뤄낸 그 성공을 하나하나 탐색하고자 하는 이 글의 서두에서, 그럼에도 그 기적의 약물들이 가져다준 희망이 완전히 착각만은 아니었음을 인정하는 것이 온당할 것이다. 어쨌든 항정신병 처방 약은, 좋은 약의 경우에는 수백만 명에 이르는 조현병 환자의 삶을 비약적으로 개선해왔으니 말이다. 그들에게 그 약은 인지능력을 되찾아주었고, 머릿속에서 들리는 '목소리'를 포함해 환각을 멈춰주었으며, 파괴적이고 불합리한 충동을 통제할 수 있게 해주었다. 정신질환 피해자들이 가족과 다시 의사소통하는 일도 가능하게 해주었는데, 이는 가치를 따질 수 없을 만큼 소중한 선물이다. 또 그 약들은 고통받던 수많은 사람을 직장으로 복귀시켜주기도 했다.

항정신병 복합 제제에 수정을 가해 만든, 일반적으로 '향정신 약'▼이라고 알려진 약들은 양극성장애로 고생하는 사람의 급격히 오가는 기분 변화를 안정화하는 데 효과를 보여왔다. 향정신 약과는 화학적 구성도 다르고 비교적 효능이 약하다는 점에서도 차이가 나는 다양한 항우울 약antidepressant과 항불안 약antianxiety product은 딱히 끔찍한 증상이 없는데도 의사의 진료 스케줄을 가득 채우는 환자 넷 중 하나에 해당하는 '건강한데도 건강을 걱정하는 사람'의 불만을 치료해준다. 사실 그들한테 정말로 그런 약물이 필요한지에 대한 질문은 늘 의

▼ '항정신병 약antipsychotics', '향정신 약psychotropics', '정신 작용 약psychoactives'을 비롯한 유사한 용어들은 대체로 호환해서 쓸 수 있지만 몇 가지 차이점이 있다. '정신 작용 약'과 '향정신 약'은 공히 뇌와 척수, 즉 중추신경계의 신경 전달 과정의 활동을 떨어뜨리는 화학적 혼합물을 일컫는 것으로, 안정감을 주고 생각과 행동을 누그러뜨리는 효과를 낸다. 이 점은 항정신병 약도 같은데, 차이점이라면 항정신병 약은 정신증 발작을 통제할 의도로 쓰는 것이므로 약효가 훨씬 더 강력하다는 것이다.

구심을 불러일으킨다. 최근 생쥐를 관찰한 연구 결과들은 필요하다는 쪽에 힘을 실어주고 있지만, 그것은 여느 생쥐가 아니라 실험실의 생쥐를 관찰한 결과다. 마케팅 전문가의 감독을 받는 생쥐 말이다.

정신 작용 약물은 의사와 과학자 들로 하여금 프로이트의 정통 학설과 결별하고 '정신'에서 뇌로 초점을 옮기는 역사적 선택을 내리게끔 했다. 신약이 세상을 휩쓸며 제약 회사를 부유한 제국으로 만들어주는 동안 과학자들은 이 약들이 어떻게 효과를 발휘하는지에 대해 줄곧 무지한 상태였으니, 본인들도 아는 게 없기로는 매한가지인 제약 회사 판매 사원의 로비와 강권에 너무나도 많은 의사와 정신의학자가 처음에 품었던 의심을 거두고 항정신병 약물들이 정말로 만성 정신질환을 치료한다고 생각하기에 이르렀다. 그러나 그것은 사실이 아니었다. 약은 일시적으로 증상을 억제했을 뿐이다. 환자가 복용을 중단하면 증상은 사나운 기세로 되돌아왔고, 때로는 치명적인 결과를 초래하기도 했다.

항정신병 약 혁명은 또한 부작용도 함께 몰고 온 것으로 밝혀졌다. 처음 시장에 등장한 지 몇 년 만에, 그리고 지속적인 이윤과 대중적 평판의 노다지를 누린다는 사실과는 무관하게 이 '기적의 약물'은 연이은 수렁에 빠지고 또 빠졌다.

탈수용화는 그 첫 수렁에 지나지 않았다. 정신질환 및 정신건강 합동 위원회가 케네디 대통령에게 "알약 형태로 된 도덕적 치료"라며 입에 침이 마르도록 칭찬하고 대통령도 그렇게 믿었던 항정신병 약은 앞서 이미 살펴보았듯이 이후에 이어진 재앙을 막아내는 데는 너무나도 무력한 것으로 드러났다. 이후 반세기 동안 제약 회사와 정부, 분노한 감시견이 된 저술가와 저널리스트, 그리고 하나의 이념 집단으로 굳어진 풀뿌리 반대 운동 세력을 주요 등장인물로 삼은 교훈극이 끝없이 공연되었다. 항정신병 약을 공급하는 기업들은 700억 달러가 넘는 시장가치를 창출하면서도 은폐와 거짓 주장을 일삼아 집단소송단에 고소당해 법정에서 유죄판결을 받았고, 시민적 자유를 옹호하는 이들에게 비난당했으며, 그 약을 사용해서 나아지기는 커녕 더 악화되었다고 확신한 조현병 피해자들에게 사악하다는 욕을 들었다.

사실 처음부터 비합리적인 인간 행동을 화학적으로 해결해보겠다고 계획한 사람은 아무도 없었다. 20세기 초 과학자를 포함한 대부분의 지식인은 그 영역이 이미 빈의 거장 프로이트와 그 추종자들이 답사를 끝낸 영역이라고 믿고 있었다. 정신약리학의 기원은 다른 많은 중요한 발견과 마찬가지로 다른 무언가를, 그것도 완전히 다른 무언가를 찾는 과정에서 나왔다. 뜻하지 않게 맞아떨어진 이런 종류의 절묘함을 가리키는 단어가 있다. 바로 '세렌디피티serendipity'다.

1930년대 중반 몇몇 프랑스 과학자들은 실용화할 수 있는 항히스타민제를 만들겠다는 일념으로 갖은 애를 쓰고 있었다. 문제가 많은 신경전달물질인 히스타민을 중화시킬 무언가가 필요했다. 면역계에 속하는 히스타민은 음식 섭취나 호흡을 통해 몸속으로 들어온 병원체와 싸운다. 그러나 히스타민 자체가 문제의 일부로 돌변하여, 두드러기 같은 알레르기를 촉발하거나 심장과 평활근에 손상을 입히기도 한다. 극단적인 경우에는 과민성 쇼크라고 알려진 치명적인 알레르기 반응을 일으키는 경우도 종종 있다.

몇 가지 획기적 발견이 항히스타민제 연구를 예상하지 못했던 혁명적 방향으로 이끌었으니, 이 일은 1930년대 말 파리의 파스퇴르 연구소에서 시작되었다. 파스퇴르 연구소의 과학자 가운데 스위스 태생으로 골격이 도드라지는 얼굴에 강렬한 눈빛이 셜록 홈스를 떠올리게 하는 총명한 젊은이가 있었다. 그의 이름은 다니엘 보베Daniel Bovet. 1937년에 30세의 보베는, 생화학 연구를 그만두고 수녀가 되어 나병 환자들을 치료하면 어떨까 고민 중이던 23세의 동료 안-마리 스토브Anne-Marie Staub와 함께 인체가 안전하게 소화할 수 있는 히스타민의 '선택적 길항제'를 개발하고자 애쓰고 있었다. 그들은 사이목시에틸디에틸아민thymoxyethyldiethylamine이라는, 그 이름 자체가 효력을 설명하는 항히스타민제를 합성해냈다.▼

▼ 대부분의 합성 화합물이 그렇듯이 이 이름도 구성 성분을 나열해놓는 방식으로 지어졌다. 합성 성분을 잘 살펴다보면 천연 물질을 예기치 못한 방식으로, 대개는 직관에 어긋나는 방식으로 얼마나 광범위한 범위에 사용하는지에 관해 눈이 번쩍 뜨이는 경험을 할 수 있다.
예컨대 사이목스thymox는 타임(백리향)이라는 허브에서 추출한 기름으로 치과용 장비와 가축의 발굽을 깨끗이 씻는 데 사용되어왔다. 에틸ethyl은 사탕수수에서 추출한 물질로, 그 파생물들은 제조 약의 추출 용매나 제조 식품의 인공 향료, (중국 의학에서는) 관절염 치료제, 바니시와 래커, 그리고 물론 주요 환각제로도 사용되어 왔다. 디에틸diethyl은 에탄올과 황산에서 추출한 것으로 16세기부터 사용해왔다. 디젤엔진 시동액에 들어가는 성분이자, 마취제에 사용되며, 오락성 흡입제이기도 하다. 아민amine은 열대식물에서 추출한 유기 염료를 말하는데, 이를 변형하여 다른 성분과 함께 혈관에 주사하면 (다른 색 염료들과 함께) 조직에 달라붙어 과학자들이 그 조직을 쉽게 감별할 수 있게 해준다. 아민에서 나오는 가스는 냄새가 아주 고약하며, 순수한 아민 자체를 흡입하면 치명적 독성이 발현된다. 아민은 암과 매독 등 질병 치료에 중요한 성분으로 쓰였고, 1950년대에는 로켓 연료에 들어가는 성분 중 하나였다.
이런 점과 관련해서는 보베 본인도 1957년 12월 11일에 노벨상 수상 연설에서 아주 겸손한 표현으로 넌지시 언급한 바 있다. "많은 약물의 기원은 생물학적 천연 물질 속에서, 특히 알칼로이드alkaloid에서 찾아야 합니다. 그 물질의 구조를 이해하는 것이야말로 화학자들

특이한 속성으로 보베의 호기심을 자극한 물질 가운데 호밀에 서식하는 균류 중 하나인 맥각에서 추출한 강력한 화학물질이 있었다. 다른 과학자들도 이 물질을 연구하고 있었으니, 이듬해인 1938년에는 그것이 합성되어 리세르그산lysergic acid이라는 이름으로 불리게 되었다. LSD(리세르그산 디에틸아미드, lysergic acid diethylamide)로 가는 첫걸음이었다.

보베는 이 물질과 관련해 최초로 중요한 진실을 깨달은 사람이었다. 바로 지극히 단순한 분자도 매우 강력한 기분 변화와 의식을 촉발할 수 있다는 사실이었다. 보베의 업적을 되돌아본 2007년의 한 리뷰에 따르면 그의 견해는 "정신약리학 분야에, 특히 환각 약물 분야에 괄목한 만한 영향을 미쳤다. (…) 보베의 연구는 오늘날 치료에 사용되는 정신 작용 약물들에 관한 과학적 사고를 형성하는 데 크게 기여했다".[126]

보베와 스토브가 발견한 사이목시에틸디에틸아민은 합성 약물을 사용한 뇌 치료에서 일종의 전기를 마련했다. (고맙게도) 929F라는 이름으로도 알려진 이 화합물을 다듬어 기적의 약물로 공개하기까지는 거의 15년의 세월이 필요했다. 보베 본인도 929F를 발견한 뒤 4년 동안은 가장 적합한 조제법을 찾기 위해 실험을 30만 회 이상 실시했다.[127] 그런 노력 덕분에 그는 정신약리학의 창시자로 인정받게 되었고, 1957년에는 노벨 의학상을 수상했다.

이 그와 유사한 성분을 합성해내는 작업의 출발점이었습니다." (http://www.nobelprize.org/nobel_prizes/medicine/laureates/1957/bovet-lecture.pdf를 보라.)

보베와 스토브의 새로운 합성 화합물이 호기를 노리고 있던 파리의 제약 회사 론풀랑Rhone-Poulenc의 주의를 사로잡지만 않았다면, 좋은 기침약을 만들 방안 정도로 끝났을 수도 있다. 그로부터 9년 전에 창립한 론풀랑은 합성섬유를 제약에 활용하는 일에 관심을 기울이며 파스퇴르와 제휴 관계를 맺고 있었다. 한편 폴 샤르팡티에Paul Charpentier라는 화학자는 사용이 편리한 항히스타민제를 만들기 위한 자신의 연구에 보베가 발견한 것들을 활용하여 오래지 않아 프로메타진promethazine이라는 화합물을 완성했다. 페네르간Phenergan이라는 이름으로 출시된 이 약은 알레르기를 가라앉히는 효과뿐 아니라 진정 효과도 있었다. 다시 말해서 중추신경계에 작용하여 행동을 변화시키는 약임이 분명했다. 그러나 일부 환자에게서는 경련, 심박 증가, 피로, 고열 등의 부작용이 나타나 복용에 위험이 따랐다.

릴레이 바통은 이제 다른 사람에게 넘어가게 된다. 검은 머리를 높이 빗어 넘긴 멋쟁이 예술가이자 (자기 자신 역으로 출연한) 영화배우이며 전시戰時 활동가 앙리 라보리Henri Laborit였다. 1949년 여름 35세의 라보리는 튀니스 항구에 있는 비제르테 해군 병원에서 신경외과 의사로 근무하고 있었다. 그는 전쟁에서 심한 부상을 당한 사람의 수술 후 쇼크를 경감시켜줄 새로운 약을 찾고 있었다. 그리고 머지않아 보베가 시작한 가연성 높은 연구에 불씨를 붙여 향정신 약 시대를 폭발적으로 탄생시키게 될 터였다.

어느 날 라보리는 론풀랑에서 보내온 소포 하나를 받았는데 그 안에는 샤르팡티에가 섞어 만든 화합물 샘플이 들어 있었다. 라보리는 이 화합물을 실험실로 가져가 특성을 시험해본 뒤 약이 지닌 진정 효과가 염증과 콧물 치료 이상의 가능성을 지니고 있음을 직관적으로 파악했다. 그것은 저체온 상태 또는 라보리가 '인공동면artificial hibernation'이라고 부른, 약물에 의한 마취 상태를 야기했다. 파리로 돌아간 라보리는 샤르팡티에게 그 효과는 더 높이고 부작용은 줄이는 새로운 화합물을 만들어달라고 요청했다. 그의 요구에 따라 샤르팡티에는 1950년 12월 11일 프로마진 분자에 염소 원자를 더해 클로르프로마진chlorpromazine, CPZ을 만들어낸다.

실험실에서 테스트를 이어가던 라보리는 마침내 살아 있는 사람에게 이를 시험해보기로 했다. 1952년 2월, 그와 동료들은 파리의 발드그라스 육군병원에서 몇몇 환자에게 시험 삼아 투약했다. 그는 약이 저절로 환자를 잠들게 하지는 않았다고 보고했지만, 약을 먹은 사람은 자기 주변에서 일어나는 일과 심지어 자신의 통증에도 무관심한 상태가 되었다.

그해 라보리는 아직 그 약이 주로 마취제의 역할을 한다고 여기면서도 감정적 고통이나 정신적 고통을 느끼는 환자에게 클로르프로마진을 권했다. 론풀랑은 클로르프로마진을 프랑스에서 라작틸Largactil — 즉 '크게 작용하는large in action' — 이라는 이름의 처방 약으로 유통하기 시작했고, 같은 해 미국에서는 스미스, 클라인 앤드 프렌치Smith, Kline & French라는 작지만 적극적인 회사가 미국 내에서 그 약물을 판매하는 면허권을 사들이는 모험을 감행했다.

그러나 여전히 그 약으로 정확히 무엇을 해야 할지는 아무도 몰랐다. 스미스 클라인은 라보리를 미국으로 초대해 외과 의사들에게 그 약의 '인공동면' 능력을 시연하게 했지만 이번에는 라보리의 마법이 듣지 않았다. 그가 실험에 사용한 개들이 복용 후 계속 죽어버린 것이다. 프랑스로 돌아간 라보리는 이후 글쓰기로 방향을 틀어 과학과 진화심리학에 관해 스무 권 이상의 책을 썼다. 자유의지와 기억에 관한 라보리의 글은 프랑스 누벨바그의 개척자 알랭 레네Alain Resnais 감독의 관심을 끌었고, 라보리는 레네가 만들고 제라르 드파르디유Gérard Depardieu가 주연한 파격적인 영화 〈내 미국 삼촌Mon oncle d'Amérique〉(1980)에서 자기 자신을 연기했다. 세 인물이 자신들의 과거에 따라 조건 지어진 각자의 운명을 더듬더듬 찾아가는 사이사이 라보리는 카메라를 응시하는데, 이들 세 인물의 삶은 암묵적으로 실험실 우리에 갇힌 흰쥐의 삶에 비유된다. 영화는 칸영화제에서 그랑프리를 수상했고, 라보리는 1995년에 세상을 떠났다.

스미스 클라인 입장에서는 실패한 고등학교 화학 실험 비슷한 것에 대한 권리를 사들였다는 생각이 들기 시작했다. 이 작은 회사는 더 이상 손실이 나기 전에 이만 손을 떼려다가, 마지막으로 프랑스 과학자를 한 명만 더 불러 그가 어떤 해결책을 내놓을지 두고 보기로 했다. 그 과학자가 바로 피에르 데니케Pierre Deniker였다. 데니케는 라보리의 동료로, 일찌감치 클로르프로마진의 진정한 가치를 이해한 인물 중 하나였다. 사각으로 바싹 깎은 흰머리에 짙은 눈썹과 보일 듯 말 듯 한 미소가 소도시의 경찰서장을 떠올리게 하는 그는, 언제라도 베레모를 쓰고 카바레의 무대 위로 한 여인을 이끌고 나갈 것만 같은 외양의 라보리와는 달리 행동거지 하나하나가 사업가 같은 사람이었다. 그러나 라보리와 마찬가지로 그 역시 탁월한 지력의 소유자였다.

데니케는 이미 이 새 화합물을 판매하는 재주를 증명한 바 있었다.

1952년 초 론풀랑이 그를 파리의 생트안 정신병원으로 파견했을 때, 병원 직원들은 데니케의 자신만만한 태도에 환호했다. 심리학사를 연구하는 스티브 D. 브라운Steve D. Brown과 폴 스테너Paul Stenner가 전하는 이야기에 따르면, 데니케가 어느 날 아침 생트안에 도착해보니 "파리 경찰이 전날 밤 잡아들인 정신질환자를 분류하고 있었다. 수간호사가 '오늘 아침 병원에서 몇 명이나 보시겠습니까?' 하고 물었다. (…) 보통 그런 환자들은 병동에서 '그다지 환영받지' 못했다. (…) 그러나 데니케는 (…) 그들 모두를 데려가겠다고 했다. 그러면서 그는 간호사에게 '우리가 효과 있는 비결을 발견했거든요'라고 말했다"고 한다.[128]

그건 정말 효과가 있었다. 그날 당장은 아니었지만 일주일쯤 지날 무렵 실험에 참가한 '정신질환자들'(물론 그들 모두가 임상적으로 조현병으로 진단받은 것도 아니고, 데니케가 그들의 조현병을 치료해준 것도 아니다)의 행동이 극적으로 개선되었던 것이다. 족쇄도 결박도 더 이상 필요 없었다. 그들은 눈에 띄게 다시 '정상'이 되었다. 거의 그랬다. 그런 것처럼 보였다.

그리고 얼마 후 데니케는 그 '재주'를 들고 미국으로 가서 동쪽 해안 지역의 병원과 학교 들을 돌아다녔다. 이번에도 그는 미심쩍어하는 전문가들을 잘 구슬려 자신의 주장에 귀를 기울이게 만든 다음, 며칠 만에 환자들이 놀랍도록 차분해지는 모습을 직접 목격하게 했다. 데니케는 진짜 권력이 있는 곳을 파악함으로써 자신의 직관력을 증명했으니, 이번에는 주립 정신병원들을 찾아가 입원 환자 중 일부에게 약을 투약한 다음 그 기적의 약이 만원 병동의 환자 수를 급격히 줄여줄 수 있다고 병원 관리자들을 설득한다. 이번에도 결과는 경이로웠다. 운영자들은 한시라도 빨리 주 의회를 놀라게 하고 싶은 마음에 얼른 이 소식을 전했다.

1954년에 클로르프로마진은 미국 식품의약국의 승인을 받고 라이선스를 가진 스미스, 클라인 앤드 프렌치(오늘날의 글락소스미스클라인GlaxoSmithKline)가 유통을 맡아 미국에서 처방 약으로 판매되기 시작했다. 그 등록 상품명이 바로 '소라진'이다.

베들럼의 불운한 수감자나 그들을 지키던 간수 세대에는 결코 꿈꿀 수도, 상상할 수도 없던 일이 이제 "정신질환에 대한 테크놀로지의 해법"으로 묘사되며 역사의 문턱 앞에 서 있었다.

항정신병 약은 억제제로 작용한다. 총칭 '신경 이완제'라고도 하는데, 이는 이 약이 특정한 신경 전달을 차단함으로써 뇌에서 신경 이완을 일으키기 때문이다. 신경 이완이란 주변에 무관심해지고 '정신운동'○ 기능이 억제되는, 감정적으로 정지된 상태다. 다시 말해서 항정신병 약은 생각에 충격을 줘서 신체 움직임에 영향을 미치는 셈인데, 이러한 결과는 조현병의 음성 증상들과 상당히 유사하다.

대부분의 신경 이완이 표적으로 삼는 것은 신경전달물질 도파민이다. 구체적으로 도파민의 다섯 수용체 중 하나로, 한 논문에서 쓴 표현을 빌리자면 "모든 항정신병 약의 가장 주요한 활동 무대"인 D2 수용체가 그 표적이다.[129] 수용체receptor는 신경전달물질에 결합하는 단

○ psychomotor. 의식, 흥분, 만족 등 정신이나 감정과 관련하여 일어나는 동작이나 근육의 움직임.

백질로 신경 경로를 통해 화학적 정보를 전달한다. 도파민은 도파민 수용체를 통해 신체의 거의 모든 기능에 영향을 미치며, 각 해부학적 영역들에서 뇌로 이동하는 정보의 흐름을 조절한다. 우리가 주의를 집중하고 배우고 기억할 수 있게 해주는 것이 바로 도파민 신호다. 도파민은 신체 동작을 조절할 뿐 아니라 면역 시스템도 강화한다. 도파민이 방출되어야 우리는 음식과 섹스와 오락에서, 그리고 음악이라고 알려진 일련의 추상적인 진동에서 즐거움을 경험할 수 있다. 도파민은 자아의 지킬 박사인 셈이다.

그러나 이것이 하이드 씨로 변신했을 때는 얘기가 좀 다르다. 도파민의 균형이 무너질 때, 그러니까 도파민이 너무 많거나 너무 적을 때 우리는 하이드 씨로 변할 수 있다. 도파민 과잉 공급의 주된 원인은 스트레스다. 수면 부족 역시 또 하나의 원인이다. 약물도 흔한 원인으로 작용하는데, 심지어 처방 약물도 그렇고 '오락성' 약물은 당연히 그렇다. 그 결과 불안과 편집증이 심화되고 아드레날린이 쇄도하여 과잉 행동이 일어날 수 있다. 가장 극단적인 경우에는 저절로 얼굴이 찡그려지거나 혀가 나오거나 얼굴 하단부에 일어나는 다른 동작을 통제할 수 없는 지연성 운동장애tardive dyskinesia가 일어나기도 한다. 그리고 여기에 적합한 유전자(그러니까 나쁜 유전자)가 결합되면, 이 모든 것이 조현병을 일으킬 수 있다.

그야말로 잠복해 있다가 모르는 사이 서서히 영향을 미치는 스트레스는 도파민 공급을 **감소시키기도** 한다. 비만과 나쁜 식습관, 과다한 알코올 섭취도 마찬가지다. 도파민이 부족하면 파킨슨병이나 우울증이 발병할 수 있으며, 지나치게 잠을 많이 자고 성욕이 감퇴하고 공격적 행동을 하거나 집중력이 없어지는 등의 결과가 생길 수도 있다. 항정신병 약은 과잉 공급된 도파민을 떨어뜨리는 것을 목표로 한다. 즉, 도파민 '길항제antagonist'인 셈이다.

또 한 가지 중요한 신경전달물질은 1948년 이탈리아의 약리학자 비토리오 에르스파메르Vittorio Erspamer가 발견한 세로토닌이다. 세로토닌은 '행복의 화학물질'이라고 알려져 있는데, 여기 '행복'이 붙는 이유는 세로토닌 분자가 도파민과 상당히 유사한 방식으로 기분의 균형을 유지해준다고 여겨지기 때문이다. 또한 LSD의 주요 수용체이기 때문이기도 하다.

도파민과 달리 세로토닌은 몸속의 서로 다른 두 장소에서 만들어지는데, 각 장소에서 만들어진 세로토닌은 서로의 경계를 넘나드는 법이 없다. 세로토닌의 90퍼센트 정도는 위장 계통에 존재하며 장의 움직임을 조절하고, 상처가 났을 때 혈전 형성을 도우며, 구토와 설사를 유발해 독성 음식과 음료를 재빨리 몸 밖으로 배출한다. 이보다 더 작지만 똑같이 중요한 세로토닌 생산지는 시상하부다. 뇌의 변연계 깊숙이 위치한 시상하부에는 인간의 감정과 기억을 관장하는 여러 작은 조직들이 정교하게 모여 있는데, 이곳에서 세로토닌은 도파민과 같은 구역을 순찰한다. 바로 기분, 식욕, 기억, 잠, 성욕의 구역이다.

끊임없이 가지치기와 개조가 일어나는 청소년의 뇌에서는 세로토닌이 생각과 행동의 결정적인 문지기 역할을 한다고 여겨진다. 세로토닌의 양이 충분하지 않으면 분노와 공격성, 불안, 공황, 공포, 우울로 향하는 충동을 억제하지 못한다. 세로토닌 수치를 높이는 것은 초기에 '엄마들의 작은 조력자'라는 별명으로 불리던 많은 항우울제의 목표였다. 항정신병 약과 평행한 궤도를 따라 등장하고 확산되었던 신경안정제들 얘기다. 그중 1955년에 출시된 첫 신경안정제 밀타운Miltown은 2년 만에 3600만 회나 처방되었다. 그 뒤를 이어 프로작Prozac과 졸로프트Zoloft, 팍실Paxil 등이 등장했다. 이 약들은 모두 선택적 세로토닌 재흡수 억제제로 알려졌다. '재흡수'란 신경전달물질을 방출한 신경이 해당 신경전달물질을 다시 흡수하는 작용을 일컫는다. 선택적 세로토닌 재흡수 억제제는 이런 재흡수 과정을 차단하여 활동할 수 있는 세로토닌을 더 많이 남겨두는 역할을 한다.

지금까지 요약한 내용이 항정신병 약이 작동하는 방식에 관해 일반적으로 받아들여진 지식이다. 적어도 한동안 받아들여진 지식인 건 분명하다. 캐나다의 연구자 필립 시먼Philip Seeman이 D2 수용체를 발견한 것도 1975년에 이르러서야 일어난 일이고, 그 전까지 이 기적의 약물이 어떻게 효과를 내는지 제대로 이해하는 사람은 아무도 없었다. 어쨌든 이 약들은 크든 작든 효과를 냈다.

그리고 지금도 여전히 아무도 이해하지 못하는 듯 보인다.

소라진의 매출은 처음부터 폭발적이었다. 정신적으로 이상이 있다고 여겨지던 환자 가운데 200만 명이 처음 여덟 달 사이에 소라진을 처방받아 복용했다. 황금 알이라면 단 하나도 깨보지 않고는 못 넘어가는 스미스, 클라인 앤드 프렌치는 자기들의 상품을 마치…… 그러니까 정말로 어떤 상품인 것처럼 마케팅함으로써 이후 내내 이어진 제약업계 광고의 틀을 세웠다. 그들은 1954년에 소라진이 관절염을 제외하고 몸이 앓을 수 있는 거의 모든 병에 대한 해결책인 양 묘사하는 대대적인 지면 광고를 시작했다. "심각한" 알코올중독부터

"중증" 천식, "중증" 활액낭염, 어린이 행동 장애(주와 연방 당국이 정신 치료 약물이 어린이에게도 도움이 된다는 무분별하고 도덕적으로 경솔한 주장을 단속하기 시작하려면 아직 여러 해가 더 지나야 했다. 어른에 비해 어린이의 섬세한 신경은 화학적 왜곡에 훨씬 더 취약하다), 폐경기 불안증, 위장 장애, 건선, 메스꺼움과 구토, 노망으로 인한 격앙 행동은 물론, 윤리적 책임의 경계에 부딪칠 위험을 다시 한 번 살짝 스치고 지나가며 심지어 암까지 해결할 수 있다고 그들은 주장했다.

이런 식의 광고들은 이후 몇 십 년에 걸쳐 거대 제약 기업이 교활한 마케팅 기법을 활용해 소비자의 기대를 조종한다는 비난을 받게끔 그 토대를 닦아놓았다. 광고 대부분이, 소라진이 조현병을 포함하여 언급한 문제의 질환들을 치료한다고 직접적으로 주장하는 것은 피했다. 치료를 **암시**했지만 사실 그들이 정말로 내세웠던 것은 **완화**, 그러니까 증상의 완화였다. **심각한**이나 **중증** 같은 형용사가 교묘하게 이를 드러냈고, 대문자로 된 무시무시한 병명과 함께 쓰인 작은 글자들도 그랬다. 예컨대 소라진을 암의 천적으로 소개한 이 광고처럼.

암
그 고통과 정신적 괴로움의 완화[130]

단언적 주장을 펼친 몇몇 광고 중 하나는 "'소라진'의 **또 다른** 놀라운 쓰임새"라며 환자 열 명 중 여덟 명에게서 딸꾹질이 멈췄다고 자랑스럽게 알렸다.[131]

1955년이 되자 소라진은 로켓을 타고 서구 세계를 돌며 돈으로 된 비행운을 매달고 다녔다. 스위스, 잉글랜드, 캐나다, 독일, 헝가리, 라틴아메리카, 호주, 소련까지. 1년이 채 안 되어 소라진은 회사의 매출을 35퍼센트 가까이 증가시켰고, 1953년에 5300만 달러였던 스미스, 클라인 앤드 프렌치의 순매출액은 1970년에 3억 4700만 달러로 늘어나 있었다. 1957년에 데니케와 라보리, 그리고 그들의 동료로 북미 최초의 클로르프로마진 실험을 감독한 하인츠 레만Heinz Lehmann은 명망 높은 '앨버트 래스커Albert Lasker 의학 연구상'을 공동으로 수상했다.▼ '기적의 약물' 시대가 한창 전성기를 구가하던 시절이었다.

'상담 치료'를 하던 정신과 의사들은 이제 사실상 제약업계의 중개상 노릇으로 옮겨 감으로써 생존을 모색하기 시작했다. 그들의 전통적 역할은 고통받는 사람들의 꼼꼼한 상담가였고, 시간 소모가 많은 상담은 삶의 이른 시기에 겪었던 트라우마에서 문제의 **원인**을 찾기 위한 탐색이었다. 하지만 그런 탐색은 다 증발되어 사라지고, 이제 의학적 전문 지식이 그 자리를 채웠다. 이 의학적 전문 지식이란, 적절한 약물을 처방하여 뇌의 기능에 변화를 가함으로써 환자가 불편해하는 **증상**들을 통제하는 것이었다. '뇌의 질병'이 '무의식'을 몰아내고 거의 모두가 동의한 진실의 자리를 차지한 것이다(또는 선구적인 아동심리학자 리온 아이젠버그Leon Eisenberg가 농담처럼 말했듯이, 미국의 정신의학은 뇌가 없던 상태에서 마음이 없는 상태로 옮겨 갔다고 할 수 있겠다). 한때 모호했던 그 진실이 확립되자, 아니 적어도 동의를 얻자, 앞다투

▼   프로이트를 존경했던 레만은 말년에, 정신약리학이 치료자와 환자 사이의 필수적인 친밀한 관계를 제거하고 '요리책' 정신의학으로 만들어놓았다며 실망감을 드러냈다.

어 몰려오는 새로운 제약 기업가들을 향해 상업의 문이 활짝 열렸다.

할로페리돌Haloperidol, 즉 할돌Haldol은 1958년 벨기에에서 합성되었다. 핵무기를 만드는 핵융합에도 사용되며, 항공기 엔진 윤활유, 도자기, 광학, 폴리에스테르 의류, 공기 정화 등에 다양하게 사용되는 알칼리 금속인 리튬lithium은 알맞게 조정되어 1970년 조울증 치료용으로 출시되었다. 멜라릴Mellaril, 프롤릭신Prolixin, 내번Navane 등등⋯⋯ 목록은 꾸준히 늘어갔다. 약효의 정도와 대중의 인지도에는 큰 차이가 나지만, 어쨌든 오늘날 사용되는 항정신병 약의 수는 50종에 가깝다. 그리고 어느 순간, 여러 측면에서 일종의 분수령이 된 약, 클로자핀clozapine이 등장했다.

클로자핀은 할돌보다 몇 년 뒤에 나왔다. 1960년대에 산도스Sandoz라는 스위스 회사가 개발하여, 소라진이나 다른 초기 약물로는 효과를 얻지 못했던 환자에게 잘 듣는 약이라고 홍보하기 시작했다. 게다가 이 약의 개발자들은 약이 환자의 자살 성향을 막는 데도 효과적이라고 단언했다. 세로토닌 길항제인 클로자핀은 도파민과 세로토닌의 수용체들을 차단할 수 있었고, 따라서 두 물질의 과다 공급을 통제하는 능력이 더 높았다. 그러나 클로자핀은 데뷔한 지 얼마 안 되어 사라지더니 이후 10년 동안 다시 나타나지 않았다. 클로자핀이 시장에서 철수된 이유는 처음부터 '기적의 약물' 제조자들을 괴롭혀온 문제 때문이었다. 그 문제 때문에 제약업계는 수십억 달러의 수익을 거두는 와중에도 수백만 달러의 벌금과 합의금을 물어야 했고, 추문의 낙인을 감수해야 했으며, 많은 환자에게 피해를 입혔다. 그리고 그 문제는 아직도 해소되지 않았다. 바로 부작용이라는 문제다.

클로자핀의 악성 부작용은 그 약을 만든 산도스의 과학자들이 일찌감치 발견했다. 부작용에는 경련, 변비, 체중 증가 그리고 드물지만 돌연사가 포함되어 있었다. 과학자들도, 그들을 고용한 회사의 경영진도, 그러한 위험에 대해서는 한마디 언급조차 하지 않았다. 어쨌든 그런 부작용을 경험하는 정신질환자의 비율은 낮으니 말이다. 그리고 이윤은 높았다(곧 그보다 훨씬 더 높아질 참이었지만). 그 약이 지극히 위험하며 때로 치명적이기까지 한 백혈구 고갈과 연관된다는 사실이 연구진에 의해 밝혀지고 나서야 산도스는 마침내 눈을 질끈 감고 시장에서 약을 거둬들였다.

클로자핀은 몇 년간 다시 시장에 발을 들이지 못했다. 그러다가 1972년부터 클로자릴Clozaril이라는 이름으로 몇몇 유럽 국가에서 팔리기 시작했다. 이제는 — 이제야 — 환자가 다른 항정신병 약에 내성을 보이거나 자살에 관해 진지하게 이야기할 경우만 투여해야 하는 약이라고 신중하게 홍보되었다. 클로자릴은 여전히 많은 사람에게 위험한 약이었고, 지금도 마찬가지다. 결국 이 문제를 처리한 방법은 성분의 조정이 아니라 광고의 조정이었고, 유익한 광고로 분위기만 살짝 바꾼 것이다. 1993년 마침내 (다시 클로자핀이라는 이름으로) 미국에서 재출시되었을 때 포장 상자에는 과립구감소증°에 대한 경고를 포함하여 다섯 가지 심각한 경고가 적혀 있었다.[132] 미국 식품의약국

○ agranulocytosis. 전체 백혈구의 60~70퍼센트를 차지하는 과립구 또는 과립백혈구는 세포질 속에 둥글고 자잘한 알갱이를 많이 포함한 백혈구로 세균을 없애는 기능을 한다. 과립구감소증은 혈액에 과립구가 비정상적으로 적어져 신체가 감염에 대항하는 능력이 현저히 줄어드는 병이다.

은 클로자핀의 사용을 엄중하게 감시하겠다고 맹세했다.

클로자핀은 좋은 의미에서든 나쁜 의미에서든 미래의 수면발작약이었다. 또한 1970년대 정신과 의사들의 처방 목록에 등장한 '비정형' 또는 '2세대' 항정신병 약° 중 가장 먼저 등장한 선두주자이기도 했다. 제약 회사들은 이 새로운 약들이 더 다양한 효과를 내며 부작용이 있더라도 인체에 덜 해롭다고 주장했다. 물론 뒤의 주장은 클로자핀이 몸소 보여준 증거와 상충한다. 그럼에도, 잠시 후에 보게 되겠지만 과장된 주장과 새빨간 거짓말은 이미 신약이라는 멋진 신세계에 통용되는 공용어로 재빠르게 자리 잡아갔다. 정말로 흉악한 날들이 기다리고 있었다.

미국과 유럽의 거대 제약 회사들이 지난 사반세기에 걸쳐 자행해온 행위의 기록을 펼쳐보면 마치 요새처럼 견고하게 지은 부와 방탕함의 카지노를 들여다보는 듯하다. 해적질이나 다름없는 극악무도한 짓들의 기록이, 조금씩 집결해서 빽빽해지다가 어느덧 태양을 완전히 가려버리는 메뚜기 떼처럼 팽창한다. 비리, 범죄, 공공의 안전에 대한 모독, 매점, 매수, 뇌물 그리고 의학적 진실에 광범위하게 퍼진 오염. 이 모두가 악성 탐욕이라는 새로운 유전형질이 저지른 짓들이다. 공개적인 폭로가 이어져도, 휘청거리게 엄청난 벌금형을 받아도, 개

○   정형typical 항정신병 약은 할돌, 클로르프로마진, 피모자이드Pimozide 등 과거에 주로 쓰이던 약으로 근육 긴장 이상, 좌불안석, 파킨슨병, 지연성 운동장애 등 도파민 차단으로 인한 추체외로계 부작용extrapyramidal symptom이 나타난다. 비정형atypical 항정신병 약은 이러한 추체외로계 부작용을 낮춘 약물로 클로자핀, 아리피프라졸aripiprazole, 리스페리돈risperidone 등이 포함된다.

인적 양심의 가책과 시민으로서 책임을 끊임없이 요구받아도, 조금도 꿈쩍하지 않는 기질이다. 이런 스캔들이 꼬리를 물고 일어나면서, 개혁가들은 거대 제약 기업들을 '조직범죄'와 '마피아' 같은 단어로 지하세계에 빗대어 비난하는 데 전혀 거리낌을 느끼지 않게 되었다.

이런 비난을 하는 사람들은 이른바 신세대 감시자들이다. 40여 년 전 주립 정신병원들의 과잉 수용과 비인간적 처우를 폭로했던 이들의 과업을 이어받은 사람들. 의학 전문 기자들과 일반 기자들, 의학 박사들, 정신의학자들 그리고 그 부정을 직접 목격하고 역겨움에 치를 떤 의사들이며, 현재 정신질환을 앓고 있거나 예전에 앓았던 환자들. 또한 공공의 신뢰를 조롱하는 짓이 눈앞에서, 적어도 자신의 눈앞에서 뻔히 자행될 뿐 아니라 점점 확대되고 심화되는 상황에 함께 격분하는 이들이다.

이들이 출간한 책은 계속해서 늘어나고 있다. 21세기 이후만 봐도 《질병 판매학》, 《제약 산업Big Pharma》, 《의약에서 독약으로》, 《제약업계의 음모The Big Pharma Conspiracy》, 《불량 제약 회사》, 《파마겟돈 Pharmageddon》, 《배드 사이언스》, 《제약 회사들은 어떻게 우리 주머니를 털었나》, 《과대 진단Overdiagnosed》, 《과다복용Overdosed》, 《과다복용하는 미국인Overdosed America》, 《우리는 이렇게 해를 입힌다How We Do Harm》, 《더러운 손의 의사들》, 《당신이 처한 위험을 알라Know Your Chances》, 《약을 먹다Taking the Medicine》, 《약에 의한 죽음Death by Medicine》, 《우리가 일용하는 약Our Daily Meds》, 《약, 권력, 정치Drugs, Power, and Politics》, 《약을 강매하는 자들Pill Pushers》, 《독약Poison Pills》 같은 제목의 책이 정기적으로 서점에 진열된다.

이런 책이 이렇게 많이 쏟아져 나온다는 사실만 봐도 이 사회의 구조를 떠받치는 필수적인 막이 더 이상 하중을 견디지 못해 찢어지고 있다는 느낌이 들지 않는가? 이미 거대 은행들과 금융기관의 무게를 떠받치느라 부담을 받고 있던 그 막, 우리를 타락에서 지켜왔던 그 막처럼 말이다.

어마어마한 벌금을 내고 창피를 당해도 끄떡하지 않는 제약 회사의 목록을 살펴보면 욕실 거울 뒤편 선반에 놓여 있는 약병 상표를 읽고 있는 듯한 기분이 든다. 존슨 앤드 존슨, 화이자, 글락소스미스클라인, 애보트 래버러토리Abbott Laboratories 등등. 그들의 제품은 그보다 더 익숙하다. 리스페달, 벡스트라Bextra, 지오돈Geodon, 자이복스Zyvox, 리리카Lyrica, 아빌리파이, 웰부트린Wellbutrin, 팍실, 애드베어Advair, 조코르Zocor, 옥시콘틴Oxycontin. 그들이 신뢰를 배반하고 저지른 부정행위들은 이 이름들만큼 잘 알려져 있지는 않은데, 이를테면 미국 식품의약국의 승인을 받지 않은 약물의 홍보, 안전에 관한 정보 비공개, 메디케어 사기, 거짓된 주장과 오해를 유도하는 주장, 뇌물 수수 등이다.

이렇게 의료윤리와 직업윤리를 무너뜨린 행위가 낳은 결과는 어떤 범주의 의약품 또는 의약품 사용자도 피해 가지 못한다. 잘못된 정보를 바탕으로 제품을 소비해서 고통을 겪은 환자들, 우울증에 걸린 사람들, 또 건강하면서도 건강을 지나치게 염려하는 사람들까지. 이들은 대가를 치른, 요컨대 몸값을 치른 사람들이다. 돈으로도 치렀고 정신과 육체의 안녕으로도 종종 치렀다. 심지어 목숨으로 그 값을 치른 사람도 있다. 늘 그렇듯이 여기서도 가장 무방비 상태의 피해자는 정신질환자였다.

어떻게 이런 일이 일어났을까? 존경받는 의술에 깊은 뿌리를 둔 업계가 어쩌다 그렇게 무책임하고 기괴해졌을까? 안-마리 스토브, 당신은 어디로 갔는가?

그 일은 어떤 인과관계의 연쇄를 통해 일어났다. 연쇄 과정 가운데 가장 불안한 요소는 1980년 12월 의회에서 초당적 표결로 통과시킨 법안이었는데, 하필 바로 직전 로널드 레이건의 대통령 당선과 관련해서 쏟아져 나온 전문가 의견의 홍수에 파묻혀 이 표결은 거의 언급하는 사람도 없이 지나가버렸다. 바로 특허법 개정에 관한 표결이었다.

특허는 시사 관련 대화에서 잘 등장하지 않는 주제지만, 산업과 각 주의 경제는 특허 때문에 살아나거나 곤두박질칠 수 있다. 1790년에 제정된 특허법은 "유용한 기술"을 발명한 사람을 모방자의 부당이득에 맞서 재정적으로 보호하는 것을 목표로 삼았다. 1967년에는 UN 산하 기구인 세계 지식재산권 기구World Intellectual Property Organization에 의해 '지식재산권'이라는 개념이 법적 효력을 갖게 되었다.▼ 특허법을 점점 정교하게 다듬은 개정법들이 나오면서 첨단 기술과 생체의학 생산물이 급속히 팽창했고, 특허권 보호가 미국 경제를 이끌고 간다는 생각은 더욱 공고화했다.

1980년의 특허법 개정은 민주당 상원 의원 버치 베이Birch Bayh와 캔자스주 공화당 상원 의원 밥 돌Bob Dole이 적극적으로 추진한 의제였다. 로널드 레이건의 대통령 당선 직후, 아직 현직에 있던 지미 카

▼   이보다 제한적인 의미의 지식재산권, 즉 서적과 그 밖의 예술 창작물에 대한 국제적 저작권 보호는 1886년 스위스 베른에서 맺은 협약에 명시되어 있다.

터 대통령이 그 새로운 법안에 서명하여 법률로 제정했다. 대학 및 중소기업 특허 절차법University and Small Business Patent Procedure Act의 의도를 가장 간단하게 표현하자면, 거의 아무런 준비 없이 새로운 국내 산업들을 창출함으로써 미국의 산업이 제3세계로 새어 나가는 길을 원천봉쇄하겠다는 것이었다. 그 새 산업들 중에 생명공학 관련 분야가 가장 중요한 위치를 차지하게 될 터였다.

이를 위해 베이-돌 법안은 지난 수십 년간 연방 정부에서 자금을 지원받아 탄생한 발명품의 소유권에 관한 정책을 완전히 뒤집었다. 한마디로 발명품들을 사유화한 것이다. 그때까지 발명가들(주로 대학이나 비영리 연구소에서 봉급을 받고 일하던 연구 과학자들)은 자신이 만들어낸 모든 것의 권리를 연방 정부에 넘겨야 했다. 이제부터 이 혁신가들은 물론 중소기업에 속한 이들까지 모두가 자신이 발견한 것에 특허를 내고 그것을 시장에, 가장 주요한 예로 제약 회사에 내놓을 수 있게 된 것이다. 1979년에 대학들은 연구 성과에 대한 특허권을 264건 확보했다. 2002년이 되자 그 수는 3291건으로 증가했고, 2014년에는 생명공학 산업에서만 4만 2584건이 집계되었는데 이는 전년도에 비해 거의 3000건 이상 증가한 수치다. 대학 기술 관리자 협회에 따르면 2012년 미국의 대학들은 특허권 사용료로 26억 달러를 벌어들였다.

그러나 특허를 갖고 있는 것과 그 특허로 이익을 실현하는 것은 별개의 일이다. 이런 이익 실현의 어려움 때문에 최근에는 베이-돌 법안 덕에 탄생한 일확천금의 동력, 심지어 그 생존 가능성까지도 위협받고 있다. 새로운 특허를 가장 먼저 차지하기 위해 '시장으로 몰려가는' 기업들의 치열한 경쟁은 말할 것도 없다. 특허 거래를 둘러싼 소송비용은 필연적으로 높이 치솟았고, 특허(또는 제품)를 사용하는 과정에서 발생하는 다양한 의무들, 이른바 '거래 비용'도 마찬가지다. 기존 브랜드 약품을 거의 복제하되 새로운 특허와 새로운 부를 정당화하기에 딱 충분할 만큼만 분자구조를 바꾼 소위 '따라쟁이' 약물들의 적법성을 따지는 법정 소송들이 벌어졌는데, 이런 소송에는 기업의 생존 여부를 판가름할 만큼 큰 이권이 걸려있었다. 그러자 특허권자들이 신중하게 처신하느라 자기 제품의 면허를 내주지 않는 경우가 생겨났고, 특허에 담긴 유용한 과학적 지식도 사회에서 사용되지 못하게 되었다. 한마디로 낭비된 것이다. 미국 경제에서 이렇게 낭비되는, 실현되지 않은 과학 지식의 경제적 가치는 해마다 1조 달러에 달해 잠재적 국내총생산의 5퍼센트 가량을 갉아먹는 것으로 추산된다. [133]▼

한편 연구의 상품화는 또 다른 결과도 낳았다. 대학과 비영리 연구소를 냉혹한 벤처캐피탈의 세계로 떠민 것이다. 페니실린이 발견될 때와 같이 '세렌디피티'라는 우연의 마법이 작동할 여지는 사라

▼　2015년 10월 터프츠 대학교 약물 개발 연구 센터Tufts Center for the Study of Drug Development가 후원한 연구자들과 개발자들의 원탁 토론에서 이러한 흐름에 관한 논의가 진행되었다. 그 연구 센터의 책임자인 켄 게츠Ken Getz는 참석자들에게 이렇게 말했다. "개발 주기는 더 빨라지지 않는데 비용은 계속 증가하고 있으며, 임상 실험을 거쳐 규제 기관의 정식 인가를 받는 제품은 1990년대의 절반 수준인 11.8퍼센트밖에 안 되기 때문에 새 약물 개발은 점점 더 모험적인 일이 되었다." 그가 개발 주기의 "임상 시간과 비용"(또 다른 터프츠 대학교 연구에 따르면 인체 실험을 시작해서 출시할 때까지 거의 9년의 시간이 걸리는 것으로 추정된다)을 줄일 수 있는 회사들이 더 유리하다고 주장하며 제시한 수치는 그 자체로 제약업계의 부풀려진 경제적 몫이 얼마나 거대한지를 분명히 보여준다. 신약 하나를 출시하는 데 들어간 총 자본화 비용이 평균 26억 달러에 달한다는 것이다. http://csdd.tufts.edu/news/complete_story/rd_pr_october_2015.

졌다. 이제 시간은 더 이상 '순수한' 연구, 그러니까 때로는 한 과학자의 인생에서 수십 년을 잡아먹기도 하는, 의도하지 않은, 직관적인, 시행착오의 실험을 위해 멈춰 기다려주지 않는다. 지금부터는 (착수 단계에서부터 결과를 예상하거나 의도하는) **응용**과학의 지배하에 놓일 것이다.

여기에 덤으로 이제 미국의 대중은 항정신병 약과 항우울증 약을 포함하여 공적 자금으로 이루어진 연구의 결과물에 광고비까지 대줘야 한다. 공립대학과 비영리 연구소가 그 약들을 개발하는 데 들어간 비용을 이미 세금을 통해 지불했는데도 말이다. 이 분야에서는 이를 이중 지불paying twice이라고 부른다.

1980년에는 인간의 뇌에 합법적으로 접근할 수 있도록 장애물을 제거해준, 그러나 그 사실과 관련해 그다지 주목받지 못했던 두 가지 역사적인 법적 절차가 있었다. 베이-돌 법안 통과는 둘 중 나중에 일어난 일이다. 앞서서 그해 6월에 연방 대법원은 (겨우 5 대 4의 표차로) 살아 있는 미생물을 인간이 변형하여 유용한 물질로 만들면 그 미생물은 특허의 대상이 될 수 있다고 판결했다. 이 판결은 변형적 생물공학 산업의 법적 토대로 기록되었다.▼

▼ 다이아몬드 대 챠크라바르티Diamond v. Chakrabarty 소송으로 알려진 이 재판은 제너럴 일렉트릭 소속의 미생물학자 아난다 모한 챠크라바르티Ananda Mohan Chakrabarty와 특허청 위원인 시드니 A. 다이아몬드Sidney A. Diamond 사이의 분쟁이었다. 챠크라바르티는 유조선에서 바다로 유출된 석유를 재빨리 제거하려는 목적으로 원유의 성분을 분해할 수 있는 유전자 조작 박테리아를 개발하고 그에 대해 특허를 신청했지만 과거의 법률 조항 해석에 의하면 생물은 특허의 대상이 될 수 없다는 근거로 거부당했다. 그러나 연방 대법원은 챠크라바르티의 주장을 인정하는 판결을 내렸다.

이런 이야기로 대학 및 중소기업 특허 절차법이 음흉한 의도에서 만들어진 것이라고 주장하려는 것은 결코 아니다. 법을 옹호한 사람들은 이것이 고용을 창출하는 것은 물론, 산업계와 학계가 창의적으로 협력하여 신제품을 많이 내놓게 하는 수단이 되리라고 여겼다. 이는 다른 여러 측면에서 사회를 개선하는 방법에 관한 케케묵은 미국식 방식에서 벗어나는 일이기도 했다. 그리고 형태는 다양했지만, 어쨌든 법은 효과가 있었다. 그러나 충분한 시험을 거치지 않고 성급하게 시장에 나왔던 한 수면발작 약에서 볼 수 있듯이, 거기에는 파괴적인 부작용이 따랐다.

이 법은 미국 경제의 특정 영역에 효과를 미쳤다. 바로 한때는 고지식하고 본분에 충실했지만 이제는 끊임없이 콸콸 쏟아져 들어오는 현금에 신이 나 날뛰는 제약업계다. 또한 어느 날 갑자기 자신들이 하는 좋은 일로 성공할 수도 있다는 사실, 좋은 일을 조금만 더 해도 선풍을 일으킬 수 있다는 사실을 알게 된 대학의 생화학 및 신경화학 연구자들에게도, 공적 자금을 받아 뇌-컴퓨터 인터페이스, 고해상도 현미경, 뉴런을 통제하는 광유전학 등 컴퓨터를 통해 기적처럼 작동하는 기계들과 공정들을 고안하고 판매하는 대학의 공학박사들에게도, 그리고 크리스퍼CRISPR로 유전자를 편집하는 사람들, 필라멘트와 성형·가공한 플라스틱으로 만들어진 듯한 그들 자아의 DNA에도 그 법은 유리했다. 이에 더하여 드물지만 정말로 획기적인 약으로 증세가 호전된 정신질환자와 질병으로 고생하던 환자도 이 법의 덕을 보았다. 하지만 그들을 제외한 다른 사람에게는 그리 좋은 효과를 내지 못했다. 특히 정신적·육체적 질병으로 꼭 필요한 약을 소비해야 하는 환자에게는. 그들 역시 이중 지불을 감수해야 했다.

소비자들은 베이-돌 법안의 의미를 잘 인지하지 못했기 때문에, 자기들이 두 번씩 (그러고는 또 이중으로 또 이중으로 또 이중으로) 돈을 내고 있다는 사실을 알아차리기까지 몇 년이 걸렸다. 소비자들은 그런 걸 싫어했다. 그래도 그들은 지불했다. 그리고 또 지불했다. 그리고 약값이 올라 많은 노인 환자가 처방받은 약의 일부를 줄이거나 아예 빼버릴 수밖에 없는, 또는 처방받은 약 모두를 하나도 먹지 못하게 내몰리는 와중에도 지불은 계속됐다.

제약업계가 약값을 끊임없이 올리는 이유로 내세운 근거가 점점 공허해지는 와중에도 소비자들은 돈을 내고 또 냈다. 그러니까 약을 만드는 데 들어간 '연구 비용' 때문이라는 것인데, 이제 제약 회사들은 학계의 연구 성과만 따먹거나 협상 가능한 가격으로 다른 공공단체에 연구 하청을 주고 있으므로 이는 그저 허울 좋은 변명일 뿐이다. (회사 자체에서 직접 수행하는 연구는 앞서도 말했듯 이미 특허를 받고 시장에 나와 있는 화합물을 아주 미세하게 조작한 '따라쟁이' 약품을 만들어내는 쪽으로 점점 더 치우치고 있다.)

그리고 마침내 분노가 치솟았지만 그래도 소비자들은 돈을 내고 또 냈다. 어떤 사람들은 가격 상승에 대처하는 풀뿌리 전략을 시도했다. 예를 들어 캐나다 국경까지 큰 무리 없이 운전해 갈 수 있는 곳에 사는 사람들은 국경을 넘어가, 미국에 비하면 10분의 1정도 가격인 캐나다 약국에서 약을 샀다. 종종 전세 버스를 이용하기도 했다. 사람들은 몇 년 동안 버스를 타고 잘 다녔고, 때로는 그들이 주 대표로 뽑아 의회에 보내놓은 사람이 호위자로서 버스에 동승하기도 했다. (버몬트주 상원 의원 버니 샌더스Bernie Sanders가 1999년에 선도적으로 이런 관행을 만들었다.)

소비자들이 얼마나 지불했고 정부는 또 얼마나 지불했는지 간단히 살펴볼 수 있는 지표가 있다. 이 법이 처음 시행된 1980년 정부는 연구 개발에 555억 달러를 투자했다. 그해 처방 약 매출액은 118억 달러였다.[134] 1997년에 약물 매출액은 718억 달러로 늘어났고, 연방 기금은 1370억 달러가 투자됐지만 그중 많은 부분이 전략방위구상을 비롯한 군사 프로그램에 들어갔다. 2014년에 소비자가 약을 구입하는 데 쓴 돈은 3740억 달러로 증가했고,[135] 연방 기금은 1337억 달러로 줄었다. 같은 해 미국 식품의약국은 41종의 신약을 승인하는 기록을 세웠으며, 2015년 〈월스트리트 저널〉에서는 이밸류에이트 파마Evaluate Pharma의 연구를 인용, 처방 약 총매출액이 해마다 거의 5퍼센트씩 증가하여 2020년에는 9870억 달러에 이를 전망이라고 보도했다.[136] 기자의 무사태평한 보도에 따르면, 그 이유는 "암 같은 난치병에 쓰는 신약이 등장하고 **많이 팔리는 약품의 특허가 만료되는 일이 줄었기** 때문"이다(강조는 내가 했다). 2015년 11월에 대륙 간 의료 마케팅 서비스Intercontinental Marketing Services Health, IMS Health는 2020년 매출액을 1조 4000억 달러로 예상했다.[137]

흘러넘치는 부를 주워 담는 과정에 따르는 법정 소송이라는 골칫거리는 레이건 시대 이후 기뻐 날뛰는 제약 기업가들에게 고민거리도 안 되는 것 같다(해가 갈수록 소송이 증가하면서 법정 합의금과 벌금의 총액 자릿수에 0이 아무리 많이 붙어도 그들은 전혀 신경 쓰지 않았다. 매출액 자릿수에 0이 훨씬 더 많이 붙었으니까). 탈리도마이드thalidomide의 세계적 재앙이 일어났을 때 다들 무시무시한 징조를 알아보았어야 했는데, 무슨 이유에선지 사람들은 그 징조를 무시했다. 독일에서 만든 그 약은 1957년 절대적으로 안전한 입덧 치료약이라며 유럽에 출시되었고 곧 세계적인 선풍을 일으켰지만, 약을 믿고 사 먹은 임신부 수천 명이 기형아를 출산했다. 아기들이 지느러미처럼 생긴 팔을 달고 나오거나 발가락, 다리, 귀 등이 없는 상태로 태어난 것이다. 그 아기들 중 절반가량은 태어난 후 목숨을 부지하지 못했으며, 일부 소송은 오늘날까지도 진행 중이다(탈리도마이드는 미국에서 판매 승인을 받은 적이 없지만 약을 만든 사람들이 미국의 몇몇 의사에게 샘플을 보냈고, 의사는 자신을 전적으로 신뢰하는 환자들에게 이 약을 권해 피할 수 없는 결과를 초래했다).

나쁜 결과의 조짐이 미국에서 처음으로 심각하게 나타난 것은 클로자핀이 등장했을 때였는데, 약을 만든 사람들은 이 비정형적 신약을 자발적으로 거둬들이기에 앞서 법적 보복 조치까지도 고려했었다. 하지만 거대 제약업계를 그야말로 어마어마한 법정 소송에 끌어들인 주인공은 또 하나의 '비정형적' 약물 리스페달(리스페리돈)이었다.

1994년에 출시된 리스페달의 제작사는 세계 최대의 약품 판매사인 거대 기업 존슨 앤드 존슨의 자회사 얀센Janssen이었다. 이 약은 양극성장애와 조현병 치료제로 판매되었다. 얀센은 사내에서 실시한 세 차례의 테스트 결과를 미국 식품의약국에 제출하기도 전에 먼저 그 결과를 기반으로 약품의 안전성을 대중에게 확신시켰다. 이유가 뭐였든, 그 테스트들은 리스페달이 발열과 근육 경직, 부정맥, 떨림, 기절 그리고 지연성 운동장애라는 위험한 증상을 일으킬 수 있다는 점을 밝혀내지 못했던 모양이다.

이러한 부작용들에 대한 고발은 1993년부터 2004년 사이 총 서른 여섯 개 주에 포진한 소비자 보호 단체들의 주목을 끌었다.[138] 그 불평 신고 목록을 훑어본다면 도금 시대°의 철도왕이라 해도 기도와 회개를 제안할 수밖에 없으리라. 갖가지 고발 사항 중에는 존슨 앤드 존슨이 미국 최대의 요양 시설 전문 의약품 업체로 그 이름도 매력적인 옴니케어 주식회사Omnicare Inc.에 상당수의 치매 환자를 포함하여 대체로 약품의 문제점을 인지하지 못하는 노인들에게 리스페달을 처방하는 대가로 뇌물을 주었다는 혐의도 포함된다. (리스페달 상자에는 검은 선으로 테두리를 친 경고 문구가 적힌 종이가 들어 있다. 내용은 이렇다. "노인 환자가 치매와 관련된 정신증을 항정신병 약으로 치료할 경우 사망 위험이 더 높아집니다." 물론 리스페달은 항정신병 약이다. 위험부담은 구매자의 몫이다.) 뇌물에는 돈, 의사들을 위한 유급휴가 제안, 더 많은 환자에게 리스페달을 처방하게 하기 위한 "두둑한 컨설팅 계약"이 포함되었다.[139] 존슨 앤드 존슨은 혐의에 맞서 법정에서 다퉈보기로 했지만 결국 패했고, 옴니케어 측은 그러한 뇌물을 받았으며 그럼으로써 허위청구법False Claims Act을 위반한 혐의에 대해 800만 달러의 합의금을 지불하는 데 동의했다.[140] 후에 존슨 앤드 존슨은 2012년에는 텍사스주에서, 2014년에는 몬태나주에서 각각 1억 5800만 달러와 590만 달러씩을 내고 합의했다. 그 밖에 다른 주들과의 합의금을 모두 합한 금액은 1억 8100만 달러에 이르렀다.

○ Gilded Age. 남북전쟁이 끝난 이후 1873년에 시작되어 불황이 도래한 1893년까지 미국 자본주의가 급속하게 발전한 시기를 말한다.

합리적인 관찰자라면 이 재판 비용과 합의금 액수를 보고 제약업계가 한동안 잊지 못할 교훈을 얻었으리라 판단할 것이다. 그 합리적인 관찰자에게 계속 읽어볼 것을 권하고 싶은데, 더 읽어나가는 동안에는 가급적이면 견고한 물체를 붙잡고 있거나 안정된 곳에 앉아 있는 게 좋겠다. 21세기에 들어선 뒤 얼마 지나지 않아 연방 법원 재판들에서 제약 회사들에 대한 합의와 평결이 내려졌다. 그 액수의 규모는 주 재판 차원의 벌금 따위야 흔적도 없이 지워버리고 심지어 '규모'라는 개념 자체도 지워버리지 않을까 걱정스러운 수준이었다.

그중 최초이자 최대 규모의 판결은 항정신병 약과 직접 관련된 건은 아니었지만, 문제의 제약 회사는 항정신병 약 가운데 하나(사프리스Saphris)를 시판 중인 곳이었다.[▼] 이 사건을 유심히 살피는 이유는, 법무부가 이 영역에 관여하기 시작한 시점을 부각시키는 한편, 제약업계가 점점 홍수처럼 밀려드는 수익의 물결과 공공의 안전에 대한 윤리적 책임 사이의 균형을 어떻게 맞추는지 들여다볼 수 있는 시야를 확보해주기 때문이다.

2007년, 뉴저지주에 본사를 둔 글로벌 의료 기업 머크Merck는 바이옥스Vioxx라는 약과 관련한 법정 소송의 합의금으로 48억 5000만 달러를 지불하는 데 동의했다. 이 약물은 1999년에 류머티스 관절염으로 인한 통증의 진통제로 등장했고, 2004년에 시장에서 철수되었다. 4만 7000명의 원고를 상대로 한 2만 7000건의 법정 소송이 있

▼   2011년 미국 식품의약국은 사프리스를 복용하면 심각한 알레르기 반응에 시달릴 수 있다고 경고했다. 머크는 이러한 정보를 포함시켜 사프리스의 상품 라벨을 수정하는 데 동의했다.

은 뒤였다.[141] 소송을 제기한 사람들은 바이옥스를 복용한 뒤 심장 마비를 일으키거나 일부 목숨을 잃은 복용자 또는 복용자의 가족이나 친척이었다. 법무부의 수사를 통해 머크의 연구자들이 그러한 위험을 인지하고도 이를 알리지 않았음을 증명하는 문서들이 드러났다. 2011년에 머크는 연방 정부에 추가로 4억 2600만 달러를 지불하고, 주의 메디케이드 담당 기관에 2억 200만 달러를, 형사재판 벌금으로 3억 2100만 달러를 지불하는 데 동의하고 법정 소송을 마무리했다. 머크는 2003년 25억 달러의 수익을 올린 바 있었다. 당시로는 대단한 액수다.

2009년 9월, 화이자는 그와 유사한 건으로 정부에 합의금 23억 달러를 지불했다. 지금은 시장에서 볼 수 없는 화이자의 진통제 벡스트라Bextra가 문제가 되었다. 소송의 원고 중 한 사람이자 전직 화이자 영업 사원이었던 존 코프친스키John Kopchinski는 〈뉴욕 타임스〉에 "화이자라는 기업의 문화 전체가 매출에 끌려다니며, 불법적으로 약을 팔지 않으면 조직을 위해 협력하지 않는 사람으로 취급받는다"고 폭로한 터였다. 2010년에는 존슨 앤드 존슨의 또 다른 자회사▼가 토파맥스Topamax라는 약과 관련한 연방 소송에서 제기된 혐의로 8100만 달러 이상의 민형사상 벌금을 내기로 합의했다. 이번에도, 혐의는 식품의약국의 승인 없이 판매했다는 것이었다. 이번에도, 구체적인 범법 행위들은 법률 용어로 다 전달되지 않을 만큼 비인간적이고 부도덕했으며 이번에도, 그 포식자들의 먹이는 미국의 정신질환자였다. 미

▼   오소-맥닐-얀센 제약 주식회사Ortho-McNeil-Janssen Pharmaceuticals Inc.

국 식품의약국은 토파맥스를 항경련제로 승인한 바 있는데, 법무부는 제조사가 토파맥스를 정신적 문제에 대한 약으로 홍보함으로써 불법적으로 그 승인의 한계를 넘어섰다며 기소했다.[142]

그리고 2012년 5월, 또 한 건의 어마어마한 지출이 발생했다. 반세기도 더 전에 어쩌다 소라진의 권리를 얻었던 스미스, 클라인 앤드 프렌치에서 파생된 글락소스미스클라인은 항우울 약 팍실과 웰부트린, 당뇨병 약 아반디아Avandia의 불법 홍보에 대한 형사처벌로 30억 달러의 벌금을 지불했다. 식품의약국은 글락소스미스클라인이 어린이와 청소년이 팍실을 복용하면 자살 성향이 증가한다는 점과, 임신부가 팍실을 복용하면 자폐아를 출산할 가능성이 높아진다는 점에 대해 경고하지 않았다는 사실을 알아냈다. 우울증 치료제로 승인을 받은 웰부트린은 식품의약국의 승인 없이, 체중을 감량하고 성 기능 장애와 약물중독, 주의력 결핍 및 과잉 행동 장애ADHD 등을 치료한다고 홍보했다. 아반디아는 식품의약국의 임상 연구 결과 심장마비 위험을 43퍼센트 증가시키고, 1년을 복용하면 위험률을 그 두 배로 높이는 것으로 밝혀졌다.[143]

같은 해 애보트 래버러토리는 식품의약국이 간질 발작과 조울증 치료제로 승인한 데파코트Depakote에 거짓 정보를 담은 상표를 붙였다는 혐의에 대해 유죄판결을 받아 형사 벌금과 민사 벌금으로 15억 달러를 냈다. 애보트는 이를 치매 환자의 격앙 행동을 조절하는 약이자, 항정신병 약과 함께 복용하면 조현병을 물리칠 수 있는 약이라 홍보하면서 양로원에 판매하는 특별 판매 팀을 선발했음을 인정했다. 임상에서는 두 용법 모두 효과를 내지 못한 것으로 드러났고, 그 용도

로 사용한 결과 각자 다른 부작용들이 생겼다.[144]

2013년 11월에 존슨 앤드 존슨은 리스페달(케빈이 복용한 약 중 하나다)을 기만적이고 위험한 방식으로 홍보한 행위에 대해 연방에 대가를 지불했다. 민형사 합계 22억 달러의 벌금이었다. 연방 측이 존슨 앤드 존슨에 제기한 혐의들에는 과거 여러 주에서 제기했던 혐의들에 한두 가지 새로운 혐의가 더해졌다. 예를 들어, 처음으로 리스페달을 검토했을 때 식품의약국은 어린이를 상대로 한 이 약의 판매에 대해 승인을 유보했다. 그런데도 존슨 앤드 존슨의 자회사인 얀센은 이를 어린이용으로 판매했고, 법정에서 나온 주장에 따르면 심지어 판매 담당자들에게 리스페달을 소아과 의사를 대상으로 홍보하도록 지시하기까지 했다. 약을 복용한 남자 어린이의 부모들은 유방 이상 비대 사례를 신고했는데 이는 에스트로겐과 테스토스테론의 불균형으로 인해 가슴 조직이 부풀어 오르는 현상이다.

이렇듯 제약업계와 그들의 약탈을 상대로 거둔 연방 법정의 승리는, 여론에서 미심쩍다는 평판을 받는 사람, 즉 내부 고발자의 실질적인 추동력이 없었다면 불가능했을지도 모른다. 고정관념과 달리 이들은 불만 가득한 괴짜가 아니라 교육받은 전문가다. 주로 제약업계에서 높은 지위에 올랐던 인물들로, 존 코프친스키는 화이자의 영업사원이었다. 그들은 위험을 감수했다. 목숨을 위협하는 위험까지는 아닐지 몰라도, 첩보 영화에서나 볼 법한 음모에 익숙하지 않은 사람에게는 충분히 두려운 위험이다. 대부분은 녹음기나 도청 장치를 착용하고 회의에 참석해 회사 정책과 관련해 범죄를 증명할 수 있는 대화를 녹음했다. 녹음된 내용을 들어보면 너무나도 충격적이다. 그리고 잠재적 사례금의 액수도! 그 사례금의 규모를 보면 전 세계에서 제약업계에 흘러드는 돈이 얼마나 초현실적 규모인지 또 한 번 확인할 수 있다.

존 코프친스키는 내부 고발로 화이자의 비리를 폭로한 것에 대해 5000만 달러 이상의 사례금을 받았다. 존슨 앤드 존슨과 그 자회사들에 대해 증언했던 여섯 명의 직원 또한 법무부가 받아낸 합의금 중 1억 200만 달러를 나누어 받을 수 있었다.

물론 이들이 받은 사례금은 소송을 통해 연방의 금고로 쏟아져 들어간 거금에 비하면 아무것도 아니다. 2015년 법무부는 9월 30일로 끝나는 당해 회계연도에 합의와 판결로 35억 달러 이상의 수입이 생겼다고 발표했다. 그로써 법무부는 4년 연속 35억 달러 이상의 수입을 올렸고, 2009년부터 총 264억 달러를 거둬들인 셈이었다.[145]

하지만 이런 것들도 아무런 의미가 없었던 모양이다. 단 한 푼도. 단 한 마디도.

구체적인 예를 하나 들자면, 2010년 공적 시민Public Citizen이라는 개혁 운동 단체가 발표한 내용, 즉 제약산업이 방위산업을 제치고 연방 정부를 가장 많이 사취해먹는 장본인들로 등극했다는 사실조차 아무런 의미가 없었다. 이런 사실은 전국 언론의 논의를 불러일으키지 못했다. 어쨌든 오바마케어의 병폐를 지적하던 독설의 수준에 미치지 못했다는 점만큼은 분명하다.

이 모든 것이 제약 회사 최고 경영자들에게는 아무런 문제도 되지 않았던 것으로 보인다. 어떤 근시안적인 또는 매수된 시민 단체가 그들을 인도주의자로 추켜세우며 경의를 표하는 경우가 아니라면 그들의 이름이 언론이나 텔레비전에 등장하는 일은 매우 드물다. 대규모의 법정 합의를 다루는 뉴스에 그들의 이름이 등장하는 일은 더더욱 드물다. 가장 극악한 기업 범죄를 다루면서도 기업에 속한 개인에게 책임을 묻는 일은 거의 없다. 그리고 수십억대를 호가하는 가장 큰 액수의 벌금조차도 그들이 몇 주 만에 벌어들이는 수익에는 미치지 못한다.

"그건 그냥 사업 비용이죠." 한 제약업계 분석가가 그들이 벌금으로 쏟아붓는 돈을 두고 한 말이다. 그러고서 그는 이렇게 덧붙였다. "제약 회사 경영자가 경찰에 끌려가는 모습이 언론에 공개되기 전까지는 말입니다."[146]

덴마크의 저술가 페테르 괴츠셰Peter C. Gøtzsche는 의사이자 의학 연구자로, 한때 제약업계에서 마케팅 매니저로 일했던 근 40년의 경험을 바탕으로 이 모든 일을 돌아보며 결국 피해 갈 수 없는 비유를 입에 올렸다. "제약업계가 하는 일의 상당 부분은 미국 법률에서 조직범죄를 구성하는 기준을 충족한다. 그리고 그들은 여러 면에서 마피아처럼 행동한다. 자신들이 타락시킬 수 있는 모든 사람을 타락시키고, 몇몇 국가의 보건부 장관들까지 포함해 모든 유형의 사람을 매수한다."[147]

가까운 시일 안에 그들이 언론의 카메라 앞에서 경찰에 끌려가는 일은 일어날 것 같지 않다. 또한 자신을 위험한 범죄자에 비유했다고 해서 그 제약왕들이 와락 눈물을 쏟으며 뉘우칠 것 같지도 않다. 그들과 그들의 회사는 이미 오래전에 진정한 책임의 구름을 뚫고 저 위 높은 곳으로 올라가 은행과 금융기관, 무기 제조업자와 담배 제조업자,

그 밖에 파산시키기에는 너무 거대하고 책임을 지우기에는 너무 거물인 사람들과 나란히 자리를 잡았다.

　그자들이 그러지 못할 이유가 무엇인가? 어차피 미친 사람들한테는 아무도 신경 쓰지 않는데.

"설명할 수 없는 무언가"

16

케빈이 조현병에 빠져든다는 첫 신호가 감지된 것은 2002년 1월, 케빈이 열일곱 살이 되고 인터로컨에서 보내는 마지막 학기가 시작될 무렵이었다. 형제와 가족이 모여 연휴를 보내고 학교로 돌아간 지 얼마 안 되어 케빈이 전화를 걸어 제정신이 아닌 사람처럼 이야기를 했을 때, 우리는 그 아이가 처한 위험에 대해 일종의 경고를 받은 셈이었다.

케빈이 들려준 이야기를 바탕으로 판단하건대 케빈의 정신 상태는 약물 사용에 영향을 받은 것 같았다. 나는 케빈이 우리에게 했던 이야기, 아니 그 뒤죽박죽 혼란스러웠던 대화에서 내가 이해한 내용을 정리하여 딘에게 이메일로 알렸다.

딘,
월요일에 케빈이 전화를 걸어 왔어. 자기가 심각한 약물 남용 문제를 겪고 있다고, 도움을 원한다고 털어놓더구나. 케빈의 문제는 구할 수 있는 거의 모든 범주의 약물과 관련되어 있는 것 같아. 그런 약물에 대한 케빈의 갈망은 아주 심하고, 의식을 잃거나 또 다른 극단적인 결과들이 발생한 모양이다.

그러나 케빈이 전했던 구체적인 정보의 거의 대부분이 잘못되거나 과장된 것으로 밝혀졌다. 케빈이 사용한 것은 어떠한 약물의 범주에도 포함되지 않았다. 씹는담배를 사용하다가 들킨 적이 있었을 뿐이었다. 정작 케빈과의 전화 통화에서 드러난 것은, 당시의 우리로서는 가늠도 할 수 없었을 정도로 훨씬 더 나쁜 상황이었다. 그것은 하나의 증상이었다. 케빈은 환각을 경험하고 있었던 것이다.

아너리와 나, 우리 중 한 사람이든 둘 다든 케빈에게 가봐야 할 것 같았다. 우리는 예술학교의 학생처장에게 전화를 걸었다. 그사이 학생처장은 이미 케빈의 정신적 혼란을 눈치채고 문제를 해결하고자 노력을 시작한 참이었다. 학교에서는 케빈을 제적할 뜻이 없다고 했다. 나는 이를 이메일로 딘에게 알렸다. "하지만 케빈이 의학적·감정적 회복을 위해 병가를 내야 한다는 뜻은 분명히 밝히더구나."

학생처장은 학적을 유지하는 조건으로 케빈을 정신병원이나 진료소에 입원시키고 최소한 2주 동안 입원 치료를 받도록 해야 한다고 말했다. 그러나 미국 정신병원의 만성적인 병상 부족 탓에 케빈을 입원시킬 병원은 단 한 군데도 찾을 수 없었다. 인터로컨 행정처 사람들은 알고 보니 꽤 융통성이 있어서, 우리는 함께 대안을 찾아냈다. 케빈은 아너리의 감독하에 통학생으로 학교생활을 계속할 수 있게 되었다. 아너리가 레지던스 호텔에 둘이 생활할 공간을 빌리고, 차로 캠퍼스까지 통학시키며, 학교가 끝나면 트래버스시티의 치료사에게 데려가 매일 상담을 받게 하기로 했다. 아너리는 다음 날 곧바로 미시건으로 달려갔다.

*

케빈에게는 어쩌다가, 왜 중독성 충동이 생기게 된 걸까? 또 딘에게는 왜?

지난 30여 년간 불법 약물 및 일부 처방 약 사용과 조현병 발병의 상관관계에 관한 '공존 장애' 연구가 활발히 진행되어왔다. 이 분야를 연구한 내과 의사와 정신과 의사, 전 세계의 여러 박사 들이 수백 건의 논문을 내놓았는데, 논문들은 대체로 명확한 결론 없이 추측에만 상당히 쏠려 있다. 적어도 양극성장애나 조현병에 걸릴 유전적 소인이 있는 사람에게서는 약물 남용과 그 병들 사이에 높은 상관관계가 있다는 것이 이들의 지적으로,[148] 2003년 프랑스의 신경 연구자 세 사람이 발표한 논문이 대표적이다.

> 정신 작용 약물을 사용하면 대개 환자의 상태는 전반적으로 악화된다. 약물 의존성이 있는 조현병 환자는 병이 더 자주 재발하고, 병원에 더 자주 입원하며, 더 폭력적으로 행동하고, 노숙자가 되는 경우도 더 많다. 특히 이런 환자일수록 [불법적] 정신 작용 약물에 의해 양성 증상[환각, 망상, 사고 혼란]이 전반적으로 악화된다.[149]

이 연구 팀은 코카인과 암페타민 같은 "정신 자극제"와 "해리성

마취제"(PCP, 케타민ketamine), 환각제(대마초, LSD)를 "정신증과 비슷한 상태를 유발하는" 약물로 꼽았고, 암페타민과 코카인, 엑스터시, 헤로인을 정신증의 원인 약물로 분류했다.

2000년에 프랑스의 정신의학 연구자 P. 바텔P. Batel은 높은 공존 장애율에 대한 주요 가설을 검토하면서, "조현병 환자가 그 약물들을 사용하는 것은 질병으로 인한 결손을 보충하고 (…) 정서적 문제를 해결하려는 시도일 수 있다"고 보는 "자가 투약self-medication" 가설에 힘을 실었다. 바텔은 또한 그 상관관계를 드러내는 특징들을 열거했는데, "니코틴과 알코올에 대한 의존이 심하면 예후가 매우 불량하다"는 내용이다.[150] 마약이 조현병을 악화시키는 것인지, 반대로 조현병 때문에 마약 사용이 늘어나는 것인지에 관해서는 아직 합의된 결론이 나오지 않았다.

바텔이 논문을 발표한 때는 일반적으로 그 '약물들'이 정신증을 유발한다고 여겨지지 않던 시기였다. 오히려 정신증의 결과로 약물을 사용한다고 생각하는 것이 일반적이었다. 2007년 무렵 공존 장애 연구는 탐조등의 초점을 더 좁은 영역으로 모았다. 이제 그 빛은 대마초, 그러니까 마리화나에 쏟아졌다. 그해 7월, 영국의 명망 높은 의학 저널《란셋Lancet》은 거의 5000종의 참고 자료와 서른다섯 가지 연구를 검토한 결과를 수록했다. 논문의 저자들은 다음과 같이 주장했다.

이는 대마초가 정신증 증상의 위험성을 높인다는 견해를 일관되게 뒷받침한다. (…) 그러나 정동장애에 관한 증거는 그만큼 강력하지 않다. 대마초가 정신증을 일으키는지 여부에 대해서는 확신할 수 없으며, 여기서 검토한 것과 같은 종단 연구들을 더 실시한다 해도 이러한 점은 해결되지 않을 것으로 보인다. 그러나 현재의 증거로도 (…) 젊은이들에게 대마초를 사용하면 삶의 이후 단계에서 정신증이 일어날 위험을 높일 수 있다고 경고하기에는 충분하다.[151]

7년 뒤에는 이《란셋》논문이 논지를 모호하게 흐렸다고 느끼게 할 만한 또 다른 연구가 등장했다. 2014년, 다양한 지면에 많은 논문을 발표해온 정신의학 연구자 세 사람은 〈파멸: 대마초와 정신증의 연관 관계에 대한 검토Gone to Pot: A Review of the Association Between Cannabis and Psychosis〉라는 제목의 논문에서 다음과 같이 결론 내렸다. "현재 증거는 대마초가 정신증 발병의 구성 원인일 수 있음을 암시하며, 이는 공중 보건 정책의 관점에서 그 문제를 심각하게 고려해야 할 근거가 된다."[152]

세 연구자는 대마초가 매일 500만 명이 사용하는 것으로 추정되는, 전 세계에서 가장 흔한 불법 약물이라는 점을 지적하고, 이 약물과 조현병을 포함한 장애들 사이에 여러 상관관계가 있음을 암시하는 증거를 제시했다. "대마초와 조현병의 관계는 일시성, 생물학적 기울기,° 생물학적 개연성, 실험 증거, 일관성, 정합성 등 인과성을 판단하는 표준적 기준 중 전부는 아니지만 많은 항목을 충족한다."[153] 세 연구자 가운데 예일 대학교 의학대학원의 새뮤얼 T. 윌킨슨Samuel T. Wilkinson은 공존 장애 관계를 단언하기까지 했다. 그는 2013년에 〈월

° 독성 물질의 농도가 높을수록 그 결과로 인한 병증이 심해지는 현상을 가리키는 말이다.

스트리트 저널〉에 기고한 에세이에서 마리화나의 합법화를 반대하며 자신의 결론을 입증하기 위해《란셋》과《영국 정신의학 저널British Journal of Psychiatry》에 실린 논문들을 인용했다. "연구들이 축적되면서 유전적으로 정신증에 취약한 뇌를 가진 사람들에게서 마리화나가 조현병 또는 그와 연관된 정신증적 장애들을 촉발한다는 전체적인 그림이 드러나고 있다."[154]

이런 연구들은 파워스 집안에 대마초가 정신질환을 유발할 수 있다는 경고를 주기에는 너무 늦게 등장했다. 물론 실패했지만, 우리도 아들들이 대마초에 손대지 않게 하려고 노력은 했다. 세계는 전과 똑같이, 지극히 완고하게, 이에 대한 외면을 고수하고 있다. 2015년 6월 기준 스물세 개 주와 워싱턴 D.C.에서는 다양한 제한을 달아 몇 가지 형태의 마리화나에 대한 합법화 법률을 시행하고 있었다.[155] 버몬트 주로 말할 것 같으면, 대마초가 사실상 비공식적으로 주를 대표하는 꽃이나 마찬가지다. 1970년대에 이곳으로 흘러든 반문화의 기수들이 대마초를 특별한 선호 대상으로 소중히 모셨기 때문이다. 뒷마당에서 유기농으로 재배한 대마초는 계급의 경계선을 초월한, 일종의 사교계의 윤활유로 작용한다. 또 한 번, 심각하고 유해한 영향을 미칠 수 있는 일에 관한 법 제정이 정신질환자의 이해관계에는 전혀 주의를 기울이지 않은 채 전국으로 번져가고 있었다.

케빈이 강도 높은 치료를 받고 엄마가 곁에 있어준 2주의 시간은 우리가 원하던 효과를 냈다. 케빈은 인터로컨에서 3년간 이루어낸 성취를 갉아먹을 더 이상의 위기 없이 마지막 학기를 마쳤다. 이제 학교를 넘어선 인생에 대한 꿈들을 막 쌓아갈 시기였다. 그 꿈들은 환상적이면서도 동시에 실현 가능한 것으로 보였다. 케빈은 보스턴의 보일스턴가에 어울리지 않는 지저분한 붉은 벽돌 건물에 자리 잡은 학교, 현대 음악교육과 공연의 성소인 버클리 음악대학에서 기타 공부를 이어가기로 했다. 퀸시 존스Quincy Jones, 브랜포드 마살리스Branford Marsalis, 존 메이어John Mayer, 멜리사 에서리지Melissa Etheridge, '스틸리 댄Steely Dan'의 도널드 페이건Donald Fagen, '에어로스미스Aerosmith'의 브래드 휘트퍼드Brad Whitford 등을 배출한 바로 그곳에서. 케빈의 친구이자 베이스 연주자인 피터는 학부생을 250명 이상 뽑지 않는 엘리트 학교 보스턴 컨서버토리에서 클래식 더블베이스 공부를 하기로 했다. 둘은 역사적인 펜웨이의 주민으로 5분만 걸으면 만날 수 있는 거리에서 각자 공부하게 될 터였다.

케빈이 버클리에 보낸 입학 지원서는 우리 가족이 앞으로도 기억하고 싶어 하는 보물 중 하나다. 거의 무의식적인 순수함과 겸손함으로 가득 찬 그 지원서는, 케빈이 쓴 모든 장르의 글 중에서도 가장 꾸밈없고 자신을 가장 잘 드러낸 글로 내 마음속에 남아 있다. 분명 케빈이 의도했던 바는 아니겠지만, 그 글은 언어로 된 한 편의 재즈 작품이라 할 만하다. 단순하고 평범하게 시작하면서 주제를 설정한 다음, 문을 활짝 열어젖히며 즉흥적이고 풍성한 색채와 열정을 펼치다가, 본류로 돌아와 조용하게 마무리한다. 그 글은 케빈의 음악 전체가 압축되어 있는, 케빈의 전부다.

케빈 파워스

음악적 경험

음악가로서 내가 경험한 심오한 사건 중 하나는 처음으로 팻 매스니Pat Metheny CD를 갖게 된 일이다. 나는 8학년이었고 그 CD는 아버지가 크리스마스 선물로 준 〈라이크 마인즈Like Minds〉였다. 게리 버튼Gary Burton과 칙 코리아Chick Corea, 로이 헤인즈Roy Haynes, 데이브 홀랜드Dave Holland가 참여한 앨범. 이것이 내가 처음으로 재즈라는 예술 형식을 접한 경험이었다. 그 CD를 듣고 나는 재즈 기타를 연주하고 싶어졌다.

첫 곡의 첫 코드에서부터 설명할 수 없는 무언가가, 그동안 내가 재즈 음반에 대해 그럴 거라고는 꿈도 꿔보지 않았던 방식으로, 더욱 집중해서 음악에 귀 기울이도록 만들었다. 게리 버튼의 솔로 연주는 정말 강렬했다. 품위 있고 부드러우면서도 낯간지럽지 않았고, 특유의 멜로디 흐름과 치고 나가는 에너지가 모두 거기 들어 있었다.

그리고 팻이 솔로 연주를 시작한 순간, 나는 처음으로 새로운 연주자에게 기회를 주기로 결심했다. 그때까지 나는 골수 록 음악 팬이었다. 누군가 내게 그 정도로 영감을 불어넣으며 재즈를 연주하는 것은 들어본 적이 없었다. 그 모든 게 팻의 연주와 함께 달라졌다.

그가 솔로를 연주하는 방식은 마치 직접 내 방에 와 이야기를 들려주는 듯, 기타가 해줄 수 있는 모든 멋진 일에 관해 내게 말해주고 있는 듯 들렸다. 그는 짧고 명료한 악구로 박자에서 조금 뒤처져 시작하더니, < 퀘스천 앤드 앤서Question and Answer > 라는 제목이 암시하듯, 둘째 악구에서는 첫째 악구를 완벽하게 뒤따랐다. 정말로 서정적이고 아름다운 선율이었다. 나는 늘 조 패스Joe Pass의 연주를 좋아했지만, 이제는 서로 다른 이유에서 두 사람의 연주를 높이 평가한다. 어떤 의미에서 멜로디 그 자체라 할 만한 즉흥연주는 들어본 적이 없었다. 팻은 바로 그런 연주를 하고 있었다. 캠프에 참여할 때마다 '공간'이 중요하다는 말, 솔로 연주는 '숨을 쉬어야' 한다는 말을 들어왔는데, 왜 그래야 하는지가 그때서야 분명해졌다. 바로 그런 일이 이 음악 안에서 일어나고 있었다.

바로 다음번 레코드점에 갔을 때 나는 팻 매스니 그룹의 CD를 샀고, < 라이크 마인즈 >에서 들었던 것은 이 사람의 웅대한 영역 가운데 어쩌면 작은 픽셀 하나에 지나지 않는다는 사실을 깨달았다. 약 1년에 걸쳐 그의 CD를 차례로 하나씩 사서 들을 때마다, 새로 듣게 된 앨범은 언제나 그 전에 들었던 것보다 더 흥미로웠다. 팻의 작곡 능력은 도대체 어느 정도인지 가늠하기조차 어렵다. 그의 곡들은 표현이 아주 풍부하고 형식은 매우 정교하다. 그 이후 내가 한 가장 잊지 못할 경험은, 코네티컷주 뉴밀포드에서 열린 전국 기타 여름 워크숍에 참여했을 때 팻이 우리에게 와 이야기를 들려주었던 일이다. 세 시간 동안, 바로 팻 자신이 해왔던 일과 하고 있는 일, 그리고 앞으로 할 일에 대해 이야기하는 것을 들었다. 그는 내게 크나큰 영감을 주는 사람이며, 그의 음악을 듣고 그를 만날 수 있었던 것은 커다란 행운이었다.

케빈과 피터는 졸업 후 곧바로 보스턴으로 떠날 예정이었다. 피터가 보스턴의 한 클럽에서 여름 동안 케빈과 함께 웨이터로 일하려고 일자리도 구해놓은 터였다. 둘은 각자의 학교에서 수업이 시작되기 전까지 록스베리에 있는 아파트에서 함께 생활하기로 했다.

우리는 2002년 6월 졸업을 앞두고 펼쳐진 축제 주간에 케빈이 코슨 강당 무대에서 기타 앙상블을 이끄는 모습을 보며 박수를 쳤다. 그로부터 하루인가 이틀 뒤, 그린 호숫가에 있는 크레스기 오디토리엄 Kresge Auditorium 무대를 가로질러 가 인터로컨 졸업장을 받는 케빈을 보면서 우리는 또 한 번 박수를 쳤다. 이제 우리는 케빈의 물건들을 밴에 싣고, 충격 방지를 위해 베개로 감싼 검은색 마틴 기타를 가방과 상자 들 위에 올렸다. 3년 전 케빈이 새 친구들을 사귀기 시작하는 모습을 지켜보았던 바로 그 자리에서 교직원들과 작별 인사를 나눈 뒤, 우리는 미들베리의 집으로 달려갔다. 인터로컨에서 보낸 몇 년은 이미 추억이 되었고, 그 추억은 좀 더 자라나다가 이내 멀어지게 될 터였다.

*

케빈과 피터는 록스베리의 아파트로 이사하고 여름밤 클럽에서 테이블 시중드는 일을 시작했다. 낮에는 그 여름의 진짜 목표를 위해 노력했다. 바로 '부비'를 재결성하여 케임브리지 중앙 광장에 위치한 미들 이스트, 라이브 음악 무대와 레스토랑이 모여 있는 그 상징적인 곳에서 공연을 하는 것이었다. 샛노란 차양들과 여기저기 흩어진 식당, 네 군데의 공연 무대가 들어선 미들 이스트는 록과 재즈, 펑크, 스카, 하드코어의 전설적 밴드를 선보이거나 소개해온 곳이다. 에어로스미스, 마이티 마이티 보스톤스Mighty Mighty Bosstones, 그리고 그 밖의 수백 팀이 그곳에서 공연했다. 케빈과 피터는 대학 생활을 시작하기 전에 그 무대에 오르고 싶어 했다. 둘은 드러머를 구한다는 전단을 붙이고, 새 곡을 쓰고, 매일 연습했다. 곧 저희들 기준에 잘 맞는 드러머를 찾은 아이들은 8월에 미들 이스트에서 오디션을 보았고, 9월에 공연 날짜가 잡혔다.

9월 초에 둘은 각자의 대학 숙소로 거처를 옮겼다. 케빈은 다른 기타 연주자와 함께 버클리 학생 숙소의 3층 방을 배정받았다. 매사추세츠 애버뉴에 위치한 학생 숙소는 오래전 회색 화산암으로 지은 멋진 건물이었고, 학교까지도 걸어서 금방 갈 수 있었다. 아너리와 나에게는 진짜배기 보스턴 시대의 산물인 그 건물이 아주 멋져 보였다. 사실 그 모든 게 사실이라기에는 너무 좋은 것 같았고, 실제로도 그랬다. 그 무렵, 우리의 시야 밖에서는 케빈의 꿈과 인생이 이미 무너져 내리기 시작하고 있었다.

한여름에 받은 이메일 한 통이 그 첫 번째 경보였다. "안녕 여러분" 하고 늘 하던 식으로 인사말을 던지며 시작했지만, 곧바로 너무나 케빈답지 않은 의기소침한 말투로 내려앉았다.

지금 저는 한편으로는 순전히 뭔가 쌓인 걸 토해내기 위해서, 또 한편으로는 두 분의 충고를 구하기 위해서 이 글을 쓰고 있어요. 두 분의 지혜가 똑같이, 그리고 대단히 가치 있다고 여기니까요. 최근 스트레스가 정말 많아요. 예전보다 훨씬 더요. 포기하기 직전이거나 완전히 절망적인 상태까지는 아니지만요. 엄마 아빠도 짐작할지 모르지만, 나로서는, 그러니까 나에게는 지금 내가 여기서 얻지 못하는 다른 뭔가가 필요한 것 같아요.

이어서 한 이야기를 보면, 그 애가 거기서 얻지 못하고 있던 것은 피터의 지지였다. 케빈은 친구가 멀어지고 있다고, 피터가 음악학교의 요구에 맞춰 준비하는 일에 몰두하면서 둘의 우정과 부비에 흥미를 잃었다고 느끼고 있었다.

청소년기에 배워야 하는 가장 가혹한 교훈 중 하나는 동시에 가장 흔한 교훈이기도 하다. 바로 모든 것은 변한다는 사실이다. 유년기의 세계가 멀어져가면서 유년기에 진리로 여겼던 것들도 멀어져간다. 변화는 종종 상실을 의미하고, 상실은 아이의 가슴에 상처를 입힐 수 있다. 그러한 상실 가운데 가장 고통스럽고 당황스러운 것은 가장 친한 친구를 잃는 것, 또 사랑하는 이를 잃는 것이리라. 퇴짜 맞은 상처는 물론 시간이 흐르면서 아물기 마련이다. 그러나 모두가 그런 건 아니다.

생리학적으로 말하자면 이렇게 이른 나이에 가슴에 입는 (은유적) 타격은 이 책의 앞부분에서 설명한, 피질 시냅스를 끊어내는 실질적이고 필수적인 과정과 동시에 일어나는 경우가 많다. 성인기에 마주칠 각종 과제에 대처하기 위한 새로운 신경 연결을 구축하기 위해, 생애 초기에 형성되었고 이제는 쓸모없어진 회백질을 '신경학적으로 청소'하는 것이다. 이런 가지치기 단계는 대개 16세부터 20대 초기까지 이어진다. 조현병 유전자를 가진 사람의 경우, 이 시기는 또한 그 유전자가 깨어나 가지치기로 비어버린 공간을 채우는 일에 나서는 때이기도 하다.

물론 피터는 어떤 일이 벌어지고 있는지 전혀 몰랐을 것이고, 케빈이 이런 감정을 가지고 있으리라고는 생각도 못 했을 것이다. 케빈 역시, 2년 전이었다면 친구의 행동이 변한 것을 눈치채지 못했을 것이고 알았다 해도 마음 상하지 않았을 것이다. 아너리와 나도 전혀 몰랐다. 우리는 당시 케빈의 괴로움을 1월에 있었던 위기와 연관 지어 볼 생각조차 하지 못했다. 이제는 안다. 두 일 모두 곧 닥쳐올 병의 증상이었다는 것을. 하지만 그때 우리가 알았던 건 평소 쾌활하던 우리 아들이 여느 때와 달리 우울한 상태에 빠져 있다는 사실뿐이었다. 우리는 그 우울이 그냥 지나가버리기만을 바랐다.

미들 이스트 공연을 얼마 앞두고 케빈은 이런 메일을 보내왔다. "오늘 밴드와 리허설을 하고 있어요. 나도 그렇고 피터와 [드러머] 제프도 연주할 곡들을 이미 다 꿰고 있으니 분명 잘될 거예요. 공연 때문에 다들 아주 들떠 있는데, 나중에 전부 말씀드릴게요."

공연은 잘됐다. 겉보기에는. 하지만 공연을 마친 뒤 케빈이 내게 보낸 메시지는 처참함 그 자체였다. 그런 마음을 케빈은 또 한 편의 길고 절망적으로 느껴지는 이메일에서도 토로했다. 적어도 케빈이 느끼기에, 피터는 공연이 끝나자마자 케빈과 드러머에게 한마디 말도 없이 재빨리 무대를 빠져나가 몰려 있던 다른 친구 무리에 합류했다. "나를 가장 아프게 하는 건, 우리가 함께 공연의 승리를 거둔 직후에 그 애가 내게 등을 돌렸다는 거예요." 이어서 케빈은 자신의 감정 상태에 대해 설명했는데, 당시 우리는 알지 못했지만 그 아이가 느끼던 감정은 조현병 유전자군을 가진 사람에게는 4단계 경보 수준에 해당하는 상태였다. "지금 나를 산 채로 집어삼키고 있는 이 스트레스를 끌어안은 채 버클리 첫해를 시작하는 것이야말로 내가 가장 피하고 싶은 일이에요."

케빈은 자기의 특징이었던 낙천성을 조금이라도 되찾아보려 애쓰고 있었다. 그 아이가 애를 쓰는 게 피부로 느껴질 정도였다. "이곳 버클리는 마음에 들어요. 아이들도 좋고, 환경도 좋고, 록과 클래식과 재즈와 블루그래스를 다 좋아한다고 해서 뭔가 '다른' 사람처럼 느껴지지 않는 것도 좋아요. 여긴 내게 꼭 맞는 장소예요." 이어 철학적 초연함을 발휘해보려는 시도도 덧붙였다. "어쩌면 피터도 자기의 자리를 찾은 거겠죠. 하지만 내 마음속에 우리의 자리는 더 이상 없고, 우리의 공통 기반도 없고, 그게 다시 형성될 것 같지도 않아요." 그런 뒤 이어지는 맺음말은, 케빈이 우리에게 메시지를 보낼 때면 거의 늘 빼놓지 않고 표현하는 감정이었지만, 이때만큼은, 그 애의 미래에 대한 저 깊고 불길한 전조의 신호였는지도 모르겠다.

두 분은 내게 모든 것이에요. 그리고 두 분의 그 모든 사랑에 감사해요.
진심을 담아,
케빈

케빈이 버클리에서 힘겹게 첫 학기에 들어섰을 때, 딘도 새 캠퍼스를 항해하고 있었다. 2002년 가을에 딘은 포트콜린스에 있는 콜로라도 주립 대학교에서 강의를 듣기 시작했다. 듀랭고의 포트루이스 대학에서 그곳으로 옮겨 가게 되었는데, 실은 같은 학교를 다니다가 행로를 바꾼 여자 친구를 쫓아간 것이었다. 그렇게 학교를 옮기는 사이 딘은 동부의 집으로 돌아오는 대신, 광활한 프론트산맥에 도로를 놓기에 앞서 통나무와 바위 들을 치우는 콜로라도 트레일 크루로 여름 자원봉사에 참여했다.

그 산지에서 딘은 간소한 음식을 먹으며 저녁 캠프파이어에서 기타를 치고 텐트에서 잠을 잤다. 어린 소년 시절 미들베리 주변의 비교적 온화한 산지에서 등산과 야영을 경험하고 스키를 탈 때부터 야생의 자연에 끌리던 딘이었다. 이제 서늘한 산지의 공기 속에서 무거운 것들을 들어 옮기는 동안 운동신경 좋은 몸은 더욱 단단해졌고, 과묵한 동료들과 함께 낭만적 도피의 꿈을 즐겼다. 그 꿈의 기원이 무엇인지는 오직 딘만이 알았다. 딘과 그 여학생은 2002년 가을에 헤어졌다. 두 사람이 각자 얼마나 진지한 감정이었는지, 얼마나 큰 상처를 입었는지 우리로서는 알 수 없었고, 그녀의 이름조차 알지 못했다. 그러나 오래지 않아 딘은 우리에게 자기가 작곡하고 녹음한 발라드를 담은 CD들을 보내오기 시작했다. 가장 초기에 보낸 CD들에는 다듬어지지 않은 거친 감정과 날카롭고 강한 코드가 가득했는데, 이런 곡들에서도 우리는 순간순간 부드러운 감성을 엿볼 수 있었다. 예컨대 파란 배낭 하나의 이미지를 중심으로 한 곡 전체를 만든 것도 있었다. 당시 딘은 케빈이 겪은 것과 유사한 상실의 아픔을 스스로 헤쳐나가고 있었던 것 같다. 둘에게 똑같이 은밀히 진행되고 있던 음험한 정신의 변화가 그 아픔을 더욱 지독하게 만들었으리라.

이번에도 우리에게는 그 변화를 파악할 방법이 전혀 없었다.

여러 주가 지나고 딘이 우리에게 보낸 곡이 점점 더 많아질수록 가사에 담겨 있는 고통은 영리한 반어反語와 언어유희의 덮개 밑에서 점점 부드럽게 누그러졌고, 거기서 다시 장난기와 환희와 숨길 수 없는 다정함 사이를 오가는 시로 변했다.

딘은 학생으로서도 줄곧 뛰어난 성적을 올렸다. "네 영어 점수는 정말 대단하구나!" 케빈의 위기가 닥치기 얼마 전 내가 딘에게 이메일로 전한 말이다. 딘은 에이미와 겪었던 사고와 그 이후에 겪은 고통에서 아직 헤어나지 못했고 불안에도 시달리고 있지만, 폭발적으로 노래를 써댄 것이 효과가 있었다고 했다. 콜로라도 인디포크계에서는 반드시 거쳐야 하는 곳, 작지만 인기 있는 커피숍인 존스 블루 노트Jon's Blue Note에서 공연 계획이 잡혔다는 것이다. "오늘 전단지를 만들 거예요."

우리는 이메일을 많이 주고받았다. 나라 돌아가는 상황에 대해, 딘의 음악과 글에 대해, 그 밖의 여러 주제에 대해. 이메일에는 생각지 못한 장점이 있었으니, 우리가 직접 만나 함께 있을 때마다 주변을 떠돌던 설명할 수 없는 긴장감을 털어버릴 수 있었던 것이다. 게다가 이메일을 쓸 때면, 딘은 직접 대면해 대화를 나눌 때 쓰곤 하던 쏘아붙이듯 응수하는 한 음절짜리 단어 대신 자신이 지닌 표현의 범위 전체를 활짝 열어 보여주었다. 그러니까 웃기고, 아이러니하고, 지적이고, 서글서글할 뿐 아니라 필요한 상황에서는 속 시원히 욕도 잘하는

모습 말이다. 내가 어떤 정치적 배신에 관한 이야기를 써 보냈을 때
보낸 답장만 봐도 딘의 그러한 면모를 알 수 있다.

그거 완전 지리게 무서운데요. 험한 입버릇은 눈감아주세요.
저도 더 자세히 알아봐야겠어요. 옆에 앉아 있는 여자애한테
말했더니 날 쳐다보는 눈빛이, 아무래도 말없이 계속 미소만
지어서 날 좀 닥치게 하고 싶은 눈치예요. 그러니까 제 말은, 아
무도 그런 일에는 신경을 안 쓴다는 거예요. 아무도. 진짜 쿨하
죠. 좋아요, 뭐. 건강히 지내세요. 전 이제 좀 찾아서 읽어봐야
겠어요.

아니면 이렇게.

아, 그 선생 진짜 짜증 나는 인간이에요. 출석 정책은 또 어찌나
엄격한지 매일 저 인간을 참아내야 한다니까요. 내가 학비까지
내면서 학교에 다니는데 저런 인간의 헛소리를 듣고 있어야 한
다니. 오늘은 이러더라고요. "딘 파워스, 너 지금 여기가 어디
인 줄 아는 거냐? 왜 그렇게 무례한 표정을 짓고 있지?" 모두가
나를 쳐다보기에 농담 한마디 던졌죠. "막 무례함 수업을 듣고
와서 숙제로 무례함을 실습하고 있는 건데요." 강의실이 무슨
묵념이라도 하는 것처럼 조용해지더라고요. 내 유머가 별로였
나봐요. 썰렁한 농담을 한 건 내가 생각해도 정말 무례한 짓이
었다 싶어요. 전에는 안 그랬는데. 선생은 아무 반응 없이 수업

을 이어갔는데 정말 화가 났다는 듯한 태도였어요. 나도 꼭지가 돌았지만, 그냥 흘려보내려 노력하고 있어요. 머릿속에 지랄 같은 게 가득 차 있는 기분이에요. 내가 보기에 저 선생은 심리가 상당히 불안정한 사람 같아요. 자기가 익살을 떨면 모두가 다 받아주기를 바라죠. 하지만 내가 꼭 웃어줘야 한다거나 수업을 즐기고 있는 척 가식 부려야 하는 건 아니잖아요. 혹시 저 선생이 내 버릇을 고쳐놓겠다고 회초리질이라도 하려나요? 엄청 걱정 되네요.

솔직히 털어놓자면 나는 저 "막 무례함 수업을 듣고 와서"라는 부분에서 웃고 말았다. 아주 큰 소리로 웃었던 것 같기도 하다.

저때 나는 딘의 상상력이 만들어낸 다른 산물들에 대해서는 아무것도 모르고 있었다. 예컨대 어떤 노래의 가사 한 구절은 어쩌면 경고의 신호였을지 모르는데, 기껏 나는 이렇게 얘기했을 뿐이다.

정말 좋은 노래구나, 딘. 가사의 몇몇 부분은 정말 기막히다. 게다가 끝내주게 영리하고. 왜, 네 머릿속에 있는 남자에 관한 부분, 그가 하는 말에 동의해서는 안 된다는 부분이 정말 맘에 들어. 밥 딜런이 쓴 가사만큼이나 좋구나.

어쩌면 궁금해했어야 했는지도 모른다. 그 애 머릿속에 어떤 남자가 있다는 건지.

때로는 정말 궁금해한 때도 있었다. 한번은 서로 3000킬로미터 떨어진 곳에서 각자 텔레비전으로 풋볼 경기를 시청한 뒤, 딘이 이메일을 보내왔다.

> 내 생각에 저 경기는 승부가 조작됐어요. 아마도 정부가 그런 것 같아요.

어쩐지 그 말은 단순한 농담이 아닌 듯 느껴졌다.

딘의 정신적 고통이 다시 표면으로 떠오르면서, 그와 함께 약물과 알코올로 자신을 마취시키고픈 갈망도 다시 찾아왔다.

케빈에게서도 첫 학기가 지나는 동안 불안의 기색을 보여주는 신호가 계속해서 전해져 왔다. 불안이 낙관적 태도를 유지하려는 케빈의 노력을 꺾어놓고 있었다. "우와, 여기 생활 정말 장난 아니겠어요", "아빠가 이메일에 써준 얘기를 읽고 나니까 일상의 작고 사소한 모든 일들이 거대하게 확대되어서 그 어느 때보다 훨씬 더 큰 의미를 띠는 것 같아요", "신경이 으스러지는 것 같아요……."

케빈은 괜찮았던 걸까? 우리에게는 케빈이 괜찮지 않다고 생각할 실질적인 증거가 하나도 없었다. 분명 괜찮을 거라고 우리는 생각했다. 청소년기에는 누구나 한두 번씩 괴로운 시련을 겪잖아. 케빈은 괜찮아질 거야.

10월 어느 날 새벽 4시에 울린 전화벨이 우리를 잠에서 깨우고, 케빈이 괜찮지 않다는 깨달음에 눈뜨게 했다. 그 후로 케빈이 괜찮아지는 일은 영영 없었다.

*

먼저 전화를 받은 것은 아너리였다. 케빈은 숨찬 목소리로 유명한 음악가인 버클리 행정처의 어떤 높은 분이 러시아 콘서트 투어에 함께 갈 사람으로 자신을 선발했다고 말했다.

아너리는 잠시 듣고 있더니 아무 말 없이 내게 수화기를 넘겼다. 케빈은 내게도 그 소식을 전했다. 숨 가쁜 목소리였다. 그렇게 영광스러운 사실을 알고 흥분한 상태라면 충분히 그럴 만도 하지만, 케빈의 목소리에는 그런 벅참과는 다른 무엇이, 두려움에 질린 떨림이 있었고, 말하는 속도도 너무 빨랐다. 나는 구체적인 질문을 던져서 케빈을 진정시켜보려고 했다. 먼저 왜 이 시간에 전화를 했는지부터 물었다. 케빈은 서두르는 말투로 황급히 뭐라고 대답했는데 밤샘 기획 회의를 하고 막 들어왔다는 얘기 같았다. 나는 질문을 이어갔다. 언제 떠나니? 얼마나 걸린대? 이 선발 과정은 어떻게 진행된 거니? 그러나 곧 내가 아무도 듣지 않는 전화에 대고 말하고 있다는 것을 깨달았다. 케빈이 전화를 끊은 것이다.

아너리가 커피를 내렸고, 우리는 잠옷 바람으로 거실에 앉아 이 일의 의미를 파악하려 애썼다. 설득의 힘이라는 게 그렇게 강한 것인지, 아니면 믿고자 하는 욕구가 그렇게 컸던 것인지, 또는 다른 무엇 때문이었는지, 우리는 케빈이 전한 말을 그럴 듯한 맥락으로 끼워 맞춰보려고 노력했다. 어쨌든 케빈은 정말 뛰어난 연주자였으니까. 밤새 자격이 되는 학생을 골라내는 회의에 참석했다가 결국 선발된 것일까? 하지만 왜 그런 회의를 밤을 새워가며 하는 거지? 그리고 전화는 왜 끊은 걸까? 하지만 그게 사실이 아니라면 애초에 우리에게 전화해서 그런 말을 한 이유가 뭘까? 문제는 바로 거기에 있었는데, 우리는 둘 다 그 문제를 말로 옮길 의지를 끌어내지 못했다. 그저 잔에 담긴 채 식어가는 커피만 빤히 바라볼 뿐이었다. 그러다 마침내 내가 머릿속에 담겨 있던 의혹을 말로 정리해 입 밖에 내버렸는데, 이후 나는 그 말을 떠올릴 때마다 움찔하지 않은 적이 없다.

"걔가……" 마침내 내가 입을 열었다. "걔가 정신이 나가버린 게 아니고서야."

그런 식으로 표현한 건, 그게 사실일 수도 있다는 오싹한 가능성에 거리를 두기 위해서였다. 하지만 그러다 아너리와 나의 눈이 마주쳤고, 우리는 서로의 눈빛에서 이미 서로가 그것을 사실로 인지하고 있음을 느꼈다.

아너리가 집 전화의 수화기를 들고 케빈의 휴대폰으로 전화를 걸었다. 케빈은 받지 않았다. 룸메이트를 깨워야 할까? 우리는 서로 그러지 않는 게 좋겠다고 말했다. 학교의 누군가에게 연락하기에도 너무 이른 시각이라, 그냥 물러나 기다리기로 했다. 어느 시점엔가 우리는 침대로 돌아갔다. 그러나 잠들지는 못했다. 우리는 천장을 쳐다보며 우리 아들이 어떤 상태에 처해 있는지, 왜 그렇게 됐는지, 그리고 경찰에 전화를 해야 할 시점은 언제일지 생각했다.

다시 연락을 취한 건 케빈이었다. 아침나절이었다. 케빈은 아너리에게 막 서쪽으로 가는 그레이하운드 버스에 올랐다고 말했다. 로스앤젤레스로 갈 거라고, 거기서 록 스타로 활동할 자리를 찾을 수 있을 거라고 했다.

아너리는 그 말에 대해 이러쿵저러쿵 따지지 않았다. 역시나 러시아 투어는 증발되어 사라질 허깨비였음이 드러났지만, 새로운 목적지로 나섰다는 것은, 그 꿈이 비현실적일지는 몰라도 그곳을 향해 가고 있다는 사실만큼은 꼼짝 못 할 현실이었다. 이미 우리의 본능은 예리해져 있었고, 전략적으로 대처하기 시작했다. 아너리가 통화를 끝낸 뒤, 우리는 지도를 찾아 케빈이 탄 버스가 올버니에서 처음 정차하리라는 것을 알아냈다. 시간 안에 그곳에 도착한다면 케빈을 찾고 어떻게든 도움을 구할 수 있을 것 같았다. 미들베리에서는 약 세 시간, 보스턴에서는 교통수단과 경로에 따라 세 시간 내지 네 시간쯤 걸리는 곳이었다. 우리는 곧장 옷을 입고 출발했고, 너무나 다행스럽게도 휴대폰도 챙겨 갔다.

올버니 터미널에서 한 시간쯤 기다리던 우리는 마침내 보스턴발 그레이하운드 버스가 들어오는 모습을 보고 밴에서 내렸다. 버스의 문이 열리고 승객들이 내렸다. 케빈은 없었다. 왠지 모르지만 나는 그런 상황을 예상하고 있었다. 아내와 나는 밴으로 돌아가 이제 어떻게 해야 할지 생각했다. 그러는 사이 아너리의 전화벨이 울렸다. 케빈이 아니라 뉴욕주 경찰관이었다. 케빈의 전화기에서 아너리의 전화번호를 찾아낸 것이었다. 그는 케빈을 태우고 시러큐스에 있는 병원으로 데려갔다고 했다. 곧바로 밴에 시동을 걸어 서쪽으로 두 시간 걸리는 그 길을 달리기 시작했다.

거기서 우리는 케빈이 올버니 근처 휴게소에서 버스에서 내쫓겼다는 것을 알게 되었다. 자다가 깨어난 케빈은 자신이 왜 거기 있는지 몰라 당장 운전기사에게 달려가서는 지금 자기를 어디로 데려가는 거냐고 다그쳤다. 케빈이 사납게 돌변해 싸우려 들자(평생 처음이자 유일한 일이었다) 힘세고 선량한 한 승객이 급히 다가가 부드럽게 끌어안아 케빈을 제압했다. 운전기사는 휴게소에 차를 세워 케빈을 내쫓았고, 주 경찰이 거기서 케빈을 넘겨받았다.

시러큐스 병원의 한 의사가 나와 아너리를 응급실로 안내했고, 우리는 우리 쪽으로 등을 돌린 채 옆으로 누워 잠든 아들을 발견했다. 진정제를 맞고 잠든 터였다. 담당의도 무슨 일이 있었던 건지 확신하지 못했다. 약물 과다 복용일 수도 있다고 하더니, 양극성장애가 시작되는 것인지도 모른다는 말을 덧붙였다. 그 이야기는 우리에게 충격으로 다가왔다. 살면서 '양극성'이라는 단어를 자주 들어본 것도 아니고, 본능적으로 그건 다른 사람들이 걸리는 병이라고 믿어왔으니 말이다. 우리 역시 아무것도 모르면서 부인부터 하고 보는 전형에서 벗어나지 못했던 것이다.

이어서 의사는 우리를 한층 더 불안하게 만드는 이야기를 했다. 양극성장애가 "또 다른 가능성"보다는 양호한 진단이라는 것이다. 그는 그 "또 다른 가능성"을 정확한 병명으로 말하지는 않았다. 그러나 우리는, 아직 그 분야와 관련해 초보 수준의 지식도 없는 상태였음에도, 그 병이 뭔지 알 것 같았다.

우리는 병원 직원과 상의하는 대신 보험사와 전화를 주고받으며 그날 오후를 보냈다. 어이없고 분노가 치밀어 오르는 대화였다. 예를 들면 보험사는 케빈을 구급차에 태워 미들베리로 이송하지 않는 한 보험금을 지급할 수 없다고 했다. 370킬로미터, 네 시간이나 달려야 하는 거리인데도 말이다. 게다가 문제는 우리를 태워다줄 구급차를 구할 수도 없었다는 점이다. 어차피 우리도 미들베리로 가는데 왜 우리가 아들을 태워서 데려가면 안 되느냐고 물었다. 보험사는 알 수 없는 답변을 했다. 이런 식의 대화가 아마 세 시간쯤 이어지고 나서야 누군가가 자기 딴에는 이성이라고 생각하는 것을 되찾았는지, 우리가 직접 케빈을 집에 데려가도 괜찮다고 말했다. 케빈은 진정제를 한 대 더 맞고 잠들어 어두워진 뒤 미들베리의 우리 집에 도착할 때까지 깨지 않았다. 집 안에는 이제 다음 날 아침 케빈의 기분이 어떤 상태일지에 대한 근심으로 가득했다.

다행히도 케빈은 미들베리의 한 정신과 의사에게 응급 진료를 받을 때까지 진정된 상태를 유지했다. 의사는 안정제를 조금 더 처방했고, 우리가 몇 차례 더 병원을 방문했을 때 마침내 케빈의 상태를 양극성장애로 확정했다. 아마도 당시에는 그 진단이 맞았을 것이다. 양극성장애의 조증 단계에서는 충동성, 비합리적 희열감, 거창한 희망, 판단력 상실, 높은 에너지, 불면까지 확실히 우리 작은아들의 행동을 설명해주는 증상들이 나타난다. 그러나 내가 이 책의 앞부분에도 썼듯이, 이 증상들은 조현병의 증상들과도 거의 일치한다. 두 병은 각기 다른 뇌 연결망이 균형을 잃음으로써 생기지만, 그 연결망 중에는 서로 겹치는 부분도 일부 존재하니까. 물론 시간이 지나면서 케빈의 병이 점점 더 악화되어 진단의 경계를 넘어갔을 가능성도 있다. 그러나 또한 더 파괴적인 병이 이미 활동을 시작했다는 사실을 너무 비슷한 증상들 때문에 알아보지 못했을 가능성도 있는 것이다.

이 이야기를 쓰는 건 초기 단계에서 내 아들을 검진했던 정신과 의사들을 비난하려는 목적이 아니다. 나는 그들 모두가 선의와 확신에 따라, 구별하기가 버거울 정도로 비슷한 가능성의 스펙트럼에서 정확한 시냅스 연결 이상을 찾아내기 위해 노력했다고 믿는다. 그래도 굳이 이 이야기를 쓰는 것은 우리가 우리 앞에 놓인 압도적인 의무를 단박에 움켜잡기에 얼마나 준비가 되어 있지 않았는지, 그리고 모든 가능성 중에서 가장 덜 무시무시한 가능성에 매달리려는 마음이 얼마나 간절했는지를 강조하기 위해서다. 이후 만성 정신질환에 관해 조사하면서 너무나도 명확히 알게 된 사실을 그때 우리는 몰랐다. 그 병과 싸울 빈약한 무기들 가운데 그나마 가장 유용한 무기가 바로 이른 개입이라는 것을. 한시라도 일찍 개입을 시작해 지속적으로 이어가야 한다는 것을. 정신질환을 치료할 방법은 존재하지 않지만, 초기에 나타나는 증상들을 신속하고 가급적 정확하게 인지하여 치료할수록 그 병의 영향을 최소화할 가능성도 더 커진다는 것을.

그러므로 이 이야기를 쓰는 더 큰 목적은, 우리가 너무 늦게 깨달았던 위급성을 다른 가족에게 미리 알려 그들이 그 병과 싸우는 무기로 쓸 수 있게 하는 것이다. 사랑하는 가족에게 증상이 발생하면 전문가들이 그렇지 않다는 확신을 심어줄 때까지는 최악의 상황을 가정할 것. 재빨리 행동하고 계속해서 행동할 것. 필요하다면 당신이 동원할 수 있는 모든 수단을 동원할 것. 거친 세상을 살아가려면 거친 충고가 필요하다.

*

미들베리에 있는 동안은 짧은 입원과 외래 진료와 휴식으로 채워졌다. 케빈은 다시 마리화나에 의존하게 되었음을 우리에게 털어놓왔다. 우리는 회복 계획을 케빈과 의논했고, 의사와도 의논했다. 케빈에게는 중독을 이겨내고 버클리로 돌아가겠다는 강력한 의지가 있었다. 그러나 알고 보니 매사추세츠 애버뉴에 있는 그 근사한 숙소는 케빈에게는 최악의 장소였다. 그 건물의 세 층을 채운 공기, 케빈이 숨쉬던 그 공기는 매일 저녁 마리화나 연기로 푸르스름하게 물들었다. 케빈이 그곳으로 돌아가자마자 학교 강의에는 더 이상 출석하지 않고 음악 워크숍에만 참석할 뿐 그 외엔 종일 자기 방에만 틀어박혀 있었다는 것을 우리는 나중에야 알게 되었다. 이 일을 알았을 때 버클리 음악대학을 비난할 충동을 느껴지지 않았다. 그런 게 미국의 대학 생활이니까. 대부분의 학생은 멀쩡히 통과한다. 조현병 유전자를 갖고 있는 소수는 대개 그들만큼 운이 좋지 못하다. 아직 우리는 "조현병 유전자를 갖고 있는 소수"에 대해 아무것도 몰랐지만 그걸 가르쳐줄 순간이 바로 앞에서 우리를 기다리고 있었다.

케빈은 혼자 있는 시간이 필요해 보였고 우리는 그것을 허락했다. 집 뒤쪽 벽돌로 된 작은 파티오에 온탕 욕조가 설치되어 있었는데, 그 욕조가 케빈의 피난처가 되었다. 한번 들어가면 마치 기타를 치는 듯 턱을 가슴팍에 댄 자세로 오랜 시간을 거기서 보냈다. 소용돌이치는 물속에서, 미동도 없이, 아무 감정 없는 얼굴로.

키득키득 웃을 때가 되려면 아직 몇 달을 더 기다려야 했다.

연말 연휴를 맞아 집으로 돌아온 딘이 케빈과 단둘이 사적이고 사색적인 시간을 함께 보냈다. 딘의 마음은 많이 나아진 것 같았다. 비행기를 타고 오는 동안 토머스 울프Thomas Wolf의 위대한 첫 소설《천사여, 고향을 보라Look Homeward, Angel》를 읽었다고, 그 작품의 탁월하고도 폭발적인 서정성에 매료되었다고 했다. "오, 잃어버린 자여! 바람이 애도하는 유령이여, 다시 돌아오라." 비행기가 벌링턴에 착륙했을 때 딘은 다른 승객들과 함께 비행기에서 내렸지만 소설은 딘이 앉았던 자리에 그대로 남아 있었다. "오, 잃어버린 자여!" 딘은 이후 며칠 동안 간간이 가슴에 손을 얹고 우리를 보며 읊조렸다. "오, 잃어버린 자여!"

우리는 딘과 케빈의 관계가 한층 미묘하게 깊어졌음을 감지했다. 딘은 요란을 떨지 않으면서도(딘은 가족들에게 자신의 여린 감정들을 드러내지 않으려고 아주 조심했다) 동생이 필요로 할 땐 언제라도 곁에 있어주려고 애썼다. 딘이 자택 구금 상태로 보낸 여름에 케빈이 그랬던 것처럼 말이다. 둘은 어느 날 밤 한 밴드의 공연을 보러 벌링턴으로 차를 몰고 갔다. 둘은 또 집에서 지내던 3주 동안 함께 익명의 알코올중독자 모임에도 정기적으로 참석했다. 그런 일들은 거미줄처럼 가냘프고 섬세한 광경이었다. 말은 거의 없었고 우리 눈에는 거의 보이지 않았지만, 그래도 아름답고 희망이 가득한.

버클리는 학교 상담가와 정기적으로 면담한다는 조건을 달고 2003년 봄 학기에 케빈의 재등록을 받아주었다. 우리도 그에 동의했고, 근처 브루클라인의 정신과 의사와 진료 약속도 해두었다. 케빈이 참석할 만한 익명의 알코올중독자 모임 지부의 위치도 찾아놓았다. 학교에서 남쪽으로 네 블록 떨어진 버뱅크 거리에 작은 아파트도 구했다. 케빈은 옷가지와 검은 마틴 기타를 챙겨 학교로 돌아갔다. 2월 중순에 온 이메일 한 통은 이렇게 시작한다. "안녕, 여러분. 모든 일이 잘 되어가기를 바라요!"

모든 상황을 고려할 때 나는 지금 잘 지내고 있고, 매일 달리기 하는 습관도 계속 유지하고 있어요. 전반적으로 기분도 아주 좋고요. 어떤 날은 좀 힘들고, 그래서 약을 해볼까 생각하기도 하지만(계획이 아니라 그냥 생각만) 그런 시간은 그리 오래가지 않아요. 내가 얼마나 무책임했었는지 더 명확히 깨달아갈수록 약에서 완전히 멀어지고 싶다는 마음이 더욱더 강해져요.

좀 밝은 얘기를 하자면(팡파르 울릴 준비!) 나 비앙카라는 정말로 괜찮은 여자애를 만났어요. 정말 정말 귀엽고, 따뜻하고, 착하고, 멋진 애예요. 그 애랑 잘되어가는 중이에요. 그 애는 아주 냉철한 성격인 것 같은데, 여기서는 참 보기 드문 특징이죠! 잘 지내세요. 두 분의 지치지 않는 응원에 감사해요.

사랑을 담아, 케빈.

포트콜린스에서도 밝은 소식이 왔다.

고마워요. 두 분의 응원에 정말 기뻐요. 어제는 좀 잘 풀렸어요. 정말 잘됐죠. 몇몇 음악 모임에 초대를 받았어요. 드러머 한 명이 왔고 베이스 주자가 한 명 왔는데, 저 그 어느 때보다 합주에 자신감이 생겼어요. 그리고 외출했다가 누구나 마음대로 마이크를 쓸 수 있는 무대에서 다른 뮤지션들이 연주하는 걸 들었어요. 다 좋더라고요. 그러다 나하고 같이 합주를 하고 싶다는 기타리스트를 만났죠. 그러고 보니 어제 엄마한테 이메일을 보낸 뒤로 많은 일이 있었네요. 기분이 아주 좋아요. 이제 책 좀 읽으려고요. 잘 지내세요.

수업, 특히 미국 문학에 대한 딘의 열정은 계속 이어졌는데, 딘은 그에 관해 줄곧 장난스럽게 우리에게 알려 왔다.

《브리지 부인Mrs. Bridge》 읽어보셨어요? 브리지 부인이 본다면 끔찍하고 아주 터무니없는 소설이라고 말할 만할 책인데, 나는 참 좋았어요. 이 소설에 많이 감응했거든요. 아빠라면 브리지 부인을 붙잡고 흔들어주고 싶겠지만 말예요. 혹시 우리 가족에 문제가 있다고 생각하세요? 이 소설은 이해도 연민도 감정도 전혀 없는 부유한 가족의 삭막함을 보여줘요. 1940년대에 주부들이 느꼈던 감정을 나도 알 것만 같아요. 이제 숙제를 후딱 해치워야겠어요.

딘은 계속해서 우리에게 음악 CD를 보내주었는데, 나는 그에 대해 딘에게 긍정적인, 진심으로 긍정적인 반응을 보여주는 일이 즐거웠다. 딘의 핑거링 기술은 계속 향상되고 있었고 가사에 담긴 시정詩情은 이따금씩 아찔할 정도로 훌륭했다. 딘은 여행 가방을 든 천사에 관해 노래했다. 〈물수제비Skipping Stones〉라는 노래의 한 부분은 이런 가사로 진행된다. "아버지들과 아들들 / 함께 나눈 교훈들 / 과거를 바라보지 말아요 / 걱정했던 모습 보이지 말아요……." 딘이 어린아이였던 어느 여름 호숫가에서 나는 딘에게 물수제비뜨는 법을 가르쳐주었다. 그때 딘은 정말 즐거워했다.

딘 —

네 노래들에는 굴하지 않는 인간다움이 고루 배어 있구나. 용
기 있는 비전, 네가 살고 있는 세계가 너를 집어삼키려 아무리
가까이 다가와 있어도 개의치 않고 바로 그 세계에서 기쁨을
느끼겠다는 우직함. 네가 너에게 주어져야 마땅한 성공을 얻
게 된다면, 바로 그런 점이 너를 중요한 예술가로 만든 것이리
라 생각한다. 너는 타협하지 않고, 너 자신의 가장 뛰어난 본능
을 신뢰하고, 위트와 장난스러움, 부드러움, 이 세계가 주는 풍
부한 선물들 앞에서 느끼는 당당한 경이로움을 편안하게 다룰
줄 알지. 예술적인 면에서도 너의 영혼에 대해서도, 이런 점에
내가 얼마나 감탄하는지 이루 말로 다 표현할 수가 없구나. 내
가 너의 아버지라는 사실에 영원한 자랑스러움을 느낀다.

나는 또 미들베리에서 딘에 대해 호의적으로 이야기하는 사람을
만날 때마다 늘 딘에게 그 이야기를 전했고, 사실 그런 일은 드물지
않았다. 딘의 보호관찰 기간이 몇 주 뒤면 끝날 예정이었는데, 딘은
우리에게 마지막 순간에 자신이 "다 망쳐버릴까봐" 몹시 불안하다고
털어놓곤 했다. 게다가 딘과 아너리 모두, 그 사고와 관련해서 딘이
했던 일에 대해 미들베리 사람들이 딘을 끝내 용서하지 않았다고 생
각하고 있었다. 나는 그렇게까지 생각하지는 않았지만, 그래도 여전
히 모종의 적의가 끓어오르고 있으며 에이미에 대한 동정이 강하게

남아 있다는 사실은 알고 있었다. 그건 당연한 일이다. 나는 딘에게 용기를 주고 싶었다. 지역 사람과 긍정적인 이야기를 나눌 때마다 나는 메일로 알렸다.

> 한 시간쯤 전에 빵집에서 한 남자가 내게 다가오더구나. 몸을 숙이더니 낮은 목소리로 뭐라고 했는지 아니? "모임에서 당신 아들을 만났습니다. 정말 훌륭한 젊은이더군요."
> 헬스클럽에 갔을 때도 어떤 남자가 다가오더니 너에 관해 얘기하고 싶어 했어. 엄마와 내가 스티브의 다이너에 갔을 때는 갑자기 어떤 남자가 우리 부스로 들어와 곁에 앉더니 네 얘기를 했단다.

이런 메시지를 보낼 때 나는 그 모든 단어에 오직 진심만을 담았다. 그러나 이후의 세월을 겪은 지금 다시 읽어보니, 저 글들 속에 당시에는 의식하지 못했던 나의 또 다른 의도가 보인다는 것을 인정하지 않을 수 없다. 딘의 보호관찰 종료와 관련된 의도였다. 딘을 칭찬하고 딘을 아는 사람이 했던 칭찬을 전달하면서, 나는 또한 딘을 격려하고 있었던 것이다. 나의 **의지**로 딘이 나쁜 약물들에 대한 갈망을 물리치고, 건강을 유지하고, 자신과 자신의 예술을, 사람들의 사랑을 믿게 되기를 간절히 바랐던 것이다.

나의 의지는 충분히 강하지 못했다.

"우리는 정신질환에 대해
한심할 정도로 한 일이 없다"

17

클라우제비츠Karl von Clausewitz의 말을 좀 비틀어서 써보자면, 전쟁이란 다른 수단들로 정신이상을 계속 이어가는 것이다.° 20세기는 역사상 다른 어느 시기보다 이를 가장 극명하게 보여주었다.

바로 얼마 전에 지나가버린 그 세기는 계속해서 더 새롭고 더 기계화되고 더 무시무시하고 더 파괴적인 무기 개발을 가속화했다. 또한 비교적 규모가 작고 전문적인 군대가 너른 들판에서 서로를 마주한 채 치르던 고대의 전쟁 대신, 수백만 명의 거대하고 막강한 조직이 영토 전체를 휩쓸고 마을과 도시를 가로지르며 무차별적으로 살육하고 불태우고 강간하는 광경으로 바꿔놓은 '총력전' 전략을 전쟁의 당연하고 통상적인 틀로 만들어버렸다.▼(양쪽 다 신성모독적인 짓이고, 남

○　클라우제비츠는 "전쟁이란 다른 수단들로 정치를 계속 이어가는 것"이라고 말했다.

▼　이와 대조적으로, 제정러시아의 600만 대군이 등장하기 전까지 서구에서 규모가 가장 컸던 군대는 1805년에 조직된 나폴레옹의 대육군Grande Armée이었다. 병력이 가장 많았던 시기 대육군의 수는 68만 명으로 1812년 러시아 침략을 앞둔 상황이었다. 하지만 무리해서 러시아로 밀고 들어간 일은 정작 나폴레옹에게 재앙으로 돌아왔고, 이는 1941년 6월 아돌프 히

북전쟁 후기에는 이 두 종류의 전략이 모두 시도되었다.)

20세기의 보병은 처음으로 독가스와 화염방사기를 사용했고, 죽음의 수용소에서는 수만 명의 민간인이 독가스 연기 속에서 죽어갔다. 20세기에는 계획적으로 굶겨 죽이기, 비전투원 포로를 기관총으로 집단 사살 하기, 고문, 그리고 의식이 있는 희생자들의 몸에 행하는 가학적이고 잔인한 실험 등이 도입되었고, 공중에서 거대도시 한복판에 폭탄을 투하하는 일, 이어서 화염 폭탄을 투하하는 일이 시작되었다. 게다가 20세기에는 원자폭탄이 도입되었다.

이렇게 일상화된 잔혹 행위가 20세기와 21세기의 전투원과 민간인의 정신건강에 미친 영향은 너무나 엄청나 아예 헤아릴 수 없으리라 생각할지 모른다. 그러나 엄밀히 말해 그렇지는 않다. 도표 작성과 통계 샘플링 과학의 발달 덕분에 적어도 대략적으로는 계산이 가능하다.

두 명의 정신의학자가 《세계 정신의학 World Psychiatry》 저널에서 언급한 대로 "전쟁의 결과 중에서 가장 중대한 것 하나는 민간인의 정신건강에 미친 영향"이라는 점은 분명히 말할 수 있다. 그리고 인구 전체를 대상으로 한 연구들은 "정신장애의 발생률과 유병률이 확실히 증가하고 있음을 보여준다". 또한 "여성이 남성보다 영향을 더 많이 받"으며, 당연히 가장 취약한 집단은 어린이와 노인이다.[156]

전쟁의 영향을 언제나 가장 첨예하게 겪는 이는 참전 용사와 그

틀러의 침략군에게도 마찬가지였다. 전투로 인한 소모와 러시아의 혹독한 겨울이 두 군대의 기를 꺾어놓은 것이다. 나폴레옹은 겨우 12만 명의 군사만 데리고 퇴각했다.

가족이다. 시인, 종군기자, 성직자, 위생병 들도 모두 전쟁터의 충격을 몸소 경험했고, 그 충격이 인간의 정신을 궤도 밖으로 이탈시키는 힘을 똑똑히 목격했다. 그러나 별로 인기가 없었던 베트남전쟁 이전까지는 이 소수의 사람들 외에 그것을 문제 삼고 큰 소리로 이야기하는 사람이 아무도 없었다. 남자답게 침묵해야 한다는 군대의 규약, 애국심이라는 강고한 제약, 뇌가 작동하는 방식에 관한 의학적 무지, 이 모든 것이 군인들로 하여금 자기 정신이 이상해졌다고 털어놓는 일을 거의 생각도 할 수 없는 일로 느끼게끔 만들었다. 그렇게 우는소리를 할 만큼 어리석고 남자답지 못한 병사는 장교의 조롱을 받거나 3성 장군에게 얻어맞고 겁쟁이라는 욕을 들으며 발길질을 당하다가 야전병원 막사에서 쫓겨날 위험을 감수해야 했다. 참전 용사들은 파괴된 정신의 잔해를 안고 집으로 돌아와 수십 년 동안 한밤중에 비명을 지르며 깨어나고, 땀과 오줌으로 잠옷을 적시고, 아무것도 느끼지 못할 때까지 술을 마시고, 온갖 종류의 알약들을 집어삼키고, 아내나 직장 사람과 시끄럽게 싸움을 벌이고, 그러다가 자살로 그 고문을 끝내는 경우가 너무나 많다.

마침내 역사상 처음으로 대통령이 연방 정부를 일깨워 전쟁으로 정신에 부상을 입은 사람을 금전적으로 지원하고 보살피도록 하고, 나아가 전국의 모든 정신질환자에 대한 책임을 나누어지도록 독려한 것은, 대통령 본인이 대대적 전투의 혼란 속에서 큰 함성으로 포격 명령을 내리며 고도로 기계화한 전투를 몸소 체험하여 전쟁이 어떤 것인지 충분히 이해했던 사람이었기에 가능했다.

의회로 하여금 정신건강에 대해 조치를 취하도록 박차를 가한 대통령은 해리 트루먼Harry Truman이었다. 1945년 11월 19일 트루먼 대통령은 양원 합동 회의에 앞서 이렇게 선언했다.

> 특별히 정신질환을 연구할 (…) 필요가 있습니다. 우리는 정신질환에 대해 한심할 정도로 한 일이 없습니다. (…) 미국에는 정신질환을 앓고 있는 사람이 최소 200만 명은 되고, 살아가는 동안 정신질환 때문에 입원 치료를 받아야 할 사람은 1000만 명에 달합니다. 정신질환자가 병원 침대의 절반 이상을 차지하며, 이들에겐 매년 5억 달러가량의 비용이 들어가는데 실질적으로 이 모두가 납세자에게서 나오는 돈입니다.[157]

트루먼이 정신질환에 대해 조치를 취하자고 외친 때는 역사상 가장 거대하고 가장 끔찍한 전쟁의 남은 불씨가 일본과 독일에서 채 잦아들지 않은 시기였다. 이 연설에서 트루먼은 그보다 두 달 전, 미국이 일본의 항복을 받아냄으로써 전쟁이 종식된 지 나흘 뒤인 9월 6일에 자신이 공포한 대담한 변화의 요구를 더욱 상세히 밝혔다.

당시 트루먼이 9월로 의회 연설 시기를 잡은 것은 매우 영리한 결정이었다. 자그마한 미주리주 상원의원이었던 그가 프랭클린 델러노 루스벨트 대통령의 부름에 마지못해 응해 민주당 부통령 후보로 출마한 지 채 1년도 지나지 않은 시점이었다. 부통령 임기가 겨우 석 달

째에 접어든 4월 12일, 그는 루스벨트의 죽음이라는 청천벽력 같은 소식을 접했다. 그러나 트루먼은 전투에 대한 자신감을 되살려 8월에 적기를 놓치지 않고 일본에 원자폭탄 두 대를 투하함으로써 제2차 세계대전에 종지부를 찍었다.

이제 트루먼은 최대 속도로 순항 중이었다. 그는 평화 시기의 중대한 국내 사안들에 관한 해결책을 강구해냈으며, 우물쭈물 시간을 낭비하는 일 없이 그것을 신속히 실행에 옮기려 했다. 그중 일부 사안은 얼마 전 세상을 떠난 소중한 전임 대통령이 펼친 정책보다 더 급진적이라는 점을 감안했기 때문인지, 트루먼은 미국인의 애국심이 가장 들떠서 흘러넘치는 때, 그리고 12년 이상 대통령직에 머물며 데이비드 맥컬로프David McCullough의 말마따나 "사실상 대통령직 자체"[158]가 된 뒤 갑자기 세상을 떠난 루스벨트를 그리는 국민의 슬픔이 아직 생생한 때를 선택했다. 그리고 죽기 직전 루스벨트가 1944년 1월 11일 연두 국정 연설에서 계획을 밝혔던 '제2의 권리장전'이라는 이름으로 자신의 의제들을 시행해나갔다.

트루먼은 자기 버전의 제2의 권리장전으로 루스벨트 대통령조차 감히 발을 내딛지 못했던 곳까지 용감히 나아갔다. 자신의 뜻을 강력히 표현하기 위해 높이 치켜든 왼손을 단호히 흔들며, 이미 양당 간의 격한 분열을 조장한 그 제도를 시행하라고, 그리고 남은 20세기 내내 그 제도를 계속 이어가라고 의회를 다그치다시피 했다. 그 제도란 바로 연방 정부가 운영하는 의무적 의료보험이었다.

이 벌집을 들쑤시면 어떤 반응이 나올지 트루먼은 이미 예상하고 있었다. 그러나 자신의 계획을 변호하는 데 온 에너지를 쏟는 대신, 오히려 방향을 틀어 11월 19일에는 또 다른 공격에 나섰다. 이번에는 정신의료에 대한 정부의 자금 지원을 추진하기 시작한 것이다.

이로써 트루먼은 건강의 개념을 뇌까지 포괄하도록 확장했다.

만약 미국에도 정신적·심리적 곤란을 겪는 국민을 돕고 지원한 황금기가 있었다고 말할 수 있다면, 그 시대는 바로 이 순간 시작되었다.

트루먼 대통령은 자신의 원대한 꿈이 실현되는 모습을 볼 가능성이 별로 없었다. 돌이켜보면, 서유럽 국가들에서는 오래전부터 당연한 것이었던 보편적 연방 의료보험이 미국인에게도 호소력을 발휘했던 적이 있었다. 제1차 세계대전이 일어나기 전인 1912년 시어도어 루스벨트가 대통령 재선에 도전하면서 벌인 '진보당' 선거 캠페인에서 보편 의료보험 공약을 내세웠지만 결국 그는 재선에 실패하고 말았다. 1933년 프랭클린 루스벨트 대통령 또한 미국 변화의 초석을 세운 역사적인 '100일'간의 뉴딜 입법 과정에서 가장 핵심적인 부분을 차지한 사회보장 법안에 보편 의료보험을 포함시키며 시어도어 루스벨트의 구상을 되살리려는 조짐을 보였으나, 결국 그는 뒤로 한발 물러서야 했다. 연방 의료보험이 으르렁대는 막강한 천적, 바로 미국 의학 협회의 주목을 끌었기 때문이다.

미국 의학 협회는 1847년, 당시 의사들 사이에 만연한 돌팔이 의사, 무지, 엉망진창인 교육에서 대중을 구해내기 위해 필라델피아에서 조직되었다. 한 세기가 채 지나지 않아 개혁가들은 오히려 미국 의학 협회에게서 대중을 구해내야 하는 게 아닌지 고민하기에 이르렀다. 그동안 미국 의학 협회는 이익집단으로 공고화된 터였다. 의사 회원을 부유하게 만드는 일, 그리고 새로 유행하기 시작한 정치 컨설턴트의 무자비한 전술을 도입해 자신들의 이익을 침해하는 이를 중상하는 일에 전념하는 이익집단 말이다. 그 이익 침해자 중에는 대통령도 포함되었다. 미국 의학 협회가 연방 의료보험 계획을 공격하려 한다는 사실을 알게 된 루스벨트 대통령은 법안에서 그 부분을 빼버렸다. 위협을 느껴서라기보다는 성가셨기 때문이다. 그는 다른 기회에 다시금 그 의제를 꺼낼 작정이었다. 백악관 주치의였던 로스 맥킨타이어Ross McIntire가 한 동료에게 말했다시피, "대통령은 미국 의학 협회가 반대 운동을 일으키려 한다는 것을 알았고 (…) 그 무리를 진정시킬 방법은 없었다".159▼

그러나 루스벨트는 '다른 기회'가 오기 전에 세상을 떠났다. 그리고 고집스럽고 도전적인 트루먼이 다시 (1946년에 한 번, 1950년에 또 한 번) 그 안을 꺼내 들자 "그 무리"는 자신들이 지닌 모든 힘을 동원해 트루먼을 공격했다.

"이것은 사회주의 의료가 아닙니다!" 트루먼은 9월 6일 연설에서 이렇게 강변했다. "미국 국민은 세계에서 가장 보험을 중시하는 사람들입니다! 누군가가 '사회주의 의료'라는 엉뚱한 이름을 갖다 붙인다고 해서 겁먹고 의료보험을 멀리할 사람들이 아니에요. 다시 말합니다. 내가 제안하는 것은 사회주의 의료가 아닙니다! 사회주의 의료란 모든 의사가 정부에 고용되어 일하는 것을 말합니다. 미국 국민은 그런 제도를 원하지 않습니다. 여기서 나는 그런 제도를 제안하는 게 아

▼　그 동료는 루스벨트의 경제 보장 위원회 사무총장 에드윈 E. 위트Edwin E. Witte였다. 경제학자이자 열정적인 사회정의 옹호자인 위트는 1935년에 사회보장법으로 제정된 법안의 문구를 만든 장본인이다.

닙니다." [160]

미국 의학 협회는 그 판단은 자기네가 하겠다고 나섰다. 그러면서 말할 것도 없이 그것은 "사회주의 의료"가 **틀림없으며** 한술 더 떠 "반미국적"이라고 고래고래 소리쳤다. 대통령과 그 행정부의, 공산주의에 물든 분홍이들로 말하자면 "모스크바의 공산당 강령을 추종하는 자들"에 지나지 않는다는 것이었다. 미국 의학 협회의 말이 다 끝나기도 전에 오하이오주 공화당 상원 의원인 로버트 태프트Robert Taft 또한 떨쳐 일어나 의무적 의료보험은 소비에트 헌법에서 나온 것이며, 공화당 의원들은 의회 공청회를 보이콧할 거라며 으르렁거렸다. 미국 의학 협회의 한 회원은 혹시라도 그 사안에 대한 협회의 입장을 아직 확실히 모르는 사람이 있을까봐 "사회주의 의료는 소비에트 국가라는 아치의 쐐기돌이다"라는 취지의 레닌의 말을 인용했다. 턱없이 사리에 안 맞는 이 모든 논쟁만으로 충분하다는 듯, 결국 의회는 연방 의료보험 법안을 부결했다.

트루먼은 어찌나 속을 끓였는지, 1948년 유명한 역전승을 거두게 될 재선 선거운동 당시 인디애나폴리스 유세장에서 분통을 터뜨렸다. "여러분이 직접 판단해보십시오. 아픈 사람을 찾아가고, 병든 사람을 돕고, 죽어가는 사람을 위로하는 것이 반미국적인 일입니까? 내 생각에는 딱 기독교 정신 그 자체인데요!" [161] 당시에는 해리 트루먼이 토머스 E. 듀이Thomas E. Dewey를 이기고 대통령으로 당선될 가능성이 있다고 생각하는 사람이 거의 없던 판국이었으니, 트루먼 입장에서는 그 사안을 잠시 접어두었다가 나중에 다시 꺼내는 게 더 현명했을지도 모른다.

그러나 트루먼으로서는 소중한 표를 잃을 가능성이 아무리 크더라도 연방 의료보험 도입을 위한 운동을 내팽개칠 생각은 추호도 없었다. 게다가 어쨌든 그는 간신히 버텨 승리를 거머쥐었다.

그럼에도, 여전히 미국 의학 협회는 꺾을 수 없었다. 1950년 트루먼이 연방 의료보험을 다시 의회에 제출하자 협회는 돈으로 살 수 있는 가장 악랄한 프로파간다 맹공으로 반격을 가했다. 협회에서는 일견 건전해 보이는 클렘 휘터커Clem Whitaker와 리온 백스터Leone Baxter라는 캘리포니아의 부부에게 150만 달러를 지불했는데, 이 부부는 미국 최초의 정치 컨설팅 회사인 캠페인 주식회사Campaigns, Inc.의 창립자였다. 휘터커와 백스터는 전국 언론과 지역 언론을 연방 의료보험에 관한 허위 사실들로 도배하고 미국인이 본능적으로 가장 거부감을 느끼는 부분을 자극하며 이후에 나타난 거의 모든 정치 컨설턴트의 본보기가 되었다. 예를 들어 "사회주의 의료라는 아편"이 히틀러와 스탈린 모두와 연관된 것이라고 꾸며대는 식이었다.[162]

바로 이런 것이 이후 65년 동안 의료보험 개혁 법안과 정책이 맞이하게 될 운명이었다. 그러니까, 협회가 2010년 버락 오바마 행정부의 '의료 및 교육 조정법Health Care and Education Reconciliation Act'을 지지하기로 결정할 때까지 말이다. 이런 맥락을 살펴보고 나면, 트루먼이 그 싸움에서 물러나기는커녕 심지어 두 가지 색을 배합한 구두로 바닥을 단단히 딛고 선 채, 못지않게 급진적인 또 하나의 비슷한 캠페인을 시작한 것은 순전히 그의 불도그처럼 강인한 의지력을 보여주는 증거라고 볼 수밖에 없다. 그 또 하나의 캠페인이란 바로 연방 정부가 정신질환 치료의 금전적 지원을 보장한다는 내용이었다. 여기서 그에겐 의지할 강력한 동맹이 있었다. 육군 소속이든 일반 병원 소속이든, 많은 정신과 의사로부터 꼭 필요한 지원을 얻은 것이다. 이 전문가들은 의회에서 그의 대의를 옹호하며 설득력 강한 증언을 해주었다. 그중에서도 가장 주도적인 지지자는 당대 미국에서 가장 유명한 두 명의 정신과 의사인 캔자스 태생의 칼Karl과 윌리엄 메닝거William Menninger 형제였다. 이 두 위대한 인물에 대해서는, 잠시 뒤 그들의 경력이 어떻게 역사를 바꿔놓았는지 이야기하며 살펴볼 것이다.

1946년에 트루먼은 역사상 처음으로 인간의 정신을 연구하는 일에 연방 자금을 지원하는 국민 정신보건법National Mental Health Act에 서명했다. 당시 미 육군 신경정신과장이었던 윌리엄 메닝거가 법안 작성을 도왔다. 메닝거와 그 밖의 다른 사람들의 핵심 주장 하나는 건전한 정신 상담이 가능한 기반 시설이 마련되면 정신질환자를 감금하는 데 들어가는 어마어마한 사회적 비용에 비해 오히려 돈을 절약하게 되리라는 것이었다. 역사학자 엘런 허먼Ellen Herman의 말을 빌리면, 그들은 "연방 정책의 중심은 정신질환이 아닌 정신건강이라며 이를 옹호했다".[163]

그 법에 따라 1949년에 국립 정신보건원이 설립되었다. 이곳은 현재 정신질환에만 전념하는 세계 최대의 연구 기관이며, 연간 15억 달러의 예산으로 운영된다.

＊

트루먼 대통령이 정신의료에 공적 자금을 지원하려고 투쟁한 것은 당시 민주당의 진보적 이상과 정확히 일치했고, 그런 의미에서 그리 놀라운 일은 아니다. 그러나 동시에 트루먼은 제2차 세계대전으로 정신적 손상을 입은 미국인의 수가 엄청나게 급증한 현상에 대해 남다른 이해를 갖고 있었다. 그는 20세기 전쟁에서 전투원에게 어떤 일이 벌어지는지 잘 알고 있었으니, 자신도 그들 중 하나였기 때문이다.

해리 트루먼 중위는 1918년 3월 129 포병연대와 함께 프랑스에 도착했다. 대위로 진급하여 D 포대를 이끌었으며, 가을에는 뫼즈-아르곤Meuse-Argonne 대공세 기간 동안 전방 진지에서 포격을 지휘했다. 이 공세는 제1차 세계대전에서 미군이 참전한 전투 가운데 가장 규모가 크고 치열했던 전투로, 30킬로미터에 달하는 전선에 걸쳐 미군 스물두 개 사단과 프랑스군 네 개 사단이 독일군 마흔일곱 개 사단과 싸웠다. D 포대가 소속된 35사단은 2만 7000명의 병력으로 전투에 임해 7300명의 사상자를 냈는데, 이는 제1차 세계대전 전체를 통틀어 모든 미군 사단이 입은 피해 중 가장 높은 사상률이었다.[164]

총알과 포탄으로 인한 사상뿐 아니라 그 총알과 포탄을 쏟아대는 기계들의 기함할 소음도 끔찍함을 더했다. 제1차 세계대전은, 어쩌면 남북전쟁은 예외로 할 수 있을지 모르나, 소리 자체가 사람의 기를 꺾는 무기가 된 역사상 최초의 전쟁이었다. 게다가 그 무기는 적군과 아군을 가리지 않았으니, D 포대의 75밀리미터 곡사포 네 대 또한 종종 140~185데시벨 또는 그 이상에 달하는 소리의 지옥을 만드는 데 한몫을 담당했다. 그 정도 데시벨이면 사람의 고막을 찢어놓을 크기로, 해협 너머 서쪽으로 300킬로미터나 떨어져 있는 런던에서도 들릴 정도였다.[165] 현재 몇 시간 동안 노출된 채 가까스로 견딜 수 있는 데시

벨의 한계는 85정도로 여겨진다.[166]

그 전쟁에서 나온 무수한 작은 아이러니 중 하나는, 트루먼 포대의 임무가 한 대위가 지휘하는 경전차 여단을 지원하는 것이었다는 점이다. 그 대위의 이름은 바로 조지 S. 패튼George S. Patton이다. 패튼은 이후 제2차 세계대전에서 영광의 인물로 등극하게 되지만 또한 평가가 애매하게 갈리는 인물이기도 하다. 3군의 선봉에서 번개처럼 진격한 영웅적 기록을 세우고도 시칠리아의 야전병원 막사에서 병사에게 '겁쟁이'라 욕하며 손찌검을 했던 두 번의 사건 때문에 명성에 얼룩이 생긴 것이다. 한 병사는 발로 차서 막사 밖으로 쫓아냈고 다른 한 병사에게는 권총을 겨눴는데, 그중 한 명은 전쟁 신경증에서 회복하는 중이었고 또 한 명은 나중에 '말라리아 원충'에 감염된 것으로 진단되었다.▼

제2차 세계대전에서는 소음도, 소음이 정신에 가하는 고문도 더욱더 지독해졌다. 전투병과 역시 그 어느 때보다 더 다양하고 막강해져서, 제1차 세계대전 때는 주변적 역할만 했던 전차가 이제는 전장을 가득 메웠다. 전차의 90밀리미터 포가 발사할 때 나는 소음은 187데시벨이었고, 신형 곡사포들은 더 시끄러워서 189데시벨에 이르렀다. 무반동총은 188데시벨, 기관총의 소음은 155데시벨이었고, 경기관총조차도 160데시벨의 소음을 냈다.[167]

▼ 이 사건이 알려지면서 루스벨트 대통령에게 쏟아진 수천 통의 편지는 당시 전쟁 스트레스에 대한 대중의 몰이해가 어느 정도였는지 가늠하게 해준다. 대부분이 패튼을 옹호하는 편지였다. 그러나 아이젠하워 장군은 패튼 장군에게 사과할 것을 명령했고, 이후 거의 1년 가까이 전투 지휘에서 물러나 있게 했다.

교전 중에는 이 전쟁터의 프랑켄슈타인들 전부가 또는 대부분이 동시에 수 킬로미터에 걸친 전선의 양쪽에서 자신들이 낼 수 있는 가장 큰 소음을 몇 시간에 걸쳐 토해냈다. 그 소리는 거의 물리적인 차원을 획득했으니, 어떤 병사는 소음이 거대한 파도처럼 굽이치는 모습을 실제 눈으로 '보았다'고 믿기도 했다. 포탄이 폭발할 때의 진동만으로도 깊은 웅덩이가 생겼다. 모든 것을 감안하면 전투원들이 이런 생지옥에서 정신이 망가지지 않은 채 전투 전체나 전쟁 전체는 고사하고 단 10분만 버텨낸다 해도 기적으로 여겨질 지경이다. (물론 정신이상이 소음만으로 생겨난 것은 결코 아니다. 피로와 불안, 죽음에 대한 공포, 동료를 잃은 슬픔, 타인을 쏘아 죽여야 하는 끔찍함, 그리고 그 밖의 여러 요인이 전투병에게서 온전한 정신을 빼앗는 데 각각의 몫을 담당했다.) 원인이 무엇이었든, 정신적으로 무너진 사람의 수는 제1차 세계대전 때의 두 배로 늘어났다.

제2차 세계대전이 인간의 정신에 미친 영향 중에는 숨어 있다가 나중에야 결과를 드러내는 것들이 훨씬 더 많았다. 패튼의 예와 비슷하게, 겉보기에 부상이 없는데도 씰룩거리거나 경련하거나 태아 자세를 취하고 있는 병사를 보며 전투에서 빠지려고 정신적 외상을 입은 양 꾀병을 부리는 것이라 여기는 장교들이 많았다. 대위와 소령과 장군 들은 그렇게 무너진 병사에게 다시 전선으로 돌아가라는 명령을 내렸고, 그럼으로써 이미 고통에 시달리는 영혼에 덤으로 모욕까지 보탰다.

그리고 그 전쟁에서 싸웠던 '전투병' 대다수는, 다른 모든 전쟁에서도 그랬듯이 조현병에 가장 취약한 연령대의 청년이었다.

나치가 잔학한 인체 실험을 자행했다는 사실이 1946년 12월 뉘른 베르크 '의사 재판'을 통해서 세상에 드러나면서, 사람들은 20세기로 접어들던 시기부터 우생학이 줄곧 누려왔던 대중적 신망을 마침내 거둬들였다. 최초의 해방군인 영국군의 전차가 베르겐-벨젠Bergen-Belsen 집단 수용소로 들어가고 나서야, 정신질환자는 그 특수한 형태의 집단 고문에서 그럭저럭 벗어날 수 있었다.▼

그러나 우생학이 사망했다고 해서 '뒤틀린 과학의 기치' 아래 미국의 정신질환자들이 당하던 시달림이 끝난 것은 아니다. 한참 늦었지만 제2차 세계대전을 계기로 마침내 우생학 이론의 지나치게 단순한 가정과 그 실행에 내재한 도덕적 타락이 고스란히 드러났는데도, 전쟁은 한층 더 부도덕한 유사 과학을 주류 정신의학 '치료' 속으로 밀어 넣었다. 바로 뇌엽절제술이라 불리는 변태적 치료술이었다.

뇌를 대상으로 한 뒷골목 낙태술이라 할 만한 현대의 뇌엽절제술은 1935년 조현병 치료법으로 처음 구상되었다. 이를 발명한 사람은

▼　그렇다고 우생학이 완전히 사라진 것은 아니다. 우생학은 인간을 완벽하게 만들 수 있다는 관점에서 그 어떤 만병통치약보다도 많은 것을 약속해주었고 제한적일지언정 실현 가능성을 증명했으므로, 우생학이 생겨나기 이전으로 돌아가는 것은 불가능했다. 우생학 이론들은 오늘날까지도 계속 다듬어지며 작동되고 있고, 여전히 정당하게 또는 부당하게 사용된다. 이른바 '현대 우생학'이 추구하는 것은 병든 유전자를 식별해내고 가능하다면 그 유전자를 수정하는 것이다. 현재 유전자 치료자들은 암과 시각 장애는 물론 다수의 어린이 질병까지 완치 가능한 상황을 구상하고 있다. 유전자를 조작한 곡물과 식품은 몇 십 년 안에 심각한 식량 부족에 직면할 이 지구에서 흔한 것이 되었지만, 부작용에 대한 염려 때문에 특히 유럽 국가들을 비롯한 여러 곳에서는 유전자조작 식품을 금지하기도 한다.

안토니우 에가스 모니스Antonio Egas Moniz라는 포르투갈의 자칭 신경외과 의사였다. 모니스는 자기가 한 것을 '뇌백질 절제leukotomy'라고 불렀는데, 그가 잘라내고자 한 것이 뇌 조직 중 백질이기도 했던 데다 'leukos'가 언제 어디서나 권위를 부여해주는 그리스어로 '흰' 또는 '깨끗한'을 의미하는 단어였기 때문이다.

그 시절에는 진단이 부정확했고, 아주 오랫동안 계속 그랬다. 앞서도 보았듯이 1930년대는 아직 심각한 심리적 문제와 정신이상을 구분하는 기준조차 확립되지 않았던 시기다. 그러므로 모니스가 시술한 환자들, 속수무책으로 입원해 있었던 스무 명 남짓한 환자들이 정말로 정신이상인지 확인할 방법은 없었다. 진단도 그러한데 치료법인들 제대로 아는 사람이 있었을 리 만무하다. 결국 뇌백질 절제는 전기 충격, 인슐린 혼수 요법, '냉동' 치료만큼이나 말이 안 되는 짓이었다. 이런 방법들과 또 다른 검증되지 않은 방법들이, 의사나 얼치기 발명가의 머릿속에서 구상되어 나오는 즉시 서둘러 수술실에 도입되었다.

모니스는 자기 환자들의 공통된 문제는 감정의 과잉 공급이라고 믿었다. 그가 신경외과 교육을 많이 받은 것도 아니었다. 오히려 그가 개발한 신기술이 신경외과학이라는 개념을 만들어내는 데 일조했다고 보는 편이 옳을 것이다. 그가 뇌의 지형에 관해 아는 지식은 감정을 '끄는' 스위치가 어디에 위치해 있는지 이론을 세울 만한, 딱 그 정도 수준이었다. 그는 19세기에서 유래한 투박한 아이디어를 떠올렸다. 환자의 두개골에 드릴로 구멍들을 뚫고 가늘고 긴 막대를 그리로 밀어 넣어 전두엽의 가장자리를 찾아낸다는 것이었다. 막대 끝에는 작은 와이어를 붙여서, 막대를 돌리면 그 와이어로 감정을 만들어내는 뇌 영역인 변연계와 전두엽을 연결하는 긴 신경섬유들을 자를 수 있게 했다.

모니스는 이 방법으로 정신증 증상을 없앨 수 있다고 믿었다. 그리고 그는 옳았다. 그는 정신증 증상을 없앨 수 있었고, 실제로 없앴으며, 종종 환자의 기억과 인격도 없앴고, 때로는 환자 전체를 없애버렸다. 뭘 어떻게 해도 사고야 일어나는 법 아닌가.

모니스는 노벨상을 받았다.

뇌를 난도질하는 모니스의 기술이 유럽 치료술 판매상의 우수 고객인 미국에 필연적으로 흘러들기까지는 1년이 채 걸리지 않았다. 그 기술을 수입하고 홍보한 이는 염소수염을 기른 월터 프리먼Walter Freeman이라는 워싱턴의 말쑥한 의사였다. 해럴드 힐Harold Hill 교수를 행진 악단의 고문이라 부를 수 있다면° 프리먼도 신경외과 의사라고 할 수 있으리라. 사실 그는 신경외과의가 아니라 신경병리학자였고 따라서 모니스 못지않게 사람들의 머릿속에 뭔가를 찔러 넣을 자격이 없는 자였다. 그래서 그는 자격이 있는 제임스 와츠James Watts라는 조수를 고용해 드릴로 구멍을 뚫고 막대를 돌리는 일을 맡겼다.

프리먼은 이 유럽산 제품이 어딘가 기대에 못 미치니 미국식 활기와 멋을 좀 더하는 게 좋겠다고 판단했던 모양이다. 그래서 시장에서 좀 더 잘 먹힐 것 같은 '뇌엽절제술lobotomy'이라는 용어로 브랜드명을

° 해럴드 힐은 〈뮤직맨The Music Man〉이라는 뮤지컬의 등장인물로, 악단을 만든다는 구실로 마을 사람들의 돈을 모은 뒤 들고 달아나는 사기꾼이다.

바꿨다. 'lobos'는 그리스어로 '뇌엽'을 뜻했고 'leukos' 못지않게 고급스러워 보이기까지 했다. 몇 년에 걸쳐 와츠를 통해 모니스의 방식을 정확히 복제해오던 프리먼은 그 수술을 더 사용자 친화적으로 바꾸고 게다가 번거로운 대리인까지 생략할 수 있는 새로운 방식을 생각해냈다. 막대를 그냥 눈구멍으로 밀어 넣으면 안 되나? 그러면 흐르는 피를 받아내기 위한 양가죽도 필요 없을 거야! 프리먼은 모니스가 쓴 것보다 더 가느다란 막대가 필요하다고 판단했다. 결국 그가 선택한 것은 얼음송곳이었다. 그는 그것을 자기 집 주방 서랍에서 찾아냈다.

송곳을 제대로 밀어 넣으려면 망치로 한두 번 쳐줘야 하긴 했지만, 일단 안으로 들어가면 그때부턴 숫자 세는 것만큼이나…… 쉬웠는데…… 하나, 둘, 그러니까, 음…… 둘 다음이 뭐더라?

프리먼은 이 수정된 수술법에 '안와 경유' 뇌엽절제술이라는 이름을 붙였다. 이제 쓸모없는 존재가 된 데다 마침 그 모든 일에 넌더리가 난 와츠는 달아나버렸다. 대리인이 없어진 것이다.

하지만 문제없었다! 월터 프리먼 혼자서도 다 잘 할 수 있었으니까. 그는 타고난 홍보의 동물이었다(애초에 모니스를 노벨상 후보로 만든 것도 그였다). 그는 남들과 구별되는 자신만의 스타일을 구축했다. 수술 전에 손을 씻지도 않았고 수술 장갑도 끼지 않았다. 환자를 위한 마취도 무시했다. 하루에 뇌엽절제술을 25회씩 시술했다. 때로는 한 손으로 한 명씩, 동시에 두 명을 수술하기도 했다. 언론을 포함한 관객을 수술실로 불러들이는 일도 잦았다. 〈월스트리트 저널〉에서 보관하고 있는 한 사진을 보면, 구경꾼들이 몰려 있는 가운데 얼음송곳을 단도처럼 쥐고 고개를 경쾌하게 옆으로 젖힌 그의 모습을 볼 수 있다. 가끔은 그에게도 일이 잘 안 풀리는 날이 있었다. 가령 얼음송곳이 부러져 환자의 두개골 속에 박혀버린다거나(어이쿠, 이런). 더 난처했던 일은 프리먼이 환자에게서 시선을 떼고 카메라 렌즈를 바라보다가 집중력을 잃어 송곳을 환자의 뇌 속으로 너무 깊이 밀어 넣은 때였다. 그 환자는 사망했다.[168] 다행히 사진은 잘 나왔고.

프리먼 본인도 자기 환자의 3분의 1은 "실패"였다고 인정했는데, 이 불행한 희생자도 그 3분의 1에 포함된 셈이다. 실패로 간주된 환자가 모두 죽은 건 아니다. 어떤 사람은 그냥 모든 감정을 상실했고, 어떤 사람은 경련과 실금, 또는 감정의 격발로 고통 당했다.[169]

윤리를 중시하는 의사와 외과의 들은 프리먼의 방법에 경악했고, 그의 스타일에 대해서는 말할 것도 없었다. 그들은 뇌엽절제술의 타당성을 증명한 의학적 문헌도, 그 부작용에 대해 경고한 의학적 문헌도 존재하지 않는다고 지적했다. 물론 프리먼도 그런 문헌을 전혀 제시하지 못했다.

몇몇 사려 깊은 영혼들이 직접 나서 프리먼을 맹비난했다. 1948년에 뉴욕 주립 정신병원 원장 놀런 루이스Nolan Lewis는 동료들에게 다그치듯이 물었다. "환자를 잠잠하게 만드는 것이 치료입니까? 뇌엽절제술이 이룬 성과는 그들을 간호해야 하는 사람들의 일을 편하게 만들어준 것뿐입니다. 환자가 무슨 어린애같이 됐어요. 완전히 둔해졌다고요. 저 수술이 만들어낸 수많은 좀비를 볼 때마다 정말 마음이 불편합니다. 저 짓을 중단시켜야 해요."[170] 같은 해에 위대한 수학자이자 사회이론가인 노버트 위너Norbert Wiener도 비슷한 공격을 가했다. "전두엽 절제술이 (…) 최근 유행하는 모양인데, 그러한 현상은 그 시술이 많은 환자의 보호자에게 간호를 더 쉽게 만들어준다는 사실과 무관하지 않을 것이다. 지나가는 길에 내가 한마디 보태자면, 간호를 쉽게 하고 싶다면 그들을 죽이는 게 훨씬 더 효과적일 것이다."[171]

하지만 이러한 비난은 우생학과 '과학적 인종주의'를 마주할 때와 똑같은 신중함과 연민과 자제심에 부딪혔다. 민간과 군대를 통틀어 의사들이 1949년 한 해에만 미국 전역에서 뇌엽절제술을 무려 5000건 실시한 터였다.[172]

뇌로 묘기를 부리던 이 작자를 그렇게 오랫동안 합법적인 의사로 지탱해준 것은 도대체 무엇이었을까? (마침내 자신의 경솔함에 발목 잡힐 때까지 프리먼은 35년이나 그 경력을 이어갔다.)

법도 계속 그를 방치했다. 뇌엽절제술을 금지하는 법은 **존재하지 않았다.** 오늘날에도 그런 법은 없다. 그러나 프리먼이 아무 제지 없이 무사통과한 더 큰 이유는 다름 아닌 수요에 있었다. 구체적으로는 제2차 세계대전에서 파생된 수요였으니, 그 전쟁으로 인해 정신을 놓아버린 전례 없는 수의 참전 용사들이 미국으로 돌아온 것이다. 그들은 1941년 진주만 공격 이후부터 집으로, 또는 곧바로 군 병원으로 보내졌고, 전쟁이 끝났을 때 전투에서 부상당한 이들이 약 68만 명에 이르렀다. 신체 부상을 당한 이들만 말이다. 정신과 의사뿐 아니라 국민에게 정말로 충격적이었던 것은, 신체 부상자의 거의 세 배에 달하는 약 180만 명에 가까운 엄청난 수의 참전 용사들이 정신에 부상을 입은 채 치료가 필요한 상태로 귀국했다는 사실이었다.

전후에 한동안 보훈 병원의 정신과 수장들은 프리먼의 접근을 차단했다. 그러나 치료가 필요한 환자들이 압도적으로 몰려들자 그들로서도 더 이상 까다롭게 굴 수 없었다. 그들은 눈 딱 감고 프리먼과 닥터 와츠가 병원의 문턱을 넘도록 허락했다. 두 사람은 하루에 50달러(2016년 화폐가치로는 678달러)씩 긁어모았다. 자문비라는 명목이었는데, 그러니까 다른 의사에게 톡톡 쳐서 밀어 넣고 비트는 기술을 가르쳐주는 것에 대한 사례금이었던 셈이다.

마침내 전국 보훈 병원에서 원료 공급량이 줄기 시작하자, 월터 프리먼은 새로운 시장을 개척해야 함을 깨달았다. 그래서 그는 밴을 한 대 사서 '로보토모빌Lobotomobile'이라는 이름을 붙인 다음 정신병원들을 돌며 자신의 주특기를 발휘하고 레지던트들에게 시범을 보였다. 사실 그렇게 어렵지도 않았다. 말하자면 딱히 두뇌가 필요한 일은 아니었던 것이다.

의학계는 1967년이 되어서야 자신들이 그동안 월터 프리먼을 참을 만큼 참아줬다고 판단했다. 그들은 마침내 비공식적으로 그에게서 수술할 권리를 빼앗기로 합의했는데, 이는 프리먼이 한 여성 환자의 두개골을 세 번째 침범하여 환자가 뇌출혈로 사망한 뒤 내려진 결정이었다. 결국 이 여성이 프리먼의 마지막 희생자가 되었다. 프리먼 본인이 (암으로) 사망한 시점까지 그는 총 3500건의 수술을 지휘하거나 행했다.

프리먼이 사망하면서 뇌엽절제술도 함께 사라진 것은 아니지만 매우 드물어지기는 했다. 1950년대에 시작된 항정신병 약 혁명이 점진적으로 뇌엽절제술을 몰아내고 더 인간적인 형태의 치료로 자리 잡았다. 뇌엽절제술에 대한 가장 유려한 추도사라면 피츠버그의 모리스 대학교 심리학 및 사회과학 교수 스티븐 T. 폴Stephen T. Paul이 쓴 것을 꼽을 수 있겠다. "사람들은 마침내 뇌엽절제술을 있는 그대로 보았다. 그것이 치료가 아니라 환자를 관리하는 방식이라는 것을. 그것은 새 사람을 창조한 것이 아니라 옛 사람에게서 뭔가를 앗아갔다. 그것은 무너뜨림의 행위, 꺾어버림의 행위였다."[173]

*

월터 프리먼과 그가 전파한 괴기스러운 유행은 그렇다 쳐도, 어쨌든 전후 초기는 미국이 국가 차원에서 자국민의 정신질환 문제에 진지하게 관여했던 매우 드문 시기였다. 물론 그 시기는 오래 지속되지 않고 일종의 암흑시대 같은 것에 돌연 밀려나버렸으며 그로부터 벗어나기 위해서는 공공 정책이 다시 추진력을 회복할 때까지 기다려야 했지만, 그럼에도 적어도 한동안은 진지한 전문가들이 정신질환에 시달리는 사람의 운명을 돌팔이들과 착각에 빠진 이데올로그들, 마음에 굳은살이 박인 공무원들의 손아귀에서 막 빼내 구해줄 것만 같았다.

그중 가장 전설적인 이들이 바로 앞서 언급했던 캔자스주 토피카 출신의 형제, 칼과 윌리엄 메닝거다. 구식 장로교 마을의 의사인 아버지와 신앙심 강하고 지배적인 성격의 어머니 사이에서 태어난 이 두 아들은 마치 이마에 높은 돔을 얹은 듯 생긴 두상에 코가 두드러졌으며, 올곧은 가치관, 음 그러니까 대체로는 올곧은 가치관을 지닌 덩치 큰 남자들이었다. 1899년에 태어난 윌리엄은 평생 해양 스카우트 단원이었다. 그보다 여섯 살 많은 칼은 정신건강을 도덕의 건강과 등치시키기를 좋아했고, 간혹 자신의 책들 사이사이에 경건한 종교적 권유를 끼워 넣기도 했다.《죄는 도대체 어떻게 되었나?Whatever Became of Sin?》에서 그는 성직자들에게 이렇게 명했다. "가르치라! 있는 그대로 말하라. 설교단에서 말하라. 지붕 위에서 외치라. (…) 위안을 외치라. 회개를 외치라. 희망을 외치라. 세상의 죄에 대한 우리의 역할을 인식하는 것만이 남아 있는 유일한 희망이므로." [174]

복음을 전파하듯 정신의학을 선전하는 형제, 투지가 넘치고 온정적이며 명석한 이 두 사람은 다른 어떤 미국인도 해낼 수 없었을 일을 이뤄냈다. 세기 초 정신의학이 지녔던 명성을 짓밟으려 위협하던 골칫거리들(유럽주의와 엘리트주의라는 오명, 그리고 다른 한쪽에서 얼음송곳을 들고 설치는 프리먼 같은 광대들)에게서 정신의학을 구해낸 것이다. 그들은 이런 이미지를 자신들의 '특징적인 스타일'로 대체했다. 당시 미국의 정신과 의사들 사이에서는 상당히 독특했던 그 스타일은 바로 정신치료에 관한 미국식 낙관주의에 기업가적 천재성으로 맛을 더한 일종의 가정 요리 같은 것이었다. 사실상 그들이 생각하는 정신의학은 낡고 쓸모없는 것이 될 운명이었으니, 아이러니하게도 두 사람은 잠식해 들어오던 제3제국을 피해 독일을 탈출한 독일 출신 유대인 정신과 의사로 자신들의 의료진을 가득 채움으로써 그 운명을 실현했다.

이 모든 일은 칼 메닝거가 하버드 대학교 의학대학원을 우등으로 졸업하고 토피카로 돌아간 1919년에 시작되었다. 그의 사명은 아버지인 닥터 찰스 프레더릭 메닝거Charles Frederick Menninger를 도와 메닝거 진단 클리닉을 세우는 것이었다. 칼은 26세였고 윌리엄은 20세였다. 그 병원은 감정 문제와 '심리적' 문제가 있는 환자를 환영했지만, 형제가 정신분석가를 직원에 포함시키게 되기까지는 여러 해가 더 흘러야했다.

한동안은 직원이 필요 없을지도, 아니 클리닉 자체가 필요 없을지도 모르겠다 싶었다. 5만 명의 주민과 80여 개의 교회가 자리한 이 점잖은 캔자스 마을에서는 서쪽의 사악한 마녀조차도 '미치광이'에게 문을 열어준 의사들보다는 더 환영받을 것 같았다. 그들이 마을 사람과 잘 알고 지내는 사이였음에도 몇몇 강직한 시민은 그들의 클리닉을 고소해 마을에서 쫓아내려 했다. 그 시도가 결실을 맺지 못한 데 반해 다행히 메닝거 가족의 설득은 효과가 있었는데, 그래도 아버지와 아들들은 모두가 진정할 때까지는 가짜 진단명을 써서 환자를 몰래 데려와야만 했다. 평판 좋은 의사인 찰스 프레더릭 메닝거가 캔자스 지역의 자생적 전통과 어울리게 동종 요법을 잘 쓰는 사람이라는 점이 도움이 되었다. 사람들은 저기 유럽의 섹스만 생각하는 음울한 프로이트와 달리, 메닝거의 아들은 새롭고 참신하고 믿음이 가는 이야기를 한다는 사실을 차츰차츰 알아차렸다. 칼은 '대중을 위한 정신치료'와 '진보적 분석'(사실 따지고 보면 그게 그거지만)으로 나아가겠다고 약속했다.

클리닉이 인기를 얻으면서 지역 투자가들도 관심을 갖기 시작했다. 메닝거 부자는 아직 클리닉의 성공을 확신하지 못하는 정신과 의사들을 데려왔고, 5년 만에 클리닉은 메닝거 요양원Menninger Sanitarium이 되었다. 사우스웨스트 6번가의 개조한 농가에 침대 열세 개를 놓고 시작했던 메닝거 요양원은 이후 175헥타르, 즉 52만 6000평에 이르는 단지 두 곳에서 운영하는 전국구 사업체가 되었으며, 직원은 어느새 900명으로 늘어났다.

그들이 환자를 수용하고 치료하는 건물은 총 서른아홉 동이었고 그중 시계탑을 올린 한 건물은 행정동이었다. 환자들은 몇 달씩, 금전적 여유만 있다면 몇 년씩도 머무르도록 권유받았다. 긴 입원 기간은 고객이 스스로 그곳을 선택하게 만드는 효과가 있었다. 영화배우, 정치인, 심지어 공직자들까지 치료를 받으러 왔다. (메닝거 형제는 사실 엘리트주의자는 아니었고, 그들의 목적은 정신의학을 미국의 문화적 기반에 깊이 배어들게 하는 것이었다. 어쨌거나, 영화배우는 뭐 그냥 영화배우일 뿐 아닌가.) 시간이 지나면서 메닝거 요양원은 사실상 살롱 같은 기능도 하게 되었다. 전 세계의 정신의학계 지식인들과 사회운동가들이 모여들어 공식적·비공식적 대화와 논쟁을 나누게 된 것이다.

시계탑과 특유의 환경, 그리고 환자의 인간다움과 편안함, 운동, 지적 자극을 강조하는 치료 철학까지, 이 모든 것이 저물어가던 도덕적 치료의 시대와 강한 연관성을 품고 있었다. 환자와 그 가족이 기차를 타거나 흙길을 달려, 아마도 황진지대의 건조한 풍경을 뚫고 몇 시간 또는 며칠을 흔들리며 달린 끝에 토피카에 도착하면, 전국 어디서나 볼 수 있는 버마셰이브 면도 크림의 광고 문안과는 확연히 다른 메시지를 담은 광고판 하나가 그들을 맞이했다. "세계 정신의학의 수도 캔자스주 토피카에 오신 것을 환영합니다."

전국적 명성을 얻는 과정에서 중요한 사건 하나를 꼽자면, 1930년에 칼 메닝거의 첫 책《인간의 마음 무엇이 문제인가》가 출간된 일을 들 수 있다. 의대생을 독자로 염두에 둔 책이었지만, 이 책은 프로이트에게서 파생된 정신의학에 관한 책 가운데 전문가가 썼음에도 일반 독자들이 이해할 수 있는 언어로 된 최초의 책이었다. 이 책은 곧 정신질환에 시달리는 사람을 '타자성'의 그림자로부터 해방시키자는 외침이었으니, 정신의학의 원칙을 각종 직업, 교육, 일상생활에 포함시킬 것을 주장했다. 또한 사람들이 깊이 생각하기를 불편해하던 진실, 바로 정신병원과 감옥 사이에 차이가 아예 없거나 있다 해도 아주 작다는 진실을 대담하게 표현했다.

'미치광이'에 대한 치욕적 낙인과 공포가 굳건하던 시대 분위기 속에서 《인간의 마음 무엇이 문제인가》가 해낸 일 중에서도 가장 대담했던 것은 정신질환자와 정상인의 차이는 종류의 차이가 아니라 '정도의 차이'라고 주장한 것이었다. 후에 신경과학은 이것이 잘 봐줘야 부분적으로만 진실인 아주 순진한 주장임을 증명했다. 조현병 및 그와 관련한 장애들 같은 만성질환은 사실 메닝거 접근법의 근간을 이루는 프로이트식 '대화'만으로 치료할 수 있는 정도를 넘어선다. 그러나 칼은 정신질환을 원상태로 돌릴 수 있다는 확신을 갖고 있었다. 프로이트의 열성 추종자였던 그는, 그 거장이 인간 행동의 원천이 되는 동기로 성性을 강조하는 것에 대해 적어도 공적인 자리에서는 의견을 달리했지만 사적으로는 몇 차례 그것이 옳다고 인정한 적이 있다.

칼은 1930년에 프로이트식 정신분석을 받은 적이 있었다. 이에 영감을 받은 그는 프로이트를 만나 그의 방법에 관해 토론하기 위해 1934년에 빈으로 찾아갔다. 오랫동안 기다리게 한 끝에 결국 그를 만

나준 프로이트는, 이후 위대한 작가 링 라드너Ring Lardner가 다른 맥락에서 쓴 표현을 빌리자면 "자기가 주문하지도 않은 곁들이 음식을 대하듯" 칼을 대했고, 메닝거는 화가 나서 고국으로 돌아갔다. 어쨌든 칼이 주장한 '정도의 차이'에 관한 메시지는 보통 사람이 이해하고 존중할 만한 가치를 담고 있었다. 그 메시지가 자신들의 편견을 공격했는데도 말이다. 마침내 마을과 주와 나라와 지구에 존재하는, 다 똑같아 보이는 '미치광이'에게도 존엄과 인정을 요구하는 관점이 등장한 것이다.

칼 메닝거는 모두 열한 권의 책을 썼다. 첫 책이 나온 뒤 그는 잡지 〈레이디스 홈 저널Ladies' Home Journal〉에 장기간 상담 칼럼을 연재하면서 중부 미국인과의 친밀한 관계를 한층 굳건히 다지게 되었으니, 이들은 심지어 그에게 '닥터 칼'이라는 친근한 별명까지 붙여주었다. 이후 누군가 이런 명예로운 호칭을 부여받은 (또는 스스로 부여한) 일은 수십 년이 지나서야 다시 일어나는데, 다름 아닌 닥터 필Dr. Phil° 얘기다.

칼 메닝거는 복잡한 사람이었고 나이가 들수록 복잡한 면들은 더욱 늘어났다. 칼럼에서는 아저씨처럼 자애로웠고, 공적인 자리에서나 엘리너 루스벨트Eleanor Roosevelt, 마거릿 미드Margaret Mead, 올더스 헉슬리Aldous Huxley, 그 밖에 할리우드의 유명인들과 허물없는 대화를 나눌 때는 매력적인 닥터 칼이었지만, 스포트라이트가 없는 곳에서는

○   심리학자인 필립 맥그로Phillip McGraw로 〈닥터 필〉이라는 심리 상담 텔레비전 쇼를 진행하며 큰 인기를 얻고 있다.

뚱하고 까다롭고 화를 잘 내는 사람이었다. 불의 신 같은 성격에 아랫사람들은 두려움에 떨었고, 요양원에서 일하는 위엄 있는 빈 출신 의사들 또한 이따금씩 그의 뾰족한 가시를 느꼈다. 그중 한 사람은 "그는 (…) 꽤 오만하고 마찰을 잘 일으키는 엄청나게 거친 사람이었다"고 회상했다.[175]

이런 괴팍함은 세월이 흐르며 더 강고해져, 결국 자신이 창조한 기관에서 스스로 몰락을 맞이하는 데 일조했다.

＊

칼의 성격이 그렇다보니 점점 성장하는 사업체를 공적으로 대표하는 사절 역할은 동생 윌에게 맡겨졌다. 윌리엄 메닝거는 그 역할에 딱 맞는 천성을 타고난 인물이었다. 그는 1924년에 코넬 대학교 의과대학을 졸업한 뒤 가업에 합류했고 1927년에는 세인트엘리자베스 병원에서 정신의학을 공부했다. 1941년 무렵 전쟁이 곧 많은 수요를 창출할 거라 예상한 그는 형을 도와 메닝거 정신의학 교육 연구 재단 Menninger Foundation for Psychiatric Training and Research을 세웠으며, 이듬해에는 육군 의무감실의 정신의학 상담부장에 임명되어 미국의 정신질환 분류 체계를 개선하는 일을 감독했다. 이로써 육군의 정신과 의사들이 신병과 정신적 부상을 입은 참전 용사의 정신건강을 측정하는 절차가 표준화되었고, 다른 군대도 모두 그 체계를 채용했다.

1944년 육군 준장이자 육군 신경정신과장으로 진급한 그는 곧 전쟁이 끝나면 당시의 표현으로 '전쟁 피로' 환자들이 쏟아져 들어오리라 예견했고, 이에 급증할 환자를 치료할 정신과 의사와 직원 들의 교육 및 고용 계획에 대해 연방의 지원을 요청했다.

이후의 행보로 윌은 트루먼 대통령과 역사적인 동맹 관계를 맺게 된다. 1946년 7월 3일 트루먼은 국립 정신보건원 설립 법령에 서명했다. 윌은 연방 정부와 이러한 협력 관계를 이끌어내는 주요 기획자이자 가장 설득력 있는 로비스트 중 한 사람이었다.

냉전 초기의 몇 년은 메닝거 형제가 예상했던 대로 그들의 직업에 대한 수요가 넘쳐났다. 정신분석가이자 저술가인 케이트 셰크터Kate Schechter가 썼듯이 "의학적 지향성을 지니고 정신분석학 교육을 받은 윌리엄 메닝거 같은 정신의학자들이 전시와 전후에 정신의학 인력을 신속히 증강하는 일에 앞장섰고, 곧 정신의료 인력과 자원의 피라미드 꼭대기에 자리잡게 되면서 연구 프로그램과 대학의 학과들, 병원들을 지휘했다".[176]

메닝거 형제는 정신의학의 짧았던 황금기를 상징하는 인물이다. 군대뿐 아니라 미국 대중이 이전 어느 때보다 정신치료라는 직업을 인정하고 지지하게 된 것은 상당 부분 그들 덕분이었다. 한때 신비주의적 사기로 멸시당하던 정신분석도 중산계급의 상징으로, 사실상 하나의 소비재로 바뀌었다.

돌이켜보면 그 황금기가 모두 그렇게 황금빛이었던 것만은 아니다. 다양한 메닝거 클리닉과 요양원은 전문성은 물론 환자에 대한 예우로 그에 합당한 찬사를 받았지만, 한편 미국의 정신병원 생활에 대해 오해를 일으킬 만한 그림을 제시하기도 했다. 언제나 그래왔듯이, 대체로 미국의 정신병원 생활은 끔찍함 그 자체였기 때문이다. 전국

도시와 마을에서 정신질환자는 줄곧 학대와 고문을 당하며, 온기와 신선한 공기와 건강한 음식과 인간적 동정을 박탈당한 채 살고 있었다. 이후 신문과 방송의 탐사 취재자들이 잇따라 그 잔학함의 동굴 속에 조명을 들이댈 참이었다. 그러나 그러한 탐사는 정신질환자들의 우주에서는 너무나 익숙한, 그리하여 너무나 침울한 결과, 즉 의도하지 않았던 결과들을 낳게 된다.

전성기에 칼과 윌 메닝거는 기적을 행했다. 그들은 제2차 세계대전에서 정신적 부상을 입은 참전 용사 수만 명의 고통을 치유하거나 적어도 완화하는 데 핵심적 역할을 했다. 그들은 도덕적 치료의 지고한 원칙을 되살려 짧은 기간이나마 유지했고, 그동안 무거운 엉덩이를 깔고 앉아 꿈쩍도 하지 않던 거대한 미국의 중산층을 움직여 그들 자신의 정신건강을 돌보도록 설득하는, 상상도 못 했던 과업을 달성했다. 그리하여 대중을 위한 정신의학이 마침내 고상한 상품이 되었다. '정신병원insane asylum'에 갇혀 있어야만 하는 미친 사람들에 대해서는, 뭐, 누군가는 그들을 위해서도 **무언가를** 하고 있지 않았겠는가?

＊

전후 초기 몇 년은 다이너플로 자동변속기를 단 뷰익 로드마스터처럼 달려 나가던 시대였다(일단 핵으로 인한 전멸의 공포를 잊을 수 있다고 전제하면 말이지만). 정신의학 치료는 라이너스의 담요(당시 갓 등장한 전문용어로는 '이행 대상transitional object')만큼이나 안락한 것이었다. 심리학자 제러미 사프란Jeremy Safran의 말마따나, 이웃의 친절한 정신과 의사는 "문화 전복 세력이라기보다는 보수적인 미국 중산층의 가치를 조달하는 존재가 되었다". 사프란은 예리하게도 여기 이렇게 덧붙인다. "그 점과 관련하여 한마디 더 하자면, 정신건강은 중산층의 가치관에 부합하는 방식으로 정의되는 경향이 있었다."[177]

1960년대가 시작되면서 새로운 종류의 "문화 전복 세력"이 전국에서 활개를 펼쳤다. 권위에 대한 항거가 확산되며 그 표적들도 다양해졌다. 1962년 포트휴런 선언을 통한 신좌파의 공고화, 1963년 케네디 대통령 암살 후 형성된 반문화, 1964년 버클리에서 일어난 자유언론 운동, 1965년 셀마와 몽고메리에서 유혈 사태로 이어진 인종 시위, 이어서 워싱턴에서 일어난 최초의 베트남전 반대 학생 행진과 와츠에서 일어난 최초의 도시 인종 폭동까지. 1968년 4월에는 마틴 루터 킹 주니어 목사가 총격을 당해 사망하며 며칠간 폭동이 이어졌고, 6월에는 로버트 케네디가 암살당했다. 애틀랜틱시티에서 열린 미스 아메리카 대회장 시위와 함께 여성운동도 시작되었다. 1968년에는 시카고의 민주당 전당대회에서 반전을 외치는 이들의 시위가 있었다. 예일 대학교는 전통을 깨고 여학생을 받아들였다. 웨더 지하운동 조직은 시카고에서 '분노의 날들' 시위를 벌였다. 사람들은 온 세상이 미쳐가고 있는 게 아닐까 걱정하기 시작했다(그리고 앞서 보았듯이 토머스 사즈가 등장해 "그렇지 않다!"고 말해주었다). 그러나 그 망상과도 같던 질문은 머지않아 진지한 명제가 되었고, 또 많은 이에게는 개인의 광기를 찬미할 정당화로 작용했다.

이 사건들은 대부분 정부, 인종 관계, 교육, 가족의 전통적 권위에 강한 타격을 입혔다. 이렇게 역사를 바꿔놓는 사건들이 벌어지는 동안 정신질환자의 군도는 그 격동의 빛에 가려 보이지 않는 곳에 묻혀 있었다. 또한 그 부서지기 쉬운 군도는 한층 더 산산조각 났다.

"프리모샤디노"

18

또다시 저주받을 전화벨이 울리며 우리를 무너뜨릴 소식을 전해 온 것은 2003년 3월 중순 어느 비 내리던 날 저녁 무렵이었다. 우리는 주방에 있었다. 아너리는 파스타가 끓고 있는 냄비에 새우 조각과 올리브오일을 넣어 휘젓는 중이었고, 나는 샐러드로 먹을 채소를 썰고 있었다. 아내가 수화기를 들어 잠시 귀에 대더니 빠르면서도 속삭이는 듯한 목소리로 수화기 너머 딘에게 말하기 시작했다. 그러고는 다시 듣다가 이렇게 말했다. "아빠가 바로 옆에 있어. 아빠 바꿔줄게." 그녀는 전화를 자기 앞으로 들고 수화기를 가슴에 단단히 안았다. "딘에게 문제가 생겼어. 보호관찰 조건을 어겼대. 자기가 체포되어 감옥에 갇힐 거라고 믿고 있어."

어떻게 반응해야 할지 알 수가 없었다. 나는 조심스레 몸을 낮추다 아예 주방 바닥에 누워버렸고 머리 위의 조명을 올려다보며 두 팔을 쭉 뻗었다. 잠시 그렇게 있었다. 남은 평생 그렇게 있고 싶었다. 하지만 이내 일어나 아너리의 손에서 수화기를 받아서 내 귀에 댔다.

툭툭 끊어지는 딘의 목소리에는 짙은 괴로움이 배어 있었다. 소변

검사 결과 미량의 흔적이 검출되었고, 그 때문에 포트콜린스의 보호 관찰관이 자기 인내심도 한계에 달했다고 말했다는 얘기였다. 보호 관찰관은 딘의 체포를 고려하고 있었다. 유죄판결이 난다면 실형을 받을 터였다.

딘이 여전히 보호관찰을 받고 있었던 건 딘이 불항쟁 답변°을 했던 중범죄 유죄판결이 여전히 버몬트주의 기록에 남아 있기 때문이었다. 우리가 만나본 변호사는 우리에게 그 기록을 말소할 기회가 있다고 조언했지만, 딘은 피할 수 없는 경우가 아니라면 또다시 법정에 가고 싶지 않다고 했다(마지막 보호관찰 심리는 다음 1월로 예정되어 있었다). 수년간 딘의 뇌리를 떠나지 않았던 감옥에 대한 두려움이 다시금 인정사정없이 생생히 되살아났다. 우리 아들이 견디기에는 너무도 끔찍한 공포였다.

딘은 엄마에게 했던 말을 나에게 다시 들려주었다. 어떻게 해야 할지 모르겠다고. 역시나 심하게 동요된 나의 정신도 무시무시한 가능성들을 떠올리고 있었다. 어려서부터 딘은 어려운 상황에서 빠져나갈 방법을 궁리해내는 걸 좋아했다. 함께 영화를 볼 때도 주인공이나 악당이 어떤 방도를 준비해두고 있을지 예측해내곤 했다. 딘의 전략은 주로 교묘한 탈출 방법을 찾아내는 것이었다.

나는 딘이 도망치려 할 거라고 혼자서 확신해버렸다. 로키산맥, 지난여름 햇살 아래서 행복하게 일했던 저 프론트산맥으로 달아날

○ nolo contendere. '나는 항쟁을 원치 않는다'는 뜻으로, 형사소송에서 피고가 유죄를 인정하지는 않지만 검사의 주장에 맞서 다투지 않겠다는 답변.

거라고. 딘은 늘 야생을 낭만적으로 동경해왔지만 사실 제대로 알지는 못했다. 이제 (나 혼자 확신하기로) 딘은 그 야생의 세계에 자기 인생을 의탁하려 하고 있었다. 홀로, 이 겨울에, 얼마 안 되는 현금과 식량과 의복, 어쩌면 보호 무기까지 가지고서(고작해야 칼 한 자루일 것이다. 총이라면, 딘은 어떤 종류의 총이건 가져본 적도 쏘아본 적도 없다). 3월의 프론트산맥은 밤 기온이 영하로 떨어지고 갑자기 눈보라가 불어닥치며 인가도 매우 드물게 있을 뿐이다(어차피 도망자는 갈 수 없는 곳이지만). 혼자 도망 중인 데다 야생에서 지낸 경험이 없는 사람이라면 그리 오래 살아남기를 기대할 수는 없으리라. 아마도 며칠쯤이나 될까?

오, 잃어버린 자여.

우리 자신도 어찌할 도리 없는 공포에 혼미한 상태였지만, 아너리와 나는 전화로 오랫동안 딘을 붙든 채 번갈아가며 설득하고 호소했다. 딘의 대답은 계속 절망적이었으나 그래도 전화를 끊지는 않았다. 나는 반드시 징역형이 나오리라는 법은 없다고 설득하고자 노력했다. 만약 징역을 살아야만 한대도(나에게 역시 생각만으로도 고문 같은 일이었지만) 언젠가는 석방될 것이고, 우리가 언제나 널 돕고 보호할 거라고. 딘은 듣고 있었다.

나는 의식 너머 어디에선가 톡 튀어나온 말을 꺼내 애원하듯 말했다. "우리와 함께 버티자, 딘." 나도 내가 정확히 무슨 의미로 그런 말을 하는지 알 수 없었다. 하지만 그 말을 입에 올리는 순간, 그 말은 아주 소중하게 느껴졌다. 그리고 그 말은 아무 반응도 끌어내지 못했다. 전화 저편은 조용했다. 딘은 듣고만 있었다.

"우리와 함께 버티자, 딘." 내가 다시 말했다.

"우리와 함께 버티자."

딘은 정말 우리와 함께 버텼다. 우리도 딘과 함께 버텼다. 그리고 항상 패배만 하는 사람은 없다. 딘의 보호관찰관은 딘에게 한 번 더 기회를 주기로 결정했다.

얼마 후 4월에 우리는 봄방학을 맞은 딘을 벌링턴 공항에서 만났다. 아너리와 나는 도착/출발 라운지에 서서 창 너머로 딘이 탄 비행기가 게이트 쪽으로 서서히 다가오는 모습을 지켜보았다. 나는 충동적으로 아너리 쪽으로 몸을 돌리며 이렇게 말했다. "나 정말 딘이 자기 자신과 평화롭게 지내는 모습을 볼 때까지 충분히 오래 살고 싶어." 주로 털모자를 쓰고 스키를 손에 든 아이들이 대부분인 탑승객이 문을 통과해 라운지로 들어섰다. 그 행렬의 끝에서 딘이 나타났다. 나와 아너리를 발견한 그 아이는 우리가 몇 년 동안 보지 못했던 방식으로 환한 미소를 지어 보였다. 눈빛은 밝았고, 인사말을 건넬 때는 일부러 낮게 내뱉는 저음 대신 예전에 우리가 알았던 그 부드러운 목소리가 돌아와 있었다. 이것만으로도 나는 이미 충분히 오래 산 느낌이었다.

공항에서 미들베리까지 달려오는 차 안에서 딘은 간신히 징역형을 모면한 이번 일로 큰 충격을 받았고 그 덕에 약물과 알코올로 무감각해져 있던 상태에서 깨어날 수 있었다고, 그래서 순식간에 둘 다 완전히 끊어버렸다고 말했다. 딘은 포트콜린스의 익명의 알코올중독자 모임 핫라인에서 전화를 받는 자원봉사를 시작했다. 다시 세상으로 복귀한 것이다.

"내가 그 속에서 살고 있었을 때는 눈에 보이지 않았던 사람들과 지금 사귀고 있어요." 딘이 뒷좌석에서 우리에게 말했다. "음식도 더 맛있어졌어요. 생각도 명료해졌고요."

그러고는 이렇게 덧붙였다. "취한 상태는 그리워요. 하지만 바닥에 곤두박질친 상태는 절대 그리워하지 않을 거예요."

딘이 자기 의지로 회복(**일시 중단**이 더 맞는 말이겠지만)한 일은 동생에게도 유익하게 작용해서, 케빈은 별다른 일 없이 봄 학기를 마칠 수 있었다. 딘은 프론트산맥의 도로 닦는 일을 좋아했지만 그 일을 할 또 한 번의 기회를 그냥 보내고 케빈에게 포트콜린스에서 여름을 함께 보내자고 제안했다. 대학 캠퍼스에서 멀지 않은 주택가의 소박한 갈색 목골 건물 1층에 아파트 하나를 세낸 터였다. 케빈은 제안을 고맙게 받아들여 마틴 기타와 앰프, 이제는 매일의 의무가 된 항정신병 약을 챙겨 포트콜린스로 갔다.

그렇게 형제는 그들의 삶에서 가장 좋은 시간을 함께했다. 두 아이는 포트콜린스 주변, 산으로 올라가는 구불구불한 길들을 따라 늘어선 카페와 바를 돌며 연주했다. 때로 케빈은 기타를 옆에 세워둔 채 빌린 드럼 세트로, 마치 드럼이야말로 자기가 만져본 유일한 악기인양 두드리며 딘의 연주에 반주를 해주기도 했다. 딘은 새로운 발라드 곡들을 질풍처럼 써댔는데, 그중에는 딘의 인생에서 최고로 꼽히는 두 곡도 포함되어 있다. 딘이 초기부터 자기 노래를 녹음하는 데 썼던 티악 녹음기로 형제는 새 곡들을 모두 녹음했다. 여름이 절반쯤 지나 아너리와 내가 방문했을 때, 두 아이는 2년 전 케빈이 벌링턴 공항에서 내게 부비의 음반을 들려줬을 때처럼 열정에 가득 차 들뜬 모습으로 우리에게 얼른 그 곡들을 들려주고 싶어 안달이었다. 아이들은 우리를 케빈의 방으로 밀어 넣고는 우리가 가방도 내려놓기 전에 티악의 스위치를 켰다.

우리는 먼저 〈애니, 돈트 웨이크 더 데이Annie, Don't Wake the Day〉를 들었다. 딘이 어느 날 밤 시내에서 만나 함께 신나게 놀았던 아가씨에 관한 노래였다. 유쾌하게 잘 웃는 이 아가씨는 왁자지껄한 파티장에서 깡충깡충 뛰고 춤추며 돌아다니더니 잠시 바의 밴드와 함께 앉아 있다가는 빙그르르 돌면서 "다시 거리로 나가 밝은 빛을 비추며 사라져갔다". 딘이 리드 보컬을 맡고 둘이서 각자 두 번씩 흥겨운 솔로 간주 부분을 교대로 연주했다. 형제는 흡사 우리를 박차고 탈출한 음악의 청년 호랑이 한 쌍인 양 질주했다.

"길고도 정신없는 밤이었지, 하지만 낮을 깨우지는 마."

이것은 시작일 뿐이었다. 이어지는 노래는 상실과 여행과 희망에 대해, 떠나보냄으로써 얻는 구원에 대해 성찰하는 음과 가사로 마치 대성당을 지어놓은 듯했고, 우리는 그 순수한 장엄함 속에서 숨이 멎는 것만 같았다. 그 곡의 제목은 〈더 리버 이스트 오브 홈The River East of Home〉이었는데, 이는 여전하고, 앞으로도 영원히 그럴 것이다. 곡을 쓴 딘이 리드 보컬을 맡고 케빈이 화음을 넣었다. 절과 절 사이의 간주에서 케빈의 기타가 저 높은 곳에서 떨어지는 듯한 음의 폭포를 만들어내자 그 음들은 잠시 웅덩이에 모여 있다가 다시 흘러넘치며 떨어지기 시작했고, 그러다 마침내 결단을 내린 듯 저변을 흐르는 멜로디로 바뀌었다.

곡을 여는 이미지는 말을 타고 달리는 한 사람의 모습이다. 그는 서부의 산길을 달리다가 "어느 잊힌 샘" 앞에 당도한다. 기수는 암말을 계속 달리려 하는데, "샘이 그리 넓지도 않건만 / 말은 무릎을 꺾으며 멈칫거렸네. / 말은 건너편을 보지 못했네". 그는 자신이 몇 년간 "황야와 산 들을" 방랑한 이야기를 들려준다. 때로 그는 애리조나 고속도로에 있었고, 때로는 물을 건넜고, 때로는 넘어졌다. "그대로 주저앉아 있었지 / 내가 충분히 준비될 때까지는. / 내가 더 이상 물결에 맞서 싸울 수 없게 되면 / 당신은 소용돌이에 빠진 나를 발견하게 되겠지."

그러나 후렴구는 우리에게 그 기수가 늘 뭔가를 찾고 있었음을 말해준다. 예이츠의 방랑자가 달의 은 사과와 태양의 황금 사과를 찾아다니듯이, 기수는 찾아지지 않는 고향 동쪽의 강River East of Home을 찾아다닌다. 이 과정은 영원할 것만 같다. 하지만 그러다가 그는 "골짜기 사이로 환한 빛을 내뿜는 허름하고 빛바랜 예배당"을 발견하고, 그 문을 열어 들어간다. 오랫동안 잊고 지낸 목소리가 그를 부르고 있기 때문이다. "나는 말했지. 내 인생은 표류하고 있었다고. / 그가 말했네. 답은 있다고. / 내가 그냥 믿어버리면, 이 가느다란 갈대도 닻이 된다고."

"나는 그 강을 놓아 보내네."

*

그해 여름이 끝날 무렵, 케빈은 딘과 함께 콜로라도에 더 남아 있다가 이듬해 봄 버클리에 복학하기로 마음먹었다. 딘이 수업을 들으러 다녔기 때문에 케빈은 혼자 보내는 시간이 많아졌고, 어떤 날은 이 대학 도시 주변을 산책하며 보냈다. 그 몇 주간 정신증 발작은 없었지만, 우리는 케빈을 잠식하던 그 병이 때때로 케빈의 의식에 잔인한 장난을 친다는 사실을 알게 되었다. 케빈은 이메일에서 때때로 자신에게 인종차별적인 생각이 일어나는 순간들이 있다고, 늘 평화를 사랑하며 살아온 데다 인종차별적인 감정은 한 번도 품어본 적 없었기에 무척 당황스럽다고 털어놓았다. 이 상황을 더 괴롭게 하는 것은 일종의 이원성이었다. 그렇게 악의적인 생각에 사로잡혀 있을 때도 케빈 마음의 또 다른 부분은 그에게서 떨어져 나가 그런 자신의 모습을 바라보며 경악하고 죄의식에 휩싸였다.

그래도 아직 케빈에게는 몇 가닥의 은총이 남아 있었으니, 케빈은 그중 하나를 붙들었다. 보통의 경우라면 이 특별한 사건을 인식하지 못한 채 그냥 지나쳐버리기 쉬웠을 것이다. 하지만 확률로 따지자면야 케빈이 그 병에 걸릴 가능성도 마찬가지 아닌가. 어느 날 산책을 하던 중 케빈은 한 아프리카계 미국인이 모퉁이 버스 정류장에서 버스를 기다리는 모습을 보았다. 케빈이 그쪽으로 걸어가고 있는 동안 버스가 뒤쪽에서 달려오는 소리가 들리더니, 타려고 기다리는 사람을 내버려두고 그냥 지나쳐 가버리는 것이었다. 케빈은 휴대전화를 꺼내 그 버스 회사의 번호를 찾아내 운전사를 신고했다.

때로는 훨씬 더 멋진 은총과 마주하기도 했다. 초가을 어느 아침, 그 지역 전문대학 캠퍼스를 태평스럽게 돌아다니던 케빈은 문득 한 건물에서 흘러나오는 낮게 깔린 재즈 음악 소리를 들었다. 창문을 들여다보니 학생들이 관악기와 피아노와 베이스와 기타를 연주하고 있었다. 문이 열려 있어서 안으로 들어가보니, 이번엔 또 다른 학생들이 접이의자에 앉아 있었고, 그 앞에서는 강사가 클립보드를 쳐다보고 있었다. 우연히 그 학교 재즈밴드의 오디션 장면을 보게 된 것이었다. 케빈은 문 옆에서 잠시 지켜보다가 방을 가로질러 강사에게 가서는 자신도 참가할 수 있는지 물었다. 그 학교 학생이라고 말하지 않았지만 아니라고도 말하지 않았다. 케빈의 차례가 왔을 때, 누군가 전자기타를 빌려주었고, 케빈은 접이의자에 앉아 연주를 시작했다. 두 곡을 연주하고 나자 강사는 잠시 골똘한 생각에 잠겨 케빈을 뜯어보더니, 지금 팻 메스니가 이 방으로 들어오지 않는 한 기타리스트 자리는 케빈 차지라고 말했다(그리고 케빈은 신이 나서 즉시 이메일로 그 이야기를 우리에게 전했다).

케빈에게 밴드 멤버 자격을 주기 위해 학교에서는 학점 외 과목에 (마침 음악에) 등록하도록 허락해주기까지 했다.

정말이지 아무 문제없이 흘러갔다. 추수감사절까지는 그랬다.

딘은 추수감사절에 집에 오기로 했다. 케빈은 그곳에 계속 남아 있어도 되느냐고 물었다. 아너리와 나는 다시 한 번, 그리고 마지막으로 경고의 종소리를 무시한 채 그러라고 허락했다.

딘과 나는 뉴햄프셔주 콩코드까지 드라이브를 했다. 함께 휴가를 보내는 흔치 않은 기회라 꼬마 시절 딘이 쓰던 말마따나 "버벤처"를 떠난 것이다. 우리는 콩코드에서 존 케리John Kerry의 대선 유세 버스에 합류했다. 그의 모교인 보스턴 대학 로스쿨에서 펴내는 잡지에 기고할 글을 쓰기 위해 미리 인터뷰 약속을 잡아놓은 터였다. 주제는 케리가 그 뛰어난 웅변술을 대체 어디서 배웠느냐는 것이었다. 막상 만나고 보니 케리는 어떤 인터뷰도 할 기분이 아니었다. 할당된 인터뷰 시간 거의 내내 휴대폰을 들여다보거나, 얼굴을 창 쪽으로 향하고 있거나, 보좌관과 친구 들에게 전날 존 에드워즈John Edwards와 했던 텔레비전 토론을 망친 게 아닐까 하는 이야기를 했다. 웅변은 딱히 거론할 가치가 없는 주제라고 여기는 눈치였다. 상황이 그랬으니 그 인터뷰가 지면에 실렸을 리 없다.

그건 별로 중요하지 않았다. 딘과 내가 우리만의 "버벤처"를 할 수 있었으니까. 그리고 케리는 선거에서 졌다.

아너리는 미들베리에 남아 있었다. 나중에야 그녀는 당시 케빈 걱정으로 공포에 휩싸여 있었다고 털어놓았다. 불안해하던 아너리는 포트콜린스에 있는 딘의 친구 몇 명에게 전화를 걸어 케빈을 챙겨달라고 부탁했다. 그들은 그러겠다고 대답했다.

결국 아너리가 느낀 공포에는 근거가 있었던 것으로 드러났다. 딘은 우리와 닷새를 보낸 뒤 포트콜린스로 돌아갔는데, 둘이 살던 아파트의 문을 열어보니 온통 컴컴하고 싸늘했다. 집 안에는 더러운 옷과 그릇이 마구 널려 있었다. 케빈은 쿠션을 댄 의자에 몸을 축 늘어뜨린 채 앉아 있었는데 눈은 멍하고 초점이 없었다. 마치 딘이 계속 함께 있었던 것처럼, 케빈은 둘 사이 허공에 떠 있는 저 크고 파란 삼차원 음표가 보이느냐고 툭툭 끊어지는 문장으로 간신히 질문을 던졌다.

딘은 구급차를 불러 케빈을 병원으로 데려갔다. 그 행동이 아마도 동생을 더 깊은 추락으로부터, 어쩌면 자살 기도로부터 구해냈을 것이다. 나는 구할 수 있는 제일 빠른 비행기를 타고 포트콜린스로 날아갔다.

이틀인가 사흘이 지나고서야 우리가 케빈을 만나는 것이 허락되었다. 한낮 점심시간에 도착한 딘과 나는 정신병동으로 안내를 받았다. 우리는 카페테리아에서 얇은 초록색 병원복을 입고 갈색 플라스틱 식판을 든 채, 힘없이 발을 끌며 걷는 환자들의 줄에 섞여 힘없이 발을 끌며 걷고 있는 케빈을 보았다. 케빈의 눈이 우리를 발견했을 때 그 아이는 평소의 비스듬한 미소를 지어 보이려는 듯 입술을 움직였지만 너무 창백하고 힘이 없어 마치 유령이 그 미소를 흉내 내는 것 같았다. 입술에는 얼룩이 묻어 있었다.

초록색 병원복의 충격이 내 머리를 강타했다. 전부 똑같아 보이는 병원복, 그 천천히 움직이는 초록색 덩어리 속에서 내 아들 또한 초록색 병원복을 입고 개성이 완전히 제거된 채 하나의 보통명사가, 하나의 숫자가 되어 있었다.

딘이 아파트를 떠나 버몬트로 간 뒤로 항정신병 약 복용을 중단한 게 분명했다. 정신증 세계의 잔인한 현실에 아직 익숙하지 않은 수많은 가족이 그렇듯, 우리는 케빈이 처방받은 약을 거부하리라는 생각은 해본 적이 없었다. 역시나 그만큼 순진하게 우리는 케빈이 처음에 진단받은 병—그게 뭘 의미하든 간에, 일종의 기분장애라는 양극성 장애—이 불행한 일이기는 해도 인간에게 일어날 수 있는 어떤 일들에 비하면 그렇게 지독하지는 않다고 생각하고 있었다.

나는 바로 이런 착각 속에서, 그냥 가서 내 아들을 찾아 집으로 데려와 좀 더 쉬게 하고 치료하면 될 거라고 생각하며 콜로라도로 날아간 것이다. 안 될 일이었다. 케빈을 담당하던 정신과 레지던트가(좋은 의사였다) 처음 만난 날 내게 단도직입적으로 케빈의 진단명을 말해주었다. 케빈은 조현병을 앓고 있었다.

열흘이 지나고서야 그는 케빈을 퇴원시켰다. 무테안경을 낀 그 의사는 명쾌하고 전문가다울 뿐 아니라 의무가 요구하는 이상으로 세심한 사람이었다. 케빈은 단기 체류 환자였으므로 치료자와 환자의 친밀한 관계를 형성할 시간적 여유가 없었음에도, 그는 주어진 며칠 동안 자기가 할 수 있는 최대한의 결과를 이끌어내기를 원했다. 이는 곧 매일 아침 특정한 조합의 약을 복용시키고 그 효과를 지켜보는 것을 의미했다. 약물 투여와 테스트 사이의 시간은 꽤 길었다. 딘과 나는 매일 카페에서 아침을 먹었고, 그런 다음 딘이 수업을 받으러 가면 나는 산책을 하다가 오후에 영화 한 편을 보고 신문을 읽으며 시간을 보냈다. 어느 날의 신문 머리기사는 사담 후세인의 행방을 추적해 지하 굴에 있던 그를 끌어냈다는 내용이었는데, 그걸 본 내 머릿속에 떠오른 생각은 혹시 후세인이 먹던 약을 끊은 걸까 하는 궁금증이었다.

어느 날, 케빈이 어쿠스틱 기타를 가져다줄 수 없냐고 부탁해 나는 간호사에게 그 요청을 알렸다. 정신병동에서는 일반적으로 모든 종류의 '물체'를 반입할 수 없으며 줄이 달린 물건은 특히 더 그렇다는 것을 알고 있던 터였다. 그러나 놀랍게도 간호사는 승낙해주었다. 그들 역시 케빈의 온화한 성품과 내면의 흥을 알아차리고 음악으로 중심을 잡고자 하는 절절한 욕구를 느꼈기 때문이라고 생각하고 싶다. 나는 아파트에서 케빈의 어쿠스틱 기타를 찾아 가져다주었다. 이틀 뒤 밤에 나와 함께 병원에 갈 때 딘도 자신의 기타를 가져갔고, 나의 두 아들은 같은 병실에 있던 다른 젊은 환자들과 그 가족 앞에서 즉흥연주를 선보였다. 둘 다 기타로 고개를 숙인 채 연주하고 있었다. 나는 그때 처음으로 두 아이의 연주 자세가 똑같다는 사실을 알아차렸다. 케빈은 병원 슬리퍼의 한 쪽 바닥을 다른 쪽 오목한 부분에 대고 있었고, 딘도 마찬가지였다. 병실 사람들은 완전히 주의를 집중해 둘의 연주를 들으며, 한 곡 한 곡이 끝날 때마다 박수를 쳤다.

내가 평생 겪은 그 어떤 일도 나의 두 아들이 함께 연주하는 장면을 지켜보는 것만큼 큰 만족감을 준 것은 없었다. 네 마디씩 번갈아가며 리듬과 멜로디를 주고받고, 보일 듯 말 듯 고개를 끄덕여 신호를 보내며, 듣는 사람은 알아차리지 못한 작은 실수에 눈을 찡긋거리거나 미소를 주고받던 그 모습, 더할 나위 없이 고귀한 교감을 나누던 그 모습.

*

나는 케빈을 미들베리의 집으로 데려갔다. 그것이 케빈의 마지막 비행이었다. 버몬트주에는 각 카운티의 정신의료 기관들을 관장하는 주 차원의 네트워크가 평균 이상으로 잘 갖춰져 있었는데, 미들베리에도 그중 한 곳이 있다. 케빈은 진찰 담당 정신과 의사와 상담사로 이루어진 한 '팀'에 배정되었고, 그들은 약과 '상담 치료'로 이루어진 치료 계획을 세웠다(조현병 치료에 관한 최근의 이론은 뒤에서 다시 살펴보겠지만 '상담' 치료를 유용한 도구로서 되살렸고, 약물 복용과 상담 치료의 병행을 가장 효과적인 치료법으로 본다). 케빈 쪽에서도 협조적이었다. 그 아이는 예의 바르게, 언제나처럼 상냥하게 행동했다. 약을 계속 먹겠다고 약속했고, 그 약속을 지켰다. 한동안은.

케빈은 간절하게 버클리로 돌아가고 싶어 했다. 그 소망이 케빈을 좀먹었다. 그 무렵에는 생각이든 바람이든 거의 모든 것이 케빈을 좀 먹어 들어갔다.

우리는 2004년 1월에 케빈을 복학시켰다. 케빈은 예전에 지내던 아파트를 다시 얻을 수 있었다. 이번에는 우리도 케빈의 정신건강 상태에 대해 어떤 환상도 품지 않았다. 하지만 다른 어떤 인도적인 대안도 생각해낼 수가 없었다. 케빈을 음악과 떼어놓는 것은, 한 치의 과장도 보태지 않고 말해서 케빈에게서 정체성을 빼앗는 일과 똑같은 잔인한 일이었다. 케빈을 복학시킨 뒤 우리가 집으로 돌아와 할 수 있었던 것은 가능한 한 좋은 결과를 소망하는 것뿐이었다. 이제 우리는 홉슨의 선택°만이 존재하는 우주에서 살고 있었다.

이번에도 한동안, 그것도 꽤 오랜 시간이 무사히 지나가고 있었다. 아무 위기 없는 며칠이 흐르고 몇 주가 더 흘렀다. 케빈은 길이가 길고 세련된 재즈기타 모음곡을 만들었다. 깊이와 울림을 더하기 위해 다중 트랙으로 녹음한 그 곡을 〈프리모샤디노Primoshadino〉라고 불렀다. 제목의 의미가 무엇인지 케빈에게 물어본 적은 없다. 재즈에는 엉뚱한 제목들이 많으니까. 아너리와 나는 늘 엉뚱한 것에 끌렸다.

아직 학기가 끝나려면 조금 남았지만 메이저리그 시즌이 시작되었을 만큼은 늦은 봄, 아너리와 나는 케빈이 충분히 안정되었다고 여겨 주말에 데이토나Daytona 해변으로 갈 계획을 세웠다. 아너리의 사

○ 고를 수 있는 것이 하나뿐인 선택, 받아들이든 거부하든 둘 중 하나인 상황을 말한다. 돈을 받고 말을 빌려주는 사업을 하던 토머스 홉슨Thomas Hobson이라는 사람이, 마구간 입구에서 가장 가까운 자리에 있는 말을 빌려 가든지 아니면 아무 말도 빌려 갈 수 없다고 정한 원칙에서 유래했다.

랑하는 조카딸이자 멋지고 유능하며 촉망받는 공군 장교인 에이드리언이 그곳에서 결혼식을 올리기로 되어 있었다. 우리는 금요일 밤 대서양 해안을 따라가는 1번 국도 근처 한 모텔에 투숙했다. 거기서 내륙 쪽으로 그리 멀지 않은 곳에 예비 신랑 가족의 집이 있었다. 우리는 옷을 갈아입고 양가가 모이는 칵테일파티 장소로 차를 몰고 갔다.

뷔페 테이블은 성대했고 즐거운 분위기에서 가족의 옛이야기들을 나누며 가족사진을 지갑에서 꺼내 돌려 보는 동안 파티는 무르익어갔다. 아너리가 자기보다 더 붉은 머리카락을 가진 행복한 신부 에이드리언과 대화를 나누고 있을 때, 지갑 속 휴대폰이 울렸다. 케빈이었다.

위기는 아니었다. 모든 게 다 좋다고, 너무 좋아서 사실은 약을 끊었다고 케빈은 엄마에게 말했다.

그 밤사이, 아너리와 나는 1번 국도에 아주 익숙해졌다. 우리는 파티장을 떠나 렌트한 차에 올라탄 뒤 데이토나 해변을 따라 난 도로를 상행선으로 달렸다가 다시 하행선으로 돌아오고 다시 올라갔다 내려오기를 반복하며 전화기를 붙들고 케빈과 통화를 이어가며 끊임없이 이야기하고 애원했다. 그러는 동안 반대편 차선에서 다가오는 전조등들이 점점 드문드문해졌고, 모빌 주유소와 피자헛 간판 등이 하나둘 꺼졌고, 슈퍼마켓 앞 광장들도 점점 어둑어둑해졌다. 우리는 논리로 케빈을 설득한다는, 이미 실패한 과제에 계속해서 도전했다. 알약 하나 입에 넣고 물과 함께 넘기는 게 뭐가 그렇게 어렵니? 그래서 나쁠 일이 뭐가 있니?

그 모든 말이 바람에 날리는 거위 깃털이었다. 케빈은 상냥하고 참을성 있게 우리 말을 들었고, 다시 자기는 약을 끊었다고 설명했다. 최종 결정이었다. 이제 자기는 괜찮다고. 끝난 일이라고.

질병인식불능증.

다음 날 아침 나는 보스턴행 비행기에 올랐다. 아너리는 남아서 결혼식에 참석하기로 했지만, 걱정이 그녀를 쥐어짰다. 그날 아침 아너리가 샤워를 하고 있을 때 모텔 방의 전화가 울렸는데, 그녀는 허둥지둥 황급히 전화를 받으려 달려가다가 젖은 타일 바닥에 미끄러지면서 굽도리널에 발을 부딪치는 바람에 발가락 하나가 부러지고 말았다. 보스턴에 도착한 나는 펜웨이 파크°에서 한 블록 떨어져 있고 버클리까지 걸어서 금방 갈 수 있는 하워드 존슨스 호텔에 체크인 했다. 레드삭스가 오후 경기를 하고 있었다. 케빈과 3시쯤 만나기로 하고 방을 나서려 손잡이에 손을 대는 순간, 갑자기 어디선가 들려오는 함성 소리에 나는 얼어붙었다. 소리는 계속됐지만 그 출처는 보이지 않았다. 내 머릿속에는 괴성을 지르며 이드$_{id}$를 뚫고 나오는 악령 떼가 떠올랐다. 레드삭스 선수가 홈런을 친 것이었다.

케빈은 약속한 길모퉁이에서 나를 기다리고 있었다. 비스듬한 미소가 다시 돌아와 있었고 손가락 끝은 주머니에 밀어 넣은 모습이었다. 나는 케빈을 안고 그 아이의 따뜻한 온기를 음미했다. 20년 전 코네티컷의 주말 집에서 보낸 어느 여름날이 생각났다. 잠든 아기 케빈을 내 허벅지 위에 눕힌 채 오두막 뒷마당에 내놓은 의자에 앉아 있던 오후. 아직 머리카락도 없는 케빈의 머리가 내 구부린 무릎 위에 놓여

○ 보스턴 레드삭스의 홈구장.

있었다. 나는 울새 한 마리가 마당 한쪽 끝에서 다른 쪽 끝까지 얼룩 얼룩한 풀과 가지와 도토리 사이로 종종거리며 뛰어다니다 가끔 멈춰 벌레를 잡아먹는 모습을 눈으로 좇으며 반쯤 졸고 있었다. 나는 근육 하나 움직이지 않았다. 그 위에서 내 아들이 누워 자고 있었으니까. 달콤한 시절, 멋진 오후였다.

보스턴에서 보낸 그 주말 케빈은 예전의 케빈 그대로였다. 쾌활한 소년 같았고, 나를 만나서 행복해했다. 대낮의 밝은 빛이 그 머리카락의 황금빛과 눈동자의 푸르름을 더 선명하게 부각시켰다. 우리는 언제나 그래왔듯 함께 편안한 시간을 보냈다. 박물관에 갔다가 대중교통을 타고 노스엔드에 가서 이탈리아식 점심도 먹었다. 우리는 많이 걸어 다녔다. 프루덴셜 센터 쇼핑몰과 보스턴 코먼 공원을 지나 펜웨이의 경계선을 따라 애거시즈 거리까지 갔고, 백 베이 펜스 공원의 물가를 걸어 제2차 세계대전 당시 도시 자급 농업시대의 것으로 추정되는 빅토리 가든에도 들어가보았다. 우리는 많은 것에 대해 편안하게 이야기를 나누었다.

그러나 내가 약 문제로 화제를 돌릴 때마다 케빈은 회피했다. 나를 보스턴까지 불러온, 이렇게 태평스러운 양 걷고 있는 동안에도 계속 내 간담을 서늘하게 만들던 바로 그 주제 말이다. 적의는 없었고 반항하는 태도도 아니었다. 약은 그냥 케빈이 더 이상 하지 않게 된 무언가일 뿐이었다. 잠시 버티다가 나 역시 그냥 그 주제를 놓아버렸다. 그것만 빼면 더없이 완벽한 아들과의 주말에 집중하려 노력했고, 억지로 비통한 마음을 가라앉히고자 의지를 발휘했다. 다음 날 나는 케빈을 진료해온 보스턴의 정신과 의사에게 전화를 걸어 그가 할 수 있는 일이 없는지 물었다. 재능 있고 정신적 혼란을 겪는 버클리 학생들을 충분히 상대해왔던 그 의사는 자기로선 할 수 있는 게 없다고 대답했다. 유일한 방법, 섬뜩한 방법은 케빈이 다시 '추락'하게 두었다가 그로부터 교훈을 얻기를 바라는 것뿐이었다.

*

케빈은 거의 버텨냈다. 그 학년이 끝날 때까지.

필연적 추락은 놀랍지 않았지만, 전화 저편에서 들려오는 로봇 같은 목소리에 깃든 어둠에는 놀라지 않을 수 없었다. 케빈은 반항적인 태도로 우리를 비난하고 있었다. 우리가 자신에 대해 음모를 꾸미고 있다고 믿었고, 그 음모를 멈추고 싶어 했다.

편집증이었다.

이번에는 아너리가 보스턴으로 갔다. 이즈음 우리는 번갈아가며 임무를 수행하고 있었다. 아너리는 펜웨이 켄모어에 있는 케빈의 아파트로 달려가 케빈에게 커피를 마시러 가자고 제안했다. 거리를 걷는 동안 케빈은 엄마가 자기를 스토킹하고 있다고 생각하기 시작했고 경찰을 부를 거라고 말했다. 아너리는 경찰을 부르라고 했다. 경찰차가 도착해 아너리가 상황을 설명하자 경찰관들은 지역 병원으로 우리의 아들을 데려갔다. 케빈은 저항하지 않고 따라갔다.

며칠 동안 그곳에서 지내며 약간의 약을 복용하고 과로에 지친 정신과 의료진에게 어설픈 검사를 받은 뒤, 케빈은 집에 돌아가도 된다는 말을 들었다. 돌아가는 차 안에는 케빈의 머릿속에 들어온 목소리도 동승하고 있었다. 집에 도착하자 러틀랜드 지역 병원 정신과 수석 의사는 케빈의 상태가 분열정동장애로 악화되었다고 알려 왔다.

이어진 주들과 달들이 만들어낸 혼합물은, 명료한 서사의 줄기를 뽑아내고자 세세히 돌아보기에는 여전히 너무도 고통스럽다. 희망적으로 정신이 맑아졌다가 다시 재발하고, 입원했다가 퇴원하고, 비합리적인 희망이 찾아왔다가 이것이 앞으로 케빈의 삶이 전개될 방식이라는 막막한 인정에 밀려나는 여러 달이었다. 나는 스스로 자신감을 되찾기 위해 익숙한 은유의 '막'을 다시 손질했다. 케빈의 조현병을 받쳐주는 막이 충분히 튼튼하다고 애써 믿었다. 물론 그 막은 결국 그렇게 튼튼하지 않았다. 결국 막은 찢어졌고, 우리 아들은 추락했다.

마지막 몇 달 동안에도 좋은 순간들은 있었다. 2004년 가을에 아내 리는 캐슬턴 주립 대학에 케빈을 등록시켰다. 우리와 계속 함께 지낼 수 있을 만큼 충분히 가까웠고, 그러면서도 재즈밴드와 함께 연주할 수 있는 곳이었다. 색소폰 주자인 젊은 음악 감독이 들어왔는데, 그는 단박에 케빈을 이해하고 버몬트와 뉴햄프셔와 매사추세츠를 돌며 연주하는 캄보 멤버로 케빈을 받아들였다. 때로는 유명한 피아니스트 키스 자렛Keith Jarrett의 동생인 게이브 자렛Gabe Jarrett이 그 팀에서 드럼을 연주하기도 했다.

몹시 추운 어느 겨울 밤, 캄보는 미들베리 남동쪽으로 100킬로미터쯤 떨어진 작은 도시 러들로에 있는 한 바에서 모였다. 그곳에 도착했을 때 케빈은 기타를 앰프에 연결하는 코드를 깜빡하고 챙겨 오지 않았다는 것을 깨달았다. 나는 차를 타고 그 도시의 상점들을 재빨리 훑었지만 모두 문을 닫은 상태였다. 바텐더가 도로 건너편 언덕 위에 뮤지션 한 사람이 살고 있다는 사실을 기억해냈다. 나는 달려 나가 길을 건너고 언덕을 올라 그 집 문을 두드리고는 처음 보는 그 사람에게 코드 하나를 빌려달라고 부탁했다. 그날 밤 캄보는 훌륭한 재즈 연주를 들려주었다. 관객이라고 해봐야 옆방 바에 앉아 맥주를 마시며 ESPN 스포츠 방송에 시선을 고정하고 있던, 청바지 위로 엉덩이가 삐져나오려 하는 남자들이 대부분이었지만.

케빈은 〈프리모샤디오〉의 작곡을 마쳤다. 대단한 재즈 모음곡이었다.

케빈은 여전히 온화하고 사랑스러웠다. 하지만 우리에게 말은 별로 하지 않았다. 케빈의 주파수는 다른 대화에 맞춰져 있었다. 그런 일이 일어날 때면 언제나 알 수 있었다. 우리에게서 시선을 돌린 채 거의 표가 나지 않을 정도로 입술을 움직였는데, 한순간 그 비스듬한 미소의 흔적이 떠오를 때도 있었다. 우리는 그 목소리가 적대적이지 않다는 것을 위안으로 삼았다.

부비 시절을 그리워하던 케빈은 캐슬턴 주립 대학에서 만난 베이시스트 한 명과 머리카락을 분홍색으로 물들인 드러머와 함께 괜찮은 밴드를 다시 결성했다. 그들은 '폴 라인업Fall Lineup'으로 밴드명을 정하고 버몬트주 여기저기서 공연을 했다. 운전은 언제나 케빈이 했다. 그런 밤이면, 특히 고속도로가 눈과 얼음으로 덮인 밤이면 아너리와 나는 케빈이 집에 올 때까지 식은땀을 흘리며 기다렸다. 하지만 케빈을 막을 방법은 없었다. 그리고 케빈은 언제나 집까지 무사히 돌아왔다.

케빈은 미들베리에서 만나는 정신과 의사나 상담사와도 좋은 관계를 유지했다. 약속에 빠지지 않고 나갔고 다시 먹기 시작한, 아니 그랬다고 우리가 생각한 약에 대해 불평도 하지 않았으며, 그들과 대화할 때는 언제나 매력적인 태도로 또렷하게 말했다.

어쩌면 아너리와 나는 이 상태가 언제까지나 이어지리라 믿어버린 건지도 모른다. 결코 완벽한 미래는 아니지만 우리가 살아 있는 날까지는 지켜줄 수 있는 미래. 언제나 낙관적인 아너리는 케빈이 언젠가 그를 사랑하고 돌봐줄 다정한 아가씨를 만나게 될지도 모른다고까지 상상했다.

그렇게 2004년 겨울이 지났고, 2005년 여름이 왔다.

레드삭스 17점, 양키스 1점

19

2005년 7월 15일 금요일. 주방 달력에 표시해둔 날짜였다. 우리가 달력에 표시를 해두는 일은 많지 않다. 그날은 딘과 내가 보스턴 레드삭스 팀의 야간경기를 보러 가기로 한 날이었다.

야구 경기를 관람하기에 그보다 더 좋은 날은 고를 수 없었을 것이다. 보스턴은 월드 시리즈의 왕좌를 지키고자 승승장구하며 50승 39패로 아메리칸 리그 동부에서 1위를 달리고 있었다. 전년 가을 그들은 내가 사랑하던 세인트루이스 카디널스를 4연승으로 꺾으며 마침내 밤비노의 저주°를 풀었다. 정말 멋진 경기였기에, 그 뒤로 딘과 나는 보스턴 레드삭스의 열성팬이 되었다. 원정 팀은 숙적인 뉴욕 양키스였는데 47승 41패로 3위를 차지하며 레드삭스에게 두 게임 반을 뒤지고 있었다. 조니 데이먼은 긴 머리를 휘날리며 0.346의 타율로 삭스에게 안타를 잔뜩 안겨주고 있었고, 알렉스 로드리게스는

○ 1920년 보스턴 레드삭스가 베이브 루스를 뉴욕 양키스로 이적시킨 뒤 2004년까지 월드 시리즈에서 한 번도 우승을 거두지 못한 징크스를 가리킨다. '밤비노'는 베이브 루스의 별명이다.

0.316의 타율로 뉴욕 양키스를 이끌고 있었다. 마지막 결전이 될 요소를 모두 갖춘 경기였다.

나는 몇 주 전 티켓 두 장을 확보해둔 터였다. 내가 딘이 일하던 몬트펠리어의 신문사 사무실로 가 딘을 태우고 둘이 보스턴으로 갔다가 그날 밤 집으로 돌아오기로 했다. 우리 가족 중 펜웨이 파크에 가본 사람은 아무도 없었다. 전해 봄 케빈을 만나러 갔을 때, 구장 맞은편 모텔에서 보이지 않는 관중이 홈런에 내지르던 함성을 들은 것이 내가 거기 가장 가까이 가본 경험이었다.

그날 밤에는 맷집 좋은 왼손잡이 베테랑 투수 데이비드 웰스가 홈팀 선발투수로 나서 브롱크스 바머스°의 오른손잡이 투수 팀 레딩과 맞섰다. 레드삭스는 1회 말부터 레딩을 몰아 노아웃 만루 상황에서 3 대 0을 만들며 앞서나갔다. 양키스의 중간 계투 대럴 메이는 '파피' 오르티스가 친 땅볼을 잡아 3루 포스아웃을 만든 대신 마크 벨혼에게 1점을 허용했다. 이어서 매니 라미레스가 친 플라이볼이 좌익의 그린 몬스터°°를 넘기며 '바랑키야 베이비' 에드거 렌테리아를 홈으로 불렀고, 다음으로 타석에 오른 트롯 닉슨의 타구는 우익수 멜키 카브레라를 쌩하니 지나치더니 외야 중앙 펜스 쪽으로 날아가 장내 홈런을 만들어냈다. 이로써 오르티스와 라미레스와 닉슨까지 베이스를 돌면서 2회 말 레드삭스의 점수는 이미 8점으로 올라갔고 모든 팬들이 자리에서 일어났다. 마지막에는 파피가 우익 관중석 쪽으로 만루

○   뉴욕 양키스의 별명이다.

○○ 팬웨이 파크 좌익, 약 11미터에 이르는 녹색 펜스의 별명이다.

홈런을 날렸는데, 이는 오르티스가 그 시즌에 친 마흔여섯 개의 홈런 중 스물세 번째였다. 딘과 나는 그 경기를 보러 가지 못했다.

*

금요일은 미들베리의 쓰레기 수거일이었다. 여느 때와 같이 아침 일찍 일어난 나는 부엌의 빵빵한 검은 비닐봉지들을 들고 지하실 계단을 내려간 뒤 차고를 지나, 시끄러운 소리를 내며 쓰레기를 압축하는 흰색 트럭이 기다리고 있는 진입로까지 가져다놓았다.

두 번째로 계단을 내려가 차고로 들어가기 위해 왼쪽으로 돌아서기 직전, 나는 문득 지하실 어둠 속 오른편에 뭔가 있다는 느낌이 들어 그쪽으로 돌아섰다.

거기 케빈이 있었다. 고개를 숙인 익숙한 자세였다. 케빈의 건너편 천장 바로 밑에 달린 먼지 쌓인 작은 창으로 희미한 아침 햇살이 들어와 케빈의 머리카락을 비추고 있었지만 황금빛을 살려낼 정도로 충분한 빛은 아니었다. 아주 짧은 순간, 나는 케빈이 이른 아침부터 연습을 하나보다 생각했다. 그러다가 이내 케빈이 움직이지 않는다는 것을, 케빈의 기타에서 아무 소리도 나지 않는다는 것을 깨달았다.

정신이상과 이카로스

20

우리는 케빈을 화장하기로 했다.

케빈이 그 재주 많은 손가락에게 시킨 마지막 일, 그러니까 짧은 밧줄의 한쪽 끝을 지하실 천장 아래 파이프에 묶고 다른 끝을 자기 목에 묶는 일이 끝나고 부엌 의자에서 몸을 떨어뜨린 날, 그날 낮에 케빈은 전처럼 서글서글한 케빈으로 돌아와 있었다. 오후에는 미들베리의 상담가와 함께 유쾌하게 차를 타고 가면서 자기 미래에 대해서도 예사롭게 이야기했다. 더 늦은 오후 내가 어떤 금전 거래 일로 서류에 서명을 하고 있을 때는 내 쪽으로 걸어와 농담을 던지기도 했다. 일종의 언어유희였다. 여간해서 잘 하지는 않았지만 케빈은 언어유희에 능했다.

아너리는 케빈이 그날 오후 자신에게 무언가 심각한 이야기를 시작하다가 갑자기 그만둬버렸던 일을 기억했다. 나는 케빈을 얼핏 본 뒤 비틀거리며 지하실 계단을 올라간 것, 그런 다음 2층으로 이어지는 계단을 올라 우리 침실로 들어서서는 울부짖으며 아너리를 깨운 것을 기억한다. 아너리가 침대에서 뛰쳐나와 그 아이 옆에 서서 주먹을 꼭 쥔 채 절규하던 모습을 기억한다. 내가 빌어먹을 911에 전화를 걸었던 것을 기억한다. 그러고는 지하실 계단으로 돌아가 아너리와 나란히 앉아 경찰과 응급 구조대를 기다리던 것을 기억한다. 얼마나 갈증이 났는지, 목구멍에 솜뭉치가 가득 찬 듯 얼마나 목이 바짝 말랐었는지 기억한다. 얼핏 보기만 했던 케빈의 몸을 제대로 확인하려면 몸을 오른쪽으로 돌려야 했지만 도저히 그렇게 몸을 돌릴 수 없었던 것을 기억한다. 내 용감한 아내가 케빈에게 다가가 그 아이를 만졌던 것을 기억한다.

응급 구조대가 도착해 밧줄을 자르고 케빈의 몸을 들것에 눕힐 때까지 까마득한 시간이 흐른 것 같았다. 대원 중 한 사람이 아이들이 어릴 때부터 우리 가족이 함께 외식을 하러 다니던 변두리 레스토랑 주인이었다는 것을 알아보았던 것도 기억한다. 어린이 메뉴에 나와 있는 점 잇기 놀이를 하고 케빈이 흘린 오렌지 주스를 닦아내던 곳. 구조대원들이 케빈의 시신을 진입로에 서 있던 구급차로 옮길 때, 1988년에 케빈이 밴에서 내리자마자 집으로 뛰어 들어가며 지나던 길을 그들이 정확히 되짚고 있다고 생각했던 것도 기억한다. 우리는 들것을 든 사람들에게 아들에게 작별 인사를 하도록 잠시 기다려 달라고 부탁했다.

가까운 친구들에게 우리를 태우고 산 너머 동쪽으로, 딘이 작은 신문사의 기자로 일하고 있던 몬트펠리어로 데려다달라고 부탁했던 것을 기억한다. 레드삭스와 양키스의 경기를 보러 보스턴으로 가기 전, 딘을 태우러 들를 때 지나기로 계획했던 바로 그 길이었다.

딘을 찾아 그 소식을 전했을 때 딘이 내질렀던 울부짖음을 기억한다. 그리고 몇 초 뒤, 억지로 침착함을 되찾고 다음에 해야 할 일을 계획하기 시작하던, 우리를 안내하고 보살피던 딘도 기억한다.

＊

며칠 뒤 장례식장에서 열린 케빈의 추도식에는 그동안 케빈과 인연이 스쳤던 다양한 사람과 너무 멀어 참석하지 못한 사람들이 보낸 편지와 꽃다발이 몰려들었다. 조문객은 방을 채우고, 복잡한 장례식장으로 이어지는 계단을 채우고, 이어 행렬은 돌출 현관으로, 다시 현관 아래 잔디밭의 밤공기 속으로 이어졌다. 폴 라인업의 멤버들, 케빈의 선생님들과 기타를 가르쳐준 스승들, 그리고 6학년 때 친구, 미래의 하키 스타에게 맞서 케빈이 방어해주었던 그 키 큰 여학생도 와 있었다. 그녀는 어머니와 함께 한 시간 정도 일찍 도착해서, 다른 사람이 방 안을 채우는 동안 접이의자에 미동도 않고 앉아 있었다. 연단 뒤 테이블에는 케빈의 검정 마틴 기타가 있었고 그 위에는 해니벌에서 내 고등학교 친구들이 보내준 꽃다발이 놓였다.

그날 밤 다른 도시에 공연이 잡혀 있던 우즈 티 컴퍼니는, 그 오래전 일요일 저녁, 벌링턴의 보트하우스 무대에 내가 케빈을 안아 올렸던 날 무대에 있었던 밴조 연주자 마이크 러센Mike Lussen을 보냈다. 그날 이후 마이크는 우리 가족의 가까운 친구가 되어 있었다. 그가 방 안으로 들어왔을 때 나는 그의 눈을 들여다보았지만 그가 누구인지 알아보지 못했다.

브레드 로프에서 케빈과 함께 즉흥연주를 했던 친구, 샤그린 폴스

에 살고 있던 작가이자 드러머인 스콧 랙스Scott Lax는 오하이오주에서
차를 몰고 찾아와 아름다운 추억을 들려주었다.

우리의 친구 제이 패리니Jay Parini가 추도 연설을 했다. 그의 첫 마
디는 이랬다. "인생은 괴로움입니다." 냉담하거나 체념적으로 한 말
이 아니었다. 그의 말투에는 사랑이 담겨 있었고 그 말을 절대적인 진
리처럼 들리게 하는 뭔가가 있었다.

아너리는 우리의 친구이자 캐슬턴 주립 대학의 학장인 조 마크Joe
Mark에게 자신의 말을 대신 읽어달라고 부탁했다.

사랑이 케빈을 구할 수 있었더라면, 케빈은 아직 우리들 곁에
있을 겁니다.

열정과 노력이 케빈을 구할 수 있었더라면, 케빈은 오늘 우리
와 함께 이곳에 있을 겁니다. 재능이 특출한 사람은 노력하는
모습이 항상 잘 보이지는 않지요. 하지만 나는 케빈이 음악에,
자신이 될 수 있는 가장 좋은 기타리스트가 되는 일에 헌신했
다는 사실을 여러분께 말할 수 있습니다.

선함이 케빈을 구할 수 있었더라면, 우리는 어제 케빈의 스물
한 번째 생일을 함께 축하할 수 있었을 겁니다.

나는, 케빈을 잃은 끔찍한 고통을 겪는 동안 소중한 추억들에
의지했습니다. 짧고 달콤했던 시간 동안 우리에게 맡겨졌던 이
아름다운 소년을 알았고 사랑했던 것에 나는 정말 감사합니다.

케빈의 죽음을 전해 들은 그 순간부터 줄곧 그랬듯, 그날 저녁에

도 딘은 영웅적인 모습을 보였다. 연단에 곧게 서서 추도객을 맞이했고, 자신의 동생이자 기타 파트너에게 짤막하되 아름다운 작별 인사를 건넸다. 딘은 우리 가족의 기둥이 되어 있었다. 처음부터 그 아이는 스스로 모든 일을 책임졌다. 딘은 케빈의 옷과 악기, 그림, 스크랩북, 음악 CD, 그 밖에 앞으로 우리가 우연히 마주칠 때마다 고통을 느끼게 될 모든 물건을 모아서 따로 두자고 제안했다.

그리고 딘은 미들베리의 격주 간행물 〈애디슨 인디펜던트Addison Independent〉에 자살 당시 케빈의 정신증에 대해 솔직하게 기록한 용감한 편지를 써 보냈다.

> 아무리 이해하려 노력해봐도 그의 죽음에는 우리가 이해할 만한 합리성이 존재하지 않는다. 케빈의 삶에서 모든 것은 미래를 향해 맞춰져 있었다. 그에게는 정기적으로 함께 연습하고 공연하는 밴드가 있었다. 케빈은 캐슬턴 주립 대학에서 수업을 듣고 있었다. 케빈은 죽기 바로 전날에도 언론에 보도 자료를 보냈다.
>
> 나는 케빈의 죽음이 분열정동장애에 대한 의식을 높일 수 있기를 바란다. 케빈이 죽음을 택함으로써 우리 중 심리적 장애를 앓는 사람들에게 오명에 대한 두려움 없이 자신의 문제를 직시할 힘을 준 것이기를 소망한다.
>
> 마지막으로 병원에 다녀온 뒤 케빈은 계속 조금씩 나아지고 있었다. 때때로 미소를 짓기도 했고, 그러면 우리는 그 미소에 감사했다. 캐슬턴에서도 성적 우수자 명단에 오르며 훌륭한 한 학년을 보내고 있었다. 케빈과 어머니는 캘리포니아로 피정을 갈 계획도 세

워두고 있었다. 생의 마지막 날, 케빈은 농담도 몇 마디 했다.

케빈은 작곡을 하고 가사를 썼다. 이 세상에서 잘 살아보고자 했던 케빈의 갈망은 내 인생에서 본 것 중 가장 환한 불빛으로 타올랐다. 케빈은 가족을 사랑했고, 가난한 사람에게 연민을 느꼈으며, 한 번도 폭력성을 보인 적이 없었다. 케빈은 온화하고 사려 깊었고, 사람의 마음을 녹이는 유머 감각을 갖고 있었다.

나는 평생 케빈의 부재를 느끼며 살아갈 것이다. 케빈과 함께 보낸 마지막 날이 점점 멀어진다는 사실이 나를 아프게 한다. 하지만 내게 주어졌던, 케빈과 함께한 21년의 세월에 감사한다. 신이 케빈이라는 선물을 거두어 가셨으니 그 슬픔을 견디기에 충분한 희망과 힘 또한 달라고 요구한다 해도 그리 무리한 부탁은 아닐 것이다.

원래 캐슬턴에서 추도식을 올리기 원했던 제 어머니에게 반드시 미들베리에서 해야 한다고 설득한 것도 딘이었다. 아너리는 여전히 미들베리가 딘에게 등을 돌리고 있고, 그 끔찍한 사건 이후 언론에서 그려진 대로만 딘을 바라본다고 믿고 있었다. 딘이 미들베리를 고집한 덕에 아너리는 우리 가족에게, 그리고 우리에게 얼마나 많은 친구가 남아 있는지 깨닫게 되었고 그것이 그녀에게 어느 정도 마음의 평화를 주었다.

사촌을 비롯한 친척들과 친구들이 전국에서 찾아와 우리가 추도식 이후의 며칠을 견디도록 도와주었다. 그들은 우리에게 캐서롤 요리와 기도를 선사했다. 위로의 편지와 카드가 매일 도착했다. 그중에서도 특히 우리를 감동시킨 카드는 그 자동차 사고에서 끔찍한 부상을 입었던 에이미가 보낸 것이었다.

7월의 낮과 밤이 지나고 우리를 방문했던 사람들도 빈 캐서롤 그릇과 우리의 감사를 안고 하나씩 둘씩 떠났다. 곧 집에는 우리만 남게 되었다.

그리고 얼마 지나지 않은 어느 저녁 우리는 벽난로 앞에서, 아너리는 흔들의자에 나는 소파에 앉아 이야기를 나눴다. 그때 나는 어떤 존재감을 느꼈다. 단 한 순간이었지만 케빈은 방 안에 존재했고, 나를 내려다보며 용서를 구했다. 나는 영혼의 현시顯示를 믿는 사람이 아니다. 나는 그 순간을 지극히 심리적인 것으로, 어쩌면 정도가 약한 정신증의 발작으로 여긴다. 그 느낌을 아너리에게 말하고서 1분이 채 지나지 않아, 무슨 이유에선지 나는 소파의 쿠션과 팔걸이 사이로 손을 쑥 밀어 넣었고, 케빈이 잃어버렸던 휴대폰을 꺼냈다. 포트콜린스에서 흑인 승객을 보고 그냥 지나쳐버린 버스를 신고할 때 썼던 휴대폰이었다. 이 일에 대해서도 합리적인 설명이 존재하리라고 나는 확신한다. 분명 그럴 것이다.

2005년 가을에 우리는 미들베리를 떠나 남쪽으로 45킬로미터쯤 떨어진 캐슬턴으로 갔다. 아너리가 그곳 대학에서 행정 직원으로 일하게 됐다. 멍하게 마비된 상태였던 그 겨울을, 우리는 하얀 미늘 판자로 지은 200년 된 농가 주택을 관리하며 보냈다. 대학 캠퍼스 남쪽으로 몇 킬로미터 떨어진 둔덕 위에 홀로 서 있는 집이었다. 농가의 주인은 전직 여성 로커이자 코파카바나의 댄서였던 70세 여성으로, 며칠간 우리의 기운을 북돋아주고는 친척들과 겨울을 보내기 위해 애리조나로 떠났다. 헤나로 염색한 머리에 최신 유행 스타일과 톡 쏘는 위트가 일품인 이 앨리스라는 디바는 나에게 자기 거실에서 진토닉을 만들라고 지시하고는("진을 띄워!") 자신의 화려했던 시절 이야기를 풀어놓았다. 앨리스는 코파카바나의 무대 가장자리에서 크리놀린 스커트를 빙글빙글 돌리다가 조지 래프트George Raft가 들고 있던 술잔을 쳐서 떨어뜨렸던 날 밤을 즐겨 회상했다. 래프트는 갱스터 역을 주로 연기하던 영화배우였다. 언제나 숙녀다웠던 앨리스는 댄스 대열에서 빠져나가 몸을 숙여 래프트의 술에 젖은 옷깃을 닦아주었다.

"그랬더니 뭐라던가요?" 언제나 뒷이야기를 궁금해하는 내가 물으면 앨리스는 활짝 웃으며 대답했다.

"이러더군. '맙소사, 진짜 사람이었네!'"

✳

아너리는 대학에서, 나는 로봇처럼 근처의 흙길을 산책하고 글을 쓰며 낮을 보냈다. 저녁에는 벽난로 앞 소파에서 둘이 몸을 움츠려 부둥켜안고 무릎에는 담요를 덮은 채로 넷플릭스에 올라와 있는 온갖 고전 영화들을 보았다. 초록이 올라오는 봄에는 집을 보러 다녔다. 두 번째로 본 집을 사기로 하고 매매계약서에 서명을 했다. 캐슬턴이 내려다보이는 언덕에 지은 나지막한 2층짜리 샬레°로, 뒤쪽에는 소나무 숲이 있고 정면은 남서쪽의 그린 마운틴을 바라보는 곳이었다. 우

○ 스위스에서 흔히 볼 수 있는, 지붕이 뾰족한 목조 주택.

리는 지금 그 집에 살고 있다.

딘의 강인한 성품과 안정성(으로 보였던 것)이 우리 가족의 회복에 단단한 기반이 되어주었다. (아내와 나는 늘 케빈의 죽음이 가한 충격이 딘의 전구기를 더 심화시킨 게 아닌지 생각한다.) 케빈이 죽었을 때 딘은 스물세 살이었고, 콜로라도와 버몬트에서 신문업의 경험을 쌓는 한편 OpEdNews 웹 사이트에 설득력 있는 정치 에세이를 기고하고 있었다. 버몬트의 언덕에서든 콜로라도에서든, 어디든 자기가 있는 곳에서 자전거를 타고 웨이트 트레이닝을 한다는 운동 방침도 엄격히 지켰다.

2006년 봄에는 〈네이션Nation〉지에서 인턴 자리를 구해 뉴욕의 한 아파트에서 몇 달을 살았다. 인턴 생활이 끝나는 날 딘은 케네디 공항 출발 라운지에서 아너리와 나를 만나 함께 이탈리아 포지타노로 한 주간 여행을 떠났다. 거대한 배낭을 메고 언제나처럼 빗질하지 않은 짙은 머리카락 둥지를 머리에 얹은 모습으로 조심성이라곤 없이, 진한 노란색 표지의 《바보들을 위한 이탈리아어》에 코를 박은 채 터벅터벅 걸어오는 딘을 발견하고 나는 씩 웃지 않을 수 없었다. 나폴리로 가는 비행기에서 딘은 바보가 아님을 증명했다. 두 명의 이탈리아 승무원과 잡담을 나누더니 전화번호를 받아 온 것이다. 우리는 200미터 아래로 지중해가 내려다보이는 해안가의 사라센 타워에 머물렀는데, 딘은 포지타노에 도착한 지 꼭 하루 만에 숙소에서 언덕 쪽으로 한 블록 올라간 곳에 있는 서점의 예쁜 곱슬머리 점원과 일주일짜리 낭만적인 우정을 나누기 시작했다. 절벽 도시 너머의 수면 위에서 반짝이던 햇빛, 빵과 치즈가 담긴 바구니를 든 쾌활한 새 친구와 함께 하던 하이킹, 바다 내음 가득한 항구와 그 앞 야외 레스토랑들의 알알이 늘어선 조명들 사이로 모래사장을 따라 우리와 함께하던 밤 산책, 이 모든 것이 딘의 회복에 도움을 주었고, 그 시간을 즐기는 딘을 지켜보는 우리의 회복에도 도움이 되었다. 무지개가 커다란 호를 그리며 산과 지중해를 연결하던 아침, 우리는 포지타노를 떠나는 버스에 올라 나폴리에서 집으로, 그리고 시간의 흐름 속으로 다시 들어왔다.

케빈이 떠난 뒤 처음 몇 년간 딘은 우리의 기쁨이자 토대였고, 지금도 딘은 우리의 기쁨이자 토대다. 그러나 그간의 세월은 딘에게 대학 시절 로키산맥에서 닦던 그 길보다 더 가파르고 더 울퉁불퉁하고 더 험악하고 더 위험한 길을 내밀었다. 알코올 의존은 이미 오래전에 스스로 끊어낸 터였다. 그러나 동생의 목숨을 앗아 간 그 병은 서서히 그리고 은밀히 파고드는 저만의 일정에 따라 겉으로 드러날 날을 향해 꾸준히 움직이고 있었다.

*

한동안 딘은 젊은 모험가가 꿈꾸는 삶을 살았다. 2006년에 버몬트에서 앨버커키까지 크로스컨트리 드라이빙을 시작했고, 앨버커키에 도착해서는 내가 이어준 연줄로 〈엘라의 계곡 In the Valley of Elah〉 촬영지에서 얼마간 일했다. 딘은 무급으로 폴 해기스 Paul Haggis 감독의 조수로 일했는데, 감독은 문에 딘의 명패가 붙은 작은 사무실도 마련해주었다. 나중에 딘은 자신의 영화제작 경력 중 하이라이트는 토미 리 존스Tommy Lee Jones에게 뜨거운 차를 타다 준 일이라고 말했다. 그러던 중 옛 여자 친구가 딘에게 연락을 해왔고, 그녀가 토미 리보다 더 매력적이라고 판단한 딘은 폴 해기스에게 감사의 인사를 전한 뒤 그 젊은 여성과 함께 오리건주 포틀랜드로 올라갔다. 둘의 로맨스는 흐지부지되었지만 포틀랜드에서 딘은 정치적 열정을 배출할 수단을 발견했다. 미국노동총연맹–산별노조협의회AFL-CIO와 결연을 맺고 있는 '일하는 미국Working America'이라는 진보적인 풀뿌리 운동 조직에 들어간 것이다. 딘은 노동자들이 사는 마을을 가가호호 방문하며 노동자의 권리와 적정 부담 의료보험의 가치를 알렸고, 그러다 현장 간사로 승진하여 새로 들어온 사람들에게 가구 방문과 설득, 리더십 기술을 가르쳤다.

그 조직은 2008년 1월 딘에게 '가구 방문 국장'이라는 직책을 맡겨 다시 앨버커키로 보냈다. 그곳에서 딘은 20여 명의 직원이 상주하는 노동 캠페인 사무소를 감독했다. 직원들은 앨버커키의 모든 동네로 흩어져 적정 부담 보험을 옹호하는 일을 계속했고, 딘은 뉴멕시코주의 부지사와 주 사무관 앞에서 그 사안에 관해 프레젠테이션을 하기도 했다.

그 시기 딘이 보낸 편지들은 명랑하고 희망에 차 있었다. 물론 대륙 저편에 떨어져 지내던 딘의 삶을 우리가 세세한 부분까지 모두 파악할 수는 없었다. 예를 들어 딘이 더 이상 작곡을 하지 않으며 기타에도 손대지 않는다는 사실을 우리는 몰랐다. 노래와 기타가 상징하는 시절은 이제 딘에게 고통을 안기는 기억이었고, 그래서 딘은 그것들을 머릿속에서 차단했다.

이듬해에 딘은 뉴멕시코를 떠났다. 우리에게 말하기로는 뉴잉글랜드가 그리워서라고 했다. 딘이 그곳에서 '일하는 미국'과 함께 대단히 훌륭한 활동을 한다는 사실을 알고 있긴 했지만, 그 소식을 들은 우리의 첫 반응이자 유일한 반응은 딘이 집과 더 가까이 살게 되었다는 기쁨뿐이었다.

딘은 메인주 포틀랜드에 아파트 하나와 오래된 녹색 픽업트럭을 장만해 '일하는 미국'과 비슷한 단체인 메인 주민 연합Maine People's Alliance에서 가구 방문 일을 시작했다. 오래지 않아 딘은 덜컹거리는 트럭을 타고 광활한 메인주의 작은 도시들을 돌아다니며 자영업자들을 만나 적정 부담 의료보험에 관한 견해를 듣고 그 혜택들을 홍보했다.

딘이 동쪽으로 옮긴 데는 또 한 가지 동기가 있었다. 온라인에서 만난 어떤 젊은 여성이 메인주에 살고 있기 때문이었다. 딘은 야외 활동을 좋아하는 사람들을 연결해주는 인터넷 데이트 사이트에서 그녀의 프로필을 보았다. 자기 인생의 연인과 함께하는 삶을 시작한다는(그리고 분명 더 이상 외롭지 않을 거라는) 환상을 좇아, 그때까지 내렸던 뿌리를 뽑아 보람과 희망을 주던 일자리를 남겨둔 채 대륙을 가로지른 딘은 꿈을 이루는 대신 감정적 재앙에 맞닥뜨렸다. 원형적 인물, 즉 '닿을 수 없는 타인'의 노예가 되어 수렁 속에서 허우적대는 자신을 발견한 것이다.

대부분의 사람들은 이런 통과의례를 겪더라도 시간이 지나면서 마음을 정리할 수 있다. 그러나 신경 구조가 취약한 사람은 그렇게 추스를 수 있는 장비를 제대로 갖추고 있지 못하다. 피할 수 없는 결별이 닥쳐왔을 때 딘은 그 충격에 허물어졌다. 딘의 온전한 정신을 간신히 지켜주던 허술한 비계飛階에 10년 사이 이미 두 차례, 어쩌면 세 차례의 타격이 가해진 터였다. 내면에서 응집되며 힘을 키우고 있던 광기가 때때로 생각과 행동을 무너뜨리는 와중에도 딘이 거기서 벗어나 자신을 다시 바로 세울 수 있었던 것은, 돌이켜보면 감히 짐작할 수 없을 정도로 대단한 일이다. 케빈의 심한 병세와 뇌가 돌이킬 수 없는 붕괴 상태로 악화되었던 그 급속한 속도와 비교해볼 때, 딘의 경우는 정신질환의 '스펙트럼'에 얼마나 다양한 차이가 있는지를 보여주는 증거이기도 하다. 결국 딘의 비계를 무너뜨린 것은 이 네 번째, 어처구니없게도 넷 중 가장 약했던 타격이었다. 딘의 정신을 보호하며 받치고 있던 막이 갈기갈기 찢어졌다. 딘에게 그 상실은 자신의 가치에 대한 부정으로, 그녀를 열렬히 사랑하는 마음에 대한 묵살로 느껴졌다.

그녀가 끝났다고 선언한 뒤에도 딘은 그 말을 사실로 믿지 못하고 한동안 포틀랜드에 더 남아 있었다. 몇몇 다른 여성들과 데이트도 해보았지만 그 오랜 세월 딘을 받쳐주었던 자제력이 이제는 사라지고 없었다. 이제 여자들은 딘의 격렬함과, 자기 기대에서 벗어나는 것을 참지 못하는 성격에 겁을 먹었다(이는 우리의 질문에 딘이 간략하게 한 대답들과 우리가 직접 본 모습으로 이후 우리가 재구성한 이야기다).

진보적 사안을 이해하는 딘의 능력과 그 사안을 자신 있고 명료하게 표현하는 재능을 높이 산 메인 주민 연합은, 딘이 직업 정치로 뛰어들기 원한다면 막 그 도약대를 만들어주려던 참이었다. 그들은 몇 차례 딘을 워싱턴으로 보내 메인주의 두 상원 의원을 만나게 했다. 올

림피아 스노Olympia Snowe와 수전 콜린스Susan Collins가 그들이었다. 뉴 멕시코에 있을 때는 빌 리처드슨Bill Richardson 주지사와도 안면을 트고 지냈다. 딘은 설득력 있는 연설가로 성장해나갔다. 딘의 준수한 외모와 자연스러운 매력이, 정치에 관여하는 사람들이 자신과 타인들 사이에 세워두는 비인간적인 차단막을 뚫고 전달되었던 것 같다. 딘은 솔직함과 사안에 대한 이해력으로 정부에서 바삐 일하는 사람들에게서 존중을 얻는 동시에, 소년 같은 자연스러움으로 그들로 하여금 자기도 모르게 미소 짓게 만들었다. 케빈과 저희 엄마처럼 딘에게서도 가식이라곤 찾아볼 수 없었고, 딘은 자기가 만나는 모든 사람도 그럴 거라고 생각했다. 대개는 딘 덕에 그들도 그랬다.

언제부턴가 아너리와 나는 이런 요소들이 머지않아 딘의 경력을 만들어줄 것이며, 그 경력이 수년간 견뎌온 고통과 박해, 죄책감과 파괴적인 상실로부터 빠져나오는 여정을 완성해주리라 느꼈다.

그러나 그런 일은 예정되어 있지 않았다.

그토록 마음을 사로잡았던 여성과의 이별이 딘의 안정감과 자존감에 최후의 일격을 가했다. 딘은 자동차 정비소 한두 군데에서 정비공으로 일하며, 소매를 걷어붙이고 일하는 남자라는 새로운 정체성으로 다시 태어나기를 바랐다. 픽업트럭을 타고 메인주를 돌아다닐 때 수없이 만났던 그런 남자처럼. 그리고 함께하기 위해 대륙을 가로질러 오게 만들었던 그녀가 존경한다던 그런 남자처럼. (그렇게 혼란에 빠져 있던 시기에 딘이 내게 자주 했던 비난은, 내가 손으로 일하는 법을 하나도 가르쳐주지 않았다는 것이었다. 그건 사실이었고, 나는 그 비난을 아버지로서 잘못한 일 중 하나로 받아들이며 살아왔다. 몇 년 뒤 나에게도 손으로 일하는 법을 가르쳐준 사람은 아무도 없었다는 생각이 떠오를 때까지는 말이다.) 어쨌든 노동하는 사람에 대한 딘의 존경 어린 마음은 야생의 자연과 그 거친 고독을 사랑하는 마음 못지않았다.

딘에게서 오는 연락은 종종 시비조이거나 자신의 목표에 대한 비현실적인 생각이었고, 최악의 경우에는 장황하고 초점 없는 횡설수설이었다.

*

그러던 어느 가을날, 마치 "집은 당신이 거기 가야 할 때 당신을 받아들여야만 하는 곳"이라는 로버트 프로스트의 금언을 실현하듯 딘이 집으로 돌아왔다. 나는 언덕배기 흙길을 돌아 집 앞 진입로로 들어서던 중 딘의 녹색 픽업트럭을 발견했다. 딘은 집 뒤쪽으로 솟은 소나무 숲 앞에 트럭을 대어놓았다. 트럭이 보여도 나는 놀라지 않았다. 딘은 늘 자신의 의도를 미리 밝히고 다니는 아이가 아니었으니까. 나를 놀라게 한 것은, 갑자기 커다란 주둥이를 내 차의 열린 차창으로 들이밀더니 귀를 뒤로 젖히고 커다란 발톱이 난 두 앞발로 턱 아래를 받친 채 갈색 눈으로 나를 빤히 쳐다보던 개였다. 무게가 40킬로그램이나 나가는 이 녀석은 복서와 핏불의 잡종으로, 딘이 메인주에서 입양한 루스터였다.

나중에 친구들에게도 얘기했지만, 루스터가 붙임성 있는 녀석이란 걸 알아차리는 데는 몇 초도 걸리지 않았다. 내 차의 시트야 살균제 몇 번만 뿌리면 깨끗이 치울 수 있었다.

딘이 집에 왔고 우리는 딘을 맞아들였다.

그해 2011년 가을 집으로 돌아온 뒤 딘이 금세 회복했다고 쓸 수 있다면 얼마나 좋을까. 그러나 그렇게 되지는 않았다. 딘의 신뢰를 얻고, 여러 해를 묵혀온 질병인식불능증으로 인한 항정신병 약물 투약 거부를 무너뜨리고, 케빈이 닿으려 애썼던 그 빛 속으로 딘이 다시 방향을 잡도록 인도해준 버몬트주의 한 젊고 총명한 정신과 의사를 만나기까지는 몇 년이 더 흘러야 했고, 그사이에 딘은 세 번 또는 네 번 심각한 정신증 발작을 일으켰다.

딘의 증상은 처음엔 정신을 산만하게 하는 정도였다. 밤이면 식탁에서 오랫동안 독백을 늘어놓았다. 대화가 아니라 분노와 비난을 토해내는 장광설이었다. 그런 말을 중단시키면 대가가 따랐다.

병이 딘의 생각과 행동을 지배하기 시작하면서 딘은 더욱 낯설어졌다. 목소리는 다시 낮고 굵어져 콜로라도에서의 전향 이전에 사용하던 터프가이 톤으로 돌아갔다. 편집증도 찾아왔다. 아너리도 나도 평범한 말이 (심지어 일부러 골라가며 무해한 말을 꺼낸다 해도) 언제 어떻게 욕설의 포문을 열게 할지 알 수 없었고, 그렇게 터진 딘의 욕설은 이내 초점을 틀어 서글프게도 편집증적 사고의 주된 표적이 되는 주제들과 인종 집단에 맞춰졌다.

이것은 딘이 아니었다. 딘의 뇌를 장악한 그것이었다. 우리는 그 사실을 알았지만 그걸 안다고 해서 위로가 되는 건 아니었다. 케빈이 악화되는 모습을 지켜보며 경험했던 것과 똑같은 무력감 속에서, 우리는 거의 정상적인 생활을 이어가지 못했다. 딘은 청소년기 초기부터 약과 상담과 병원을 경멸했다. 게다가 케빈과 달리 그 모두를 거부할 수 있는 법적 특권을 확보한 상태였다. 조현병 증상이 본격적으로 다시 표면으로 떠올랐을 때 딘은 이미 성인이었다. 딘의 의지에 반하여 정신병원에 입원시키거나 향정신 약을 받아들이게 할 방법은 없었다. 그러니까, 정신증이 딘을 위급한 상태로 내몰 때까지는 말이다. 대부분의 주에서 채택하고 있는 이런 법들은 정신질환 치료의 세계에서 가장 개탄스러운(마음 같아서는 '미치게 만드는'이라고도 쓰고 싶지만) 자기모순을 드러내는 증거다. 관료적 요식으로는 그럴듯해 보이지만 실제 삶의 상황에서는 재앙을 부르는 그 융통성 없는 제약들은 정신질환자가 '자해나 타해의 위험이 있다'는 것이 증명된 뒤에야 경찰과 의사의 통제권 행사가 가능하다고 규정한다. 사실상 이는 증명할 수 있는 해악이 있어야만, 즉 환자가 폭력을 저지르기 직전까지 가야만 제한 조치들을 적용할 수 있다는 뜻이다. 그 '직전'을 넘어서는 사건들은 수많은 가족의 기억에 지울 수 없이 새겨진다.

그래서, 수많은 가족이 그랬듯이 아너리와 나 또한 가만히 앉아 피할 수 없는 끔찍한 상황을 기다렸다. 그 위기가 임박과 실현 사이의 가느다란 경계선에 부딪치기를 바라는 희망 아닌 희망을 품고서.

*

우리 둘 다 희망을 완전히 포기하지는 않았다. 나는 평생 딘을 자세히 관찰해왔고 아너리도 그랬다. 나는 수차례 아너리에게 "그 애는 사자야. 여기서 벗어날 거야" 하고 말했는데, 이는 되는대로 지레짐작한 추측이 아니었다. 그것은 진심이었다. 그저 그 일이 어떤 식으로 일어날지 몰랐을 뿐.

딘은 계속 집에서 먹고 자면서도 우리와 의사소통은 거의 하지 않았다. 상담과 약물 치료도 계속 거부했다. 루스터와 함께하던 산행도 어느새 그만두었다. 아예 밖에 나가는 것 자체를 그만두었다. 우리 집에서는 커다란 자연석으로 만든 난로가 지붕을 떠받치는 기둥 역할을 하면서 주방과 거실의 경계선 역할도 한다. 딘은 큰 보폭으로 그 기둥 주위를 맴돌았고 한 번에 몇 시간씩 그럴 때도 있었다.

딘은 그렇게 무기력하게 있다가 일정한 간격을 두고 그 상태를 벗어나 작은 사업을 시작해보겠다는 변덕스러운 제스처를 반복했다. 그러다 포틀랜드에서 가지게 된 판타지를 버리지 못하고 자동차 정비소를 열겠다는 결심을 굳혔다. 우리는 캐슬턴에서 서쪽으로 43킬로미터 떨어진, 뉴욕주와의 경계선을 바로 마주한 땅에 지은 작은 퀸셋°을 사도록 딘에게 돈을 빌려주었다. 딘은 중고 캠핑카를 샀고, 종종 맨땅에서 잠을 잤다. 그러면서 퀸셋의 내부 인테리어를 갖춰나가기 시작했다. 새 기둥을 세우고 새 단열재를 설치하고 새 바닥을 깔았다. 나는 용접공 안경을 쓰고 눈앞의 불꽃을 바라보는 딘의 모습이 담긴 사진을 가지고 있다. 하지만 얼마 후 그 일도 흐지부지됐다. 퀸셋을 다시 꾸미는 일에도, 자동차 정비 사업을 시작하는 일에도, 딘은 모든 흥미를 잃고 말았다. 관심과 열정을 유지하지 못하는 것 역시 조현병의 흔한 증상 중 하나다.

2012년. 딘은 서른한 살이 되었다.

○   함석으로 만든 길쭉한 반원형의 간이 건물.

그해 가을 잔뜩 흐린 어느 오후 나는 서쪽에서 딘의 퀸셋이 있는 곳으로 향하고 있었다. 올버니 공항에서 집으로 돌아가던 중, 고속도로에서 벗어나 딘을 보러 들러야겠다는 생각을 한 것이다.

내가 모퉁이를 돌았을 때 딘은 퀸셋에서 몇 미터 떨어진 곳에 세워둔 캠핑카 뒤에다 접이의자를 놓고 앉아 있었다. 문 앞에 깔린 작은 플랫폼에 빈 맥주 캔 몇 개가 뒹굴고 있었다. 몸을 앞으로 둥글게 숙인 모습이 울고 있는 것 같았다.

자리에서 일어난 딘은 어깨를 감싸 안는 나를 가만히 내버려두었다. "정말 오랜만에 안아주시네요" 하고 딘이 투덜거렸다. 나는 계속 팔로 딘을 감싸 안은 채 차로 데려가 함께 집으로 돌아갔다. 집에서는 가장 깊은 나락이 우리를 기다리고 있었다.

크리스마스이브는 지옥이었고 크리스마스 날은 더 나빴다. 이브 날 밤 우리는 무언가를 놓고 거칠게 말다툼을 했고(도저히 피할 수 없었다) 다음 날 아침 딘은 통곡을 하며 깨어났다. 딘은 금세 집 밖으로 나가 성큼성큼 흙길 위로 돌아 걸어가더니 집집마다 문을 두드리며 자신이 메시아라고 선언하고 다녔다. 딘의 상태를 몰랐던 몇몇 이웃은 성탄 축하를 과하게 한다고 생각하는 것 같았다. 이날 캐슬턴 경찰서로 걸려 온 여러 통의 전화 중에는 파워스 집에서 건 전화도 포함되었다. 딘이 언덕 아래까지 내려갔을 때 한 젊은 경찰관이 경찰차 밖에 서서 딘을 기다리고 있었다. 딘은 타지 않으려고 저항했고, 경찰관은 약간의 완력을 쓸 수밖에 없었지만 심하게 다루지 않으려고 인내심과 자제력을 발휘했다. 그 일이 이곳이 아닌 미국의 다른 여러 지역들에서 일어났다면 그 몸부림은 딘이 지구에서 마지막으로 한 몸짓이

됐을지도 모른다. 내가 버몬트주에 살고 있다는 사실에 그때만큼 감사했던 적이 없다.

경찰관은 딘을 러틀랜드에 있는 병원으로 데려갔고, 거기서 딘은 응급환자로 들어가 진정제를 맞은 뒤(우리 버몬트주에서는 환자의 승인 없이도 이 정도는 허용된다) 한 달 동안 검사를 받으며 병원에 잡혀 있었다. 그런 다음, 주로 딘의 고집스럽지만 똑 부러지는 주장들 때문에 (사실을 말하자면, 이런 상황에서 딘은 정말 다루기 힘든 골칫거리가 될 수 있었다) 의사들은 딘을 퇴원시켜 근처에 있는 회복 시설에서 보살핌을 받게 하도록 결정했다. 미국에서 흔치 않은 종류의 시설인 스프링 레이크 랜치는 마약중독자와 정신질환자 들이 일하며 재활을 하는 언덕 위의 농장으로 1932년에 문을 열었다. 케빈도 생의 마지막 1년 중 몇 주를 그곳에서 보내며, 일시적이긴 했지만 도움을 받았다.

딘은 약물 치료를 받으며 스프링 레이크 랜치에서 석 달을 보내겠다고 동의했지만, 한 달이 지나자 내보내달라고 졸라댔다.

2013년 봄이 무르익으면서 날씨가 따뜻해졌고, 캐슬턴에서 남서쪽으로 60킬로미터 떨어진 곳에 위치한 뉴욕주의 휴양지 조지 호수에서는 사람들이 돛단배를 띄우고 물가 근처 얕은 물에서 수영을 하기 시작했다. 나는 딘에게 그곳에 가서 놀잇거리나 만나볼 만한 아가씨를 찾아보라고 권했다. 하지만 상황은 이런 말을 입 밖에 낸 것을 후회하게 만드는 쪽으로 흘러갔다. 어느 날 아침 딘이 집을 나간 뒤, 딘의 전 여자 친구 한 명이 아내리에게 문자메시지를 보내왔다. 딘이 페이스북에 자살을 생각하고 있음을 암시하는 글을 올렸다는 것이다. 정오 무렵 아내리는 딘의 휴대폰으로 전화를 걸었다. 받지 않았다. 전화가 걸려 오지도 않았다. 우리는 퀀셋으로 차를 몰았다. 딘은 거기 없었다.

익숙한 공포, 그 매서운 공포가 뱃속을 파고들었다. 우리는 누구에게 전화를 걸어야 할지 생각해내려 애썼다. 전화를 걸 만한 사람은 가슴 아플 정도로 극소수에 지나지 않았다. 아너리와 나는 딘의 픽업트럭이 터덜터덜 집으로 올라오는 모습이 보이기만을 기대하며 거실 창밖을 내다보며 앉아 있었다. 트럭은 나타나지 않았다. 우리는 캐슬턴 경찰에 전화해 실종 신고를 했다. 그날 밤은 좀처럼 잠들 수 없었다.

다음 날 아침 우리는 호숫가에서 남쪽으로 30킬로미터쯤 떨어진 글렌스 폴스 경찰서에 연락을 취했다. 전화를 받은 경찰관은 아너리에게 "그렇다"고 대답했다. 호수 근처 흙길에서 아너리가 묘사한 것과 일치하는 녹색 픽업트럭이 버려져 있는 것을 발견했다고. 문은 잠겨 있었고, 차창으로 들여다보니 운전석에 휴대폰 하나가 놓여 있었다고. 글렌스 폴스 경찰서로 트럭을 견인해 오기로 했다고 그는 말했다.

아너리는 경찰관에게 딘의 이름과 전화번호를 알려주었다. 그런 다음 우리는, 몇 년 전 케빈이 보스턴에서 새벽 4시에 전화를 걸어 왔던 그때처럼, 거실에 앉아 무엇인지는 모르지만 다음에 벌어질 일을 기다리고 있었다. 후에 우리 두 사람은 이때 모든 것이 너무나 현실 그대로 받아들여졌다고 회상했다. 물론 나와 아너리 모두 마비된 듯 멍한 상태였고, 그 마비를 뚫고 슬픔이 터져 나올 순간에 조용히 대비하고 있었다. 드물기는 했지만, 딘은 투덜투덜 자살에 관한 이야기를 한 적이 있었다. 케빈은 한 번도 자살을 언급한 적이 없었다.

전화기에서 아무 소리도 울리지 않은 채로 한 시간 정도 흐르자

내 마음속에서는 딘이 우리를 떠났다는 확신이 점점 강해졌다. 나는
멍해진 정신으로, 두 아들을 모두 자살의 희생자로 보내고 계속 살아
간다는 것이 어떤 일일지 생각했다. 잠을 잔다는 것, 또는 자려고 노
력한다는 것은 어떤 느낌일까. 지금까지도 케빈에 대한 꿈이 그렇듯,
꿈들이 생생하게 펼쳐지는 와중에 깨어 있으려 노력한다는 것은 어
떤 느낌일까. 아침마다 일어나 샤워를 하고 옷을 입고, 식료품을 사
고, 세금을 납부하고, 텔레비전 프로그램을 시청하고, 앞문을 열고 밖
으로 걸어 나가 저주받은 인류의 구성원과 눈이 마주칠 위험을 감수
하고 차를 타고 어디론가 간다는 것은 어떤 일일까.

　그 모든 것은 더도 덜도 아닌, 그 대상이 무엇이건 억지로 신경을
붙잡아두기 위해 에너지를 끌어올리는 수단에 지나지 않았다. 그렇게
스스로를 마취시킨 상태에서 내가 끄집어낼 수 있는 가장 낙천적인
생각은, 어차피 우리 둘 다 그리 오래 살지는 않으리라는 것이었다.

＊

　오후 3시와 4시 사이에 마침내 전화벨이 울렸다. 글렌스 폴스의
한 경찰관이었다. 우리 아들이 시내의 병원에 있다고, 아너리가 경찰
서에 제공한 정보로 딘의 신원을 확인했다고 했다. 수영을 하다가 호
숫가 숲으로 돌아가던 사람들이 얕은 곳에서 하늘을 향해 누운 채 가
라앉기 시작하던 딘을 발견했다는 것이었다. 딘은 그때부터 줄곧 부
인하지만, 당시 우리는 딘의 주머니가 돌로 가득 차 있었다고 들어 알
고 있었다.

수영하던 사람들이 딘을 물 밖으로 끌어냈다. 딘은 저항하지 않았다. 그들이 글렌스 폴스 경찰서에 전화를 하자, 곧 경찰들이 와서 딘을 병원으로 데려갔다. 아내리와 내가 도착했을 때 딘은 진정제를 맞고 잠들어 있었지만 이내 우리 소리를 듣고 깨어났다. 아내와 나는 후에 딘이 병원에서 우리를 알아보았던 순간에 대해 이야기했다. 우리 두 사람 다 그 순간을 알아차렸고, 둘 다 그 순간을 절대 잊지 못할 것이다. 딘의 녹갈색 눈동자를 덮고 있던 눈꺼풀이 열리며 두 눈이 살아났고, 그 순간 딘이 웃음을 지었다. 짧은 한순간의 웃음, 그리고 이후로도 영원히 계속되고 있는 웃음. 순수한 기쁨으로 거리낌 없이 활짝 웃은 그 웃음. 악몽을 꾼 아이가 잠에서 깨어나 위에서 자기를 굽어보고 있는 엄마 아빠를 발견했을 때 짓는 그런 웃음이었다. 태초부터 그래왔듯, 그런 순간 부모는 모든 게 다 괜찮아질 거라는 단순한 진리를 구현하는 존재들이다.

*

그리고 모든 건 괜찮아질 터였다. 그러나, 성 아우구스티누스의 말을 빌리자면, 아직은 아니었다.°

이번에도 우리 아들은 며칠간의 응급치료 후 퇴원했다. 그 병원은 버몬트가 아닌 뉴욕주에 있었고 따라서 그 이후로는 딘을 잡아둘 법

° 성 아우구스티누스는 젊은 시절 아직 완전히 기독교로 개종하기 전, "주님, 저를 순결하게 해주십시오. 그러나 아직은 아닙니다!"라고 기도했다.

적 권한이 없었다. 이번에도 딘은 집으로 왔다.

딘이 정신증에서 해방되기까지는 아직 한 차례의 참혹한 사건이 더 남아 있었다. 자해 또는 타해의 위험을 실현해 보이는 또 한 단계. 그리고 이어서 딘을 이해하는 정신과 의사가 딘의 인생에 들어오는 일이 남아 있었다. 공감과 끈질김과 협상 능력을 겸비한 젊은 전문가였다. 그는 이 모든 자질을 활용하여 딘을 질병인식불능증에서 빼내려 애썼고, 정기적으로 상담하고 약을 복용하지 않으면 남은 평생 일시적인 회복과 안개에 갇힌 정신증의 위기가 반복되는 삶을, 또는 더 지독한 삶을 살아야 한다는 사실을 마침내 딘으로 하여금 깨닫게 했다.

이 의사의 이름은 고든 프랭클Gordon Frankle이다.

그 모든 일이 그해 9월에 일어났다. 나는 아너리의 동의를 얻어 텍사스에서 열리는 작가 회의에 참석하기로 결정했다. 그럴 경우 일어날 수 있는 최악의 상황은 뭘까? 텍사스주 아처시티에 도착한 다음 날 아침 아너리에게서 걸려 온 전화로 나는 그 답을 알게 됐다. 딘이 다시 응급실에 실려 갔다. 내게 전화를 걸기 조금 전, 아너리는 딘이 아래층 침실에서 올라오며 내지르는 극심한 공포에 질린 소리를 들었다. 딘의 셔츠가 피로 얼룩져 있었다. 딘은 주머니칼로 자기 가슴을 찌르려고 시도했다. 그러나 칼날이 뼈에 부딪치며 접혔다. 아너리가 911에 전화를 걸었고, 도착한 응급 구조대가 딘을 러틀랜드 지역 병원으로 데려갔다. 나는 곧장 댈러스에서 출발하는 다음 비행기를 타고 집으로 돌아갔다.

이번 병원 체류는 길고도 고됐다. 자살을 시도했음에도 비자의적 치료 허가 여부에 대해서는 판사의 판결이 필요했다. 고질적인 병상 부족으로 딘은 창문도, 그림도, 거울도 없고, 침대와 시트를 제외하고는 색채가 있는 것이 하나도 없는 황량한 응급실에서 첫 두 주를 보내야 했다. 딘은 광포한 상태로 그 시간을 보냈다.

우리 아들을 우리에게로, 딘 자신에게로 되돌려준 건 고든 프랭클이었다.

하룻밤 사이에 그렇게 된 건 아니다. 딘은 정신증 상태에서 약을 복용하지 않은 채 12일을 보냈고, 그런 다음 제대로 된 병상을 배정받아 몇 주를 더 보냈다. 고든 프랭클은 늘 압도적인 업무량에 짓눌리면서도 우리 아들을 천천히, 조심스럽게 이끌어주었다. 그는 서서히 투약량을 늘리며 항정신병 약들을 시험하여 각각의 균형을 맞추었다. 마침내 그는 매달 할돌을 데포 주사로 투약하는 방식에 정착했고, 딘은 현재까지 이 방식을 유지하고 있다.

그에 못지않게 중요한 또 한 가지 사실은, 프랭클 박사가 충분한 시간을 들여 딘과 이야기를 나누었다는 점이다. 그는 그때그때 딘이 이해하고 반응하는 수준에 맞추어 대화의 길이와 강도를 조절해가며 매우 진지하게 탐색하듯 대화를 이어갔다.

비밀 유지 원칙 때문에 아내리와 나는 그 대화의 내용을 알 수 없다. 하지만 내용을 아는 건 중요한 게 아니다. 우리에게 무엇보다 중요한 것은 그 대화들이 효과가 있었다는 사실이다.

*

늦가을이 되어서야 딘은 퇴원했다. 딘을 서식지로 삼고 있던 악마는 그즈음 더 이상 보이지도 들리지도 않았다. 몇 달 전 글렌스 폴스에서 잠시 보았던 그 어린아이 같은 미소가 다시 돌아와 있었다. 몇 주 전까지만 해도 딘의 호전성에 대처하느라 애를 먹었던 병원 직원들도 이제는 딘과 잡담을 나누는 사이가 되었다. 우리가 찾아갔을 때 한 간호조무사는 이렇게 말했다. "선생님 아들은 멋진 녀석이에요."

딘이 퇴원한 날은 11월의 눈보라가 닥친 직후였다. 딘은 우리에게 전화를 걸어 퇴원을 기념하기 위해 병원에서 집까지 약 22킬로미터를 걸어서 올 생각이라고 알렸다.

반쯤 왔을 때 날이 어두워지자, 딘은 다시 전화를 걸어 차로 데리러 와달라고 말했다. 그리고 다음 날 딘은 전날 차를 탔던 자리까지 다시 태워다 달라고 했고, 그렇게 승리의 귀가 도보 여행을 완전하게 마무리했다.

누군가는 미친 사람에게 신경을 쓴다

21

정신의료의 미래는 두 가지 궤도를 따라 형성되고 있다. 한 궤도에서는 과학 발전이 질주하고, 또 다른 궤도에서는 사회 개혁이 미세하게 나아가는 중이다.

만약 과학이 실패한다면 그 원인은 시도가 부족해서는 아닐 것이다. 랜드 연구소가 실시한 연구 결과를 보면 2009년부터 2014년 사이에 발표된 정신건강 관련 연구 논문은 22만 편 이상이며 이 연구들은 전 세계 1900곳에서 자금 지원을 받았다.[178] 보고서에 따르면 이 분야는 미국이 장악하고 있다. 전체 논문의 39퍼센트를 발표한 가장 생산적인 연구 주체라는 점에서도 그렇고, 정부와 민간이 투자한 자금 중 31퍼센트를 받는 최대의 자금 수혜자라는 점에서도 그렇다.

과학과 테크놀로지의 최근 행로는, 아직 명확한 희망까지는 아닐지언정 조현병 같은 만성질환의 치료에 대한 희망을 확실히 되살려놓았다. 이 분야의 발전은 눈부시다. 신경과학자들은 크리스퍼라는 유전자 편집 기술, 이른바 '뇌파를 텍스트로' 바꿔준다는 뇌파 해독 시스템, 그리고 광유전학의 혁명적 발전 등을 들어 바로 지금이 황금

기라고 말한다.[179]▼ 2014년에는 스웨덴에 본사를 둔 글로벌 기술 개발 회사 루바타Luvata가 코네티컷주 워터베리에 있는 연구실에서 괴물 같은 INUMAC에 대한 작업을 마무리했다.▼ 현재까지 나온 가장 강력한 MRI 스캐너인 INUMAC에는 60톤의 탱크를 들어 올릴 수 있는 자석과 총장 200킬로미터가 넘는 초전도 케이블이 포함되어 있다. 자석과 케이블은 거의 12테슬라(자기선속밀도磁氣線束密度의 측정 단위)의 힘을 지닌 자장을 만들어내는데, 이는 기존의 모든 MRI 시스템을 한참 능가한다. 이런 힘 덕에 INUMAC은 뇌에서 일어나는 사건들에 대한 지극히 선명한 초고속 진단용 '스냅사진'을 만들어낼 수 있다. INUMAC의 가격은 약 2억 7000만 달러(한화 약 327억 원)에 이른다.

이런 발전들은 과학자들로 하여금 뇌 안에 가상의 작업장을 세우고 신경 경로 속에 초현미경 수준의 감시초소를 만들 수 있게 해주었다. 한 신경과학자의 말마따나 "[그 발전들이 보여주는 것은] 근본적으

▼　"광유전학Optogenetics"은 뇌 속 뉴런들을 관찰하고 그에 영향을 미치는 두 가지 방법, 즉 유전학적으로 암호화된 센서와 광펄스를 활용한다. 〈네이처〉에서 2010년 최고의 방법으로 선정한 광유전학은 광케이블을 사용하여 특정 뇌 회로들을 표준화한 것으로, 위의 두 방법을 통합함으로써 급격한 개선을 이루었다. 이 새로운 단계를 이뤄낸 팀의 리더는 런던 울프슨 생물의학 연구소Wolfson Institute for Biomedical Research의 마이클 하우저Michael Hausser라는 신경과학자다. 하우저는 그 시스템이 뉴런이 보내는 신호를 복잡한 암호들로 기록하고 그 암호들을 '재생'하여 동물의 뇌가 그 암호들을 인지하고 반응하게 할 수 있다고 말했다. 이것은 사람의 뉴런을 통제하고 결함이 있는 뉴런을 제거하거나 수정하는 방향으로 나아가는 중요한 걸음이다.

▼　이 약어는 "고자장 자기공명과 콘트라스토포어를 이용한 신경질병 영상Imaging of Neuro Disease Using High-Field MR and Contrastophores"에서 주요 단어의 머리글자를 따 만든 것이다.

로 양극성장애가, 아니 사실상 거의 모든 정신질환이 생물학적 성격의 뇌 장애이며 따라서 스캐닝을 포함한 제대로 된 검사가 이루어져야 한다는 것, 그리고 그것이 가까운 미래에 임상에서 유용하게 사용되리라는 것이다".

과거에 관해 말하자면, 그것은 프롤로그조차 못 된다. 정신질환이 생물학적 산물이라는 사실은 지그문트 프로이트부터 오이겐 블로일러와 토머스 사즈까지 현대 이론가들의 유산을 모두 무효로 만들어버린다. ('인종 위생'을 존중했다는 점만 논외로 하면 에밀 크레펠린은 조현병 발병에서 생물학에 제대로 된 지위를 부여한 인물이며, '과학적' 정신의학의 아버지로 여겨진다.)

물론 그런 혁신이 이루어지려면 안정적이고 지속적으로 유입되는 자금이 필요하다. 이러한 점에서, 지금 상황은 불안정하지만 아직은 고무적이라 할 만하다.

연구와 개발의 필수 요소인 개인 투자자들의 자금은 주로 국가의 경제 상황에 따라 종종 극적으로 등락하지만 현재는 상승 국면에 있다. 이 연구 자금의 전반적인 안정성은 아마도 전 세계 수백 군데의 인지신경과학 실험실이 잠재적 부를 품고 있다는, 누군가의 표현으로는 "아직 개발되지 않은 가장 거대한 시장"[180]이라는 경제학자들의 믿음에 상당 부분 기인할 것이다.

2013년에 오바마 대통령은 신경 질병에 맞서 싸울 혁신적 장비들을 마련하기 위한 장기적인 자금 지원 계획을 세웠다. 브레인 이니셔티브 프로젝트는 첫 단계에서 한 신경 회로 내 모든 뉴런의 발화 패턴을 조사하여 뉴런을 통제할 수단을 만들어내는 것을 목적으로, 1억 달러의 자금을 할당받았다.

앞에서도 말했듯이 그런 뇌 연구들도 아직 치료법을 만들어내지는 못했다. 또한 크리스퍼를 비롯한 새로운 유전자 수정 도구들의 적용 가능성이 증명되었다 해도, 여전히 긴요한 윤리적 문제가 남아 있다. 연구자들과 기업가들에게는 반드시 치료와 질병이 서로 뒤섞여 하나가 되지 않도록 확실히 해두어야 할 어마어마한 윤리적 책임이 있다.

인류를 완벽하게 만들겠다는 그 꿈을 재가동할 수 있는, 이 정신이 번쩍 드는 잠재성을 감안하면 응용과학이 앞으로 틀림없이 큰 기여를 하게 되리라 보인다.

*

그러나 전 세계 과학 및 테크놀로지의 에이허브 선장°들이 자신들의 늘어가는 무기로도 아직 잡지 못한 사냥감을 기필코 잡아내겠다는 희망을 품은 채 단호하게 앞으로 항해하는 동안, 우리의 사회 지도자와 정치 지도자 들은 부둣가에서 느긋하게 **"어떤 고래일까?"** 하고 궁금해하는 것만으로 충분히 만족하고 있는 것 같다. 정신건강 연구가 융성하는 와중에도 미국의 정신질환 치료는 여전히 혼돈에서 벗어나지 못했다. 언제나 혼돈에 빠져 있었지만, 우리 시대에 그 혼돈은 더 가속화되고 확산되었다. 게다가 이 혼돈과 그로 인한 사회적 영

○　미국 소설 《모비 딕》에 등장하는 주인공으로 고래잡이 배의 선장이다.

향들이 일종의 기본값으로 자리잡음으로써 모든 사람의 시민적·사적 안녕을 저해하고 있다.

이 책에서 살펴보았듯이 정신질환을 앓는 범법자는 유죄판결을 받기 십상이다. 그들은 구치소와 교도소에 '보관'되는데, 구치소와 교도소의 수용 인구는 건강과 존엄을 유지할 수 있는 한도를 한참 넘어섰다. 감시 단체가 통계 수치를 발표하고 언론이 이를 보도하면 사람들은 이 상황을 어떻게 해결할 수 있을지 생각하다가 이내 생각하는 것조차 그만둔다.

때로는 작은 개혁이 일어나기도 한다. 2011년에 미 연방 대법원은 캘리포니아 교도소의 과잉 수용이 헌법을 위배한다고 판결했다. 이로부터 3년 후 캘리포니아주 연방 지방법원의 재판관 로런스 K. 칼턴은 테이저건과 페퍼 스프레이, 독방 감금의 남용에 대해 비슷한 판결을 내렸는데, 이 관행들도 결국 과잉 수용 때문에 벌어지는 일들이었다. (칼턴 판사는 저 판결을 한 뒤 이듬해인 2015년에 80세로 세상을 떠났다.) 법원은 교정 시스템 인구를 줄이라는 엄중한 명령을 내렸다. 구체적으로는, 원래 계획했던 수용 인원의 137.5퍼센트까지 줄이라는 내용이었다.

오늘날 간수와 교도소장이 정신질환자인 수감자를 체계적으로 학대하여 사망 또는 자살에 이르게 하는 사건이 점점 더 자주 보도되고 있지만, 보도의 빈도에 비례해 그 사건을 대하는 대중의 무관심 또한 점점 더 만연해간다. 그러나 아프리카계 미국인과 가난한 사람이 주를 이루는 피해자들의 가족은 결코 무관심해질 수가 없다. 이 학대당하고 피폐해진 인구 집단 안에서 행복과 낙천성, 생산성, 공적 기관에 대한 신뢰가 얼마나 파괴되었는지를 수량화하기란 불가능하지만, 추측해보는 것은 얼마든지 가능하다. 이러한 것들의 파괴는 분명 그 지역사회 안에서 시민의 삶을 위축시키고, 미국 시민으로 살아간다는 것에 대한 더욱 깊은 자괴감을 야기할 것이 거의 확실하다.

형기를 다 채우고 살아남은 수감자는, 정신의 병세는 그대로인 채 또는 더 많은 경우 구타와 독방 감금, 정신의료와 약물 치료의 박탈로 인해 더욱 악화된 채 다시 세상으로 내던져진다. 사회적으로 '버려진' 이 불행한 사람들 대다수는 스스로 그럴 의도가 있어서가 아니라 달리 방법이 없기 때문에, 1960년대 이후 대대적인 탈수용화에서부터 시작된 소모적 패턴을, 요컨대 노숙 생활, 마약, 길거리 범죄, 재구속(운이 좋은 사람들의 경우), 유죄 확정, 재투옥이라는 패턴을 반복할 수밖에 없다.

정신증 환자가 저지른 집단 총기 난사 사건들은 홍수처럼 흘러넘치는 격노를 일으켰다. 그러나 정신적으로 혼란한 사람에 대한 신원 파악과 보살핌과 감독이 허술하고 허점투성이라는 사실이 아니라 총기 규제법이 느슨하다는 것에 대한 분노였다. 이러한 항의를 들으면 총기 소지권 옹호론자들은, 별 열의도 없이, 정신보건 개혁을 요구한다. 그러다가 대화의 주제는 또 다른 일로 넘어가고, 다음번 대참사가 일어날 때까지는 아무도 기억하지 않는다.

경찰이 정신질환자에게, 대부분은 흑인이고 가난하고 도움을 구할 길 없는 환자에게 총격을 가하는 일도 비슷한 분노의 격발을 일으켰다가 비슷한 결과로 마무리된다.

매년 미국인 3만 8000명이 자살로 생을 마감한다. 그중 약 90퍼센트가 정신질환의 결과다.

정신질환에 시달리는 사람은 건강한 사람보다 평균 23년 일찍 사망하는 것으로 추정된다. 그들은 폭력의 희생자로 죽고, 자살로 죽고, 병으로, 방치로, 거리에 노출됨으로써 죽는다. 그들의 평균 기대 수명은 방글라데시 국민의 기대 수명과 같은 수준이다.

이런 일들을 비롯하여 정신보건 의료의 혼돈을 드러내는 징후들을 보면 이미 오래전에 연방 정부와 주 정부, 재단, 기업, 자선단체, 인터넷 기부자들의 후원에 힘입어 보완과 개혁, 전국적인 결단의 쓰나미가 몰려왔으리라 생각하는 사람도 있을 것이다. 그러나 그런 일은 없었다. 정신질환자가 처한 곤경에 지속적으로 주의를 기울이게 하고 지지를 모으기 위해 소수의 입법자들과 저널리스트, 학계 인사, 시민 개개인이 영웅적인 노력을 해온 것은 사실이지만, 그들의 불꽃같은 노력은 아직 대중의 열기로 옮겨붙지 못했다.

전 국가적으로 손 놓고 늘어져 있는 상황은 결코 정보나 아이디어의 부족 때문이 아니다. 정보와 아이디어는 도처에 있고, 무한히 다양한 전문 지식의 원천으로부터 매일같이 흘러나온다. 국립 정신보건원, 세계보건기구, 미국 심리학회, 전미 정신질환자 가족 연합, 미국 의학 협회, 국립 과학연구원, 치료 옹호 센터, 법무부, 모든 주의 정신건강 담당국과 부서들, 그리고 다양한 공동 사업체, 정신의학 협회들, 싱크탱크, 세미나, 저널, 게시판 등등에서 말이다. 이 다양한 원천에서 나온 정보와 아이디어는 언론과 인터넷으로 걸러지면서 종종 서로 어긋나는 결과물을 보여주기도 한다. 많은 경우 그들이 데이터를 수집하는 구조에 매우 큰 차이가 있고, 따라서 그들이 수집한 데이터에도 차이가 생기는 것이다. 정신질환의 어느 영역에서건 결정적인 진실은 치료법만큼이나 찾기가 어렵다. 그럼에도 이 사회적 재앙의 규모를 파악하기 위해서는 사이버 공간을 힘차게 떠다니는 수백만의 검증되지 않은 정보 조각에 손을 뻗어 그중 몇 가지를 뽑아내는 수밖에 없다.

검증되지 않은 정보 조각들의 눈보라 속에서 가장 곤혹스러운 것이 가짜 경제 정보다. 이 그림에는 미친 사람을 돌보는 일에 돈을 대기 싫어하는 미국 사회와 기회가 생길 때마다 정신건강 예산을 삭감함으로써 흡족하게 그들의 바람을 들어주는 주 정부의 모습이 그려져 있다. 납세자든 입법자든, 그 인색함에 숨어 있는 비용에 자신들이 얼마나 많은 것을 빼앗기는지에 대해서는 전반적으로 무지한 것 같다. 예를 들어, 공공 의료는 공립 교도소보다 돈이 훨씬 덜 든다. 전미 정신질환자 가족 연합은 해마다 정신질환 치료에 2000~3000달러를 들이면 교도소 감금에 들어가는 5만 달러를 절약할 수 있다고 추산한다. 전미 정신질환자 가족 연합의 계산에 따르면 미국은 정신질환자 수감에 연평균 90억 달러에 가까운 돈을 지출한다.[181] 1998년부터 2006년까지 미국의 모든 구치소와 교도소에 수감된 정신질환자 수는 28만 3000명에서 126만 4400명으로 네 배가량 증가했다. 주립 교도소 수감자들 가운데 정신건강 문제가 있는 사람들은 전체 수감 인구의 56.2퍼센트에 달하지만, 이에 비해 전체 성인 인구에서 차지하는 비율은 11퍼센트 정도다.[182] 2013년 계간지 〈내셔널 어페어스 National Affairs〉에 게재되었듯이, "대대적 투옥에 들어가는 경제적 비용은 어마어마하다". 이 잡지는 한 사람을 1년 동안 수감하는 데 "낮은 보안으로 충분한 재소자에게 1만 달러 (…) 최대 보안이 필요한 재소자에게는 간수의 높은 봉급까지 포함하여 10만 달러 이상의" 비용이 든다고 추정했다.[183] 또 2010년에 교도소와 구치소에 들어간 총 비용이 약 500억 달러에 이르며, 이는 모든 미국 가정이 한 달에 500달러씩 쓰는 것과 마찬가지라는 법무부의 추정치도 인용했다.

그런데도 각 주에서는 심각한 불황이 발생한 직후인 2009년부터 2011년에 걸쳐 정신질환이 있는 어린이와 성인을 위한 복지 예산을 총 18억 달러 이상 삭감했다. 캘리포니아주는 5억 8740만 달러를 삭감하면서 전국에서 선두를 달렸다.

국립 정신보건원 원장을 지낸 토머스 인셀Thomas Insel은 정신질환이 한 해에 납세자들에게 물리는 비용을 4440억 달러로 추산한다. 그중 3분의 2는 장애 수당과 생산성 손실이 차지하니, 3분의 1만이 의료에 지출되는 셈이다.

인셀은 이렇게 말했다. "오늘날 우리가 정신건강에 돈을 들이는 방식은 모든 방식 중에서 가장 돈이 많이 드는 방식이다. 조기 지원을 제공하지 않음으로써 평생 지원에 드는 돈을 지불하게 되는 것이다."

그리고 의료에 관해 국립 정신보건원은 평생 이어질 정신건강 문제를 가진 어린이 가운데 3분의 2가 한 번도 치료를 받지 못한다고 추정했다.

정신과 상담을 받을 수 있는 것은, 특히 정신질환의 초기 징후를 보이는 사람들에게는, 본격적인 발병을 막는 데 핵심적인 일로 여겨진다. 그러나 새로 의사가 되려는 사람들 중에서 정신의학을 전공으로 선택하는 사람의 수는 줄어만 간다.

정신과 의사라는 직업은 1960년대에 토머스 사즈 및 그와 비슷한 생각을 가진 정신질환 부인자들의 공격을 받고 추락한 위신을 아직도 완전히 회복하지 못했다. 현재의 뇌 과학이 그들의 주장이 틀렸음을 밝히고 있는데도 말이다. 2010년 당시 미국의 정신과 의사는 4만 6000명으로, 거의 3억 2500만에 이르는 인구를 가진 나라에서는 가슴 아플 정도로 적은 수다. 최근 선두에서 개혁을 외치는 이론가들이 정교한 향정신 약에 최적의 투약 방식을 결합하여 정신의료 시스템에 다시 활력을 불어넣을 것을 요구하고 있는데도, 미국의 의대생들은 정신의학을 전공과목으로 선택하지 않으려 한다.

정신과 의사의 부족 현상은 시골이나 도시나 가릴 것 없이, 가난한 아프리카계 미국인과 라틴계 미국인이 살고 있는 동네에서 특히 더 심각하다. 또한 정신의료가 가장 필요한 집단인 어린이와 청소년 상담을 전문으로 하는 정신과 의사는 겨우 7000명으로 추산된다.

정신질환을 앓고 있는 군인과 참전 용사 들의 고통에 대한 무관심은 국가적 수치로 기록되어 있다. 2000년 이후 꾸준히 상승하고 있는 군인 자살률은 2012년에 정점을 찍으며 아프가니스탄에서 사망한 군인 수를 넘어섰다. 2009년 참전 용사 가운데 단 하룻밤이라도 노숙자로 지낸 사람의 수는 거의 7만 6000명에 달했고, 최소한 하룻밤이라도 보호소에서 보낸 이는 13만 6000명에 이른다.

*

그러나 무관심과 방임, 어리석은 예산 편성이라는 이 열악한 환경

속에서도 미국이 깨어나 행동하고 있다는 신호들이 있다. 깨우친 저널리스트와 학계 이론가, 주와 연방의 주도적 입법자, 점점 확대되는 지역의 실험적 재활 운동 들은 정신질환자의 삶이 회생으로 향하도록 길을 안내하고 있다.

서로 적대적이긴 하지만, 치료 옹호 센터의 E. 풀러 토리와 불같은 성격의 과학 저술가 로버트 휘터커 같은 행동주의자는 만성 정신질환과 그 근원들, 질환의 확산, 잘못된 학설, 거짓 예언자들과 성실한 부당이득자들에 의한 피해, 그리고 지원 가능한 방법들에 관해 다각도에서 밀도 높게 연구·조사한 책의 목록을 늘리는 데 함께 기여했다. 토리와 휘터커는 정신질환자를 위한 사상가이자 저술가이자 옴부즈맨으로서 열정적인 경력을 이어가고 있다.

또 한 명 빼놓아서는 안 될 옹호자는 앞에서도 언급한《크레이지: 정신 나간 미국 정신보건에 대한 한 아버지의 추적》의 저자 피트 얼리다.[184] 사회정의를 주제로 다루던 유명한 저널리스트이자 작가였던 그는 아들 '마이크'(얼리는 아들의 실명을 밝히지 않았다)가 청소년기에 양극성장애 증상을 보이다가 형사 사법제도에 의해 거의 망가져버리자 그 분노로 정신보건의 미궁에 주의를 돌렸다. 얼리는 그 제도로부터 도움을 얻으려 애쓰며 경험했던, 카프카의 소설에 나올 법한 관료제로 인한 좌절을 폭로한 뒤, 정신질환자를 위한 대변자로서 전 세계로 연설과 강연을 다니기 시작했다. 그는 자신의 웹 사이트[▼]를 통해 정신질환의 우주에서 일어나는 학대와 개혁에 관해 적극적으로 알리

▼ www.peteearley.com

고, 필요한 사람에게 안내와 조언을 해준다.

　미국에도 정신보건 개혁을 추진하는 정치가가 한 명 있다고 말할 수 있다면 그는 바로 펜실베이니아 18선거구의 공화당 7선 의원 팀 머피Tim Murphy일 것이다. 미 연방 해군 예비군 소령이자 아동심리학 박사 학위를 받은 심리학자로 활동하는 머피는 2013년 정신건강 위기 가족 지원법Helping Families in Mental Health Crisis Act 법안을 제출했다. "연방 정부는 정신건강에 1250억 달러를 지출하지만, 기관들 간의 프로그램 공조는 거의 이루어지지 않고 있다"고 그는 지적했다.[185] 머피 법안의 원안은 정신건강 및 약물 사용 장애Mental Health and Substance Use Disorder를 위한 차관보를 두어 정신보건 프로그램과 정책을 감독할 것과, 공공 부문과 민간 부문의 전문가들이 협업하여 심각한 수준의 정신질환에 대처하는 치료 전략을 세우기 위한 중증 정신질환 조정 위원회Serious Mental Illness Coordinating Committee를 설치할 것을 요구했다. 또한 반세기 전에 구상했으나 탈수용화를 도모한 자들 때문에 실행하지 못했던 계획과 유사하게, 외래환자 치료 지원을 위한 보조금을 4년에 걸쳐 6000만 달러 지급하게 할 계획도 갖고 있었다. 이 조치로 법원은 "체포와 입원 이력이 있고, 의료 혜택이 없으면 상태가 악화될 정신질환자 개개인에게 지역사회 내에서 생활하면서 치료를 받도록 명령할" 수 있게 될 터였다.

　머피 법안은, 의료보험 양도 및 책임에 관한 법률 중에서 말썽 많고 종종 오해를 일으키는 프라이버시 규정을 개정하여 정신질환자의 개인 건강 정보를 그 부모 및 여타 보호자에게 제공하고자 했다. 또한 정신질환자에 대한 특수 훈련을 받지 않은 경찰관과 간수 들이 조현병 환자에게 가하는 폭력적 학대가 만연한 상황을 고려하여, 그런 직위의 사람들을 진일보한 방식으로 훈련할 것을 요건으로 삼았다.

또한 머피는 소규모 공동체의 보살핌이 과거 암울한 어사일럼에 감금되던 시절에 비하면 훨씬 낫기는 하지만, 병세가 너무 심각해 의료 시설에서 지속적인 치료를 받아야만 하는 환자도 있다는 사실을 잘 알고 있었다. 그래서 그 법안에는 "같은 날 같은 장소에서 같은 환자에게 행한 신체 치료와 정신건강 치료 모두에 대해 한꺼번에 메디케이드를 청구하는 행위"를 금지하는 규제를 없애는 조항도 포함되었다.

한편 정신건강 위기 가족 지원법은 오바마 대통령의 브레인 이니셔티브를 위한 4000만 달러의 추가 자금 지원도 승인할 예정이었다. 이 법은 교육부에 소셜미디어 기업들과 협업하여 정신질환에 대한 낙인을 제거하기 위해 노력할 것을 명했다. 또한 봉사를 원하는 의사들에게 연방 불법행위 청구법Federal Tort Claims Act의 의료 과오 보험을 제공함으로써 커뮤니티 센터에 절실한 전문가의 자원봉사를 장려할 계획이었다.

팀 머피의 법안에 담긴 생각들은 그간 연방 정부가 정신보건의 혼돈에 대해 보여왔던 소극성과 무능함에서 탈피하려는 역사적인 움직임이었다. 그렇지만 이것이 정신보건 분야의 옹호자와 개혁가 전원의 합의를 대표하는 것은 아니었다. 워싱턴에 근거지를 둔 데이비드 L. 바젤론David L. Bazelon 판사의 정신보건법 센터Judge David L. Bazelon Center for Mental Health Law에서는 전면적이고 맹렬한 비난을 쏟아냈다. 정신보건법 센터는 전국적인 법률 옹호 단체이자 자유 지상주의 편향 옹호자들의 광범위한 연합체다. 바젤론의 웹 사이트에 익명으로 게재된 한 사설은 이렇게 단언했다. 머피의 법안이 "통과된다면 지난 30년간 정신보건 서비스와 지원으로 이루어온 발전 일부가 뒤집히게 될 것이다. 좋은 결과를 내던 저비용 서비스가 고비용에 효과는 없는 개입으로 바뀌게 될 것이다". 바젤론이 내세우는 반대의 핵심은 정신보건을 개선하고자 하는 사람들을 갈라놓는, 거의 마비될 지경으로 해결하기 어려운 분열에 뿌리를 두고 있다. 바로 환자의 의지에 반하는 개입의 도덕성과 합헌성의 문제에 관한 견해차 말이다. 사설은 이렇게 계속된다. "머피 의원의 법안에서 문제가 많은 조항 중에는 (…) 비자의 외래 치료 명령제를 확대하는 보조금 프로그램이 있다. 이 안이 통과되면 중증 정신질환에 걸린 사람은 법원의 명령에 따라 대개 약물 치료가 포함되는 특정 치료를 강제로 받아야 한다." 이 익명의 필자는 "비자의 외래 치료 명령제는 효과가 없고, 높은 비용에 비해 이득은 최소한이며, 폭력을 줄일 가능성도 없고, 다른 대안들에 비해 비효율적이라는 것을 여러 사실들이 증명한다"고 주장했다. 바젤론이 주장하는 그 "사실들"이 정말 존재하는지 어떤지 모르지만 어쨌든 사설에서는 제시되지 않았다.

지역사회를 기반으로 머피의 법안에 나타난 것과 유사한 목적을 추구하는 민간 봉사 조직도 있다. 클럽하우스 인터내셔널Clubhouse International이라는 단체로, 이들의 개념적 뿌리는 1940년대까지 거슬러 올라간다.

클럽하우스가 모범으로 삼은 것은 뉴욕 주립 정신병원에서 퇴원한 몇몇 환자들의 노력으로 탄생한 파운틴 하우스Fountain House였다.

파운틴 하우스의 아이디어는 정신질환자를 그들과 비슷한 배경, 비슷한 마음을 지닌 사람들의 공동체로 초대하여 동료애와 보살핌, 노동과 레크리에이션의 기회를 제공하자는 것이었다. 파운틴 하우스는 연회원 1300명으로 오늘날까지도 계속 이어지고 있으며, 여기서 영감을 받아 세계 30여 개국에 비슷한 프로그램이 만들어졌다. 이 모델을 따른 단체 중에서도 특히 눈에 띄는 클럽하우스는 현재 세계적인 비영리단체로 운영되고 있다. 스태프들은 회원들이 직업 기술을 배우고, 탄탄한 대인관계를 형성하며, 적합한 거주지를 물색하고, 교육자료를 찾는 일을 안내하고 관리한다. 클럽하우스에서는 치료나 약물을 제공하지 않지만, 그러한 서비스를 제공하는 정신과 의사들과의 연계를 유지하고 있다.

머피의 법안은 찬성 422표 대 반대 2표로 하원을 통과했고, 2016년 12월 오바마 대통령이 서명하여 법률로 제정되었다.

*

도로시어 딕스부터 트루먼 대통령, 전미 정신질환자 가족 연합의 창립자인 해리엇 셰틀러Harriet Shetler, E. 풀러 토리, 로버트 휘터커, 피트 얼리, 팀 머피를 비롯한 여러 열정적인 선구자들의 노력에서 확인할 수 있듯이, 정신보건의 혼돈을 근절하려는 운동은 전국적 수준의 리더십과 비전이 주는 영감과 혁신적인 성과 없이는 살아남기 어렵다. 그런 인물들의 가치는 상징적인 동시에 실질적이다. 유창한 설득력과 카리스마를 지닌 도로시어 딕스는 19세기 중반 권력을 쥔 고루

하고 거만한 남자들의 가슴을 깨워 그들의 힘을 개혁을 이루는 데 쓰게 했다. 싸움닭 같고 말투도 무뚝뚝한 해리 트루먼은 1946년 자신의 행정권을 활용하여 국민 정신보건법을 대차게 밀어붙이고 서명했다. 우리 시대에도 그런 전국적 영향력을 지닌 새로운 인물들이 필요하다. 어쩌면 그 대의를 이끌 새로운 카리스마 넘치는 지도자는 지금 이 혼란스러운 시스템의 실패로 사랑하는 사람을 죽음에 빼앗긴 사람들의 공동체에서 등장할지도 모른다.

미래는 미국 도시의 수천 개 마을과 교외의 콘퍼런스 센터, 작은 마을의 교회 지하실, 도서관 회의실, 시골집 주방에서 결정될 것이다. 그 미래는 불그레한 얼굴의 내 캐슬턴 친구이자 40년 동안 몇 명의 직원과 함께 조현병과 양극성장애를 앓는 열한 명의 남자가 함께 거주하는 집을 이끌어온 빌럼 레인먼Willem Leenman 같은 사심 없는 일꾼들에 의해 결정될 것이다. 그 오래되고 멋진 흰색 목골 건물에는 '포티세븐 메인 스트리트Forty Seven Main Street'라는 꾸밈없는 이름이 붙어 있다. 가족이 네덜란드에서 미국으로 건너온 뒤 레인먼의 부모가 세운 시설이다. 그 집은 순전히 민간자금으로만 유지된다. 레인먼은 수익은 그다지 올리지 못한다고 인정하지만, 그래도 자신이 보살피는 사람들의 안녕을 지키고자 하는 그의 열정은 결코 흔들린 적이 없다. 그 사람들이 메인 스트리트를 따라 천천히 그러나 당당한 태도로 뚜벅뚜벅 걷는 모습을 보노라면, 누군가는 미친 사람에게 신경 쓰고 있다는 사실을 마음 깊이 새기게 된다.

정신보건 개혁의 미래는 포티세븐 메인 스트리트 같은 곳이 충분히 많아지고 거기에 충분히 많은 사람이 모여, 모두의 힘으로 현대의 베들럼을 몰아내고 더 정교하고 더 지속성 있게 다시 꾸린 도덕적 치료 프로그램으로 대체함으로써 도로시어 딕스가 시작한 일을 마무리하는 것에 달려 있다. 그 미래는 또한 사회학자와 정신의학자 들이 재발견한 사실, 즉 친절과 동료애와 친밀한 보살핌이야말로 깊어가는 정신증을 이기는 확실한 대항 기제라는 사실에 충분히 많은 사람이 주목하고 영감을 받는 것에도 달려 있을 것이다. 치료법이 아닌 대항 기제. 특히 개개인이 지닌 병세의 구체적 특징과 독특한 생물학적 체계에 맞춤한 최적의 향정신 약과 치료를 병행할 때, 그 대항력은 더욱 큰 효과를 발휘한다.

그 미래는 코트니 M. 하딩Courtenay M. Harding 같은 혁신적인 정신의학자가 했던 것과 유사한 시도, 전국에서 이루어지는 그러한 모험적 시도들을 충분히 많은 사람이 인지하고 이 일에 자원하여 참가하느냐에도 달려 있다. '회복recovery' 운동°의 선구자인 하딩은 1985년 중증 정신질환를 대상으로 버몬트 종단 연구를 처음으로 실시했고, 이 실험을 통해 적절한 약물 치료와 지역사회의 보살핌이 균형을 이루면 심각한 조현병 환자가 행복하고 생산적인 삶을 회복하는 데 도움이 된다는 생각을 입증했다.

하딩은 1950년대 초 최초의 '기적의 약' 소라진을 비판적 시각으

○ 병의 치료를 목표로 삼는 기존의 의학적 '치료' 개념과 달리, 회복 운동은 '정신질환은 완전히 치료되지 않고 증상이나 장애가 남아 있는 상태일지라도 충분히 회복될 수 있다'는 이념으로 요약된다. 증상이 남더라도 적절한 기능을 회복하여 결함을 보상하고, 장애로 인한 개인적·환경적 장벽을 극복하며, 독립적인 생활과 사회화, 효율적인 생활 관리를 가능하게 하는 것을 주된 목표로 삼는다(김기원, 김성수, 김수연, "정신보건 서비스에서의 이용자 참여", 《사회정신의학》, 제18권 제1호, 2013, http://journal.kisep.com/search/pdfdown.asp?papernumber=0272013002).

로 보았던 버몬트주의 한 병원장 조지 브룩스George Brooks가 한 일에 착안하여 이 실험을 시작했다. 브룩스는 희망이 없다고 여겨지던 '뒷병동'의 조현병 환자들에게 그 약을 처방했다. 대부분의 동료들과 달리 마케팅의 감언이설에 좀처럼 넘어가지 않는 그는 요란한 광고의 이면을 보았고, 환자 다수가 그 신약을 다량 복용했음에도 여전히 병원을 떠날 수 없는 상태임을 알게 되었다. 그는 도덕적 치료의 가설들로 정교한 실험을 구성했다. 그리고 자신의 환자들에게 '심리 사회적 재활' 프로그램에 참여할 것을 권했다. 2002년 하딩이 〈뉴욕 타임스〉에 발표한 에세이에서 언급했듯이, 브룩스는 직원들의 도움을 받아 환자들이 "사교 기술과 노동 기술을 익히고 나날의 일상을 처리하며 자신감을 되찾도록" 이끌어주었다. "이 프로그램에 참가한 지 몇 달 만에 약만 복용했을 때는 반응하지 않았던 환자들 다수가 사회로 돌아갈 만큼 충분히 좋아졌다. 병원은 나아가 퇴원한 환자를 돕기 위한 공동체 시스템도 구축했다."[186] '집 같은 환경'을 특징으로 하는 이 시스템에는 정기적인 집단치료와 사회 복귀 중간 단계인 쉼터, 외래환자 클리닉, 직업 소개 등도 포함되었다.

브룩스의 업적을 알게 된 하딩은 버몬트 대학교 정신의학과 교수로 있던 1980년대에 브룩스와 함께 연구에 착수했다. 그녀는 정신의학자 팀을 꾸려 과거 브룩스의 프로그램에 참여했던 환자들이 어떻게 되었는지 추적·관찰했다. 1985년에 연구 팀은 인터뷰에 응한 환자들의 후속 평가를 마무리했는데, 하딩은 당시까지 살아 있던 168명 가운데 51퍼센트가 "상당히 개선"되거나 "회복된" 것으로 평가하면서 이렇게 덧붙였다. "가장 놀라운 발견은 브룩스 박사의 프로그램에 참여했던 이들 중 45퍼센트가 30년이 지난 뒤에도 더 이상 어떤 정신 질환의 신호나 증상도 보이지 않았다는 점이다."

그 후 하딩은 다시 동일한 평가 기준을 적용해 과거 메인주의 오거스타 주립 병원에서 치료받았던 환자들을 평가하는 작업을 8년 이상 진행했다. 연령과 성별 등 여러 기준을 버몬트주 연구 참가자들과 최대한 일치시켰다. 하지만 결과는 이전 연구와 일치하지 않았다. 메인주의 연구 참가자들은 생산성과 공동체 적응, 증상의 지속이라는 범주에서 버몬트주의 참가자들만큼 좋은 결과를 내지 못했다. 그렇지만 그들 역시 48퍼센트라는 놀라운 회복율을 보였다.

(앞서도 언급했던 이야기지만 중요하니 여기서 다시 한 번 강조한다. 하딩은 '회복'을 '치료'와 동일하게 보지 않는다. 두 상태를 정의하는 그녀의 기준들이 거의 동일해 보이는 경우가 많긴 하지만 말이다. "나는 회복을 약도 필요 없고 증상도 없고 보상도 필요 없는, 사회적 행동과 업무적 행동의 복원으로 정의한다"[187]).

이 비교 연구에서 나타난 차이점은 하딩에게 전통적 신경과학 이론을 확증하는 또 하나의 '부수적' 발견을 안겨주었다. 바로 환경이 조현병의 발병과 정도를 결정하는 중요한 요인이라는 사실이다. 버몬트주 환자들은 첨단의 재활 실험에 참여했지만 메인주 환자들은 전통적인 치료를 받았다.[188] 하딩의 표현대로 "버몬트주의 모델이 자족, 재활, 지역사회로의 통합이었다면, 메인주의 모델은 약, 유지, 안정화였다".[189]

이후 하딩은 정신의학과 교수로서 여러 직책에 임명되었고, 제대로 된 훈련과 전문적 관리를 바탕으로 한 지역사회의 보살핌이 만성 정신질환자에게 어떤 효과를 발휘하는지에 관해 미국은 물론이고 전 세계를 돌며 강연했다. 현재 약 4000곳에 이르는 전국의 '전용' 프로그램에서, 정신의학자들이 "심리 사회적 재활"이라 부르는 하딩의 철학을 실천하고 있다.

*

지역 정신보건 센터들의 부상을 전하면서도 나는 절대적 지지를 보내지는 않는다. 각종 가짜 치료사들과 좋은 의도를 가졌지만 착각에 빠진 전문가들의 주장, 결국에는 환자에게 피해로 돌아가는 주장들은 논외로 하더라도, 정신질환 자체가 수없이 다양한 방식으로 정의될 수 있고 온갖 문화적 편견에 노출되어 있음을 감안하면 자칭 클리닉과 치료 기업이라는 분권화된 시설이 모두 다 안전하다거나 심지어 합법적이라고 믿는 것은 어리석은 일일 것이다. 내 개인적 신념은, 모든 지역사회 시스템에 대해 제휴 병원이나 국가기관의 감독을 받고 자격 기준을 충족시켜 신뢰를 보증할 의무를 부과해야 한다는 것이다. 탈수용화가 그 교훈을 무시하기에는 너무 최근에, 너무 파괴적으로, 너무 명백하게 일어난 탓이다.

결국, 정신질환자를 보살피는 일의 미래는 우리 모두의 깨달음에 달려 있다. 정신적으로 고통받는 우리의 형제자매가 지역사회에 위협이 되는 것이 아니라, 그들 자신뿐 아니라 지역사회의 재건을 위해서도 함께할 수 있는 잠재적 파트너라는 사실을, 또한 그들이 행복한 삶을 추구하는 데 꼭 실패한 것만은 아니라는 사실을, 오히려 그들이 스스로 행복한 삶을 즐기면서도 다른 사람들이 행복한 삶을 살도록 하는 매개체가 될 수도 있다는 사실을 우리는 인식해야 한다. 그들의 욕구, 그들의 이야기, 우리 삶에 그들이 존재한다는 사실, 이웃이 내민 손길에 응답하는 그들의 능력은 병든 사람 자신은 물론 우리 이웃들까지 헤아릴 수 없을 정도로 풍요롭게 만들 수 있다. 우리는 살면서 건강한 삶, 적절한 지원을 받는 삶, 보람 있는 삶을 꾸리기 위해 고군분투하는 정신질환자를 만난다. 그들의 노력은 우리에게 인간의 가장 원초적인 충동, 바로 쓸모 있는 존재가 되고자 하는 충동을 되찾는 방법을 가르쳐준다. 사회적 분투, 소비에 대한 집착, 냉소주의, 권태, 고립에서 벗어나 **쓸모 있는 존재**가 되는 것이야말로 진정한 행복의 원천임을 다시금 소중하게 깨닫는 것이다.

달리 표현하자면, 우리 사회의 정신질환자들은 우리를 치유해줄 기회를 기다리고 있다. 우리가 우리 자신의 질병인식불능증에서 벗어나 우리에게 그들의 도움이 필요하다는 것을 인정할 수만 있다면 말이다.

에필로그

나는 아직도 매일 밤 케빈 꿈을 꾼다. 여러 해가 지나면서 꿈의 모티프도 바뀌었다. 최근의 어느 시점부터, 케빈이 다시 기타를 치기 시작했다. 우리는 늦은 시간에 지하 카페에 있다. 벽돌이 드러난 벽, 어두운 조명, 그림자들. 단골들은 모두 돌아가고 뮤지션 몇 명만 남아 카라바조의 그림 속 인물처럼 나무 탁자에 각자의 맥주를 앞에 둔 채 앉아 있다. 케빈은 그 무리에 속해 있으면서도 그들과 떨어져 고립되어 있다. 케빈만이 유일하게 연주를 하고 있고, 케빈이 빛의 원천이다. 손가락에 쥔 피크가 깃털처럼 현 위를 스친다. 어째서인지 현은 전경에 나와 있고 무한히 뻗어 있다.

또는 케빈과 내가 어느 도시에서 어마어마한 군중 속을 헤치며 나아가고 있다. 거대한 홀에서 내려오는 대리석 계단의 맨 아랫단 근처다. 거기서 방금 중요한 이벤트가 끝났는데, 아마도 콘서트였던 것 같다. 주변 사람들은 홀을 빠져나가고 있다. 케빈은 작다. 사람들은 우리를 밀치고 떠밀고, 나는 케빈을 놓칠까 두려워 케빈의 손을 꼭 잡고 있다.

가장 충격적이고도 구원 같은 꿈에서는 어린아이인 케빈이 차에 치어 죽고, 나는 꿈속에서 충격과 비통함을 실제로 케빈이 죽었을 때만큼 강렬하게 느낀다. 그러다가 아너리가 아기를 하나 더 낳는데, 그 아기가 케빈이다.

*

딘은 이제 서른다섯 살이고, 잘 지내고 있다. 자신을 잘 통제하고, 자신의 한계를 잘 알며, 더 넓은 세상에서 스스로 살아갈 준비가 된 것 같다. 우리는 러틀랜드에 딘을 위한 작은 집 한 채를 찾아놓았다. 딘은 곧 그리로 이사할 것이다. 아너리는 딘에게 집에서 생활하는 데 필요한 기술과 해야 할 일을 가르치고 준비시켜왔다. 그 기술 중 하나는 요리다. 딘은 열심히 배우고 있다. 언젠가 주방 근처를 지나다 둘이 나란히 레인지 앞에 있는 모습을 보았다. 엄마보다 머리 하나가 더 큰 딘은 엄마가 보여주는 시범에 완전히 몰입해 있었다. 확실한 건 아니지만, 아마 아너리는 딘에게 멋진 닭 요리 만드는 법을 가르쳐주고 있었을 것이다.

감사의 말

아너리 플레밍, 내 사랑하는 아내이자 38년 된 친구, 이 책의 모든 공적은 당신에게서 시작됐어. 당신은 우리 가족의 평온과 아이들의 미래를 산산조각 낸 그 끔찍한 일을 되살리는 것을 그렇게 싫어하면서도, 조용한 애도의 세월과 타고난 신중함을 한쪽으로 밀어둔 채 이 책을 위해 조사하고 집필하는 긴 시간 동안 나의 동맹군이자 파트너가 되어주었지. 과학의 문제에 관한 한 절대 틀리는 법 없는 조언자이자, 툭하면 틀리는 내 기억의 지칠 줄 모르는 편집자이며, 타협을 모르는 원고 검토자에, 필요할 때는 완고한 적수도 되어준 당신은 이 책의 모든 페이지에 사랑 가득한 당신의 빛나는 자국을 남겨두었어. 당신은 얼마나 대단한 사람인지. 얼마나 대단한 존재인지.

딘, 우리의 씩씩한 사자. 네 격동의 젊은 날에 일어난 일, 가장 참혹하게 영혼을 위협하던 사건들을 공개하도록 허락해준 용기에 감사한다. 내가 정신질환을 앓는 사람, 심지어 정신증에 빠진 사람도 온전하고 강렬하게 인간적인 모습으로 남아 있다는 사실, 그리고 실질적인 치유의 가능성을 지니고 있다는 사실을 증명할 수 있었던 건 네 덕분이야.

짐 혼피셔Jim Hornfischer, '에이전트 짐', 당신은 이 책이 품은 사회적 가치를 즉각 이해해주었고, 우리가 파트너로 일해온 모든 프로젝트에서 그랬듯이 커다란 확신을 갖고 이 책을 소개해주었죠. 또한 당신은 내가 애초에 내놓은 제안에서는 빼기로 결정했던 딘과 케빈의 이야기를 왜 포함시켜야 하는지, 그 필요성을 알아보았습니다. 당신은 최고의 출판사에 이 책을 연결해주었고, 집필이 시작된 뒤로는 모든 원고를 꼼꼼히 몰두해서 읽어주는 독자가 돼주었습니다.

아셰트 출판사의 내 편집자 미셸 하우리Michelle Howry, 당신은 이 프로젝트에 늦게 합류했지만, 프로젝트가 처음 탄생하던 순간부터 함께해온 사람처럼 훌륭한 능력과 통찰과 확신으로 책의 완성까지 잘 이끌어주었습니다.

데이비드 그로프David Groff, 시인이자 선생님, 작가들의 능력을 키워주는 친구인 당신은 미셸 하우리가 일을 맡기 전 몇 주 동안 편집의 공백을 메워주었지요. 당신은 모든 장, 모든 문단, 모든 단어를 읽고 탁월하게 사유했으며, 차분한 자신감과 훌륭한 기량으로 구조나 일관성과 관련한 시급한 문제들을 해결해주었습니다. 당신은 나를 이전보다 더 좋은 작가로 만들어주었습니다.

피츠버그에 있는 앨러게니 헬스 네트워크의 유전 상담가이자 나의 든든한 조사관 모린 메이Maureen May, 당신은 신경과학과 신경정신의학이라는 가장 불가사의한 영역의 믿을 만한 정보를 무수히 제공해주었지요.

모린의 남편인 라지 나렌드란Raj Narendran, 당신은 내가 실제로 알고 있는 것보다 더 많이 안다는 환상을 유지하게끔 도와준 정신의학자입니다. 그 환상이 손상을 입는다면, 그것은 전적으로 나의 잘못이겠지요.

심리학자이자 토머스 사즈의 친구인 제프리 셰일러, 당신은 그에 대한 나의 해석이 전적으로 호의적이지 않을 수 있음을 알면서도 그에 관한 나의 질문에 솔직히 대답해주었습니다.

나는 또 이분들에게도 관대한 도움의 빚을 졌습니다.

루스 그랜트Ruth Grant는 뇌 과학에 대한 나의 탐색에 자신의 폭넓은 신경의학적 전문 지식을 나누어주었습니다.

캐슬턴 주립 대학 명예 학장 조 마크는 토머스 사즈의 경력에 관해 나를 일깨워주었습니다.

컬럼비아 대학교 정신의학과 및 방사선학과 부교수인 로런스 S. 케겔스Lawrence S. Kegeles는 대마초 사용이 조현병 환자에게 미치는 영향에 관한 자신의 연구 내용을 알려주고, 내 글 중 전구기의 특성과 지속 기간, 조현병의 특성에 관한 부분을 꼼꼼하게 읽고 평가해주었습니다.

버몬트의 정신의학자 존 에드워즈는 조현병에 관한 통찰과, 사람들이 정신질환자를 거부하게 만드는 공포와 불안의 근원에 관한 통찰을 들려주었습니다.

후주

제사

1) Dorothea Dix, "Memorial to the Legislature of Massachusetts," January 1843, from "The History of Mental Retardation, Collected Papers," Disability History Museum, http://www.disabilitymuseum.org/dhm/lib/detail.html?id=737&page=all.

머리말

2) Seep Paliwal and Brendan Fischer, "Walker Staff on the Mentally Ill: 'No One Cares About Crazy People,'" Center for Media and Democracy's PR Watch, February 21, 2014, http://www.prwatch.org/news/2014/02/12396/no-one-cares-about-crazy-people-walker-staff.

3) Steve Schultze and Meg Kissinger, "Politics of Mental Health Complex Occupied Walker Staff," *Milwaukee Journal Sentinel archives*, February 21, 2014, http://archive.jsonline.com/news/statepolitics/emails-show-scott-walkers-role-in-managing-mental-health-complex-crisis-b99209690z1-246333671.html/.

1. 막

4) 이 일화의 세부 사항들은 동부 노스캐롤라이나의 여러 신문과 텔레비전 뉴스 기자들 — 〈윌밍턴 스타 뉴스〉의 F. T. 노턴, 윌밍턴의 〈포트 시티 데일리〉의 크리스티나 헤일리Christina Haley와 캐롤라인 커런Caroline Curran, 윌밍턴 WWAY TV의 알리사 로젠버그 Alyssa Rosenberg, WECT 텔레비전의 재스민 터너Jasmine Turner, 그리고 CNN 블로거 앤드류 오언스Andrew Owens 등 — 의 온라인 기사 파일에서 인용했다.

5) Caroline Curran, "Port City Daily Exclusive: DA, Defense Attorney Offer Different Accounts of Fatal Shooting of Mentally Ill Teen," *Port City Daily*, February 4, 2014, http://portcitydaily.com/local-news/2014/02/04/port-city-daily-exclusive-da-defense-attorney-offer-different-accounts-of-fatal-police-shooting-of-mentally-ill-teen.

6) Jason Tyson, "Over a Year Has Passed, Yet No Trial Date for Policeman Who Killed Teen in Own Home," *State Port Pilot*, January 7, 2015.

7) Jasmine Turner, "Forensic Psychiatrist Testifies in Day 9 of Vassey Trial," WECT Television, April 29, 2016, http://www.walb.com/story/31849250/forensic-psychiatrist-testifies-in-day-9-of-trial.

8) Hannah Patrick, "Vassey Testifies as Trial for Teen's Death Nears End," WWAY Television, May 3, 2016, http://www.wwaytv3.com/2016/05/03/vassey-testifies-s-rial-for-teens-death-continues/.

9) As reported by F. T. Norton of the *Star News* on April 29, 2016, http://www.starnewsonline.com/article/20160429/NEWS/160429621.

10) F. T. Norton, "Former Detective Bryon Vassey Found Not Guilty in Shooting Death of Teenager," *Star News*, May 6, 2016, http://www.starnewsonline .com/article/20160506/NEWS/160509770/0/search?tc=ar.

11) Lindsay Kriz, "The Case of the Missing Screwdriver," *Brunswick Beacon*, May 17, 2016, http://www.brunswickbeacon.com/content/case-missing-screwdriver#.Vz23SHJQKLU.facebook.

2. 조현병이란 무엇인가

12) Julian Jaynes, *The Origin of Consciousness in the Breakdown of the Bicameral Mind* (Boston: Houghton Mifflin, 1976). 줄리언 제인스,《의식의 기원》, 김득룡·박주영 옮김, 연암서가, 2017.

13) 상동.

14) Veronique Greenwood, "Consciousness Began When the Gods Stopped Speaking," *Nautilus*, May 28, 2015, http://nautil.us/issue/24/error/consciousness-began-when-the-gods-stopped-speaking.

15) Jaynes, *Origin of Consciousness in the Breakdown of the Bicameral Mind*.

16) Maxine Patel and Mark Taylor in their Introduction to "Challenging perceptions of antipsychotic long-acting depot injections," a "Progress in Neurology and Psychiatry" supplement, sponsored by an educational grant from Janssen-Cilag Ltd., 2007, http://www.academia.edu/171819/Changing_Perceptions_to_Antipsychotic_Long_Acting_Deport_Injections.

17) C. Leucht, S. Heres, J. M. Kane, W. Kissling, J. M. Davis, and S. Leucht, "Oral versus depot antipsychotic drugs for schizophrenia — a critical systematic review and meta-analysis of randomized long-term trials," *PubMed*, January 22, 2011, https://www.ncbi.nlm.nih.gov/pubmed/21257294.

18) Kelly Gable, PharmD, BCPP, and Daniel Carlat, MD, "Long Acting Injectable Antipsychotics: A Primer," PsychCentral, http://pro.psychcentral.com/long-acting-injectable-antipsychotics--rimer004332.html#.

19) Robert Kaplan, "Being Bleuler: The Second Century of Schizophrenia," *Australasian Psychiatry*, October 1, 2008, http://www.academia.edu/1362526/Being-Bleuler.

20) Gary Marcus, "A Map for the Future of Neuroscience," *New Yorker*, September 17, 2013.

21) Pak Sham, Peter Woodruff, Michael Hunter, and Julian Leff, "The Aetiology of Schizophrenia," in *Seminars in General Adult Psychiatry*, ed. George Stein and Greg

Wilkinson (London: RCPsych Publications, 2007).

22) Michael Hopkin, "Schizophrenia Genes 'Favoured by Evolution,' " *Nature*, September 5, 2007, https://www.nature.com/news/2007/070903/full/news070903-6.html.

23) Michael C. O'Donovan, "Biological Insights from 108 Schizophrenia-Associated Genetic Loci," *Nature*, July 22, 2014, http://www.nature.com/nature/journal/v511/n7510/full/nature13595.html#corres-auth.

4. 베들럼, 그 이전과 그 너머

24) Berthold Laufer, "Origin of the Word Shaman," *American Anthropologist* 19, no. 3 (July–September 1917), http://onlinelibrary.wiley.com/doi/10.1525/aa.1917.19.3.02a00020/pdf.

25) Michel Foucault, "Madness and Society, in *Aesthetics, Method, and Epistemology*, vol. 2, Essential Works of Foucault, 1954–1984, ed. James Faubion (New York: New Press, 1998). 미셸 푸코,《광기의 역사》

26) Rene Dubos, *So Human an Animal: How We Are Shaped by Surroundings and Events* (New York: Charles Scribner's Sons, 1968).

27) 상동.

28) Susan Piddock, "A Space of Their Own: Nineteenth Century Lunatic Asylums in Britain, South Australia and Tasmania" (thesis, 2002), http://studymore.org.uk/asyarc.htm#LandscapesBethlemMoorfields a Middlesex University resource.

29) W. R. Street, *A Chronology of Noteworthy Events in American Psychology*(Washington, DC: American Psychological Association, 1994).

30) Urbane Metcalf, *The Interior of Bethlehem Hospital: Humbly Addressed to His Royal Highness the Duke of Sussex and to the Other Governors*, 1818, http://www.bible.ca/psychiatry/mad-doctors-mad-house-keepers-alienists.htm.

31) As described by Carla Yanni in *The Architecture of Madness: Insane Asylums in*

the United States (Minneapolis: University of Minnesota Press, 2007).

32) 상동.

33) Quoted by Dr. Andrew Prescott in *Masonic Papers: Godfrey Higgins and his Anacalypsis*, Pietre-Stones Review of Freemasonry, copyright 1996-2014, used by permission.

34) Gerald N. Grob, *The State and the Mentally Ill: A History of Worcester State Hospital in Massachusetts*, 1830-1920 (Chapel Hill: University of North Carolina Press, 1966).

35) As quoted in E. Fuller Torrey and Judy Miller, *The Invisible Plague: The Rise of Mental Illness from 1750 to the Present* (New Brunswick, NJ: Rutgers University Press, 2001).

36) Grob, *The State and the Mentally Ill*.

37) Dorothea Dix, "Memorial to the Legislature of Massachusetts 1843," *Old South Leaflets* 6, no. 148, as quoted by Grob in *The State and the Mentally Ill*.

38) Thomas S. Kirkbride, *On the Construction, Organization, and General Arrangements of Hospitals for the Insane. Some Remarks on Insanity and Its Treatment*, Yale Medical Library, http://archive.org/stream/39002086342939.med.yale.edu/39002086342939.med.yale.edu_djvu.txt.

39) Josh Clark, "6 of the Scariest Abandoned Mental Asylums in America," Stuff You Should Know, https://www.stuffyoushouldknow.com/blogs/6-scariest-abandoned-mental-asylums-america.htm.

40) Paul Levy, "We Are All Shamans-in-training," Awaken in the Dream, https://www.awakeninthedream.com/articles/we-are-all-shamans-in-training.

5.우생학: 잡초 같은 정신이상자들을 제거하라

41) As reported by David Fenn on AboutDarwin.com.

42) HMS Beagle Project, http://www.hmsbeagleproject.org/timeline/robert-

fitzroy-takes-his-own-life/

43) Martin Brune, "Theory of Mind—Evolution, Ontogeny, rain Mechanisms and Psychopathology," *Neuroscience and Biobehavioral Reviews* 30, no. 4 (2006), http://www.sciencedirect.com/science/article/pii/S0149763405001284.

44) Charles Darwin, *The Autobiography of Charles Darwin: 1809-1882*, ed. Nora Barlow (New York: Norton, 1993). 초판 1887년. 찰스 다윈, 《나의 삶은 서서히 진화해왔다》, 이한중 옮김, 갈라파고스, 2003년.

45) Charles Darwin, *On the Origin of Species by Means of Natural Selection; or, The Preservation of Favoured Races in the Struggle for Life* (London: Murray, 1859). 찰스 다윈, 《종의 기원》.

46) Abdul Ahad, "Darwin's Theory Is the Mixture of Malthus's Theory and Lyell's Theory and Darwin Use [sic] Wrong [sic] Lamarck's Theory as Well as Believe [sic] as a Mechanism of Evolution," *American Journal of Life Sciences* 2, no. 3 (2014), http://article.sciencepublishinggroup.com/pdf/10.11648.j.ajls.20140203.12.pdf.

47) Dialogue from Charles Dickens, *A Christmas Carol*, originally published in London by Chapman and Hall, 1843, widely reprinted.

48) Darwin, *On the Origin of Species.*

49) Andrew Carnegie, *American Experience*, http://www.pbs.org/wgbh/amex/carnegie/peopleevents/pande03.html.

50) Francis Galton, *The Narrative of an Explorer in Tropical South Africa* (London: Murray, 1853), http://www.abelard.org/galton/galton.htm.

51) Francis Galton, *Memories of My Life* (Ulan Press, 2012); originally published in London: Methuen, 1908.

52) 1913년에 콜드 스프링 하버 연구소Cold Spring Harbor Laboratory의 소장이자 우생학을 옹호하는 찰스 대븐포트에게 보낸 편지의 문장을 조금 다듬은 것이다. 타자기로 작성한 뒤 손으로 교정한 흔적이 있는 편지의 사진은 DNA Learning Center에서 볼 수 있다. www.dnalc.org/view/11219-T-Roosevelt-letter-to-C-Davenport-about-degenerates-reproducing-.html.

53) Quoted by Jonathan Peter Spiro in *Defending the Master Race: Conservation,*

Eugenics, and the Legacy of Madison Grant (Lebanon, NH: University Press of New England, 2009).

54) Madison Grant, *The Passing of the Great Race; or, The Racial Basis of European History* (New York: Charles Scribner's Sons, 1916), quoted by Spiro in *Defending the Master Race*.

55) Grant, *The Passing of the Great Race*.

56) Spiro, *Defending the Master Race*.

57) 상동

58) 상동.

59) 정신질환자의 불임화와 살해에 관한 통계 수치는 다음의 출처들을 비롯한 여러 곳에서 얻었다. skepticism.org/timelines/tag/nazis/eugenics/order...4/tmpl_suffix:_table/; the Holocaust Encyclopedia, http://www.ushmm.org/wlc/en/article.php?ModuleId=10005200; http://tiergartenstrasse4.org/Nazi_Euthanasia_Programme_in_Occupied_Poland_1939-1945.html; and the University of Minnesota Center for Holocaust & Genocide Studies, http://www.chgs.umn.edu/histories/documentary/hadamar/the_occurrence.html.

60) "The 'Final Solution': Estimated Number of Jews Killed," Jewish Virtual Library, http://www.jewishvirtuallibrary.org/jsource/Holocaust/killedtable.html.

61) Margaret Sanger, in "My Way to Peace," a speech delivered to the New History Society, January 17, 1932, retrieved from "The Public Writings and Speeches of Margaret Sanger," http://www.nyu.edu/projects/sanger/webedition/app/documents/show.php?sangerDoc=129037.xml

62) Margaret Sanger, "The Function of Sterilization," from "The Public Writings and Speeches of Margaret Sanger."

63) Margaret Sanger, "The Morality of Birth Control," from "The Public Writings and Speeches of Margaret Sanger."

64) Sanger, "My Way to Peace."

7. "그들이 어렸을 때"

65) Mark Twain, *The Adventures of Tom Sawyer* (Hartford, CT: American Publishing Company, 1876), republished by Oxford University Press, 1996, as part of The Oxford Mark Twain series, ed. Shelley Fisher Fishkin. 마크 트웨인, 《톰 소여의 모험》.

66) 블로거이자 어린 시절 그곳에 자주 다녔던 척 밀러Chuck Miller가 쓴 블로그 포스트, https://blog.timesunion.com/chuckmiller/storytown-er-the-great-escape-in-kodachrome/4116.

8. 광기와 천재

67) R. D. Laing, *The Politics of Experience and the Bird of Paradise* (London: Penguin, 1969).

68) R. D. Laing, *The Divided Self: An Existential Study in Sanity and Madness* (London: Penguin, 1965).

69) Nancy Andreasen, "Secrets of the Creative Brain," *The Atlantic*, July/August 2014, https://www.theatlantic.com/magazine/archive/2014/07/secrets-of-the-creative-brain/372299/.

70) Sandra Bruno, "Creativity as a Necessity for Human Development" (AAAI Publications, 2013), http://www.aaai.org/ocs/index.php/SSS/SSS13/paper/viewPaper/5795.

71) Susan K. Perry, *Writing in Flow* (New York: Writers Digest Books, 1999), https://www.amazon.com/Writing-Flow-Mihaly-Csikszentmihalyi/dp/0898799295/ref=sr_1_1_twi_har_1?s=books&ie=UTF8&qid=1469990783&sr=1-&keywords=susan+k+perry.

72) James C. Kaufman, ed., *Creativity and Mental Illness* (Cambridge: Cambridge University Press, 2014).

73) C. G. Jung, *The Spirit in Man, Art, and Literature* (London: Routledge, 2003).

74) Nancy Coover Andreasen, Arthur Canter, "The Creative Writer: Psychiatric

Symptoms and Family History," *Comprehensive Psychiatry* 15, no. 2 (March–April 1974), http://www.comppsychjournal.com/article/0010-440X(74)90028-5/pdf.

75) Scott Barry Kaufman, "The Real Link Between Creativity and Mental Illness," *Scientific American* (October 3, 2013), http://blogs.scientificamerican.com/beautiful-minds/the-real-link-between-creativity-and-mental-illness/.

76) Robert A. Power et al., "Polygenic Risk Scores for Schizophrenia and Bipolar Disorder Predict Creativity," *Nature Neuroscience* 18 (July 2015), http://www.nature.com/neuro/journal/v18/n7/index.html.

77) As quoted by Arielle Duheim-Ross in *The Verge*, June 8, 2015, http://www.theverge.com/2015/6/8/8746011/creativity-genetics-schizophrenia-bipolar-decode.

78) As quoted in Ian Sample, "New Study Claims to Find Genetic Link Between Creativity and Mental Illness," *Guardian*, June 8, 2015, https://www.theguardian.com/science/2015/jun/08/new-study-claims-to-find-genetic-link-between-creativity-and-mental-illness.

79) 상동.

80) Loren Eisley, *The Mind as Nature* (New York: Harper and Row, 1962).

9. "만약, 만약에……"

81) 우리는 에이미가 자신의 변호사에게 쓴 편지와 에이미의 가족이 사고가 난 2년 후 출판한 책에서 이 정보를 얻었다.

10. 혼돈과 비통

82) Fernanda Santos and Erica Goode, "Police Confront Rising Number of Mentally Ill Suspects," *New York Times*, April 1, 2014, https://www.nytimes.com/2014/04/02/us/police-shootings-of-mentally-ill-suspects-are-on-the-

upswing.html.

83) Fernanda Santos, "Justice Dept. Accuses Albuquerque Police of Excessive Force," *New York Times*, April 10, 2014, www.nytimes.com/2014/04/11/us/albuquerque-police-report-justice-department.html.

84) Ryan Boetel, "City Settles Boyd Shooting Case for $5 Million," *Albuquerque Journal*, July 10, 2015, www.abqjournal.com/610827/albuquerque-reaches-settlement-in-lawsuit-over-james-boyds-death.html.

85) Department of Justice Semiannual Crime Report, 2014, ucr.fbi.gov/crime-in-the-u.s/2014/preliminary-semiannual-uniform-crime-report-january-june-2014.

86) Peter Wagner and Bernadette Rabuy, "Mass Incarceration: The Whole Pie2016," Prison Policy Initiative, March 14, 2016, http://www.prisonpolicy.org/repo rts/pie2016.html.

87) Charles Colson Task Force on Federal Corrections: May 2015, "Consequences of Growth in the Federal Prison Population," www.urban.org/sites/default/files/publication/52636/2000221-Consequences-of-Growth-in-the-Federal-Prison-Population.pdf.

88) Nicholas Kristof, "Inside a Mental Hospital Called Jail," *New York Times*, February 8, 2014,www.nytimes.com/2014/02/09/opinion/sunday/inside-a-mental-hospital-called-jail.html.

89) Jim Dwyer, "Mentally Ill, and Jailed in Isolation at Rikers Island," *New York Times*, November 19, 2013, www.nytimes.com/2013/11/20/nyregion/mentally-ill-and-jailed-in-isolation-at-rikers-island.html.

90) Jennifer Gonnerman, "Kalief Browder Learned How to Commit Suicide on Rikers," *New Yorker*, June 2, 2016, www.newyorker.com/news/news-desk/kalief-browder-learned-how-to-commit-suicide-on-rikers.

91) Michael Winerip and Michael Schwirtz, "Rikers: Where Mental Illness Meets Brutality in Jail," *New York Times*, July 14, 2014, https://www.nytimes.com/2014/07/14/nyregion/rikers-study-finds-prisoners-injured-by-employees.html.

92) As reported by Christopher Mathias in "Here's Kalief Browder's Heartbreaking

Research Paper on Solitary Confinement," *Huffington Post*, June 23, 2015, http://www.huffingtonpost.com/entry/kalief-browder-solitary-confinement-research-paper_n_7646492.

93) Blythe Bernhard, "Family devastated by son's suicide in Farmington Jail," *St.Louis Post-Dispatch*, November 8, 2014, www.stltoday.com/lifestyles/health-med-fit/health/family-devastated-by-son-s-suicide-in-farmington-jail/article_6ef5a107-0f13-5d42-847e-5200fca72408.html.

94) "My Son Killed Himself: Josh Deserved Better!" Pete Earley website, November 4, 2014, http://www.peteearley.com/2014/11/04/son-killed-josh-deserved-better/.

95) Pete Earley, "Suicide in Jail Spurs Action After Mother Shares Son's Story," Pete Earley website, November 20, 2015, http://www.peteearley.com/2015/11/20/suicide-in-jail-spurs-action-after-mother-shares-sons-story/.

96) 상동.

97) 상동.

98) 상동.

99) 상동.

11. 위대한 해결사

100) Thomas S. Szasz, preface to *The Myth of Mental Illness: Foundations of a Theory of Personal Conduct*, 50th anniv. ed. (New York: Harper, 2010).

101) 상동.

102) 상동.

103) Jeffrey Schaler, introduction of Thomas Szasz at the 1995 Conference for Treaty 6 First Nations of Alberta, titled "Alternative Approaches to Addictions & Destructive Habits," Edmonton, Alberta, November 7, 1995, http://www.szasz.com/albertaintro.html.

104) Ron Leifer, "Review of Existential Psychology and Psychiatry, V. XXIII,

Nos. 1, 2, and 3, 1997," http://ronleifer.zenfactor.org/writings/psychiatric-
repression-of-thomas-szasz.htm.

105) Paul J. Harrison, "The Neuropathology of Schizophrenia: A Critical Review of
the Data and Their Interpretation," *Brain* 122, no. 4 (1999), http://brain.oxfordjournals.
org/content/122/4/593.

106) Martha E. Shenton, Thomas J. Whitford, and Marek Kubicki, "Structural
Neuroimaging in Schizophrenia from Methods to Insights to Treatments," *Dialogues in
Clinical Neuroscience* 12, no. 3 (September 2010), http://www.ncbi.nlm.nih.gov/pmc/
articles/PMC3181976/.

107) Rael Jean Isaac, "Thomas Szasz: A Life in Error," *Scientific American*,
September 23, 2012, http://www.americanthinker.com/articles/2012/09/thomas_
szasz_a_life_in_error.html?cpage=2.

108) Alfred Kazin, *An American Procession: The Major American Writers from
1830 to 1930—The Crucial Century* (New York: Knopf, 1984).

109) Szasz, *Myth of Mental Illness.*

110) As quoted by Melanie Hirsch in the *Syracuse Post-Standard* on February 19,
1992.

111) E. Fuller Torrey and Judy Miller, *The Invisible Plague: The Rise of Mental
Illness from 1750 to the Present* (New Brunswick, NJ: Rutgers University Press, 2001).

12. 정지

112) Molly K. Larson, Elaine F. Walker, and Michael T. Compton, "Early Signs,
Diagnosis and Therapeutics of the Prodromal Phase of Schizophrenia and Related
Psychotic Disorders," National Center for Biotechnology Information, http://www.
ncbi.nlm.nih.gov/pmc/articles/PMC2930984/.

13. 대실패

113) President John F. Kennedy, Special Message to the Congress on Mental Illness and Mental Retardation, February 5, 1963, https://www.jfklibrary.org/Asset-Viewer/ Archives/JFKPOF-052-012.aspx.

114) Olga Loraine Kofman, "Deinstitutionalization and Its Discontents: Ameri can Mental Health Policy Reform" (Claremont McKenna College senior thesis, January 2012), http://scholarship.claremont.edu/cgi/viewcontent.cgi?article =1348&context=cmc_theses.

115) As quoted in "About Dr. Thomas Szasz," CCHR International: The Mental Health Watchdog, https://www.cchrint.org/about-us/co-founder-dr-thomas-szasz/.

116) Kathleen Stone-Takai, "Mandating Treatment for the Mentally Ill: Why So Difficult?" (thesis, California State University, Sacramento, 2009), http://www.csus. edu/ppa/thesis-project/bank/2009/stonetakai.pdf.

117) As quoted by Ellen Dewees, Lanterman's former administrative assistant, in "Legislation for the Mentally Ill," letter to the *Los Angeles Times*, December 5, 1987, http://articles.latimes.com/1987-12-05/local/me-6122_1_mental-health-health- hospital-beds-gravely.

118) Vera Graham, "Peninsula's 'Little Lady' to Let Psychiatric Community Have It," *San Mateo Times*, August 25, 1977, https://www.newspapers.com/ newspage/39052999/.

119) As quoted by NAMI, referencing the PBS documentary *When Medicine Got It Wrong*, May 4, 2010, https://www.nami.org/Press-Media/Press-Releases/2010/ Mother-s-Day-and-the-Myth-of-the-Schizophrenogenic.

120) Robert Whitaker, *Mad in America: Bad Science, Bad Medicine, and the Enduring Mistreatment of the Mentally Ill* (New York: Basic Books, 2010).

121) Darrell Steinberg, David Mills, and Michael Romano, "When Did Prisons Become Acceptable Mental Healthcare Facilities?" Stanford Law School Three Strikes Project, February 19, 2015, http://law.stanford.edu/publications/when-did-prisons-

become-acceptable-mental-healthcare-facilities-2.

122) 상동.

123) Ram Subramanian, Ruth Delaney, Stephen Roberts, Nancy Fishman, and Peggy McGarry, "Incarceration's Front Door: The Misuse of Jails in America," Vera Institute of Justice, February 2015, http://archive.vera.org/sites/default/files/resources/downloads/incarcerations-front-door-report.pdf.

124) Steve Forbes, "Why the Treatment of Our Nation's Mentally Ill Is an American Disgrace," *Forbes*, January 21, 2013, https://www.forbes.com/sites/steveforbes/2013/01/02/an-american-disgrace/.

125) Dominic Sisti, Andrea Segal, and Ezekiel Emanuel, of the Department of Medical Ethics and Health Policy in the Perelman School of Medicine at the University of Pennsylvania, quoted in "Penn Medicine Bioethicists Call for Return to Asylums for Long-Term Psychiatric Care," Penn Medicine news release, January 20, 2015, http://www.uphs.upenn.edu/news/News_Releases/2015/01/sisti/.

15. 항정신병 약

126) Ronald P. Rubin, "A Brief History of Great Discoveries in Pharmacology: In Celebration of the Centennial Anniversary of the Founding of the American Society of Pharmacology and Experimental Therapeutics," *Pharmacological Reviews*, December 2007, http://pharmrev.aspetjournals.org/content/59/4/289.full#title7.

127) 〈뉴욕 타임스〉 1992년 4월 11일 자에 실린, 데니스 히베시Dennis Hevesi가 쓴 보베의 부고.

128) Steve D. Brown and Paul Stenner, *Psychology Without Foundations: History, Philosophy and Psychosocial Theory* (New York: SAGE, 2009).

129) Philip Seeman and Shitij Kapur, "Schizophrenia: More Dopamine, More D2 Receptors," *Proceedings of the National Academy of Sciences*, July 1997, http://www.ncbi.nlm.nih.gov/pmc/articles/PMC33999/.

130) "Chlorpromazine (Thorazine, Largactil) Advertising," http://www.whale.to/a/chlorpromazine_ads.html.

131) "Thorazine Advertisement, 1954," http://prescriptiondrugs.procon.org/view.resource.php?resourceID=005734.

132) "Clozapine," World eBook Fair, sourced from *World Heritage Encyclopedia*, http://worldebookfair.org/articles/Clozapine.

133) As reported by Robert Litan and Hal Singer in "Unlocking Patents: Costs of Failure, Benefits of Success," *Economists Incorporated*, November 2014, http://ei.com/wp-content/uploads/downloadables/EI_Patent_Study_Singer.pdf.

134) Roy Levy, "The Pharmaceutical Industry: A Discussion of Competitive and Anti-Trust Issues in an Environment of Change," Bureau of Economics Staff Report, Federal Trade Commission, 1999, http://books.google.co.kr/books?id=unDWS8j7ZRoC.

135) As reported by the IMS Institute for Healthcare Informatics.

136) Ed Silverman, "How Much?! Global Prescription Drug Sales Forecast to Reach $987B by 2020," https://blogs.wsj.com/pharmalot/2015/06/16/how-much-global-prescription-drug-sales-forecast-to-reach-987b-by-2020/.

137) As reported by Julienne Roman in *Tech Times*, November 19, 2015, http://www.techtimes.com/articles/108119/20151119/drug-spending-worldwide-o-it---rillion-n-020-ims.htm.

138) "Risperdal Lawsuits," Drugwatch, http://www.drugwatch.com/risperdal/lawsuits/.

139) "Risperdal Verdicts and Settlements," Drugwatch, http://www.drugwatch.com/risperdal/settlements-verdicts/.

140) https://www.kenneymccafferty.com/notable-cases/omnicare-inc/.

141) As described by Alex Berenson in the *New York Times* article "Merck Agrees to Settle Vioxx Suits for $4.85 Billion," November 9, 2007, http://www.nytimes.com/2007/11/09/business/09merck.html.

142) "Two Johnson & Johnson Subsidiaries to Pay Over $81 Million to Resolve

Allegations of Off-Label Promotion of Topamax," United States Department of Justice, April 29, 2010, www.justice.gov/opa/pr/two-johnson-johnson-subsidiaries-pay-over-81-million-resolve-allegations-label-promotion.

143) "Avandia Heart Attack and Congestive Heart Failure," Drugwatch, http://www.drugwatch.com/avandia/heart-attack-congestive-heart-failure/.

144) "Abbott Labs to Pay $1.5 Billion to Resolve Criminal and Civil Investigations of Off-Label Promotion of Depakote," United States Department of Justice, May 7, 2012, http://www.justice.gov/opa/pr/abbott-labs-pay-5-illion-resolve-criminal-civil-investigations-label-promotion-depakote.

145) "Justice Department Recovers Over $3.5 Billion from False Claims Act Cases in Fiscal Year 2015," United States Department of Justice. December 3, 2015, www.justice.gov/opa/pr/justice-department-recovers-over-35-billion-false-claims-act-cases-fiscal-year-2015.

146) 제약업계 분석가이자 미시건 대학교 로스 경영대학원 임상 조교수인 에릭 고든Erik Gordon이 더프 월슨Duff Wilson의 기사 '머크 바이옥스 건으로 9억 5000만 달러의 벌금을 지불하다Merck to Pay $950 Million Over Vioxx'에서 한 말. *New York Times*, November 22, 2011,www.nytimes.com/2011/11/23/business/merck-agrees-to-pay-950-million-in-vioxx-case.html.

147) Dr. McDougall's Health & Medicine Center, www.drmcdougall.com/health/education/videos/advanced-study-weekend-experts/peter-gotzsche-3/.

16. "설명할 수 없는 무언가"

148) P. Batel, "Addiction and Schizophrenia," US National Library of Medicine, National Institutes of Health, March 2000, http://www.ncbi.nlm.nih.gov/pubmed/10881208.

149) S. Potvin, E. Stip, and J. Y. Roy, "Schizophrenia and Addiction: An Evaluation of the Self-Medication Hypothesis," PubMed, May-June2003, http://www.ncbi.nlm.

nih.gov/pubmed/12876543.

150) Batel, "Addiction and Schizophrenia."

151) Theresa H. M. Moore, Stanley Zammit et al., "Cannabis Use and Risk of Psychotic or Affective Mental Health Outcomes: A Systematic Review," Lancet, July 28, 2007, http://www.thelancet.com/journals/lancet/article/PIIS0140673607611623/abstract.

152) R. Radhakrishnan, S. T. Wilkinson, and D. C. D'Souza, "Gone to Pot: A Review of the Association Between Cannabis and Psychosis," US National Library of Medicine, National Institutes of Health, May 2014, http://www.ncbi.nlm.nih.gov/pubmed/24904437.

153) 상동.

154) Samuel T. Wilkinson, "Pot-Smoking and the Schizophrenia Connection: Medical Research Shows a Clear Link Between Marijuana Use and Mental Illness," *Wall Street Journal*, July 21, 2013, http://www.wsj.com/articles/SB10001424127887324637504578566094217815994.

155) As reported by Governing the States and Localities, retrieved from http://www.governing.com/gov-data/state-marijuana-laws-map-medical-recreational.html.

17. "우리는 정신질환에 대해 한심할 정도로 한 일이 없다"

156) R. Srinivasa Murthy and Rashmi Lakshminarayana, "Mental Health Consequences of War: A Brief Review of Research Findings," *World Psychiatry* 5 (February 2006).

157) President Truman, November 19 message to Congress, http://www.trumanlibrary.org/anniversaries/healthprogram.htm.

158) David McCullough, *Truman* (New York: Simon and Schuster, 1992).

159) As reported by Jaap Kooijman in . . . *And the Pursuit of National Health*: The

Incremental Strategy Toward National Health Insurance in the United States of America, a Google eBook, 1999, http://books.google.co.kr/books/about/and_the_Pursuit_of_National_Health.html?id=wCs3kKiL9UcC&redir_esc=y.

160) President Truman, November 19 message to Congress.

161) David Blumenthal and James A. Morone, *The Heart of Power: Health and Politics in the Oval Office* (Berkeley: University of California Press, 2010).

162) Jill Lepore, "The Lie Factory: How Politics Became a Business," *The New Yorker*, September 24, 2012, http://www.newyorker.com/magazine/2012/09/24/the-lie-factory.

163) Ellen Herman, *The Romance of American Psychology: Political Culture in the Age of Experts* (Berkeley: University of California Press, 1995).

164) D. M. Giangreco, U.S. Army Command and General Staff College, "The Soldier from Independence: Harry S. Truman and the Great War," speech to the Society for Military History, the Frank Lloyd Wright Monona Terrace Convention Center, Madison, Wisconsin, April 7, 2002.

165) Robert Traynor, "Hearing Loss in the Trenches of World War I," in *Hearing International*, April 1, 2014, http://hearinghealthmatters.org/hearinginternational/2014/hearing-loss-trenches-wwi/.

166) Cited in "Occupational Noise Exposure," the Occupational Safety & Health Administration, www.osha.gov/SLTC/noisehearingconservation/.

167) The U.S. Army Environmental Hygiene Agency's Noise Hazard Evaluation, February 1975, http://www.dtic.mil/dtic/tr/fulltext/u2/a021465.pdf.

168) Michael M. Phillips, "One Doctor's Legacy: How one of the most divisive figures in American medical history, Walter Freeman, steered the VA on his view toward lobotomies: outrage over ice picks in the eye socket," *Wall Street Journal* special report, part two, December 2013, http://projects.wsj.com/lobotomyfiles/?ch=two.

169) 상동.

170) Quoted by Allen M. Hornblum, Judith L. Newman, and Gregory J. Dober in *Against Their Will: The Secret History of Medical Experimentation on Children in Cold*

War America (New York: St. Martin's, 2013).

171) Norbert Wiener, *Cybernetics: Or Control and Communication in the Animal and the Machine*, 2nd ed. (Cambridge, MA: MIT Press, 1965).

172) Alex Beam, *Gracefully Insane: Life and Death Inside America's Premier Mental Hospital* (New York: Perseus, 2001).

173) Stephen T. Paul, professor of psychology and social sciences, Robert Morris University, "[A] Very Brief History of Lobotomy," http://www.drspeg.com/courses/00-eneral/lobotomy.html.

174) Karl Menninger, *Whatever Became of Sin?* (New York: Hawthorne, 1973).

175) 이 말을 한 사람은 프레더릭 해커Frederick Hacker로, J. E. 카니J. E. Carney가 인용함. "The Freudians Come to Kansas: Menninger, Freud, and the Emigre Psychoanalysis," published in *Kansas History*, summer 1993, https://www.kshs.org/publicat/history/1993summer_carney.pdf.

176) Kate Schechter, *Illusions of a Future: Psychoanalysis and the Biopolitics of Desire* (Durham, NC: Duke University Press, 2014).

177) Jeremy Safran, "Who's Afraid of Sigmund Freud?" *Public Seminar* 1, no. 1 (2013).

21. 누군가는 미친 사람에게 신경을 쓴다

178) Alexandra Pollitt, Gavin Cochrane, Anne Kirtley, Joachim Krapels, Vincent Lariviere, Catherine A. Lichten, Sarah Parks, and Steven Wooding, "Mapping the Global Mental Health Research Funding System," *Rand Health Quarterly* 6, no. 1 (2016), http://www.rand.org/pubs/periodicals/health-quarterly/issues/v6/n1/11.html.

179) Ben Thomas, "Using Light to Monitor and Activate Specific Brain Cells," *Scientific American* (January 22, 2015), https://blogs.scientificamerican.com/mind-guest-blog/using-light-to-monitor-and-activate-specific-brain-cells/; also, Elise Walker, "Optogenetics: Lighting the Way for Neuroscience," *Helix*, May

8, 2014, https://helix.northwestern.edu/blog/2014/05/optogenetics-lighting-way-neuroscience.

180) Harry M. Tracy, "The Neuro Funding Rollercoaster," *Cerebrum*, June 1, 2016, www.dana.org/WorkArea/DownloadAsset.aspx?id=121994.

181) Ron Honberg, Angela Kimball, Sita Diehl, Laura Usher, and Mike Fitzpatrick, "State Mental Health Cuts: The Continuing Crisis," NAMI, 2011,www.nami.org/getattachment/About-NAMI/Publications/Reports/StateMentalHealthCuts2.pdf.

182) "U.S.: Number of Mentally Ill in Prisons Quadrupled," Human Rights Watch, September 5, 2006, https://www.hrw.org/news/2006/09/05/us-number-mentally-ill-prisons-quadrupled.

183) Eli Lehrer, "Responsible Prison Reform," *National Affairs* (Summer 2016), http://www.nationalaffairs.com/publications/detail/responsible-prison-reform.

184) *Crazy* was published in 2006 by G. P. Putnam's Sons.

185) Tim Murphy, congressman, Eighteenth District of Pennsylvania, "Detailed Summary of the Helping Families in Mental Health Crisis Act," https://murphy.house.gov/uploads/Section%20By%20Section%20Detailed%20Summary%20of%20HR3717.pdf.

186) Courtenay Harding, "Beautiful Minds Can Be Recovered," *New York Times*, March 10, 2002. www.nytimes.com/2002/03/10/opinion/beautiful-minds-can-be-reclaimed.html.

187) Patrick A. McGuire, "New Hope for People with Schizophrenia," *Monitor on Psychology*, February 2000, http://psychrights.org/research/digest/Effective/APAMonV31No2.htm.

188) M. J. DeSisto, Courtenay Harding et al., "The Maine and Vermont Three-Decade Studies of Serious Mental Illness. I. Matched Comparison of Cross-Sectional Outcome," *PubMed*, September 1995, http://www.ncbi.nlm.nih.gov/pubmed/7496641.

189) McGuire, "New Hope for People with Schizophrenia."

옮긴이 정지인

부산대학교 독어독문학과를 졸업하고 번역 일을 하며 살고 있다. 14살 때 처음 번역가가 되고 싶다고 생각했고, 15년 뒤 처음 번역을 시작했다. 그 후 20년 가까이 번역만 하며 살았고, 남은 삶도 계속 번역하며 살고 싶다. 읽는 이에게 어떤 식으로든 도움이 되는 좋은 책을 먼저 읽고 소개하는 것이 가장 뿌듯하고 즐거운 일이다. 《우울할 땐 뇌 과학》, 《나는 정신병에 걸린 뇌 과학자입니다》, 《미술관에 가면 머리가 하얘지는 사람들을 위한 동시대 미술 안내서》, 《혐오사회》, 《무신론자의 시대》 등 60여 권의 책을 번역했다.

내 아들은 조현병입니다

첫판 1쇄 펴낸날 2019년 9월 27일
    7쇄 펴낸날 2023년 11월 10일

지은이 론 파워스
옮긴이 정지인
발행인 김혜경
편집인 김수진
편집기획 김교석 조한나 유승연 문해림 김유진 곽세라 전하연 박혜인 조정현
디자인 한승연 성윤정
경영지원국 안정숙
마케팅 문창운 백윤진 박희원
회계 임옥희 양여진 김주연

펴낸곳 (주)도서출판 푸른숲
출판등록 2003년 12월 17일 제2003-000032호
주소 서울특별시 마포구 토정로 35-1 2층, 우편번호 04083
전화 02)6392-7871, 2(마케팅부), 02)6392-7873(편집부)
팩스 02)6392-7875
홈페이지 www.prunsoop.co.kr
페이스북 www.facebook.com/simsimpress　　　**인스타그램** @simsimbooks

ⓒ푸른숲, 2019
ISBN 979-11-5675-794-8 (03180)

심심은 (주)도서출판 푸른숲의 인문·심리 브랜드입니다.

* 잘못된 책은 구입하신 서점에서 바꾸어 드립니다.
* 본서의 반품 기한은 2028년 11월 30일까지입니다.